Die Stellung behinderter Menschen im Erbrecht

Europäische Hochschulschriften

European University Studies

Publications Universitaires Européennes

Reihe II **Rechtswissenschaft**

Series II Law

Série II Droit

Band/ Volume **5993**

Quirin Ullmann

Die Stellung behinderter Menschen im Erbrecht

PETER LANG

Bibliografische Information der Deutschen Nationalbibliothek
Die Deutsche Nationalbibliothek verzeichnet diese Publikation in der Deutschen Nationalbibliografie; detaillierte bibliografische Daten sind im Internet über http://dnb.d-nb.de abrufbar.

Zugl.: Augsburg, Univ., Diss., 2017

D 384
ISSN 0531-7312
ISBN 978-3-631-74551-9 (Print)
E-ISBN 978-3-631-74886-2 (E-PDF)
E-ISBN 978-3-631-74887-9 (EPUB)
E-ISBN 978-3-631-74888-6 (MOBI)
DOI 10.3726/b13489

Peter Lang – Berlin · Bern · Bruxelles · New York · Oxford · Warszawa · Wien

Diese Publikation wurde begutachtet.

www.peterlang.com

Meiner Familie in größter Dankbarkeit

Danksagung

Die vorliegende Arbeit wurde im Sommersemester 2017 von der Juristischen Fakultät der Universität Augsburg als Dissertation angenommen. Die mündliche Prüfung fand am 26.7.2017 in Form einer Disputation statt.

Zu dieser Arbeit wurde ich durch den Aufsatz „Die Stellung Körperbehinderter im Privatrecht" (NJW 2000, S. 1822–1833) meines Doktorvaters, Professor Dr. *Jörg Neuner*, inspiriert, bei dem ich mich ganz besonders für die exzellente Betreuung und die zügige Erstellung des Erstgutachtens bedanken möchte.

Professor Dr. *Wolfgang Wurmnest* gilt mein Dank für die rasche Erstellung des Zweitgutachtens.

Danken möchte ich auch den Mitarbeiterinnen der Universitätsbibliothek Augsburg, Frau Dr. *Jana Kieselstein* sowie Frau *Sybille Meier*, durch die ich stets eine freundliche Bibliotheksbetreuung erfahren habe.

Besonderer Dank gebührt den Personen, die sich bereiterklärt haben, meine Arbeit Korrektur zu lesen. Namentlich sind dies mein Arbeitskollege und sehr guter Freund Dr. *Sebastian Bachmann* LL.M., mein Vater *Bernhard Ullmann* sowie mein Bruder *Jeremias Ullmann*.

Herzlich bedanken möchte ich mich auch bei *Reinhilde* und *Franz Fassl*, die mich bei der Drucklegung finanziell unterstützt haben.

Ganz besonders danken möchte ich meiner Familie, die mich über all die Jahre liebevoll unterstützt und somit den Grundstein für diese Arbeit gelegt hat. Insbesondere während der Erstellung dieser Arbeit haben sich meine Eltern *Brigitte* und *Bernhard Ullmann* sowie meine Schwiegereltern *Ilse* und *Karl Schachner* rührend um meine Tochter gekümmert und mir daher den nötigen wissenschaftlichen Freiraum ermöglicht.

Tief verbunden und dankbar bin ich meiner lieben Ehefrau *Eva*, die viele Abende und Wochenenden alleine mit unserer Tochter verbracht hat. Ohne sie wäre dieses Vorhaben nicht möglich gewesen. Vielen lieben Dank!

Augsburg, im November 2017 *Quirin Ullmann*

Inhaltsverzeichnis

Kapitel 1. Einleitung

A. Einführung in die Problematik

Laut Pressemitteilung des Statistischen Bundesamts vom 11.5.2015 lebten in Deutschland im Jahr 2013 über zehn Millionen Menschen „mit einer amtlich anerkannten Behinderung", sodass durchschnittlich jeder achte Bürger (13 %) behindert war.[1] Die Statistiker führten dabei u.a. folgende Behinderungsarten auf: Verlust oder Teilverlust von Gliedmaßen, Funktionseinschränkung von Gliedmaßen, Blindheit und Sehbehinderung, Sprach- oder Sprechstörungen, Taubheit, Schwerhörigkeit, Querschnittslähmung, zerebrale Störungen, geistige und seelische Behinderungen sowie Suchtkrankheiten.[2]

Auch, wenn Menschen an vorgenannten oder anderen Behinderungen leiden, muss gewährleistet sein, dass behinderte Menschen die gleichen Rechte haben wie nicht behinderte Menschen. Dies fordert auch unser Grundgesetz und statuiert in Art. 3 Abs. 3 S. 2, dass *niemand wegen seiner Behinderung benachteiligt werden darf.*

Fraglich erscheint jedoch, ob im Erbrecht dieser Gleichheitssatz vollumfänglich Beachtung findet. Zu klären ist daher, ob behinderten Erblassern im Hinblick auf die Erstellung oder Beseitigung letztwilliger Verfügungen die gleichen Rechte wie nichtbehinderten Erblassern zustehen oder ob sie in ihrer von Art. 14 Abs. 1 S. 1 GG gewährten Testierfreiheit – möglicherweise sogar zum Selbstschutz – beschränkt sind und daher eine Ungleichbehandlung gerechtfertigt ist.

Darüber hinaus steht infrage, wie es sich mit der Stellung eines behinderten Erben verhält. Stehen diesem die gleichen Rechte wie einem nichtbehinderten Erben zu oder ist dieser etwa im Falle seiner Sozialhilfebedürftigkeit daran gehindert, Rechte, wie beispielsweise den Pflichtteilsverzicht oder die Ausschlagung einer Erbschaft, geltend zu machen?

---

1 Statistisches Bundesamt, Pressemitteilung vom 11.5.2015 – 168/15, S. 1. Die Mitteilung kann auf der Homepage des Statistischen Bundesamts unter (https://www.destatis.de/DE/PresseService/Presse/Pressemitteilungen/2015/05/PD15_168_122pdf.pdf?__blob=publicationFile) abgerufen werden (Letzter Abruf: 25.3.2017).

2 Statistisches Bundesamt, Tabelle: Schwerbehinderte Menschen absolut. Die Tabelle kann auf der Homepage des Statistischen Bundesamts unter (https://www.destatis.de/DE/ZahlenFakten/GesellschaftStaat/Gesundheit/Behinderte/BehinderteMenschen.html) abgerufen werden (Letzter Abruf: 25.3.2017).

B. Gang der Untersuchung

Die nachfolgende Arbeit unternimmt daher den Versuch vor dem Hintergrund dieser grundsätzlichen vorgenannten Fragen, die Stellung behinderter Menschen im Erbrecht zu beleuchten.

Im zweiten Kapitel der vorliegenden Arbeit ist zunächst auf verschiedene Behinderungsbegriffe einzugehen, wobei am Ende der erbrechtliche Behinderungsbegriff definiert wird.

Daran anschließend wird im dritten Kapitel die Stellung des behinderten Erblassers problematisiert. Schwerpunkte sind hierbei die Frage der Testierfähigkeit im Hinblick auf geistig und seelisch behinderte Erblasser sowie die möglichen Errichtungsformen letztwilliger Verfügungen bei körperlich behinderten Erblassern, wobei vor allem auf die Rechtsprechung des Bundesverfassungsgerichts zur Testiermöglichkeit von schreibunfähigen Stummen vom 19.1.1999[3] eingegangen wird. Zuletzt wird schwerpunktmäßig die Frage untersucht, ob und inwieweit ein behinderter Erblasser in seiner Testierfreiheit bei der Einsetzung bestimmter Personengruppen als Erben beschränkt ist.

Das vierte Kapitel widmet sich dem Problemfeld des behinderten Menschen als Erbe. Eingangs werden kurz die Rechte des unter Betreuung stehenden Erben skizziert. Daran anknüpfend befasst sich die Arbeit mit dem in der Praxis besonders bedeutsamen Thema des Behindertentestaments. In diesem Zusammenhang werden Lösungsmodelle für die Erstellung eines Behindertentestaments aufgezeigt und die Frage der Sittenwidrigkeit solcher Testamente behandelt, wobei vor allem auf die Rechtsprechung des Bundesgerichtshofs[4] eingegangen wird. Ein weiterer Schwerpunkt dieses Kapitels bildet die Frage nach der Sittenwidrigkeit eines Erb- und/oder Pflichtteilsverzichts durch einen behinderten Sozialhilfeempfänger. Abschließend wird das analoge Problem des Abschlusses eines Erlassvertrags über einen entstandenen Pflichtteilsanspruch und die Ausschlagung einer Erbschaft durch einen behinderten Sozialhilfeempfänger in Bezug auf einen möglichen Verstoß gegen die guten Sitten diskutiert.

---

3 BVerfG, Beschl. v. 19.1.1999 (Az. 1 BvR 2161/94).

4 BGH, Urt. v. 21.3.1990 (Az. IV ZR 169/89); BGH, Urt. v. 20.10.1993 (Az. IV ZR 231/92); BGH, Urt. v. 19.1.2011 (Az. IV ZR 7/10).

Kapitel 2. Der Behinderungsbegriff

Grundlegend für die Anfertigung der vorliegenden Arbeit ist zunächst die Klärung der Frage, wann von einem behinderten Menschen iSd Erbrechts gesprochen werden muss. Es fragt sich daher, ob beispielsweise ein Querschnittsgelähmter, der an einer Paraplegie leidet und somit „lediglich" auf einen Rollstuhl angewiesen ist, jedoch schreiben und sprechen kann, überhaupt behindert iSd Erbrechts ist.

Vor allem im Bereich der Rechtswissenschaft sind exakte Formulierungen und Definitionen von Nöten, um den Anwendungsbereich von Normen möglichst genau zu bestimmen.[5] Dabei ist zu beachten, dass es sich bei einer Behinderung um eine außergewöhnlich „komplexe Bedarfslage [handelt], die einer Definition im herkömmlichen Sinne kaum zugänglich sein dürfte".[6]

Um diesbezüglich Aufschluss geben zu können, soll im Folgenden deshalb auf den Behinderungsbegriff der World Health Organisation (WHO)[7] sowie auf verschiedene juristische Behinderungsbegriffe eingegangen werden und hieran eine eigene Definition des erbrechtlichen Behinderungsbegriffs entwickelt werden, die der vorliegenden Arbeit als Grundlage dienen soll.

A. Behinderungsbegriff der WHO

Bevor auf die juristischen Begriffe eingegangen werden kann, muss zunächst einmal der Behinderungsbegriff der WHO beleuchtet werden, da dieser u.a. Grundlage für die Definition in § 2 Abs. 1 S. 1 SGB IX[8] ist.[9]

Im Jahre 1980 verabschiedete die WHO die International Classification of Impairments, Disabilities and Handicaps (ICIDH)[10].[11] Der Behinderungsbegriff

---

5 *Decker*, Die privatrechtliche Stellung behinderter Menschen im Wohnraummietrecht, 2005, S. 27.

6 *Mrozynski*, Rehabilitationsleistungen – Integrierte Versorgung im gegliederten System, SGb 2001, 277 (277).

7 Weltgesundheitsorganisation.

8 Sozialgesetzbuch – Neuntes Buch – (SGB IX) v. 19.6.2001, BGBl. I Nr. 27 v. 22.6.2001, S. 1046.

9 *Grauthoff*, in: Kossens/von der Heide/Maaß, SGB IX, 4. Aufl. 2015, § 2 Rn. 5; krit.: *Luthe*, Die Behinderung nach § 2 Abs. 1 SGB IX, ihr Gesellschaftsbegriff und die ICF, SGb 2009, 569 (571 f.).

10 International Classification of Impairments, Disabilities and Handicaps = Internationale Klassifikation der Schädigung, Fähigkeitsstörungen und Beeinträchtigungen.

11 *Neumann*, in: Neumann/Pahlen/Majerski, SGB IX, 12. Aufl. 2010, § 2 Rn. 2 f.

der ICIDH war dreistufig aufgebaut und umfasste die Elemente „Schädigung“ (Impairment), „Funktionsstörung“ (Disability) und „soziale Beeinträchtigung“ (Handicap).[12] Behinderung wurde hiernach als die „Auswirkung einer nicht nur vorübergehenden Funktionsbeeinträchtigung, die auf einem regelwidrigen körperlichen, geistigen oder seelischen Zustand beruhte“[13], definiert. Der ICIDH lag somit das Konzept „Behinderung als Krankheitsfolge“ zugrunde.[14] Aufgrund der negativen Konnotation der Begrifflichkeiten der ICIDH (Schädigung, Fähigkeitsstörung und soziale Beeinträchtigung) und dem reinen Abstellen auf die Defizite des Behinderten wurde diese überarbeitet[15]. Insbesondere war die Begriffsbestimmung wegen der Nichtberücksichtigung der Umweltfaktoren zu eng.[16]

Im Mai 2001 hat die 54. Vollversammlung der WHO die „International Classification of Functioning, Disability and Health[17] (ICF)“[18] als Nachfolger der ICIDH verabschiedet.[19] Die ICF stellt eine Klassifikation dar, „mit der mögliche Beeinträchtigungen in den Bereichen der Funktionen und Strukturen des menschlichen Organismus, Tätigkeiten (Aktivitäten) aller Art einer Person und Teilhabe (Partizipation) an Lebensbereichen (z.B. Erwerbsleben) einer Person vor dem Hintergrund ihrer sozialen und physikalischen Umwelt (Umweltfaktoren) beschrieben werden können“.[20]

Die ICF selbst definiert zunächst den Begriff der Funktionsfähigkeit und bestimmt anschließend den Behinderungsbegriff als Oberbegriff für jede Beeinträchtigung der Funktionsfähigkeit.[21]

„Eine Person ist [nach der ICF] funktional gesund, wenn (…) ihre körperlichen Funktionen (…) und Körperstrukturen denen eines gesunden Menschen entsprechen (…), sie all das tut oder tun kann, was von einem Menschen ohne

---

12 *Götze*, in: Hauck/Noftz, SGB IX, § 2 Rn. 10.

13 *Götze*, in: Hauck/Noftz, SGB IX, § 2 Rn. 11.

14 *Welti*, in: Lachwitz/Schellhorn/Welti (Hrsg.), HK-SGB IX, 3. Aufl. 2010, § 2 Rn. 19.

15 *Götze*, in: Hauck/Noftz, SGB IX, § 2 Rn. 12 f.

16 *Grauthoff*, in: Kossens/von der Heide/Maaß, SGB IX, 4. Aufl. 2015, § 2 Rn. 5.

17 Internationale Klassifikation der Funktionsfähigkeit, Behinderung und Gesundheit.

18 Die deutschsprachige Übersetzung kann auf der Homepage des Deutschen Instituts für Medizinische Dokumentation und Information unter (http://www.dimdi.de/dynamic/de/klassi/downloadcenter/icf/stand2005/) abgerufen werden (Letzter Abruf: 25.3.2017).

19 *Welti*, Behinderung und Rehabilitation im sozialen Rechtsstaat, 2005, S. 8.

20 *Götze*, in: Hauck/Noftz, SGB IX, § 2 Rn. 13.

21 Internationale Klassifikation der Funktionsfähigkeit, Behinderung und Gesundheit (Fn. 18), S. 4.

Gesundheitsproblem (ICD[22]) erwartet wird (…), [und] sie ihr Dasein in allen Lebensbereichen, die ihr wichtig sind, in der Weise und dem Umfang entfalten kann, wie es von einem Menschen ohne gesundheitsbedingter Beeinträchtigung der Körperfunktionen oder -strukturen oder der Aktivitäten erwartet wird (…)".[23]

Die ICF stellt dabei auf die Wechselwirkung zwischen einer Gesundheitsbeeinträchtigung und dem gesellschaftlichen Umfeld ab (sog. Wechselwirkungsmodell[24]).[25] Nach der ICF (Arbeitstitel: ICIDH-2[26]) wird nunmehr Behinderung als das „Ergebnis der negativen Wechselwirkung zwischen einer Person mit einem Gesundheitsproblem (…) und ihren Kontextfaktoren auf ihre funktionale Gesundheit" verstanden[27]. Kontextfaktoren stellen dabei den „gesamten Lebenshintergrund einer Person" dar.[28] Es wird mithin ein biopsychosoziales Modell zugrunde gelegt, bei dem einerseits der medizinische Aspekt, ergo das Defizit des Individuums, und andererseits der gesellschaftliche Aspekt, folglich das soziale Umfeld des Behinderten, berücksichtigt werden.[29] Dies hat zur Konsequenz, dass für die Beurteilung des Vorliegens einer Behinderung nicht mehr nur das körperliche oder geistige Unvermögen des Behinderten, sondern auch die Beziehung zwischen ihm und seiner Umwelt ausschlaggebend sind.[30]

Nach dem Ansatz der ICF ist ein Mensch mithin nicht (nur) behindert, weil dieser ein körperliches oder geistiges Defizit aufweist (so nach der Definition der ICIDH), sondern gerade deshalb, weil er sich in der Umgebung, die einem die Gesellschaft bietet, schwer(er) zurechtfindet.[31]

---

22 International Classification of Diseases = Internationale Klassifikation der Krankheiten.

23 Internationale Klassifikation der Funktionsfähigkeit, Behinderung und Gesundheit (Fn. 18), S. 4.

24 *Welti*, in: Lachwitz/Schellhorn/Welti (Hrsg.), HK-SGB IX, 3. Aufl. 2010, § 2 Rn. 21a.

25 *Luthe*, Die Behinderung nach § 2 Abs. 1 SGB IX, ihr Gesellschaftsbegriff und die ICF, SGb 2009, 569 (570).

26 *Welti*, in: Lachwitz/Schellhorn/Welti (Hrsg.), HK-SGB IX, 3. Aufl. 2010, § 2 Rn. 20.

27 *Schuntermann*, Einführung in die ICF, 4. Aufl. 2013, S. 36.

28 *Knittel*, SGB IX Kommentar, Bd. 1, 60. Ergänzung, Stand: 1.1.2012, § 2 Rn. 20.

29 *Hirschberg*, Ambivalenzen in der Klassifizierung von Behinderung, Ethik Med 2003, 171 (172).

30 *Jabben*, in: Rolfs/Giesen/Kreikebohm/Udsching (Hrsg.), Beck'scher Online Kommentar zum SGB IX, Stand: 1.12.2016, § 2 Rn. 3; *Grauthoff*, in: Kossens/von der Heide/Maaß, SGB IX, 4. Aufl. 2015, § 2 Rn. 6.

31 *Grauthoff*, in: Kossens/von der Heide/Maaß, SGB IX, 4. Aufl. 2015, § 2 Rn. 6.

B. Behinderungsbegriff nach der UN-Behindertenrechtskonvention[32]

Auf völkerrechtlicher Ebene stärkt die UN-Behindertenrechtskonvention (UN-BRK) die Rechte behinderter Menschen. Die UN-BRK stellt einen völkerrechtlichen Vertrag dar, der von der Bundesrepublik Deutschland am 24. Februar 2009 ratifiziert wurde und der daraufhin am 26. März 2009 innerstaatlich in Kraft getreten ist.[33] Die UN-BRK hat dabei den Rang eines einfachen Bundesgesetzes.[34]

Im Hinblick auf den Behinderungsbegriff der UN-BRK ist festzuhalten, dass nicht das medizinische Modell der Behinderung zugrunde gelegt wird, wonach allein die Behinderung im Individuum selbst – aufgrund einer physischen oder psychischen Beeinträchtigung – angelegt ist[35]. Vielmehr gilt ein soziales[36] bzw. menschenrechtliches[37] Modell. Dies ist zum einen an Buchstabe „e" der Präambel der UN-BRK erkennbar, wonach *Behinderung aus der Wechselwirkung zwischen Menschen mit Beeinträchtigungen und einstellungs- und umweltbedingten Barrieren entsteht, die sie an der vollen, wirksamen und gleichberechtigten Teilhabe an der Gesellschaft hindern.* Zum anderen regelt Art. 1 UN-BRK, dass *zu den Menschen mit Behinderungen Personen zählen, die langfristige körperliche, seelische, geistige oder Sinnesbeeinträchtigungen haben, welche sie in Wechselwirkung mit verschiedenen Barrieren an der vollen, wirksamen und gleichberechtigten Teilhabe an der Gesellschaft hindern können.*

Sowohl das soziale als auch das menschenrechtliche Modell stellen mithin auf die Stellung des behinderten Menschen in seiner Umwelt ab. Nach dem sozialen

---

32 UN-Behindertenrechtskonvention (UN-BRK) v. 21. Dezember 2008, BGBl. II Nr. 35 v. 31.12.2008, S. 1419.

33 *Knospe/Papadopoulos*, in: Degener/Diehl (Hrsg.), Handbuch Behindertenrechtskonvention 2015, S. 77.

34 *Kempen*, in: v. Mangoldt/Klein/Starck, GG Kommentar, 6. Aufl. 2010, Art. 59 Rn. 92; *Knospe/Papadopoulos*, in: Degener/Diehl (Hrsg.), Handbuch Behindertenrechtskonvention 2015, S. 77.

35 *Wohlgensinger*, Behinderung und Menschenrechte: Ein Verhältnis auf dem Prüfstand, 2014, S. 64 f.

36 *Kotzur/Richter*, in: Welke: UN-Behindertenrechtskonvention mit rechtlichen Erläuterungen, 2012, S. 86; *v. Bernstorff*, Menschenrechte und Betroffenenrepräsentation: Entstehung und Inhalt eines UN-Antidiskriminierungsübereinkommens über die Rechte von behinderten Menschen, ZaöRV 67 (2007), 1041 (1047); *Wohlgensinger*, Behinderung und Menschenrechte: Ein Verhältnis auf dem Prüfstand, 2014, S. 65.

37 *Degener*, in: Degener/Diehl (Hrsg.), Handbuch Behindertenrechtskonvention 2015, S. 63.

Modell ist ein Mensch nicht allein wegen eines körperlichen oder geistigen Defizits, sondern wegen der Barrieren, die ihm die Umwelt aufgrund dessen schafft, behindert.[38] Der behinderte Mensch stellt jedoch nach dieser Ansicht nach wie vor den Ursprung dar.[39] Das menschenrechtliche Modell ist „auf die äußeren, gesellschaftlichen Bedingungen gerichtet, die behinderte Menschen aussondern und diskriminieren".[40] Auch hier ist der behinderte Mensch der Ausgangspunkt.

Grundsätzlich ist festzustellen, dass es sich bei dem Behinderungsbegriff der UN-BRK um einen offenen Begriff handelt.[41] Zum einen wollten die Vertragsstaaten auch Behinderungen erfassen, die erst in Zukunft erkennbar werden. Zum anderen werden von der Konvention auch Behinderungstypen wie „chronische Erkrankungen, Folgen von Immunschwächekrankheiten, beispielsweise Aids, oder Behinderungen, die bei pflegebedürftigen, älteren Menschen oder Menschen mit psychosozialen Problemen auftreten, erfasst".[42]

Des Weiteren liegt dem Behinderungsbegriff auch ein „offenes und dynamisches Konzept" zugrunde.[43] So haben die Väter und Mütter der UN-BRK in Buchstabe „e" der Präambel erklärt, dass sich das *Verständnis von Behinderung (...) ständig weiterentwickelt.*[44] Somit kann auf Veränderungen, die sich in Bezug auf eine Behinderung oder auf den gesellschaftlichen Wandel ergeben, reagiert werden.

Abschließend kann festgehalten werden, dass der Behinderungsbegriff der UN-BRK mit dem der ICF sehr ähnlich ist – beide Begriffe folgen dem Wechselwirkungsmodell – und sich ersterer somit an zweiterem orientiert.[45]

---

38 *Wohlgensinger*, Behinderung und Menschenrechte: Ein Verhältnis auf dem Prüfstand, 2014, S. 64 f.; *v. Bernstorff*, Menschenrechte und Betroffenenrepräsentation: Entstehung und Inhalt eines UN-Antidiskriminierungsübereinkommens über die Rechte von behinderten Menschen, ZaöRV 67 (2007), 1041 (1048).

39 *Wohlgensinger*, Behinderung und Menschenrechte: Ein Verhältnis auf dem Prüfstand, 2014, S. 67.

40 *Degener*, Die UN-Behindertenrechtskonvention als Inklusionsmotor, RdJB 2009, 200 (200).

41 *Hirschberg*, Behinderung: Neues Verständnis nach der Behindertenrechtskonvention, 2011, S. 2.

42 *Hirschberg*, Behinderung: Neues Verständnis nach der Behindertenrechtskonvention, 2011, S. 2.

43 *Hirschberg*, Behinderung: Neues Verständnis nach der Behindertenrechtskonvention, 2011, S. 2.

44 Unterrichtung durch die Bundesregierung v. 31.7.2013, BT-Drs. 17/14476, S. 19.

45 *Welti*, in: Lachwitz/Schellhorn/Welti (Hrsg.), HK-SGB IX, 3. Aufl. 2010, § 2 Rn. 21a.

C. Behinderungsbegriff nach Deutschen Rechtsnormen

Eine einheitliche Begriffsbestimmung, wann eine Behinderung vorliegt, existiert auch in der Deutschen Rechtsordnung nicht.[46] Dies hängt vor allem damit zusammen, dass „die Definition von Rechtsbegriffen (...) wesentlich durch den Zweck bestimmt wird, den das Gesetz gerade mit diesen Begriffen verfolgt".[47]

Der deutsche Gesetzgeber geht vielmehr verschiedene Wege in Bezug auf den Behinderungsbegriff. Zum einen definiert er den Begriff der Behinderung legal (vgl. § 2 Abs. 1 S. 1 SGB IX). Zum anderen erwähnt er nur den Begriff „Behinderung", lässt ihn aber undefiniert (vgl. § 1 AGG[48]).[49] Ferner nutzt der Gesetzgeber bereits vorhandene Begrifflichkeiten. So orientiert sich beispielsweise der Behinderungsbegriff in § 3 BGG[50] an Art. 1 UN-BRK.

I. Behinderungsbegriff nach dem Grundgesetz

1. Gesetzgebung

Die Stellung von Behinderten wurde im Jahre 1994[51] durch den ins Grundgesetz (GG) eingeführten Art. 3 Abs. 3 S. 2 GG, welcher eine Diskriminierung von Behinderten verbietet, gestärkt[52]. Durch die Einführung dieser Norm sollte „die Stellung behinderter Menschen in der Gesellschaft [gestärkt], das Bewusstsein für ihre spezifischen Probleme [geschärft] und auf diese Weise die Integrationsaufgabe [vorangetrieben werden]".[53]

---

46 *Degener*, Verfassungsrechtliche Probleme mit der Behindertendiskriminierung in Deutschland, KJ 2000, 425 (426).

47 *Thust/Trenk-Hinterberger*, Recht der Behinderten, 2. Aufl. 1989, S. 32.

48 Allgemeines Gleichbehandlungsgesetz (AGG) v. 14.8.2006, BGBl. I Nr. 39 v. 17.8.2006, S. 1897.

49 *Thüsing*, in: MüKo, BGB, 7. Aufl. 2015, § 1 AGG Rn. 75: „Auf die Frage, wer iSd AGG behindert ist, antwortet das Gesetz nicht." Exkurs: Der Behinderungsbegriff des AGG entspricht der Definition des § 2 Abs. 1 S. 1 SGB IX (Gesetzentwurf der Bundesregierung v. 8.6.2006, BT-Drs. 16/1780, S. 31).

50 Gesetz zur Gleichstellung behinderter Menschen (BGG) v. 27.4.2002, BGBl. I Nr. 28 v. 30.4.2002, S. 1467.

51 Gesetz zur Änderung des Grundgesetzes v. 27.10.1994, BGBl. I S. 3146; BVerfG, Beschl. v. 8.10.1997 (Az. 1 BvR 9/97), BVerfGE 96, 288 (301).

52 *Spranger*, Wen schützt Art. 3 III 2 GG?, DVBl. 1998, 1058 (1061): Art. 3 Abs. 3 S. 2 GG stellt eine „Ergänzung und Verstärkung" des Sozialstaatsprinzips dar, nach dem behinderte Menschen vor der Einführung des Art. 3 Abs. 3 S. 2 GG geschützt wurden.

53 *Reichenbach*, § 2 Abs. 1 SGB IX – Ein Beitrag zur Umsetzung des Diskriminierungsverbots aus Art. 3 Abs. 3 S. 2 GG?, SGb 2002, 485 (486).

Die Gesetzesmaterialien geben über die Definition des Behinderungsbegriffs keinen Aufschluss.[54] Der Gesetzgeber soll sich jedoch an der seinerzeit üblichen Definition des § 3 Abs. 1 S. 1 des Schwerbehindertengesetzes (SchwbG)[55] orientiert haben[56], wonach unter Behinderung *die Auswirkung einer nicht nur vorübergehenden Funktionsbeeinträchtigung, die auf einem regelwidrigen körperlichen, geistigen oder seelischen Zustand beruht*, verstanden wird.[57] § 3 Abs. 1 S. 1 SchwbG lehnt sich wiederum an den dreistufigen Begriff der ICIDH an.[58]

---

54 Bericht der Gemeinsamen Verfassungskommission v. 5.11.1993, BT-Drs. 12/6000, S. 52 f.; Gesetzentwurf der Fraktion der SPD v. 1.12.1993, BT-Drs. 12/6323, S. 11 f.; Beschlussempfehlung und Bericht des Rechtsausschusses (6. Ausschuss) v. 28.6.1994, BT-Drs. 12/8165, S. 28 f.; BVerfG, Beschl. v. 8.10.1997 (Az. 1 BvR 9/97), BVerfGE 96, 288 (301).

55 Das Schwerbehindertengesetz (SchwbG) v. 26.8.1986, BGBl. I Nr. 45 v. 2.9.1986, S. 1421, 1550, zuletzt geändert durch Artikel 20 des Gesetzes zur Reform der Renten wegen verminderter Erwerbsfähigkeit v. 20.12.2000, BGBl. I Nr. 57 v. 23.12.2000, S. 1827, und das Gesetz über die Angleichung der Leistungen zur Rehabilitation v. 7.8.1974, BGBl. I Nr. 92 v. 15.8.1974, S. 1881, zuletzt geändert durch Artikel 10 des Altersvermögensergänzungsgesetzes v. 21.3.2001, BGBl. I Nr. 13 v. 26.3.2001, S. 403, wurde gemäß Art. 63 SGB IX aufgehoben.

56 *Jürgens*, Grundrecht für Behinderte, NVwZ 1995, 452 (452); krit.: *Spranger*, Wen schützt Art. 3 III 2 GG?, DVBl. 1998, 1058 (1060): Dieser konstatiert wegen einer vermeintlichen Beschränkung der Grundrechtsträger auf Schwerbehinderte, dass „die ex tunc aufgestellte Behauptung, den Parlamentariern habe bei der Fassung des Art. 3 III 2 GG die Definition des § 3 I SchwbG gleichsam vor Augen gestanden, (…) damit vollkommen willkürlich [ist] und (…) jeglicher Grundlage [entbehrt]". Dabei verkennt der Autor aber, dass in § 3 Abs. 1 S. 1 SchwbG lediglich der Behinderungsbegriff definiert wird und nicht auf die Schwerbehinderteneigenschaft eingegangen wird. Diese wurde vielmehr in § 1 SchwbG normiert. Durch die Bezugnahme auf § 3 Abs. 1 S. 1 SchwbG wird somit nicht der Bereich der Grundrechtsträger gemäß Art. 3 Abs. 3 S. 2 GG auf Schwerbehinderte begrenzt (vgl. hierzu auch *Welti*, in: Lachwitz/Schellhorn/Welti (Hrsg.), HK-SGB IX, 3. Aufl. 2010, § 2 Rn 12).

57 BVerfG, Beschl. v. 8.10.1997 (Az. 1 BvR 9/97), BVerfGE 96, 288 (301); krit.: *Umbach*, in: Umbach/Clemens (Hrsg.), Grundgesetz Mitarbeiterkommentar, Art. 3 III 2 Rn. 399 f.: Dieser hält es für nicht angemessen, dass der Begriff eines Verfassungstextes anhand einer einfachen Bundesnorm ausgelegt wird.; ebenso: *Spranger*, Wen schützt Art. 3 III 2 GG, DVBl. 1998, 1058 (1060): Der Autor übt an der Übertragung der Definition des § 3 Abs. 1 S. 1 SchwbG erhebliche Kritik, indem er u.a. erwähnt, dass „es (…) zu den fundamentalen Grundlagen des geltenden Verfassungsrechts [gehört], dass eine auf die Ebene des Grundgesetzes erhobene Begrifflichkeit nicht anhand einfachen Gesetzesrechts definiert werden darf".

58 *Straßmair*, Der besondere Gleichheitssatz aus Art. 3 Abs. 3 Satz 2 GG, 2002, S. 168.

2. *Bundesverfassungsgericht*

Dieser Begriffsbestimmung hat sich auch das Bundesverfassungsgericht in seiner sog. Sonderschulentscheidung angeschlossen, wobei es dabei offengelassen hat, ob hiermit das „Merkmal der Behinderung" final definiert ist.[59] Daran haben auch die darauffolgenden Entscheidungen[60] des Bundesverfassungsgerichts nichts geändert, sodass es im Hinblick auf das Grundgesetz nach wie vor an einer abschließenden Definition - mangels Entscheidungserheblichkeit - fehlt.[61]

3. *Literatur*

Die Literatur folgte seinerzeit zum ganz überwiegenden Teil auch der Definition aus § 3 Abs. 1 S. 1 SchwbG, wobei als Begründung angebracht wurde, dass der verfassungsändernde Gesetzgeber zur Definition des Behinderungsbegriffs geschwiegen habe und daher davon auszugehen sei, dass der Gesetzgeber „an das zur Zeit der Verfassungsänderung übliche Begriffsverständnis habe anknüpfen wollen".[62] Diese Ansicht wurde auch durch den Dritten Bericht der Bundesregierung über die Lage der Behinderten und die Entwicklung der Rehabilitation[63] aus dem Jahre 1994 unterstrichen. Der Behinderungsbegriff des Berichts ist mit dem des SchwbG identisch.[64]

Heutzutage sind in der Literatur vor allem zwei Meinungsbilder zu verzeichnen. Zum einen wird immer noch dem Behinderungsbegriff gefolgt, welcher sich an § 3 Abs. 1 S. 1 SchwbG orientiert.[65] Zum anderen kann man eine gewisse Tendenz in Richtung des sozialen Behinderungsbegriffs feststellen, der auch

---

59 BVerfG, Beschl. v. 8.10.1997 (Az. 1 BvR 9/97), BVerfGE 96, 288 (301).

60 BVerfG, Beschl. v. 11.1.2011 (Az. 1 BvR 3588/08, 555/09), BVerfGE 128, 138; BVerfG, Beschl. v. 19.1.1999 (Az. 1 BvR 2161/94), BVerfGE 99, 341.

61 *Umbach*, in: Umbach/Clemens (Hrsg.), Grundgesetz Mitarbeiterkommentar, Art. 3 III 2 Rn. 397.

62 *Buch*, Das Grundrecht der Behinderten, 2001, S. 47.

63 Unterrichtung durch die Bundesregierung v. 24.3.1994, BT-Drs. 12/7148, S. 1 ff.

64 Unterrichtung durch die Bundesregierung v. 24.3.1994, BT-Drs. 12/7148, S. 2; *Buch*, Das Grundrecht der Behinderten, 2001, S. 47 f.

65 *Jarass*, in: Jarass/Pieroth, GG Kommentar, 14. Aufl. 2016, Art. 3 Rn. 144; *Englisch*, in: Stern/Becker, Grundrechte-Kommentar, 2. Aufl. 2016, Art. 3 Rn. 98; *Rüfner*, in: Kahl/Waldhoff/Walter (Hrsg.), Bonner Kommentar zum Grundgesetz, Lfg. Mai 1996, Art. 3 Abs. 2 und 3 Rn. 870; *Starck*, in: v. Mangoldt/Klein/Starck, GG Kommentar, 6. Aufl. 2010, Art. 3 Rn. 418.

gesellschaftliche Bezüge aufweist.[66] So stellen etwa *Osterloh* und *Nußberger* auf den Behinderungsbegriff des § 2 Abs. 1 S. 1 SGB IX ab[67], wonach Menschen behindert sind, *wenn ihre körperliche Funktion, geistige Fähigkeit oder seelische Gesundheit mit hoher Wahrscheinlichkeit länger als sechs Monate von dem für das Lebensalter typischen Zustand abweichen und daher ihre Teilhabe am Leben in der Gesellschaft beeinträchtigt ist.* Der Behinderungsbegriff des § 2 Abs. 1 S. 1 SGB IX orientiert sich wiederum an dem Behinderungsbegriff der ICF.[68]

4. *Umfang des Behinderungsbegriffs*

Nachdem nun ganz grundsätzlich die verschiedenen Ansichten zum Behinderungsbegriff des Art. 3 Abs. 3 S. 2 GG erläutert wurden, fragt sich, wer vom persönlichen Anwendungsbereich des Art. 3 Abs. 3 S. 2 GG tatsächlich erfasst wird. Als unbestimmter Verfassungsbegriff ist „Behinderung" iSd Art. 3 Abs. 3 S. 2 GG grundsätzlich auslegungsfähig[69], sodass dessen Umfang in Teilbereichen höchst umstritten ist.

a) *Dauer der Behinderung*

Für die Bejahung des Behinderungsbegriffs bedarf es einer gewissen Dauer der Behinderung. Dies wird beispielsweise in der o.g. Definition des § 3 Abs. 1 S. 1 SchwbG dadurch kenntlich, dass eine „nicht nur vorübergehende Funktionsbeeinträchtigung" vorliegen muss.

aa) Abgrenzung zur Krankheit

Diese Dauerhaftigkeit ist vor allem für die Abgrenzung der Behinderung zur bloßen Krankheit erforderlich, welche nicht unter den Behinderungsbegriff des Art. 3 Abs. 3 S. 2 GG fällt.[70] Auf die Frage, wann von einer Dauerhaftigkeit ausgegangen werden kann, ist aber weder das Bundesverfassungsgericht noch die Literatur explizit eingegangen. Da das Bundesverfassungsgericht aber auf § 3 Abs. 1 SchwbG

66 *Heun*, in: Dreier, Grundgesetz Kommentar, 3. Aufl. 2013, Art. 3 Rn. 136; *Boysen*, in: v. Münch/Kunig, Grundgesetzkommentar, 6. Aufl. 2012, Art. 3 Rn. 193; *Osterloh/Nußberger*, in: Sachs, Grundgesetz Kommentar, 7. Aufl. 2014, Art. 3 Rn. 309.

67 *Osterloh/Nußberger*, in: Sachs, Grundgesetz Kommentar, 7. Aufl. 2014, Art. 3 Rn. 309.

68 Gesetzentwurf der Fraktion der SPD und BÜNDNIS 90/DIE GRÜNEN v. 16.1.2001, BT-Drs. 14/5074, S. 98.

69 *Straßmair*, Der besondere Gleichheitssatz aus Art. 3 Abs. 3 Satz 2 GG, 2002, S. 174.

70 BVerfG, Beschl. v. 11.1.2011 (Az. 1 BvR 3588/08, 555/09), BVerfGE 128, 138 (156 f.); *Jarass*, in: Jarass/Pieroth, GG Kommentar, 14. Aufl. 2016, Art. 3 Rn. 144.

Bezug genommen und auch der Gesetzgeber bei der Schaffung des Art. 3 Abs. 3 S. 2 GG den § 3 Abs. 1 SchwbG vor Augen gehabt hat, ist davon auszugehen, dass diesbezüglich ebenfalls auf § 3 Abs. 1 SchwbG abzustellen ist.[71] Nach § 3 Abs. 1 S. 3 SchwbG *gilt ein Zeitraum von mehr als sechs Monaten als nicht vorübergehend.*

Zwar wird teilweise vertreten, dass die Dauer nicht streng anhand der sechs Monate festgemacht werden darf.[72] Das Fehlen einer konkreten Dauer würde aber zu erheblicher Rechtsunsicherheit in Bezug auf die Abgrenzung von Behinderung und Krankheit führen, sodass auch beim Behinderungsbegriff des Art. 3 Abs. 3 S. 2 GG auf § 3 Abs. 1 S. 3 SchwbG abgestellt werden sollte.

bb) Abgrenzung zur chronischen Krankheit

Stellt sich die Abgrenzung zwischen Behinderung und Krankheit noch als relativ simpel dar, so ergeben sich größere Probleme bei der Abgrenzung zwischen Behinderung und chronischer Krankheit. Auch hier kommt es auf die Dauer der Beeinträchtigung an. Da eine chronische Krankheit eine schwerwiegende und länger anhaltende Krankheit ist, wird sie regelmäßig länger als sechs Monate dauern, so dass nach der Definition auch eine Behinderung gegeben wäre. Auch, wenn eine Beurteilung aus der ex ante-Perspektive im Zweifel schwierig ist, sollte dennoch – um zur Behinderung abgrenzen zu können – darauf abgestellt werden, ob eine realistische Heilung möglich ist.[73] Ist dies nicht der Fall, so ist das Vorliegen einer Behinderung zu bejahen.

b) Intensität der Behinderung

Umstritten ist ferner die Frage nach der Intensität der Behinderung. Eine Mindermeinung in der Literatur vertritt die Auffassung, dass von Art. 3 Abs. 3 S. 2 GG lediglich Schwerbehinderte umfasst sind. *Sannwald* macht dies an der „appellativen Funktion" der Norm fest, wonach primär Schwerbehinderte in den Schutzbereich des Art. 3 Abs. 3 S. 2 GG fallen sollen.[74] Eine Begründung, weshalb gerade die „appellative Funktion" zu einer Einschränkung des Grundrechtsträgerkreises führt, bleibt der Autor aber schuldig. Die Ansicht *Sannwalds* überzeugt nicht. Vielmehr ist *Spranger* zu folgen, welcher behauptet, dass sich „ebenso gut (…)

71 BVerfG, Beschl. v. 8.10.1997 (Az. 1 BvR 9/97), BVerfGE 96, 288 (301).

72 *Neumann*, Der verfassungsrechtliche Begriff der Behinderung, NVwZ 2003, 897 (898).

73 *Umbach*, in: Umbach/Clemens (Hrsg.), Grundgesetz Mitarbeiterkommentar, Art. 3 III 2 Rn. 402; *Straßmair*, Der besondere Gleichheitssatz aus Art. 3 Abs. 3 Satz 2 GG, 2002, S. 173; *Buch*, Das Grundrecht der Behinderten, 2001, S. 63.

74 *Sannwald*, Die Reform des Grundgesetzes, NJW 1994, 3313 (3314).

über den selben Hinweis das Erfordernis möglichst umfassender Auslegung, und damit das genaue Gegenteil vertreten [ließe]".[75] Die herrschende Meinung im Schrifttum[76] geht ebenso von einer weiten Auslegung aus und bezieht nicht nur Schwerbehinderte in den Kreis der Grundrechtsträger ein.[77] Diese Meinung ist vorzugswürdig. Bereits das Wortlautargument spricht gegen eine Beschränkung des Schutzbereiches. Immerhin spricht der Gesetzestext des Art. 3 Abs. 3 S. 2 GG lediglich von „Behinderung".

Auch das teleologische Argument führt zur Einbeziehung aller behinderten Menschen. Sinn und Zweck des Benachteiligungsverbotes des Art. 3 Abs. 3 S. 2 GG ist nämlich, einen möglichst vollumfänglichen Schutz für alle behinderten Menschen zu bieten.

Diese weite Auslegung darf aber selbstredend nicht dazu führen, dass bereits jede noch so kleine Beeinträchtigung des körperlichen, geistigen oder seelischen Zustands zu einer Behinderung iSd Art. 3 Abs. 3 S. 2 GG führt. Es muss hingegen eine gewisse „Intensitätsschwelle überschritten" werden, sodass nicht bereits bei einer gewissen Kurzsichtigkeit bzw. einem leichten Hörschaden von Behinderung iSd Art. 3 Abs. 3 S. 2 GG gesprochen werden kann.[78]

---

75 *Spranger*, Umfassender Schutz aller Behinderten über Art. 3 Abs. 3 Satz 2, br 1998, 92 (93).

76 *Umbach*, in: Umbach/Clemens (Hrsg.), Grundgesetz Mitarbeiterkommentar, Art. 3 III 2 Rn. 398; *Boysen*, in: v. Münch/Kunig, Grundgesetzkommentar, 6. Aufl. 2012, Art. 3 Rn. 194; *Jarass*, in: Jarass/Pieroth, GG Kommentar, 14. Aufl. 2016, Art. 3 Rn. 144; *Heun*, in: Dreier, Grundgesetz Kommentar, 3. Aufl. 2013, Art. 3 Rn. 136; *Osterloh/Nußberger*, in: Sachs, Grundgesetz Kommentar, 7. Aufl. 2014, Art. 3 Rn. 309; *Rüfner*, in: Kahl/Waldhoff/Walter (Hrsg.), Bonner Kommentar zum Grundgesetz, Lfg. Mai 1996, Art. 3 Abs. 2 und 3 Rn. 871.

77 A.A.: *Spranger*, Wen schützt Art. 3 III 2 GG?, DVBl. 1998, 1058 (1059) Fn. 5: Der Autor ging im Jahre 1998 davon aus, dass die herrschende Meinung im Schrifttum nur Schwerbehinderte unter den Schutzbereich des Art. 3 Abs. 2 S. 2 GG subsumierte. Von einer herrschenden Meinung konnte damals aber nicht gesprochen werden. Zwar gab es seinerzeit diverse Stimmen in der Literatur, welche unter den Behinderungsbegriff des Art. 3 Abs. 2 S. 2 GG nur Schwerbehinderte verstanden haben wollten. Dies war aber nicht das Gros der Autoren. So schreiben beispielsweise *Osterloh* und *Nußberger* in ihrer Kommentierung zu Art. 3 GG (vgl. *Osterloh/Nußberger*, in: Sachs, Grundgesetz Kommentar, 7. Aufl. 2014, Art. 3 Rn. 309.), dass – anders als dies *Spranger* behauptet – „der Verfassungstext (...) keinen Anhaltspunkt für eine Beschränkung auf schwere Behinderungen [bietet]".

78 *Caspar*, Das Diskriminierungsverbot behinderter Personen nach Art. 3 Abs. 3 S. 2 GG und seiner Bedeutung in der aktuellen Rechtsprechung, EuGRZ 2000, 135 (136).

c) Regelwidrigkeit

Der Behinderungsbegriff des Art. 3 Abs. 3 S. 2 GG setzt voraus, dass es sich um einen regelwidrigen körperlichen, geistigen oder seelischen Zustand handelt. Gemäß § 3 Abs. 1 S. 2 SchwbG ist ein Zustand regelwidrig, wenn er *von dem für das Lebensalter typischen abweicht.* Dies hätte grundsätzlich zur Folge, dass normale Alterserscheinungen (Bsp.: Verminderung der Seh- und Hörfähigkeit) keine Behinderung darstellen, da sie nicht Auswirkung eines regelwidrigen Zustands sind.[79] Der Ausschluss von altersbedingten Beeinträchtigungen mag im Sozialrecht (vgl. § 2 Abs. 1 S. 1 SGB IX) begründet sein, da der Staat durch die Bejahung der individuellen Behindertenstellung diverse Leistungen zu erbringen hat.[80] Eine solche Einschränkung des Behinderungsbegriffs des Art. 3 Abs. 3 S. 2 GG ist aber nicht haltbar. Immerhin folgt die Regelung des Art. 3 Abs. 3 S. 2 GG „nicht der Logik staatlicher Mittelvergabe (…), sondern dem Ziel der Inklusion behinderter Menschen in die Gesellschaft".[81] Daraus folgt, dass auch „normale" Alterserscheinungen Behinderungen iSd Art. 3 Abs. 3 S. 2 GG darstellen können.

Des Weiteren muss beachtet werden, dass Mediziner aus den Fachbereichen Gerontologie und Geriatrie lediglich verlässlich sagen können, dass das Altern einen sehr individuellen Prozess darstellt, weshalb es sich „verbiete (…), eine Funktionseinschränkung nur deshalb als alterstypisch anzusehen, weil sie bei einem wie auch immer zu beziffernden Prozentsatz gleichaltriger Personen vorliegt."[82]

Darüber hinaus sind Literatur und Rechtsprechung von der Ansicht abgekommen, dass die Regelwidrigkeit allein am Alter zu messen ist. Vielmehr hängt die Regelwidrigkeit von der Behandlungsfähigkeit ab.[83] Wie im Krankenversicherungsrecht kommt es aus Sicht des Bundessozialgerichts auf das „Leitbild eines gesunden Menschen" an.[84] Dieser Ansatz ist auch insofern sinnvoll, da – stellte man allein auf alterstypische Abweichungen ab – sich erhebliche Abgrenzungsschwierigkeiten in alterstypische und altersuntypische Abweichungen ergeben würden.[85]

Ferner kann für die Einbeziehung altersbedingter Beeinträchtigungen in den verfassungsrechtlichen Behinderungsbegriff wiederum das Wortlautargument

---

79 *Cramer*, Schwerbehindertengesetz, 5. Aufl. 1998, § 3 Rn. 8.

80 *Boysen*, in: v. Münch/Kunig, Grundgesetzkommentar, 6. Aufl. 2012, Art. 3 Rn. 194.

81 *Boysen*, in: v. Münch/Kunig, Grundgesetzkommentar, 6. Aufl. 2012, Art. 3 Rn. 194.

82 *Welti*, in: Lachwitz/Schellhorn/Welti (Hrsg.), HK-SGB IX, 3. Aufl. 2010, § 2 Rn 29.

83 *Neumann*, Der verfassungsrechtliche Begriff der Behinderung, NVwZ 2003, 897 (898).

84 BSG, Urt. v. 28.4.1967 (Az. 3 RK 12/65), BSGE 26, 240 (242).

85 *Neumann*, Der verfassungsrechtliche Begriff der Behinderung, NVwZ 2003, 897 (898).

angebracht werden. In Art. 3 Abs. 3 S. 2 GG findet sich nämlich kein Anzeichen für eine solche Einschränkung.[86]

5. *Fazit*

Zusammenfassend ist festzustellen, dass sich der verfassungsrechtliche Behinderungsbegriff, den das Bundesverfassungsgericht in seiner Sonderschulentscheidung zugrunde gelegt hat, grundsätzlich weiterhin als praktikabel erweist. Mit der Formulierung aus § 3 Abs. 1 S. 1 SchwbG (*Auswirkung einer nicht nur vorübergehenden Funktionsbeeinträchtigung, die auf einem regelwidrigen körperlichen, geistigen oder seelischen Zustand beruht*) sind alle wesentlichen Punkte, die es für die Definition des Behinderungsbegriffs bedarf, abgedeckt. Mit der Definition des § 3 Abs. 1 S. 1 SchwbG ist etwas verkürzt eine *Beeinträchtigung an der Teilhabe am Leben in der Gesellschaft* wie in § 2 Abs. 1 S. 1 SGB IX gemeint.[87] In der Formulierung *Teilhabe am Leben in der Gesellschaft* liegt nur eine Präzisierung des Begriffs *Auswirkung*.[88]

Dass nicht expressis verbis – wie bei dem Behinderungsbegriff der ICF – auf die Wechselwirkung zwischen einer behinderten Person und ihrer Umwelt abgestellt wird, ist dabei auch in Bezug auf die Fortentwicklung des Behinderungsbegriffs verkraftbar. Die Intension des weiten Behinderungsbegriffs der ICF ist zwar überaus lobenswert. Diese Definition birgt jedoch die Gefahr in sich, dass aufgrund der Schwammigkeit des Begriffs „Wechselwirkung" eine „verlässliche Bestimmung des schutzbedürftigen Personenkreises zu einem nahezu unmöglichen Unterfangen" wird.[89] Überdies sollte auch an dem Kausalitätserfordernis zwischen regelwidrigem Zustand, Funktionsbeeinträchtigung und Auswirkung festgehalten werden. Dieses Erfordernis kommt auch in § 2 Abs. 1 S. 1 SGB IX („daher") zum Ausdruck. Im Vergleich zum Wechselwirkungsmodell der ICF lässt das Kausalitätsmodell klare Abgrenzungsmöglichkeiten zu. *Neumann* folgend ist der Behinderungsbegriff der ICF „zu weit gefasst und deshalb ungeeignet

---

86 *Masuch*, Die Beeinträchtigung der Teilhabe in der Gesellschaft – Die Rechtsprechung des Bundessozialgerichts auf dem Weg zum neuen Behinderungsbegriff, in: Festschrift 50 Jahre Bundessozialgericht, 2004, S. 204.

87 *Neumann*, Der verfassungsrechtliche Begriff der Behinderung, NVwZ 2003, 897 (899); a.A.: *Welti*, in: Lachwitz/Schellhorn/Welti (Hrsg.), HK-SGB IX, 3. Aufl. 2010, § 2 Rn 3.

88 *Masuch*, Die Beeinträchtigung der Teilhabe in der Gesellschaft – Die Rechtsprechung des Bundessozialgerichts auf dem Weg zum neuen Behinderungsbegriff, in: Festschrift 50 Jahre Bundessozialgericht, 2004, S. 210.

89 *Luthe*, in: Luthe (Hrsg.), Rehabilitationsrecht, 2. Aufl. 2015, Teil 1 Kapitel C Rn. 5.

für die Differenzierung zwischen Menschen, die behindert sind, und solchen, die sich als behindert wahrnehmen, ohne es zu sein".[90]

In Bezug auf Art. 3 Abs. 3 S. 2 GG sollte daher an dem Begriff des § 3 Abs. 1 S. 1 SchwbG festgehalten werden.[91] Ein Abstellen auf den Begriff des § 2 Abs. 1 S. 1 SGB IX, welcher von einer *Beeinträchtigung der Teilhabe am Leben in der Gesellschaft* spricht, wäre zwar ohne Weiteres möglich, hätte im Zweifel aber nur kosmetische Auswirkungen.

II. Behinderungsbegriff nach dem Sozialrecht

Obwohl es sich beim Sozialrecht um eine eigenständige Rechtsmaterie handelt, gibt es selbst für diesen Bereich keinen einheitlichen Behinderungsbegriff. Dies ist wiederum dem Umstand geschuldet, dass das Recht flexibel auf die jeweiligen Bereiche, für die es geschaffen wurde, anwendbar sein muss.[92] Zu erkennen ist das vor allem daran, dass allein das Sozialgesetzbuch in zwölf verschiedene Bücher aufgeteilt ist.

Der wohl wichtigste Behinderungsbegriff des Sozialrechts ist in § 2 Abs. 1 S. 1 SGB IX geregelt.[93] Dieser gilt nicht nur für das SGB IX. Vielmehr verwenden andere Normen im SGB den Begriff, um wiederum in leicht abgewandelter Form den ihnen zugrunde liegenden Behinderungsbegriff zu definieren (vgl. § 19 SGB III[94] bzw. § 53 SGB XII[95]).

---

90 *Neumann*, Der verfassungsrechtliche Begriff der Behinderung, NVwZ 2003, 897 (899); ähnl.: *Schuntermann*, Einführung in die ICF, 4. Aufl. 2013, S. 36: *Schuntermann* bemerkt, dass aufgrund der Weite des Behinderungsbegriffs der ICF „in Deutschland im Bereich der Sozialleistungsträger nur der Behinderungsbegriff des SGB IX verwendet werden [sollte], um Missverständnisse zu vermeiden". Die Gefahr der Entstehung von Missverständnissen besteht aber auch im Bereich des verfassungsrechtlichen Behinderungsbegriffs, sodass ein Festhalten am Begriff des § 3 Abs. 1 S. 1 SchwbG grundsätzlich richtig ist.

91 *Neumann*, Der verfassungsrechtliche Begriff der Behinderung, NVwZ 2003, 897 (900).

92 *Thust/Trenk-Hinterberger*, Recht der Behinderten, 2. Aufl. 1989, S. 32.

93 *Welti*, Das neue SGB IX – Recht der Rehabilitation und Teilhabe behinderter Menschen, NJW 2001, 2210 (2211).

94 Sozialgesetzbuch – Drittes Buch – (SGB III) v. 24.3.1997, BGBl. I Nr. 20 v. 27.3.1997, S. 594.

95 Sozialgesetzbuch – Zwölftes Buch – (SGB XII) v. 27.12.2003, BGBl. I Nr. 67 v. 30.12.2003, S. 3022.

1. *Behinderungsbegriff des § 2 Abs. 1 S. 1 SGB IX*

a) *Telos*

Zielsetzung des Gesetzgebers war es, mit der Einführung des SGB IX das Benachteiligungsverbot des Art. 3 Abs. 3 S. 2 GG in das Sozialrecht umzusetzen.[96] Dies unterstreicht auch § 1 SGB IX, welcher *Selbstbestimmung und gleichberechtigte Teilhabe von behinderten Menschen am Leben in der Gesellschaft (…) fördern, Benachteiligungen (…) vermeiden oder ihnen entgegenwirken möchte.*

Das SGB IX soll daher zum einen Hilfestellung für behinderte Menschen in ein normales Leben sein (Teil 1) und zum anderen einen Ausgleich für Defizite bieten, die durch die Behinderung entstanden sind (Teil 2).[97]

b) *Behinderungsbegriff*

Nach dem Behinderungsbegriff des § 2 Abs. 1 S. 1 SGB IX sind Menschen behindert, *wenn ihre körperliche Funktion, geistige Fähigkeit oder seelische Gesundheit mit hoher Wahrscheinlichkeit länger als sechs Monate von dem für das Lebensalter typischen Zustand abweichen und daher ihre Teilhabe am Leben in der Gesellschaft beeinträchtigt ist.* Satz 2 bezieht sogar explizit Personen mit ein, die von einer Behinderung bedroht sind.

Dieser Behinderungsbegriff geht auf das Partizipationsmodell der ICF zurück, wonach nicht mehr allein auf das Unvermögen des behinderten Menschen, sondern die Teilhabe an den unterschiedlichen Lebensbereichen abgestellt wird.[98] Es ist aber zu beachten, dass nur „wesentliche Aspekte der ICF“ einbezogen wurden; die „Kernaussage (…) wonach es auf die Wechselwirkung von Gesundheitsstörung und Gesellschaft ankommen soll, wurde in § 2 SGB IX gerade nicht übernommen“.[99] Vielmehr wird weiterhin am

96 Gesetzentwurf der Fraktion der SPD und BÜNDNIS 90/DIE GRÜNEN v. 16.1.2001, BT-Drs. 14/5074, S. 92.

97 *Masuch*, Die Beeinträchtigung der Teilhabe in der Gesellschaft – Die Rechtsprechung des Bundessozialgerichts auf dem Weg zum neuen Behinderungsbegriff, in: Festschrift 50 Jahre Bundessozialgericht, 2004, S. 211.

98 Gesetzentwurf der Fraktion der SPD und BÜNDNIS 90/DIE GRÜNEN v. 16.1.2001, BT-Drs. 14/5074, S. 98.

99 *Luthe*, Die Behinderung nach § 2 Abs. 1 SGB IX, ihr Gesellschaftsbegriff und die ICF, SGb 2009, 569 (570).

Kausalitätserfordernis festgehalten.[100] Der Wortlaut des § 2 Abs. 1 S. 1 SGB IX ist eindeutig („daher").[101]

c) *Umfang des Behinderungsbegriffs*

Eine weitere Einschränkung gegenüber dem Behinderungsbegriff der ICF ist im Zeiterfordernis des § 2 Abs. 1 S. 1 SGB IX zu erkennen. Noch viel mehr als beim Behinderungsbegriff des Grundgesetzes spielt die Dauer von sechs Monaten beim Behinderungsbegriff des SGB IX eine Rolle. Der Telos dieses Tatbestandsmerkmals ist wiederum[102] darin zu sehen, dass eine Abgrenzung zur Krankheit sonst nicht möglich wäre und es daneben einer Untergrenze für die Leistungstatbestände des SGB IX bedurfte.[103] Mit der Formulierung *mit hoher Wahrscheinlichkeit länger als sechs Monate* hat sich der Gesetzgeber für eine prognostische Sichtweise entschieden.[104] Es ist somit nicht relevant, ob die Gesundheitsstörung tatsächlich sechs Monate dauert, sondern ob diese „nach einer Prognose mindestens sechs Monate dauern wird".[105]

Ferner ist zu beachten, dass § 2 Abs. 1 S. 1 SGB IX – anders als die Definition in der ICF – nur solche Gesundheitsstörungen erfasst, die *von dem für das Lebensalter typischen Zustand abweichen*. Im SGB IX gilt mithin: „Was dem jeweiligen Alter entspricht, ist keine Behinderung".[106] Der Gesetzentwurf zu § 2 Abs. 1 S. 1 SGB IX führt dazu nur sehr lakonisch aus, dass „unter dem für das jeweilige Lebensalter untypischen Zustand (…) der Verlust oder die Beeinträchtigung von normalerweise vorhandenen körperlichen Funktionen, geistigen Fähigkeiten oder seelischer Gesundheit zu verstehen [ist]".[107] Da Menschen sehr

---

100 *Neumann*, in: Neumann/Pahlen/Majerski, SGB IX, 12. Aufl. 2010, § 2 Rn. 18; *Jabben*, in: Rolfs/Giesen/Kreikebohm/Udsching (Hrsg.), Beck'scher Online Kommentar zum SGB IX, Stand: 1.12.2016, § 2 Rn. 6; *Knittel*, SGB IX Kommentar, Bd. 1, 60. Ergänzung, Stand: 1.1.2012, § 2 Rn. 47.

101 *Luthe*, Einige Anmerkungen zur Behindertenrechtskonvention, SGb 2007, 391 (394); a.A.: *Welti*, in: Lachwitz/Schellhorn/Welti (Hrsg.), HK-SGB IX, 3. Aufl. 2010, § 2 Rn 20.

102 Vgl. hierzu: Kapitel 2 C. I. 4. a) aa).

103 *Reichenbach*, § 2 Abs. 1 SGB IX – Ein Beitrag zur Umsetzung des Diskriminierungsverbots aus Art. 3 Abs. 3 S. 2 GG?, SGb 2002, 485 (489).

104 *Jabben*, in: Rolfs/Giesen/Kreikebohm/Udsching (Hrsg.), Beck'scher Online Kommentar zum SGB IX, Stand: 1.12.2016, § 2 Rn. 8.

105 *Welti*, Behinderung und Rehabilitation im sozialen Rechtsstaat, 2005, S. 99; BSG, Urt. v. 12.4.2000 (Az. B 9 SB 3/99 R), SozR 3-3870 § 3 Nr. 9.

106 *Knittel*, SGB IX Kommentar, Bd. 1, 60. Ergänzung, Stand: 1.1.2012, § 2 Rn. 39.

107 Gesetzentwurf der Fraktion der SPD und BÜNDNIS 90/DIE GRÜNEN v. 16.1.2001, BT-Drs. 14/5074, S. 98.

unterschiedlich altern und daher ein allgemeingültiger, *für das Lebensalter typischer Zustand* nur äußerst schwer festzustellen ist, wird in der Literatur gefordert, dass „[diese] – als Ausnahmeregelung eng auszulegende – Altersausgrenzung" nur restriktiv angewendet werden darf.[108] Daneben wird in der Literatur eine verfassungskonforme Auslegung und Anwendung des Merkmals „alterstypischer Zustand" gefordert.[109] Auch in der Rechtsprechung gibt es kritische Stimmen zum Tatbestandsmerkmal des altersuntypischen Zustands. Der 18. Senat des Bayerischen Landessozialgerichts führt zu dieser Problematik aus, dass es sich „bei der Begrenzung des Behinderungsbegriffs auf eine Abweichung vom alterstypischen Zustand um eine sachlich nicht zu rechtfertigende Beschränkung des Begriffs der Behinderung [handelt], die in ihrer Allgemeinheit mit dem Recht älterer Menschen auf eine eigenständige Lebensführung nicht vereinbar ist".[110]

Wie beim verfassungsrechtlichen Behinderungsbegriff sind auch von § 2 Abs. 1 S. 1 SGB IX chronisch Kranke umfasst.[111]

2. Fazit

Zusammenfassend ist zu sagen, dass der allgemeine Behinderungsbegriff der ICF bedeutend umfassender ist als der des SGB IX, weshalb auf dem Gebiet des Sozialrechts nicht auf diesen, sondern vielmehr auf den Begriff des § 2 Abs. 1 SGB IX zurückgegriffen werden sollte, soweit kein lex specialis zur Anwendung kommt.[112] Es ist nicht auszuschließen, dass sich das künftig ändern wird, da die Bundesregierung der 17. Legislaturperiode in ihrem Teilhabebericht über die Lebenslagen von Menschen mit Beeinträchtigungen vom 31.7.2013 eine Überprüfung der Weiterentwicklung des Behinderungsbegriffs des § 2 Abs. 1 SGB IX

---

108 *Masuch*, Die Beeinträchtigung der Teilhabe in der Gesellschaft – Die Rechtsprechung des Bundessozialgerichts auf dem Weg zum neuen Behinderungsbegriff, in: Festschrift 50 Jahre Bundessozialgericht, 2004, S. 204.

109 *Neumann*, in: Deinert/Neumann (Hrsg.), Handbuch SGB IX, 2. Aufl. 2009, § 5 Rn. 6.

110 Bay. LSG, Urt. v. 12.12.2002 (Az. L 18 SB 22/01), juris Rn. 16; In dem vom Bay. LSG verhandelten Fall kam es auf die Gültigkeit des § 2 Abs. 1 S. 1 SGB IX nicht an, weshalb das Gericht die Frage nach der Verfassungsmäßigkeit dem Bundesverfassungsgericht nicht gemäß Art. 100 Abs. 1 GG vorlegen konnte (Bay. LSG, Urt. v. 12.12.2002 (Az. L 18 SB 22/01), juris Rn. 17).

111 Gesetzentwurf der Fraktion der SPD und BÜNDNIS 90/DIE GRÜNEN v. 16.1.2001, BT-Drs. 14/5074, S. 98.

112 *Schuntermann*, Die Bedeutung der Internationalen Klassifikation der Funktionsfähigkeit, Behinderung und Gesundheit (ICF) für die Rehabilitation, MedSach 2003, 94 (94).

in Bezug auf die Definitionen der ICF und UN-BRK bekannt gegeben hat.[113] Es bleibt freilich abzuwarten, ob und wann das Kausalitätserfordernis, die Dauer der Gesundheitsstörung und der Ausschluss normaler Alterserscheinungen durch die deutsche Legislative tatsächlich überarbeitet werden.

III. Behinderungsbegriff nach dem Behindertengleichstellungsgesetz (BGG)

Zur Stärkung der Rechte behinderter Menschen ist das BGG am 1.5.2002 in Kraft getreten.[114] Gemäß § 1 BGG ist Ziel des Gesetzes, *die Benachteiligung von Menschen mit Behinderungen zu beseitigen und zu verhindern sowie ihre gleichberechtigte Teilhabe am Leben in der Gesellschaft zu gewährleisten und ihnen eine selbstbestimmte Lebensführung zu ermöglichen.* Das BGG stellt somit die einfachgesetzliche Ausprägung von Art. 3 Abs. 3 S. 2 GG dar.

§ 3 regelt den Behinderungsbegriff des BGG. Seinerzeit entsprach der Behinderungsbegriff des BGG dem Begriff des § 2 SGB IX, was dem Umstand geschuldet war, dass für die unterschiedlichen Rechtsmaterien eine einheitliche Definition geschaffen werden sollte.[115] Durch das Gesetz zur Weiterentwicklung des Behindertengleichstellungsrechts vom 19. Juli 2016[116] hat der Gesetzgeber eine Wendung hin zur UN-BRK vorgenommen, sodass sich der Behinderungsbegriff des BGG nun an Art. 1 UN-BRK orientiert, der nicht (nur) auf die Defizite des behinderten Menschen, sondern auch auf die Wechselwirkung zwischen diesem und seiner Umwelt abstellt.

IV. Behinderungsbegriff nach dem Bürgerlichen Gesetzbuch

Das BGB enthält an verschiedenen Stellen Regelungen, die für körperlich, geistig und/oder seelisch behinderte Menschen Bedeutung haben. Teilweise spricht das Gesetz explizit von „Behinderung" (vgl. etwa § 305 Abs. 2 Nr. 2 BGB), teilweise werden aber auch andere Formulierungen wie „krankhafte Störung der Geistestätigkeit" (vgl. § 104 Nr. 2 BGB) gewählt. Schon aufgrund der unterschiedlichen Formulierungen im Gesetzestext ist erkennbar, dass es an einer einheitlichen Definition des Behinderungsbegriffs im BGB fehlt.

---

113 Unterrichtung durch die Bundesregierung v. 31.7.2013, BT-Drs. 17/14476, S. 19.

114 Antwort der Bundesregierung v. 27.5.2008, BT-Drs. 16/9283, S. 1.

115 Gesetzentwurf der Fraktionen SPD und BÜNDNIS 90/DIE GRÜNEN v. 12.11.2001, BT-Drs. 14/7420, S. 24.

116 Gesetz zur Weiterentwicklung des Behindertengleichstellungsrechts v. 19.7.2016, BGBl. I Nr. 36 v. 26.7.2016, S. 1757.

D. Erbrechtliche Definition des Behinderungsbegriffs

Auch im Erbrecht existiert in den §§ 1922 ff. BGB kein eigenständiger Behinderungsbegriff. Die bisher genannten Behinderungsbegriffe sind auf den jeweiligen Teilbereich, dem sie unterliegen, zugeschnitten. Zu klären ist daher die erbrechtliche Begriffsbestimmung, welche den Besonderheiten dieses Fachbereichs gerecht wird. Für die genaue Bestimmung des Behinderungsbegriffs reicht hierzu grundsätzlich eine „exakte Beschreibung der Behinderungsfolgen", da hierdurch ein Schluss auf die Behinderung und somit auf den erbrechtlichen Behinderungsbegriff möglich ist.[117] Im Folgenden soll daher auf die Ausprägungen von Behinderungen eingegangen werden, die im Erbrecht Relevanz aufweisen. Hierbei muss zwischen dem behinderten Menschen als Erblasser und als Erbe unterschieden werden.

I. Der Behinderte als Erblasser

Im Hinblick auf den behinderten Erblasser ist zu klären, welche Fähigkeiten für die Erstellung einer letztwilligen Verfügung erforderlich sind.

1. Körperbehinderung

a) Voraussetzungen der Erstellung einer letztwilligen Verfügung

Das Erbrecht bietet für die Erstellung einer letztwilligen Verfügung mehrere Möglichkeiten.

Der Erblasser kann gemäß § 2231 Nr. 1 iVm § 2232 S. 1 BGB ein öffentliches Testament errichten, indem er *dem Notar seinen letzten Willen erklärt oder ihm eine Schrift mit der Erklärung übergibt, dass die Schrift seinen letzten Willen enthalte*. Die Erklärung (Alt. 1) kann dabei verbal oder non-verbal, beispielsweise mittels Gebärdensprache oder Kopfnicken erfolgen.[118] Bei der Übergabe einer Schrift (Alt. 2) ist gemäß § 2232 S. 2 Hs. 2 BGB nicht erforderlich, dass der Erblasser die Schrift selbst verfasst hat. Ferner ist auch unerheblich, in welcher Form die Schrift erstellt wurde. Sie kann daher beispielsweise auch in Blindenschrift angefertigt worden sein, wobei der Blinde aber gemäß § 2233 Abs. 2 BGB in der Lage sein muss, die Blindenschrift zu lesen.[119] Die Übergabe der Schrift muss mit

117 *Buch*, Das Grundrecht der Behinderten, 2001, S. 40.
118 *Lauck*, in: Burandt/Rojahn (Hrsg.), Erbrecht, 2. Aufl. 2014, § 2232 Rn. 3 ff.
119 *Voit*, in: Reimann/Bengel/J. Mayer, Testament und Erbvertrag, 6. Aufl. 2015, § 2232 Rn. 17.

dem Zusatz verbunden sein, dass diese seinen letzten Willen enthalte. Für diese Erklärung gilt Nämliches wie bei § 2232 S. 1 Alt. 1 BGB.

Alternativ kann ein Testament auch gemäß § 2231 Nr. 2 iVm § 2247 BGB eigenhändig errichtet werden. Hierbei ist zu beachten, dass die Erklärung gemäß § 2247 Abs. 1 BGB eigenhändig ge- und unterschrieben sein muss.[120] Personen, die überhaupt nicht in der Lage sind, zu schreiben, können ein Testament in dieser Form jedoch nicht errichten. Für sie besteht lediglich die Möglichkeit des öffentlichen Testaments gemäß § 2232 BGB.[121]

Eine weitere Einschränkung stellt § 2247 Abs. 4 BGB dar. Danach können Personen, die *Geschriebenes nicht zu lesen* vermögen, ein Testament nicht eigenhändig errichten. Die Errichtung eines eigenhändigen Testaments durch die Erstellung einer Blindenschrift ist nach der mittlerweile herrschenden Meinung[122] nicht möglich, da § 2247 Abs. 1 BGB Schriftform voraussetzt. Für dieses Formerfordernis ist es nicht ausreichend, dass der Erblasser die Urkunde gemäß § 126 Abs. 1 BGB eigenhändig unterschreibt; vielmehr muss der gesamte Text eigenhändig geschrieben worden sein, um „die Echtheit des Testaments aufgrund der individuellen Züge, die die Handschrift jedes Menschen aufweist", nachprüfen zu können.[123]

Für das gemeinschaftliche Testament gemäß §§ 2265 ff. BGB gelten trotz der Formerleichterung des § 2267 BGB vorbezeichnete Ausführungen.

Gemäß § 2276 Abs. 1 S. 2 BGB sind *die Vorschriften des § 2231 Nr. 1 und der §§ 2232, 2233 BGB* ebenso auf den Erbvertrag anzuwenden.

b) Konsequenz

Da der Erblasser entweder mithilfe eines Notars verbal, non-verbal bzw. durch Übergabe einer Schrift oder eigenhändig schriftlich testieren kann, hat dies zur Konsequenz, dass eine körperliche Behinderung iSd Erbrechts dann zu bejahen ist, wenn der Erblasser weder schreiben noch seinen Willen verbal oder non-verbal artikulieren kann. Eine körperliche Behinderung iSd Erbrechts liegt außerdem dann vor, wenn der Erblasser aufgrund einer Sehstörung Geschriebenes nicht zu lesen vermag.

---

120 Zu den Voraussetzungen der Eigenhändigkeit vgl.: Kapitel 3 B. I. 3. b) aa).

121 BGH, Urt. v. 12.3.1981 (Az. IVa ZR 111/80), juris Rn. 18.

122 Vgl. hierzu: Kapitel 3 B. I. 3. b) bb).

123 BGH, Urt. v. 3.2.1967 (Az. III ZB 14/66), juris Rn. 20; *Lauck*, in: Burandt/Rojahn (Hrsg.), Erbrecht, 2. Aufl. 2014, § 2247 Rn. 7.

2. *Geistige und seelische Behinderung*

a) *Voraussetzungen der Erstellung einer letztwilligen Verfügung*

Voraussetzung für ein formwirksames Testament ist des Weiteren das Vorliegen der Testierfähigkeit gemäß § 2229 BGB. Während die soeben genannten Normen (vornehmlich) körperbehinderte Personen betreffen, tangiert § 2229 BGB geistig und seelisch behinderte Menschen. Eine genaue Abgrenzung zwischen den beiden Arten von Behinderungen ist äußerst schwierig; sie kann freilich vorliegend unterbleiben, da sie für das Erbrecht keine Relevanz aufweist.[124]

Gemäß § 2229 Abs. 4 BGB kann ein Testament nicht errichten, *wer wegen krankhafter Störung der Geistestätigkeit, wegen Geistesschwäche oder wegen Bewusstseinsstörung nicht in der Lage ist, die Bedeutung einer von ihm abgegebenen Willenserklärung einzusehen und nach dieser Einsicht zu handeln.*

Allein das Vorliegen eines geistigen oder seelischen Defizits führt aber noch nicht zum Ausschluss der Testierfähigkeit.[125] Testierunfähigkeit liegt nur dann vor, wenn der Erblasser nicht in der Lage ist, die Tragweite seiner Entscheidung zu begreifen.[126] Entscheidend ist daher, ob der Erblasser trotz der krankhaften Störung der Geistestätigkeit, der Geistesschwäche oder der Bewusstseinsstörung in der Lage war, einen freien Willen bei Erstellung der letztwilligen Verfügung zu bilden.[127]

Für die wirksame Erstellung eines Erbvertrages gelten § 2275 iVm § 104 BGB, wonach *einen Erbvertrag als Erblasser nur schließen kann, wer unbeschränkt geschäftsfähig ist.* Auch hier darf keine Störung der Geistestätigkeit vorliegen, welche eine freie Willensbetätigung ausschließt.[128] Es gilt daher das Vorgesagte.

b) *Konsequenz*

Eine geistige oder seelische Behinderung iSd Erbrechts liegt somit dann vor, wenn der Erblasser entweder bezüglich eines Testaments gemäß § 2229 Abs. 4 BGB bei dessen Errichtung aufgrund von geistiger oder seelischer Behinderung *nicht in der Lage ist, die Bedeutung einer von ihm abgegebenen Willenserklärung*

---

124 *Dörner*, SchwbG Kommentar, Bd. 1, Stand: 15.5.2001, § 3 Rn. 12.

125 *Wetterling/Neubauer/Neubauer*, Psychiatrische Gesichtspunkte zur Beurteilung der Testierfähigkeit Dementer, ZEV 1995, 46 (46).

126 *Lichtenwimmer*, Geschäfts- und Testierfähigkeit in der Praxis des Notars, in: Schmoeckel (Hrsg.), Demenz und Recht, 2010, S. 49.

127 *J. Mayer*, in: Soergel, Kommentar zum BGB, 13. Aufl. 2003, § 2229 Rn. 10.

128 *J. Mayer*, in: Reimann/Bengel/J. Mayer, Testament und Erbvertrag, 6. Aufl. 2015, § 2275 Rn. 1.

einzusehen und nach dieser Einsicht zu handeln oder sich in Bezug auf einen Erbvertrag gemäß § 2275 Abs. 1 iVm § 104 Nr. 2 BGB bei dessen Abschluss *in einem die freie Willensbestimmung ausschließenden Zustand krankhafter Störung der Geistestätigkeit befindet.*

II. Der Behinderte als Erbe

Während es beim behinderten Erblasser um die Frage nach der Fähigkeit zur Errichtung einer letztwilligen Verfügung geht, ist beim behinderten Erben zu erörtern, welche Fähigkeiten er für die Geltendmachung seiner Rechte und die Erfüllung seiner Pflichten als Erbe benötigt.

Entscheidend ist dabei, ob der Erbe aufgrund seiner körperlichen, geistigen und seelischen Konstitution in der Lage ist, seine Rechte (u.a. Annahme oder Ausschlagung der Erbschaft gemäß §§ 1942 ff. BGB, Anfechtung letztwilliger Verfügungen gemäß §§ 2078 ff. BGB, Erb- und/oder Pflichtteilsverzicht gemäß §§ 2346 ff. BGB) geltend zu machen und etwaige Pflichten (u.a. gemeinschaftliche Verwaltung des Nachlasses gemäß § 2038 BGB, Abgabe der Erbschaftssteuererklärung) zu erfüllen. Ist er hierzu nicht imstande, liegt eine körperliche, geistige und/oder seelische Behinderung iSd Erbrechts vor.

III. Begriffsbestimmung

Aufgrund der vorgenannten Ausprägungen von Behinderungen, die für das Erbrecht relevant sind, wird im Folgenden der Begriff der Behinderung iSd Erbrechts definiert.

Dabei kann nicht auf die Begriffe der ICF und der UN-BRK abgestellt werden, da diese für den Bereich des Erbrechts zu weit sind und keine exakte Bestimmung zulassen. Auch die Begriffe des § 3 Abs. 1 S. 1 SchwbG und des § 2 Abs. 1 S. 1 SGB IX eignen sich nur bedingt. Dies hängt vor allem mit dem Kriterium der Dauerhaftigkeit zusammen. Während § 3 Abs. 1 S. 1, 3 SchwbG und § 2 Abs. 1 S. 1 SGB IX eine Funktionsbeeinträchtigung von mindestens sechs Monaten fordern, genügt für die Bejahung der Behinderungseigenschaft im Erbrecht auch eine nur vorübergehende Behinderung.[129] Dies hängt vor allem mit § 22 BeurkG[130] zusammen. Diese Norm befindet sich im Zweiten Abschnitt des Beurkundungsgesetzes, welcher die Beurkundung von Willenserklärungen regelt. Die §§ 22 ff. BeurkG beinhalten Normen, welche für die Beteiligung behinderter

129 *Hagena*, in: MüKo, BGB, 7. Aufl. 2017, § 2232 Rn. 41.
130 Beurkundungsgesetz (BeurkG) v. 28.8.1969, BGBl. I Nr. 89 v. 3.9.1969, S. 1513.

Personen bei der Beurkundung von Willenserklärungen maßgebend sind. Gemäß § 22 Abs. 1 BeurkG soll zu der Beurkundung ein Zeuge oder ein zweiter Notar zugezogen werden, wenn *ein Beteiligter nach seinen Angaben oder nach der Überzeugung des Notars nicht hinreichend zu hören, zu sprechen oder zu sehen vermag.* Der Wortlaut der Norm geht dabei auf das Unvermögen einer Person ein und nennt als Tatbestandsmerkmale gerade nicht Eigenschaften wie „taub, stumm [oder] blind", sodass es nicht auf die Dauerhaftigkeit des Unvermögens, sondern auf „die Behinderung im Zeitpunkt der Beurkundung" ankommt.[131] Aus diesem Grund werden neben behinderten Personen, die ein dauerhaftes Leiden haben, auch solche Menschen erfasst, die nur vorübergehend etwa infolge eines Unfalls beide Arme und das Kiefer gebrochen haben und daher weder schreiben noch sprechen können.[132] Ein Ausschluss altersbedingter Erscheinungen – wie etwa eine Altersdemenz – findet dabei nicht statt. Für den Bereich des Erbrechts wäre dies auch nicht praktikabel, sind es doch vor allem ältere Menschen, die sich mit der Erstellung einer letztwilligen Verfügung beschäftigen.

Im Ergebnis ist nach meinem Dafürhalten der erbrechtliche Behinderungsbegriff daher wie folgt zu fassen:

Unter behinderten Menschen sind demnach Personen zu verstehen, *die an einer auch nur vorübergehenden Funktionsbeeinträchtigung leiden, die auf einem körperlichen, geistigen, seelischen und/oder die Person anderweitig in ihren Kommunikationsmöglichkeiten beeinträchtigenden Zustand beruht und daher Auswirkung auf die Erstellung einer letztwilligen Verfügung oder die Geltendmachung von Rechten und Erfüllung von Pflichten im Hinblick auf die Erbenstellung hat.*

---

131 *Winkler*, Beurkundungsgesetz Kommentar, 18. Aufl. 2017, § 22 Rn. 4.

132 *Höfer*, Das Beurkundungsgesetz in der Praxis, JurA 1970, 740 (751). Auch, wenn der erbrechtliche Behinderungsbegriff vorübergehende Behinderungen umfasst, so muss beachtet werden, dass nicht sämtliche kurzzeitigen Beeinträchtigungen eine Behinderung iSd Erbrechts darstellen. So ist etwa ein Volltrunkener, der nur bis zur Ausnüchterung vorübergehend in seinem Bewusstsein gestört ist und sich deshalb nicht artikulieren kann, nicht als behinderter Mensch iSd Erbrechts anzusehen. Eine Sprachbehinderung liegt nämlich nur dann vor, wenn eine Person „infolge eines natürlichen Fehlers" nicht sprechfähig ist (*Winkler*, Beurkundungsgesetz Kommentar, 18. Aufl. 2017, § 22 Rn. 6).

Kapitel 3. Der Behinderte als Erblasser

Für behinderte Menschen ist es sehr wichtig, so selbstbestimmt wie möglich zu leben. Dies liegt vor allem daran, dass sie in vielen Bereichen auf Hilfe angewiesen sind und deshalb zeigen wollen, dass sie – wie nicht behinderte Menschen – in der Lage sind, ihr Leben selbst zu gestalten. Dieses Streben nach Selbstbestimmtheit existiert auch im Bereich des Erbrechts. Für behinderte Menschen, die häufig ein hohes Maß an Struktur und Sicherheit in ihrem Leben brauchen, ist es deshalb besonders wichtig, auch Regelungen für ihr Ableben zu treffen.

Im Folgenden werden daher die Stellung sowie die Möglichkeiten und Grenzen behinderter Menschen als Erblasser dargestellt, wobei insbesondere die Errichtung und Beseitigung von letztwilligen Verfügungen durch diese erörtert wird. Der Schwerpunkt wird dabei auf der Testierfähigkeit und den verschiedenen Errichtungsformen von letztwilligen Verfügungen liegen. Abschließend wird das Problemfeld der Einsetzungen bestimmter (Personen)gruppen – wie etwa Träger bzw. Personal von Heimen/stationären Einrichtungen, Betreuer, ambulantes Pflegepersonal sowie Verständigungspersonen iSd § 24 Abs. 2 BeurkG – beleuchtet.

A. Allgemeines

Die Regelungen des Erbrechts gelten für behinderte Menschen ebenso wie für nichtbehinderte Menschen. Es gibt mithin kein besonderes Erbrecht für Behinderte. Daraus folgt, dass behinderte Menschen grundsätzlich frei darin sind, Testamente, gemeinschaftliche Testamente sowie Erbverträge nach den gesetzlichen Regelungen zu erstellen und zu beseitigen. Intrikat wird es jedoch dann, wenn der Erblasser Voraussetzungen nicht erfüllt, die von Gesetzes wegen für die Erstellung oder Beseitigung von letztwilligen Verfügungen gefordert werden. Seit dem Beschluss des Bundesverfassungsgerichts vom 19.1.1999, indem der Ausschluss von schreibunfähigen Stummen von der Testiermöglichkeit mit dem Grundgesetz als unvereinbar erklärt wurde[133], sind die Rechte von behinderten Menschen im Erbrecht erheblich gestärkt worden. Es gibt somit nur noch absolute Ausnahmefälle, in denen einem testierfähigen behinderten Erblasser die Erstellung einer letztwilligen Verfügung verwehrt wird (sog. praktische oder

133 BVerfG, Beschl. v. 19.1.1999 (Az. 1 BvR 2161/94), BVerfGE 99, 341.

faktische Testierunfähigkeit[134] bzw. sog. Testierunmöglichkeit[135]). Ein solcher ist etwa gegeben, wenn der Erblasser schreibunfähig ist, nicht zu sprechen vermag sowie nicht imstande ist, sich durch Zeichen zu verständigen.

B. Testament

Behinderte Menschen können entweder gemäß § 2231 Nr. 1 iVm § 2232 BGB ein öffentliches Testament oder gemäß § 2231 Nr. 2 iVm § 2247 BGB ein eigenhändiges Testament errichten, wenn sie die hierfür erforderlichen Voraussetzungen erfüllen. Ferner besteht auch die Möglichkeit im Ausnahmefall von einem Nottestament Gebrauch zu machen.

I. Ordentliches Testament

Sofern der Erblasser mit Testierwillen handelt, kann er gemäß § 2231 iVm § 2232 bzw. § 2247 BGB ein ordentliches Testament verfassen, wenn er gemäß § 2229 BGB testierfähig ist, das Testament gemäß §§ 2064 f. BGB höchstpersönlich errichtet und die Form des § 2232 bzw. § 2247 BGB einhält.

1. Testierfähigkeit

Unter Testierfähigkeit gemäß § 2229 BGB versteht man „die Fähigkeit, ein Testament zu errichten, abzuändern oder aufzuheben".[136]

Bevor auf die Einzelheiten hinsichtlich des § 2229 BGB eingegangen werden kann, soll vorab auf die Frage nach der Verfassungsmäßigkeit der Testierfähigkeit eingegangen werden.

a) Verfassungsmäßigkeit

Es stellt sich die Frage, ob das zur Errichtung eines Testaments notwendige Erfordernis der Testierfähigkeit gemäß § 2229 BGB verfassungsgemäß ist oder die in Art. 14 Abs. 1 S. 1 GG normierte Testierfreiheit, namentlich das Recht des Erblassers losgelöst von der gesetzlichen Erbfolge seinen Nachlass willkürlich zu regeln[137], unzulässig einschränkt.

---

134 *Winkler*, Beurkundungsgesetz Kommentar, 18. Aufl. 2017, Vor § 27 ff. Rn. 15.

135 *Voit*, in: Reimann/Bengel/J. Mayer, Testament und Erbvertrag, 6. Aufl. 2015, § 2229 Rn. 27.

136 *J. Mayer*, in: Soergel, Kommentar zum BGB, 13. Aufl. 2003, § 2229 Rn. 2.

137 *Jarass*, in: Jarass/Pieroth, GG Kommentar, 14. Aufl. 2016, Art. 14 Rn. 102.

Sinn und Zweck der Testierfähigkeit ist es primär, den Erblasser vor sich selbst zu schützen.[138] Durch das Erfordernis der Testierfähigkeit, welches eine Inhaltsbestimmung iSd Art. 14 Abs. 1 S. 2 GG darstellt, wird dabei die Testierfreiheit im Wege der Schutzgebotsfunktion der Grundrechte[139] beschränkt, sodass grundsätzlich ein Grundrechtseingriff vorliegt.[140] Hierbei ist zu beachten, dass die Selbstbestimmung jedes Einzelnen grundsätzlich gewahrt werden muss und „[staatlicher] Schutz des Menschen vor sich selbst"[141] nur dann zulässig ist, wenn die Verhältnismäßigkeit gewahrt wird.[142]

Hillgruber geht sogar noch einen Schritt weiter und konstatiert, dass „staatlicher Schutz des Menschen vor sich selbst" per se unzulässig sei. Dieser sei jedoch nur dann rechtswidrig, wenn der Handelnde die Fähigkeit zum selbstbestimmten Verhalten überhaupt besitze, was mithin die „Fähigkeit zur Selbstbestimmung" voraussetze.[143] Diese Fähigkeit besitzt ein Testierunfähiger gerade nicht, sodass sogar nach der strengeren Ansicht *Hillgrubers* kein Verstoß gegen die Selbstbestimmung des Erblassers vorliegt.

Das Bundesverfassungsgericht führt hierzu am Beispiel psychisch Kranker aus, dass bei diesen die „Fähigkeit zur Selbstbestimmung häufig erheblich beeinträchtigt ist [und deshalb] in solchen Fällen (…) dem Staat fürsorgerisches Eingreifen erlaubt [ist], wo beim Gesunden Halt geboten ist".[144]

Da der Gesetzgeber das Erfordernis der Testierfähigkeit in § 2229 BGB nicht allein an der krankhaften Störung der Geistestätigkeit, der Geistesschwäche oder der Bewusstseinsstörung festgemacht hat, sondern zusätzlich fordert, dass der Erblasser weder Einsichts- noch Handlungsfähigkeit besitzt, ist der Eingriff in die Testierfreiheit gemäß Art. 14 Abs. 1 S. 1 GG verhältnismäßig und damit gerechtfertigt.[145] Die Verfassungsmäßigkeit von § 2229 BGB ist somit gegeben.[146]

---

138 *Waldhoff*, Die Testierfähigkeit Demenzkranker im Lichte des Verfassungsrechts, in: Schmoeckel (Hrsg.), Demenz und Recht, 2010, S. 65.

139 *Canaris*, Verstöße gegen das verfassungsrechtliche Übermaßverbot im Recht der Geschäftsfähigkeit und im Schadensersatzrecht, JZ 1987, 993 (995).

140 *Waldhoff*, Die Testierfähigkeit Demenzkranker im Lichte des Verfassungsrechts, in: Schmoeckel (Hrsg.), Demenz und Recht, 2010, S. 66 f.

141 *Hillgruber*, Der Schutz des Menschen vor sich selbst, 1992, S. 121.

142 *Spickhoff*, Autonomie und Heteronomie im Alter, AcP 208 (2008), 345 (354).

143 *Hillgruber*, Der Schutz des Menschen vor sich selbst, 1992, S. 121.

144 BVerfG, Beschl. v. 7.10.1981 (Az. 2 BvR 1194/80), BVerfGE 58, 208 (225).

145 *Waldhoff*, Die Testierfähigkeit Demenzkranker im Lichte des Verfassungsrechts, in: Schmoeckel (Hrsg.), Demenz und Recht, 2010, S. 71.

146 Zu diesem Ergebnis kommt auch *Dietlein*, welcher aber bezüglich dem staatlichen Schutzhandeln schon eine Stufe weiter oben ansetzt. Für ihn liegt im Fall einer

b) *Testierfähigkeit als Unterfall der Geschäftsfähigkeit*

Die Testierfähigkeit stellt einen Unterfall der Geschäftsfähigkeit gemäß §§ 104 ff. BGB dar, ist aber selbstständig in § 2229 BGB geregelt.[147] Von der Rechtsprechung werden höhere Anforderungen an die Testierfähigkeit als an die Geschäftsfähigkeit gestellt, da „auch eine Person iSv § 104 Nr. 2 [BGB] geschäftsfähig sein kann, die außerstande ist, die Tragweite ihrer Erklärung zu ermessen".[148] Eine Person, die die Tragweite ihrer Willenserklärung nicht zu erfassen vermag, ist aber nicht testierfähig.

Im Vergleich zur Geschäftsfähigkeit, welche in Geschäftsunfähigkeit, beschränkte Geschäftsfähigkeit und unbeschränkte Geschäftsfähigkeit aufgeteilt ist, gibt es gemäß § 2229 BGB nur die Möglichkeiten der Testierunfähigkeit oder der Testierfähigkeit.[149] Die Gemeinsamkeit besteht damit darin, dass jeder Geschäftsfähige als testierfähig und jeder Geschäftsunfähige als testierunfähig anzusehen ist.[150] Der Unterschied zur Geschäftsfähigkeit ist bei beschränkt Geschäftsfähigen festzustellen: Hängt bei beschränkt Geschäftsfähigen die Wirksamkeit der von diesen abgegebenen Willenserklärungen von der Zustimmung ihres gesetzlichen Vertreters ab, besteht diese Möglichkeit im Erbrecht aufgrund des Grundsatzes der Höchstpersönlichkeit der Errichtung der letztwilligen Verfügung nicht.[151] Für einen behinderten Erblasser hat dies zur Konsequenz, dass er aufgrund seiner geistigen oder seelischen Behinderung dann als testierunfähig anzusehen ist, wenn er gemäß § 2229 Abs. 4 BGB nicht in der Lage ist, *die Bedeutung einer von ihm abgegebenen Willenserklärung einzusehen und nach dieser Einsicht zu handeln.* Ist er trotz seiner Behinderung einsichts- und

unbewussten und ungewollten Selbstschädigung und dem damit einhergehenden Schutz des Staates schon gar kein Grundrechtseingriff vor, da es an einer autonomen Grundrechtsbetätigung des Erblassers fehlt, welche Voraussetzung für einen Eingriff wäre. In einem solchen Fall besteht sogar eine staatliche Pflicht, den Bürger vor sich selbst zu schützen. Mithin ist also auch nach seiner Ansicht das Erfordernis der Testierfähigkeit rechtmäßig, ja sogar absolut notwendig (vgl.: *Dietlein*, Die Lehre von den grundrechtlichen Schutzpflichten, 2. Aufl. 2005, S. 220).

147 BayObLG, Beschl. v. 28.5.1993 (Az. 1 Z BR 7/93), FamRZ 1994, 593 (594).

148 *Baumann*, in: Staudinger, Kommentar zum BGB, Neubearbeitung 2012, § 2229 Rn. 16; BGH, Urt. v. 14.7.1953 (Az. V ZR 97/52), NJW 1953, 1342 (1342).

149 *Voit*, in: Reimann/Bengel/J. Mayer, Testament und Erbvertrag, 6. Aufl. 2015, § 2229 Rn. 4.

150 *Lauck*, in: Burandt/Rojahn (Hrsg.), Erbrecht, 2. Aufl. 2014, § 2229 Rn. 2.

151 *Voit*, in: Reimann/Bengel/J. Mayer, Testament und Erbvertrag, 6. Aufl. 2015, § 2229 Rn. 4.

handlungsfähig, ist er testierfähig. Eine beschränkte Testierfähigkeit, welche von der Zustimmung des gesetzlichen Vertreters abhängt, gibt es mithin nicht.

c) Grundsatz der Testierfähigkeit

Wie soeben erwähnt[152], versteht man unter Testierfähigkeit gemäß § 2229 BGB „die Fähigkeit, ein Testament zu errichten, abzuändern oder aufzuheben".[153] Die Testierfähigkeit muss dabei während der gesamten Erstellung des Testaments vorhanden sein, wobei ein nachträglicher Wegfall unschädlich ist.[154] Gemäß § 2229 Abs. 1 BGB ist jede Person, die das 16. Lebensjahr vollendet hat, als testierfähig anzusehen, wenn kein Fall der Testierunfähigkeit gemäß § 2229 Abs. 4 BGB vorliegt. Zugunsten der Testierfähigkeit eines Menschen besteht grundsätzlich solange eine Vermutung, bis das zur Entscheidung berufene Gericht vom Gegenteil, ergo der Testierunfähigkeit, vollständig überzeugt ist[155].[156] Da folglich vom Vorhandensein der Fähigkeit des Erblassers, eine letztwillige Verfügung zu erstellen, auszugehen ist, sollte man mE vom „Grundsatz der Testierfähigkeit" sprechen.

aa) Gesetzliche Regelung

Die Testierfähigkeit ist im Gesetz nicht positiv geregelt. Eine explizite Regelung findet sich nur für die Testierunfähigkeit, nämlich in § 2229 Abs. 4 BGB. Diese kann auf einer krankhaften Störung der Geistestätigkeit, Geistesschwäche oder einer Bewusstseinsstörung beruhen, wobei das jeweilige Defizit dazu führen muss, dass dem Erblasser dadurch die Einsichts- und Handlungsfähigkeit fehlt. Für die Annahme einer Testierunfähigkeit bedarf es von Gesetzes wegen

---

152 Vgl. hierzu: Kapitel 3 B. I. 1.

153 *J. Mayer*, in: Soergel, Kommentar zum BGB, 13. Aufl. 2003, § 2229 Rn. 2.

154 *Litzenburger*, in: Bamberger/Roth (Hrsg.), Beck'scher Online Kommentar zum BGB, Stand: 1.11.2016, § 2229 Rn. 1.

155 BayObLG, Beschl. v. 28.5.1993 (Az. 1 Z BR 7/93), FamRZ 1994, 593 (593); OLG Frankfurt a.M., Beschl. v. 5.9.1995 (Az. 20 W 107/94), FamRZ 1996, 635 (635).

156 Für die richterliche Überzeugung ist dabei ausreichend, dass der zuständige Richter seine Entscheidung beispielsweise auf ein Gutachten stützen kann, in dem der Sachverständige mit hoher Wahrscheinlichkeit davon ausgeht, dass der Erblasser testierunfähig ist (BayObLG, Beschl. v. 11.5.1984 (Az. 1 Z 16/84), FamRZ 1985, 314 (315)). Steht die „nicht (...) vorhandene Fähigkeit des Erblassers bei Testamentserrichtung, nach der gegebenen Einsicht zu handeln" lediglich zur überwiegenden Wahrscheinlichkeit fest, ist dies für die Bejahung der Testierunfähigkeit nicht ausreichend (OLG Oldenburg, Urt. v. 20.7.1999 (Az. 5 U 63/99), juris [LS]).

daher grundsätzlich dreier Tatbestandsmerkmale: Defizit, fehlende Einsichtsfähigkeit und fehlende Handlungsfähigkeit. Allein das geistige oder seelische Unvermögen des Erblassers führt somit noch nicht zur Testierunfähigkeit. „Das Gesetz verbindet [vielmehr] nicht mit jeder Geisteskrankheit oder -schwäche die Testierunfähigkeit, sondern sieht die Fähigkeit, die Bedeutung der letztwilligen Verfügung zu erkennen und sich bei seiner Entschließung von normalen Erwägungen leiten zu lassen, als maßgebend an."[157]

bb) Ausgestaltung durch die Rechtsprechung

Die Rechtsprechung hat diese vom Gesetzgeber vorgegebenen Tatbestandsmerkmale konkretisiert.

Im Hinblick auf die Anforderungen an die Testierfähigkeit ist es nach den Ausführungen des Vierten Senats des BGH aus dem Jahre 1958, welche sich zwischenzeitlich zur allgemeinen Meinung und ständigen Rechtsprechung gefestigt haben[158], nicht ausreichend, „daß der Erblasser eine allgemeine Vorstellung von der Tatsache der Errichtung des Testaments und von dem Inhalt seiner letztwilligen Anordnungen [hat]. Er muss vielmehr auch in der Lage sein, sich über die Tragweite dieser Anordnung, insbesondere auch über ihre Auswirkungen auf die persönlichen und wirtschaftlichen Verhältnisse der Betroffenen und über die Gründe, die für oder gegen ihre sittliche Berechtigung [sprechen], ein klares Urteil zu bilden und nach diesem Urteil frei von Einflüssen etwaiger interessierter Dritter zu handeln".[159] Diese Ansicht ist freilich kritisch zu hinterfragen. Denn grundsätzlich besagt § 2229 Abs. 4 BGB – positiv formuliert – nur, dass der Erblasser in der Lage sein muss, *die Bedeutung einer von ihm abgegebenen Willenserklärung einzusehen und nach dieser Einsicht zu handeln.*[160] Insofern ist im Folgenden eine grundlegende Auseinandersetzung mit den durch die Rechtsprechung aufgestellten Anforderungen an die Testierfähigkeit von Nöten und gerade im Hinblick auf behinderte – vor allem demente – Menschen von größter

---

157 BayObLG, Beschl. v. 14.9.2001 (Az. 1Z BR 124/00), juris Rn. 16.

158 BayObLG, Beschl. v. 20.12.1985 (Az. BReg. 1 Z 81/85), FamRZ 1986, 728 (730); OLG Köln, Beschl. v. 3.9.1990 (Az. 2 Wx 3/90), FamRZ 1991, 1356 (1357); BayObLG, Beschl. v. 6.11.1995 (Az. 1Z BR 56/95), juris Rn. 29; *Weidlich*, in: Palandt, BGB, 76. Aufl. 2017, § 2229 Rn. 2; *Wetterling/Neubauer/Neubauer*, Psychiatrische Gesichtspunkte zur Beurteilung der Testierfähigkeit Dementer, ZEV 1995, 46 (46).

159 BGH, Urt. v. 29.1.1958 (Az. IV ZR 251/57), FamRZ 1958, 127 (128).

160 *Zaczyk*, Kriterien der Selbstbestimmung bei Errichtung eines Testaments – Ein Beitrag aus rechtsphilosophischer Sicht, in: Schmoeckel (Hrsg.), Demenz und Recht, 2010, S. 89 (95 ff.).

Bedeutung. Denn je höher die Anforderungen an die Testierfähigkeit geschraubt werden, umso leichter werden Personen, die ein Defizit bezüglich der Testierfähigkeit aufweisen, von der Erstellung eines Testaments ausgeschlossen.

(1) Auswirkungen auf die persönlichen und wirtschaftlichen Verhältnisse

Nach ständiger höchstrichterlicher Rechtsprechung muss sich der Erblasser ein klares Urteil „über die Auswirkungen auf die persönlichen und wirtschaftlichen Verhältnisse der Betroffenen" bilden können.[161] Fraglich erscheint, ob dieses von der Rechtsprechung entwickelte Kriterium wirklich unabdingbar für die Bejahung der Testierfähigkeit ist. Denn beleuchtet man das deutsche Erbrecht, so ist festzustellen, dass die Rechtsstellung des Erben im Vergleich zur der des Erblassers nicht sonderlich ausgeprägt ist. Zwar ist das Recht zu erben gemäß Art. 14 Abs. 1 S. 1 GG neben der Testierfreiheit ein „untrennbarer Bestandteil der Erbrechtsgarantie".[162] Dies gilt aber nur im Rahmen des Pflichtteilsrechts gemäß §§ 2303 ff. BGB für einen eng begrenzten Personenkreis - nämlich für Abkömmlinge, Eltern und Ehegatten. Warum sich der Erblasser vor diesem Hintergrund ein klares Urteil über die Auswirkungen auf die persönlichen und wirtschaftlichen Verhältnisse der Betroffenen bilden können muss, ist somit nicht nachvollziehbar.

Diese Überlegungen legt auch *Zaczyk* seinen Ausführungen zugrunde, indem er sagt, dass „mit dem Pflichtteilsrecht (...) das Gesetz selbst gewissermaßen den Rahmen [her]stellt, indem der Erblasser persönliche und wirtschaftliche Verhältnisse der Betroffenen anzuerkennen hat (...)".[163] Da der *durch Verfügung von Todes wegen von der Erbfolge Ausgeschlossene* aber außerhalb des Pflichtteilsrechts keinen Anspruch gegen den Erblasser bzw. dessen Erben hat, kann vom Erblasser nicht gefordert werden, dass er sich ausführliche Gedanken über die Auswirkungen seiner Verfügung macht.

Daraus zu schließen, dass der Erblasser völlig gedankenlos handeln kann, ist aber nicht ganz richtig. Zutreffend ist zwar, dass sich der Erblasser keine konkreten Gedanken machen muss; er muss aber in der Lage sein, sich Gedanken zu machen. Laut *Voit* kann jedoch eine genaue Kenntnis über die Auswirkungen

161 Vgl. etwa: BGH, Urt. v. 19.2.1951 (Az. IV ZR 16/50), JurionRS 1951, 11246 Rn. 14.

162 BVerfG, Beschl. v. 19.4.2005 (Az. 1 BvR 1644/00, 188/03), BVerfGE 112, 332 (349).

163 *Zaczyk*, Kriterien der Selbstbestimmung bei Errichtung eines Testaments - Ein Beitrag aus rechtsphilosophischer Sicht, in: Schmoeckel (Hrsg.), Demenz und Recht, 2010, S. 89 (96).

nicht erwartet werden; dem Erblasser muss lediglich bewusst sein, dass er durch seine Entscheidung möglicherweise Erwartungen der Erben enttäuscht.[164]

(2) Gründe für und gegen die sittliche Berechtigung

Ferner verlangt die ständige Rechtsprechung, dass sich der Erblasser ein klares Urteil über die Gründe, die für oder gegen die sittliche Berechtigung seiner Anordnung sprechen, bilden können muss, wobei es entgegen dem Wortlaut der Formulierung „Gründe für und gegen ihre sittliche Berechtigung“ nicht darum geht, den Inhalt des Testaments auf seine Angemessenheit zu überprüfen, sondern vielmehr darum, „ob [die Verfügung] frei von krankheitsbedingten Störungen gefasst werden konnte“.[165] Diese Formulierung ist daher unglücklich gewählt und bedarf vor allem in Zeiten, in denen ein sog. Mätressentestament nicht mehr sittenwidrig[166] ist, der Überarbeitung. Ausschlaggebend ist, ob der Erblasser – wie es auch der Wortlaut von § 2229 Abs. 4 BGB besagt – in der Lage ist, *die Bedeutung einer von ihm abgegebenen Willenserklärung einzusehen.* Für eine nähere Erläuterung kann dabei auf die Ausführungen des Bundesgerichtshofs zur Geschäftsfähigkeit zurückgegriffen werden, wonach es darauf ankommt, „ob eine freie Entscheidung aufgrund einer Abwägung des Für und Wider, eine sachliche Prüfung der in Betracht kommenden Gesichtspunkte möglich ist oder, ob umgekehrt von einer freien Willensbildung nicht mehr gesprochen werden kann, etwa weil der Betroffene fremden Willenseinflüssen unterliegt, oder die Willenserklärung durch unkontrollierte Triebe und Vorstellungen ähnlich einer mechanischen Verknüpfung von Ursache und Wirkung ausgelöst wird.“[167] Das OLG München fordert ferner, dass sich der Testierende „an Sachverhalte und Ereignisse (…) erinnern, Informationen [aufnehmen], Zusammenhänge [erfassen] und Abwägungen [vornehmen kann]“.[168] Ob sich der Verfügende daher über die sittliche Berechtigung Gedanken macht, ist irrelevant. Abschließend sei in diesem Zusammenhang noch Folgendes erwähnt: Sittliche Fehlvorstellungen sind für die Feststellung der Testierfähigkeit erst dann ausschlaggebend, wenn der Testator überhaupt nicht in der Lage ist, „in sittlichen Kategorien zu denken“.[169] Darüber hinaus haben Vorstellungen über die sittliche Berechtigung solange

---

164 *Voit*, in: Reimann/Bengel/J. Mayer, Testament und Erbvertrag, 6. Aufl. 2015, § 2229 Rn. 15.

165 BayObLG, Beschl. v. 17.8.2004 (Az. 1Z BR 53/04), FamRZ 2005, 658 (659).

166 *Armbrüster*, in: MüKo, BGB, 7. Aufl. 2015, § 138 Rn. 59.

167 BGH, Urt. v. 14.7.1953 (Az. V ZR 97/52), NJW 1953, 1342 (1342).

168 OLG München, Beschl. v. 14.8.2007 (Az. 31 Wx 16/07), NJW-RR 2008, 164 (166).

169 *Firsching/Graf*, Nachlassrecht, 10. Aufl. 2014, Teil 1 Rn. 1.64.

nicht die Unwirksamkeit des Testaments zur Folge, wie nicht gegen die guten Sitten gemäß § 138 BGB verstoßen wird.[170]

(3) Keine Fremdbeeinflussung

Zuletzt wird von der Rechtsprechung gefordert, dass der Erblasser ohne Fremdbeeinflussung handeln muss. Diese Formulierung bedeutet nicht, dass sich der Erblasser keine Gedanken anderer Personen zu eigen machen darf, weshalb es nach der Rechtsprechung des BayObLG für die Bejahung der Testierunfähigkeit nicht ausreicht, „wenn der Erblasser der Anregung eines Dritten kraft eigenen Entschlusses folgt oder dessen Forderungen und Erwartungen Motiv für den Inhalt der letztwilligen Verfügung sind".[171] Entscheidend ist, ob die „Freiheit des Willensentschlusses gewahrt bleibt".[172] Insofern ist es unschädlich, wenn beispielsweise ein auf Hilfe angewiesener behinderter Erblasser von einem möglichen Erben gepflegt wird und dieser zum Ausdruck bringt, dass er aufgrund seiner Bemühungen erwarte, dass er in der letztwilligen Verfügung bedacht wird.[173]

(4) Fazit

Wie vorstehend aufgezeigt, bedürfen die von der Rechtsprechung aufgestellten Anforderungen an die Testierfähigkeit im Hinblick auf die „Auswirkungen auf die persönlichen und wirtschaftlichen Verhältnisse" sowie die „Gründe für und gegen die sittliche Berechtigung" einer Überarbeitung.

Entgegen der Ansicht der Rechtsprechung kann die Forderung, dass sich der Erblasser ein klares Urteil „über die Auswirkungen auf die persönlichen und wirtschaftlichen Verhältnisse der Betroffenen" bilden können muss, nicht in diesem Maß ein Kriterium für die Feststellung der Testierfähigkeit sein. Da es – ausgenommen das Pflichtteilsrecht – keinen Anspruch des Erben auf das Erbe gibt, kann eine gedankliche Auseinandersetzung des Erblassers mit seiner letztwilligen Verfügung grundsätzlich nur im Hinblick auf Anordnungen gefordert werden, durch die der eigentliche Erbe auf sein Pflichtteilsrecht gesetzt wird.

---

170 *Baumann*, in: Staudinger, Kommentar zum BGB, Neubearbeitung 2012, § 2229 Rn. 15.

171 BayObLG, Beschl. v. 2.11.1989 (Az. BReg. 1 a Z 52/88), FamRZ 1990, 318 (320).

172 *Cording*, Die Begutachtung der Testier(un)fähigkeit, Fortschritte der Neurologie und Psychiatrie 2004, 147 (152).

173 BayObLG, Beschl. v. 2.11.1989 (Az. BReg. 1 a Z 52/88), FamRZ 1990, 318 (319).

Überdies muss sich der Erblasser auch darüber im Klaren sein, dass er durch seine Entscheidung möglicherweise Erwartungen der Erben enttäuscht.

Ferner sollte nicht mehr von „Gründen für und gegen die sittliche Berechtigung" gesprochen werden, da es – wie das BayObLG richtigerweise ausführt – nicht darum geht, den Inhalt des Testaments auf seine Angemessenheit zu überprüfen, sondern vielmehr darum, ob die Verfügung frei von krankheitsbedingten Störungen gefasst werden konnte.

Das von der Rechtsprechung geforderte Kriterium, dass der Erblasser ohne Fremdbeeinflussung handeln muss, sollte jedoch unverändert beibehalten werden.

d) Verschiedene Ausprägungen der Testierfähigkeit?

Wie bereits ausgeführt[174], existiert eine beschränkte Testierfähigkeit nicht. In Rechtsprechung und Literatur wird aber diskutiert, ob die Rechtsfiguren der partiellen und relativen Testierfähigkeit bestehen oder anzuerkennen sind.

aa) Partielle Testierfähigkeit

Unter dem Begriff der partiellen Testierunfähigkeit versteht man Situationen, in denen der Erblasser lediglich in Bezug auf einen bestimmten, thematisch abgrenzbaren Bereich außerstande ist, *die Bedeutung einer von ihm abgegebenen Willenserklärung einzusehen und nach dieser Einsicht zu handeln.*[175]

Nach der herrschenden Meinung kann es aufgrund der Unteilbarkeit der Testierfähigkeit die Rechtsfigur der partiellen Testierfähigkeit nicht geben.[176] Die herrschende Meinung führt vor allem das Argument der Rechtssicherheit ins Feld.[177] Dies ist auch tatsächlich nicht von der Hand zu weisen, da die

---

174 Vgl. hierzu: Kapitel 3 B. I. 1. b).

175 OLG Jena, Beschl. v. 4.5.2005 (Az. 9 W 612/04), FamRZ 2005, 2021 (2022).

176 BayObLG, Beschl. v. 31.1.1991 (Az. BReg. 1 Z 37/90), BayObLGZ 1991, 59 (62) unter Aufgabe der bisherigen Rechtsprechung BayObLG, Beschl. v. 22.10.1984 (Az. BReg. 1 Z 53/84), FamRZ 1985, 539; *Baumann*, in: Staudinger, Kommentar zum BGB, Neubearbeitung 2012, § 2229 Rn. 18; *J. Mayer*, in: Soergel, Kommentar zum BGB, 13. Aufl. 2003, § 2229 Rn. 12; *Weidlich*, in: Palandt, BGB, 76. Aufl. 2017, § 2229 Rn. 1; *Weser*, Die Auswirkungen des Betreuungsgesetzes auf die notarielle Praxis, MittBayNot 1992, 161 (169).

177 Vgl. auch: *Scherer/Lehmann*, ZEV-Report Zivilrecht, ZEV 2005, 453 (455).

Feststellung der Testierfähigkeit für Sachverständige und Gerichte ohnehin sehr schwierig ist.[178]

Es darf hierbei jedoch nicht unbeachtet bleiben, dass eine partielle Beeinträchtigung der Geschäftsfähigkeit anerkannt ist. Die Geschäftsfähigkeit kann dabei „für einen beschränkten Kreis von Angelegenheiten (...) ausgeschlossen sein".[179] Dies kann beispielsweise bei krankhafter Eifersucht in Bezug auf die Ehe der Fall sein, wobei umgekehrt trotz Vorliegen größter Zweifel im Hinblick auf die Geschäftsfähigkeit auch eine partielle Geschäftsfähigkeit zugunsten der Eheschließung vorliegen kann.[180] Wesentliche Teile der Literatur[181] fordern vor diesem Hintergrund daher zu Recht das Rechtsinstitut der partiellen Testierfähigkeit. Einigkeit zwischen den Ansichten besteht noch insoweit, als trotz einer partiellen Beeinträchtigung die Testierunfähigkeit nur dann bejaht wird, wenn das Testament den beeinträchtigten Bereich überhaupt tangiert.[182] Ist allerdings eine letztwillige Verfügung dahin gehend ausgestaltet, dass sie sowohl Verfügungen enthält, die sich auf den von der Testierunfähigkeit betroffenen Lebensbereich beziehen als auch solche, welche unabhängig hiervon getroffen worden sind, ist zu differenzieren.[183] Im Gegensatz zur herrschenden Meinung sind nach der vorzugswürdigen anderen Ansicht diejenigen Verfügungen, die den beeinträchtigten Bereich betreffen, unwirksam, wenn zu erkennen ist, dass ihnen eine Fehlvorstellung des Erblassers zugrunde lag, wohingegen diejenigen Verfügungen wirksam bleiben, die isoliert von der Beeinträchtigung getroffen wurden.[184] „Hätte der Erblasser nämlich getrennte Testamente errichtet, so wäre auch nach [der herrschenden Meinung] das eine gültig und das andere nicht."[185] Liegt also beispielsweise[186] ein Testament vor, welches aufgrund einer seelischen Behinderung und damit einhergehenden Wahnvorstellung eine Enterbung zulasten

178 *Wetterling/Neubauer/Neubauer*, Psychiatrische Gesichtspunkte zur Beurteilung der Testierfähigkeit Dementer, ZEV 1995, 46 (50).

179 BGH, Urt. v. 24.9.1955 (Az. IV ZR 162/54), BGHZ 18, 184 [LS].

180 *Ellenberger*, in: Palandt, BGB, 76. Aufl. 2017, § 104 Rn. 6.

181 Statt aller: *Christandl*, Selbstbestimmtes Testieren in einer alternden Gesellschaft, 2016, S. 186 ff.

182 *Hagena*, in: MüKo, BGB, 7. Aufl. 2017, § 2229 Rn. 16.

183 *Voit*, in: Reimann/Bengel/J. Mayer, Testament und Erbvertrag, 6. Aufl. 2015, § 2229 Rn. 16.

184 *Hagena*, in: MüKo, BGB, 7. Aufl. 2017, § 2229 Rn. 16.

185 *Litzenburger*, in: Bamberger/Roth (Hrsg.), Beck'scher Online Kommentar zum BGB, Stand: 1.11.2016, § 2229 Rn. 5.

186 Angelehnt an: BayObLG, Beschl. v. 31.1.1991 (Az. BReg. 1 Z 37/90), BayObLGZ 1991, 59.

einer Person und – unabhängig davon – ein Vermächtnis zugunsten einer Person, welche auch ohne die Behinderung des Erblassers bedacht worden wäre, enthält, so ist im Rahmen der partiellen Testierfähigkeit nur die Enterbung, nicht aber das Vermächtnis unwirksam. Dieses Ergebnis entspricht auch „[dem] im Erbrecht geltenden Grundsatz der Selbstständigkeit einzelner Verfügungen im Testament".[187] Durch die Anerkennung der partiellen Testierfähigkeit wird die Testierfreiheit des Erblassers mithin erweitert und nicht weiter eingeschränkt, da nicht mehr das gesamte Testament, sondern nur noch ein Teil unwirksam ist.[188]

Ein weiteres Argument für die partielle Testierfähigkeit ist die Tatsache, dass trotz erheblicher Zweifel an der Geschäftsfähigkeit einer Person aufgrund des Grundrechts der positiven Eheschließungsfreiheit gemäß Art. 6 Abs. 1 GG im Wege der partiellen Geschäftsfähigkeit eine Eheschließung trotz § 1304 BGB möglich ist.[189] Mutatis mutandis muss dasselbe auch für die partielle Testierfähigkeit wegen der vorliegend berührten Erbrechtsgarantie gemäß Art. 14 Abs. 1 GG gelten.[190]

bb) Relative Testierfähigkeit

Strittig ist ferner, ob es eine nach dem Schwierigkeitsgrad des Testaments abgestufte relative Testierfähigkeit gibt, wonach es dem Testator ermöglicht sein soll lediglich inhaltlich einfache, jedoch keine schwierigen Verfügungen zu treffen.[191]

Ein nicht unwesentlicher Teil der Literatur bejaht die Rechtsfigur der relativen Testierfähigkeit.[192] Da grundsätzlich von der Testierfähigkeit des Erblassers

---

187 *Christandl*, Selbstbestimmtes Testieren in einer alternden Gesellschaft, 2016, S. 188.

188 A.A.: *J. Mayer*, in: Soergel, Kommentar zum BGB, 13. Aufl. 2003, § 2229 Rn. 12: Unrichtig ist diesbezüglich auch der Verweis in Fn. 34. Die darin enthaltenen Autoren sprechen nämlich nicht von „Einschränkung", sondern zum einen von „Partialisierung" (so *Müller*, Betreuung und Geschäftsfähigkeit, 1998, S. 19 Fn. 85) und zum anderen von einer „Untergliederung" (so *Weser*, Die Auswirkungen des Betreuungsgesetzes auf die notarielle Praxis, MittBayNot 1992, 161 (169)).

189 BVerfG, Beschl. v. 18.12.2002 (Az. 1 BvL 14/02), FamRZ 2003, 359 (360 f.).

190 *Muscheler*, Erbrecht, 2010, Rn. 1669.

191 *Lauck*, in: Burandt/Rojahn (Hrsg.), Erbrecht, 2. Aufl. 2014, § 2229 Rn. 5.

192 *Baumann*, in: Staudinger, Kommentar zum BGB, Neubearbeitung 2012, § 2229 Rn. 19 (Bei Staudinger gibt es seit der Neubearbeitung einen Sinneswandel. In den beiden Vorbearbeitungen wurde noch mit der herrschenden Meinung die relative Testierfähigkeit abgelehnt); *Voit*, in: Reimann/Bengel/J. Mayer, Testament und Erbvertrag, 6. Aufl. 2015, § 2229 Rn. 12; *Hagena*, in: MüKo, BGB, 7. Aufl. 2017, § 2229 Rn. 15; *Flume*, Allgemeiner Teil des Bürgerlichen Rechts, 4. Aufl. 1992, § 13, 5; *Dieckmann*, Empfiehlt es sich, das Entmündigungsrecht, das Recht der Vormundschaft und der

auszugehen ist, besteht u.a. laut *Flume* – ohne das Rechtsinstitut der relativen Testierfähigkeit – die Gefahr, dass ein Testament gültig ist, obwohl der Testator den Inhalt aufgrund der Komplexität der Verfügung nicht versteht, nur weil er noch zu einfachen Geschäften in der Lage ist.[193] Dieses Vorbringen von *Flume* wird aber wohl eher von theoretischer Natur sein, da ein nur zu inhaltlich einfachen Verfügungen fähiger Erblasser wohl nur solche Verfügungen treffen wird und für den Fall, dass der Erblasser ein öffentliches Testament wünscht, diese Gefahr schon gar nicht besteht, da dem Notar gemäß § 17 Abs. 1 BeurkG eine Belehrungspflicht über die rechtliche Tragweite obliegt[194] und er die Beurkundung gemäß § 11 Abs. 1 S. 1 BeurkG ablehnen wird, wenn der Erblasser nach der Überzeugung des Notars testierunfähig ist.[195]

Ein schlagendes Argument für die Anerkennung der relativen Testierfähigkeit kann aber aus den Anforderungen, die die herrschende Meinung an die Testierfähigkeit stellt[196], selbst gezogen werden. Der Erblasser muss sich hiernach nämlich über die Tragweite seiner Verfügung bewusst sein. Insofern wäre es nur konsequent, wenn „in diese Bewertung nach den Fähigkeiten des Erblassers im Einzelfall (…) auch der Umfang und die Kompliziertheit der letztwilligen Verfügungen [einbezogen würden]".[197] Immerhin macht die herrschende Meinung

---

Pflegschaft über Erwachsene sowie das Unterbringungsrecht neu zu ordnen?, JZ 1988, 789 (795); *W. Kössinger*, in: Nieder/Kössinger, Handbuch der Testamentsgestaltung, 5. Aufl. 2015, § 7 Rn. 5, 14 f.; *Christandl*, Selbstbestimmtes Testieren in einer alternden Gesellschaft, 2016, S. 180 ff.

193 *Flume*, Allgemeiner Teil des Bürgerlichen Rechts, 4. Aufl. 1992, § 13, 5.

194 *W. Kössinger*, in: Nieder/Kössinger, Handbuch der Testamentsgestaltung, 5. Aufl. 2015, § 7 Rn. 15. Der Autor erwähnt zwar richtigerweise, dass dem Notar bei der Beurkundung gemäß § 17 Abs. 1 BeurkG eine Belehrungspflicht obliegt. Er folgert aber daraus fälschlicherweise den Schluss, dass die Belehrungspflicht des § 17 Abs. 1 BeurkG es dem Notar verbietet, „ein Testament zu beurkunden, das der Testator in seiner rechtlichen Bedeutung und wirtschaftlichen Tragweite nicht hinreichend verstandesgemäß erfasst hat". Die Aufklärungspflicht des § 17 Abs. 1 BeurkG führt aber mitnichten dazu, dass dem Notar die Beurkundung untersagt ist, wenn er sich sicher ist, dass der Erblasser nicht geschäfts- bzw. testierfähig ist (vgl. *Baumann*, in: Staudinger, Kommentar zum BGB, Neubearbeitung 2012, § 2229 Rn. 66).

195 *Winkler*, Beurkundungsgesetz Kommentar, 18. Aufl. 2017, § 28 Rn. 9. *Jerschke* plädiert jedoch dafür, die Beurkundung trotz Zweifeln an der Geschäftsfähigkeit bzw. Testierfähigkeit vorzunehmen („in dubio pro testamente"), da die Gefahr besteht, dass sich die Zweifel im Nachhinein als unbegründet herausstellen (*Jerschke*, Anmerkung zu: BayObLG, Beschl. v. 28.12.1993 (Az. 1 Z BR 85/93), ZEV 1994, 303 (305)).

196 Vgl. hierzu: Kapitel 3 B. I. 1. c) bb).

197 *Hagena*, in: MüKo, BGB, 7. Aufl. 2017, § 2229 Rn. 15.

die Frage der Testierfähigkeit von den individuellen Fähigkeiten des Testators abhängig.

Nichtsdestotrotz muss aber mit der herrschenden Meinung die Rechtsfigur der relativen Testierfähigkeit abgelehnt werden. Nach der herrschenden Meinung gibt es weder eine relative Testierfähigkeit noch eine relative Geschäftsfähigkeit.[198] Die Bejahung der relativen Testierfähigkeit hätte nach der herrschenden Meinung eine erhebliche Rechtsunsicherheit zur Folge, da es bereits objektiv äußerst schwierig ist, zwischen schwierigen und leichten Verfügungen zu unterscheiden und ein Abstellen auf die subjektive Fähigkeit somit noch diffiziler wäre.[199] Ferner ist zu beachten, dass die Auffassungsgabe von Erblassern, die rechtlichen Gestaltungsmöglichkeiten letztwilliger Verfügungen zu verstehen, sehr unterschiedlich ausgeprägt ist, weshalb „komplizierte Gestaltungsvorschläge mit Vor- und Nacherbschaften, Vorausvermächtnissen, unterschiedlichen Vermächtnisarten, Auflagen, Testamentsvollstreckungen (…) von einem beachtlichen Prozentsatz Testierender auch nach einfachen Erklärungen (…) allenfalls mühevoll oder gar nicht verstanden werden (…)“.[200] Die logische Konsequenz bei Anerkennung einer relativen Testierunfähigkeit wäre jedoch, dass der Großteil aller Testierenden relativ testierunfähig wäre. Dies würde zu einer Umkehrung des Grundsatzes der Testierfähigkeit führen und somit Grundsatz und Ausnahme verkehren.

Zusammenfassend ist festzuhalten, dass trotz guter Gründe für die Bejahung der relativen Testierfähigkeit, diese weiterhin abgelehnt werden muss. Der Aspekt der Rechtsunsicherheit sowie die durch die Anerkennung der relativen Testierfähigkeit entstehende Ablösung der Nämlichen von der Geschäftsfähigkeit

---

198 BGH, Urt. v. 14.7.1953 (Az. V ZR 97/52), NJW 1953, 1342; BGH, Urt. v. 13.5.1959 (Az. V ZR 151/58), BGHZ 30, 112 (117 f.); HansOLG, Urt. v. 7.9.1950 (Az. 3 U 142/1950), MDR 1950, 731 (731 f.); OLG München, Beschl. v. 14.8.2007 (Az. 31 Wx 16/07), FGPrax 2007, 274 (275); *Weidlich*, in: Palandt, BGB, 76. Aufl. 2017, § 2229 Rn. 1; *Lauck*, in: Burandt/Rojahn (Hrsg.), Erbrecht, 2. Aufl. 2014, § 2229 Rn. 5; *Muscheler*, Erbrecht, 2010, Rn. 1671; *Litzenburger*, in: Bamberger/Roth (Hrsg.), Beck'scher Online Kommentar zum BGB, Stand: 1.11.2016, § 2229 Rn. 4; *J. Mayer*, in: Soergel, Kommentar zum BGB, 13. Aufl. 2003, § 2229 Rn. 9.

199 *Muscheler*, Erbrecht, 2010, Rn. 1671.

200 *Baumann*, in: Staudinger, Kommentar zum BGB, Neubearbeitung 2012, § 2229 Rn. 19; *Schmoeckel*, Die Geschäfts- und Testierfähigkeit von Demenzerkrankten, NJW 2016, 433 (435). Die von *Christandl* vorgenommene Trennung zwischen dem „Schwierigkeitsgrad des Testaments“ und dessen rechtlichen Komplexität überzeugt nicht, da beide Aspekte miteinander einhergehen (*Christandl*, Selbstbestimmtes Testieren in einer alternden Gesellschaft, 2016, S. 184 ff.).

und die entstehenden Abgrenzungsprobleme zwischen inhaltlich leichten und komplexen Verfügungen[201] lassen eine andere Ansicht nicht zu.

e) Lucidum intervallum

Im Fall der Testierunfähigkeit ist es dem Erblasser an sich verwehrt, eine wirksame letztwillige Verfügung von Todes wegen zu treffen. Trotz bestehender Testierunfähigkeit soll ein Erblasser aber in einem sog. lichten Augenblick – also einem „Zustand verbesserter intellektueller Leistungsfähigkeit" – ein Testament wirksam errichten können.[202] Problematisch ist hierbei häufig, ob sich der Erblasser bei Errichtung seiner letztwilligen Verfügung kurzzeitig in einem testierfähigen Zustand befunden hat. Bei dieser Frage ist zu beachten, dass es bezüglich des luziden Intervalls zu einem Bedeutungswandel gekommen ist: Verstand man ursprünglich unter einem lucidum intervallum einen Zustand von mehreren Monaten andauernder verbesserter Leistungsfähigkeit, wird die Begrifflichkeit heutzutage vornehmlich für „kurzdauernde Zustandsbesserungen" verwendet.[203]

Beim „lucidum intervallum" muss mithin zwischen Intervallen von langer und kurzer Dauer unterschieden werden:

Ein Fall eines lang andauernden luziden Intervalls gibt es beispielsweise bei „psychische[n] Krankheiten (...), die wie die manisch-depressive, nur phasenweise vorliegen und von psychopathologischen unauffälligen, luziden Intervallen abgelöst werden, die Wochen oder Monate, ja bisweilen Jahre andauern" und in denen die Testierfähigkeit des Erblassers zu bejahen ist.[204]

Kurzzeitige luzide Intervalle, die etwa bei einer Behinderung in Form einer schweren Demenz des Öfteren zu Rechtsstreitigkeiten führen, kommen nicht in Betracht.[205] Die forensische Psychiatrie lehnt – im Gegenzug zur Kommentarliteratur und älteren Rechtsprechung[206] – auch wegen der fast ausgeschlossenen

---

201 *J. Mayer*, in: Soergel, Kommentar zum BGB, 13. Aufl. 2003, § 2229 Rn. 9.

202 *Wetterling/Neubauer/Neubauer*, Testierfähigkeit von Dementen, Psychiatrische Praxis 1996, 213 (215 f.).

203 *Foerster/Habermeyer*, in: Venzlaff/Foerster/Dreßing/Habermeyer, Psychiatrische Begutachtung, 6. Aufl. 2015, S. 489.

204 *Sass/Kröber*, in: Helmchen/Henn/Lauter/Sartorius (Hrsg.), Psychiatrie der Gegenwart, 4. Aufl. 1999, S. 486.

205 *Foerster/Habermeyer*, in: Venzlaff/Foerster/Dreßing/Habermeyer, Psychiatrische Begutachtung, 6. Aufl. 2015, S. 489.

206 *J. Mayer*, in: Soergel, Kommentar zum BGB, 13. Aufl. 2003, § 2229 Rn. 10; *Weidlich*, in: Palandt, BGB, 76. Aufl. 2017, § 2229 Rn. 10; *Hagena*, in: MüKo, BGB, 7. Aufl. 2017, § 2229 Rn. 26; *Litzenburger*, in: Bamberger/Roth (Hrsg.), Beck'scher Online

Nachweisbarkeit die Möglichkeit eines kurzandauernden luziden Intervalls daher einhellig ab.[207] Aus medizinischer Sicht ist es so gut wie ausgeschlossen, dass bei einer „dauerhaften, geistigen [und] nachhaltig wirkenden Erkrankung" eine für die Bejahung der Testierfähigkeit hinreichende Phase der Klarheit gegeben sein kann.[208] Das OLG München hat hierzu im Falle einer chronisch-progredienten Demenz folgende Aussagen getroffen: „Wenn im Rahmen einer seit mehreren Monaten oder gar Jahren bestehenden Erkrankung ihrem Wesen nach chronische psychopathologische Symptome bzw. Syndrome belegt seien, die Testierunfähigkeit bedingten, so seien kurzfristige (Stunden, Tage dauernde) „luzide Intervalle" mit Wiedererlangen der Urteilsfähigkeit so gut wie ausgeschlossen. (…) Die Tatsache, dass die Erblasserin gegenüber dem Notar den Wunsch äußern konnte, ihr Sohn solle ihr Erbe sein, kann nicht gleichgesetzt werden mit der für die Testierfähigkeit entscheidenden Frage, ob sie den Inhalt des Testaments von sich aus bestimmen und sich aus eigener Überlegung ein klares Urteil über die Tragweite ihrer Anordnung bilden konnte."[209] Bestätigend führen *Foerster* und *Habermeyer* hierzu aus, dass es „keineswegs möglich [ist], eine einmalige, scheinbar sinnvolle Äußerung des Erblassers als Zeichen eines luziden Intervalls zu bewerten, [wenn der Erblasser etwa an einer] psychopathologische[n] Dauerveränderung bei einer vaskulär bedingten organischen psychischen Störung [leidet]."[210]

Zusammenfassend ist festzuhalten, dass „die Bedeutung und Häufigkeit von luziden Intervallen überschätzt wird", da für die Bejahung eines luziden Intervalls ein Defekt vorhanden sein muss, der wenigstens kurzzeitig rückbildungsfähig ist und dieser Zustand nur in sehr seltenen Fällen in Betracht gezogen werden

Kommentar zum BGB, Stand: 1.11.2016, § 2229 Rn. 11; *Lauck*, in: Burandt/Rojahn (Hrsg.), Erbrecht, 2. Aufl. 2014, § 2229 Rn. 17; *Baumann*, in: Staudinger, Kommentar zum BGB, Neubearbeitung 2012, § 2229 Rn. 41; BGH, Urt. v. 1.7.1959 (Az. V ZR 169/58), BGHZ 30, 294 (298); OLG Karlsruhe, Beschl. v. 14.12.1981 (Az. 11 W 72/81), in OLGZ 1982, 280 (281 f.). Bei der Kommentarliteratur ist zu beachten, dass diese nicht zwischen lang und kurz andauernden Intervallen unterscheidet, sondern nur pauschal vom lucidum intervallum spricht (vgl. auch *Cording*, Die Begutachtung der Testier(un)fähigkeit, Fortschritte der Neurologie und Psychiatrie 2004, 147 (156).

207 *Cording*, Die Begutachtung der Testier(un)fähigkeit, Fortschritte der Neurologie und Psychiatrie 2004, 147 (156 f.).

208 *Baumann*, in: Staudinger, Kommentar zum BGB, Neubearbeitung 2012, § 2229 Rn. 41.

209 OLG München, Beschl. v. 1.7.2013 (Az. 31 Wx 266/12), juris Rn. 19 ff.

210 *Foerster/Habermeyer*, in: Venzlaff/Foerster/Dreßing/Habermeyer, Psychiatrische Begutachtung, 6. Aufl. 2015, S. 489.

kann.[211] Die wohl besseren Argumente sprechen – unter Zugrundelegung der medizinischen Argumente – gegen eine Bejahung kurzzeitiger luzider Intervalle. Geht man jedoch mit der Rechtsprechung davon aus, dass es luzide Intervalle grundsätzlich gibt, so ist es „in diesen Fällen zunächst notwendig, dass durch ein nervenärztliches oder psychiatrisches Gutachten nachgewiesen wird, dass überhaupt bei der jeweiligen Erkrankung [bzw. Behinderung] des Erblassers die grundsätzliche Möglichkeit zum Vorliegen eines lichten Intervalls besteht".[212]

f) Feststellung und Beweisbarkeit der Testier(un)fähigkeit

Da grundsätzlich von der Testierfähigkeit auszugehen ist, stellt sich die Frage, wie eine mögliche Testierunfähigkeit des Erblassers festgestellt und bewiesen werden kann. Zum einen ist fraglich, mit welchen Mitteln die Testierunfähigkeit des Erblassers posthum ermittelt werden kann bzw. darf. Zum anderen ist die Frage nach der Beweislast der Testierunfähigkeit und der nach einem lucidum intervallum zu klären.

aa) Feststellung der Testierunfähigkeit

Aufgrund des Grundsatzes der Testierfähigkeit ist der Erblasser solange als testierfähig anzusehen, wie nicht das Gegenteil festgestellt wurde.

Im Rahmen der freiwilligen Gerichtsbarkeit[213] hat das Nachlassgericht gemäß § 26 FamFG[214] im Erbscheinsverfahren zur Ermittlung der Testierunfähigkeit *von Amts wegen die zur Feststellung der entscheidungserheblichen Tatsachen erforderlichen Ermittlungen durchzuführen*. Das Nachlassgericht kann den Umfang der Ermittlungen selbst bestimmen und entweder (weitere) Beweise erheben oder von der Erhebung absehen, wenn der bereits ermittelte Sachverhalt zur Entscheidungsfindung ausreichend ist.[215] Das Gericht muss also auch kein Sachverständigengutachten über die Frage der Testierunfähigkeit in Auftrag geben, wenn es „zu dem Ergebnis kommt, daß die durch Zeugen oder andere Beweismittel feststellbaren Tatsachen nicht ausreichen (…), um den Ausnahmefall der

---

211 *Wetterling*, Testierfähigkeit aus gutachterlicher Sicht, Forum Familien- Erbrecht Sonderheft 1, 2003, 94 (97).

212 *Lauck*, in: Burandt/Rojahn (Hrsg.), Erbrecht, 2. Aufl. 2014, § 2229 Rn. 17.

213 Die Frage der Testierfähigkeit wird zum Großteil im Rahmen eines Erbscheinsverfahrens und somit in der freiwilligen Gerichtsbarkeit und nicht in einem streitigen Verfahren geklärt.

214 Gesetz über das Verfahren in Familiensachen und in den Angelegenheiten der freiwilligen Gerichtsbarkeit (FamFG) v. 17.12.2008, BGBl. I Nr. 61 v. 22.12.2008, S. 2586.

215 *Bumiller/Harders/Schwamb*, FamFG Kommentar, 11. Aufl. 2015, § 26 Rn. 6.

Testierunfähigkeit (...) mit Hilfe eines Sachverständigen zu begründen (...)".[216] Im Regelfall wird das Gericht aber einen psychiatrischen Sachverständigen hinzuziehen, da nur dieser in der Lage sein wird, den Sachverhalt mit der erforderlichen Kenntnis zu beurteilen.[217] Dem Sachverständigen[218] stehen u.a. folgende Informationsquellen zur Verfügung: Zeugen, Dokumentationen und Gutachten von Ärzten und Pflegern[219], Betreuungsakten[220] und das Testament selbst[221].

(1) Zeugen

Die von den Parteien benannten Zeugen lassen sich meist in zwei Gruppen einordnen: Diejenige, die sich mit dem verstorbenen Erblasser normal verständigen und jene, welche „konkrete Auffälligkeiten, Veränderungen bzw. Funktionsdefizite" feststellen konnte.[222] *Langelüdekke* und *Besser* haben diese Tatsache folgendermaßen dargestellt: „Alle dem Erblasser (...) Nahestehenden sind am Ausgang des Rechtstreits entweder pro oder contra interessiert, empfinden Sympathien für den Kläger oder den Beklagten und eignen sich als Zeugen denkbar schlecht. Vor allem spielt ein sehr menschliches Motiv oft eine entscheidende Rolle: Die Meisten möchten aus falsch verstandenem Respekt vor „dem Ansehen des Verstorbenen" nichts „Nachteiliges" über ihn sagen. Als nachteilig in diesem Sinne wird dann auch jedes Symptom einer geistigen Störung gewertet."[223] Aber nicht nur am Erbscheinsverfahren beteiligte Zeugen, sondern auch solche, die am Ausgang des Verfahrens kein Interesse haben, eignen sich nur bedingt für die Beantwortung der Frage nach der Testierunfähigkeit; sogar Ärzten, die den

---

216 BayObLG, Beschl. v. 5.7.1990 (Az. BReg. 1 a Z 26/90), NJW-RR 1990, 1419 (1420).

217 BayObLG, Beschl. v. 19.4.2000 (Az. 1Z BR 159/99), FamRZ 2001, 55 (56).

218 In Bayern darf für die Erstellung eines Sachverständigengutachtens über die Testierfähigkeit eines Erblassers auch auf die Landgerichtsärzte zurückgegriffen werden, da sie „aufgrund ihrer Ausbildung und ihrer besonderen praktischen Erfahrung den Anforderungen genügen, die im Bereich nervenärztlicher Begutachtung des Geisteszustandes an Sachverständige zu stellen sind" (BayObLG, Beschl. v. 19.6.1986 (Az. BReg. 3 Z 165/85), BayObLGZ 1986, 214 (217).

219 *Cording*, Die Begutachtung der Testier(un)fähigkeit, Fortschritte der Neurologie und Psychiatrie 2004, 147 (153).

220 *Baumann*, in: Staudinger, Kommentar zum BGB, Neubearbeitung 2012, § 2229 Rn. 50.

221 *Foerster/Habermeyer*, in: Venzlaff/Foerster/Dreßing/Habermeyer, Psychiatrische Begutachtung, 6. Aufl. 2015, S. 489.

222 *Cording*, Die Begutachtung der Testier(un)fähigkeit, Fortschritte der Neurologie und Psychiatrie 2004, 147 (155).

223 *Langelüddeke/Bresser*, Gerichtliche Psychiatrie, 4. Aufl. 1976, S. 378.

Erblasser medizinisch versorgt haben, ist es etwa, da sie ihr Hauptaugenmerk auf die Gebrechen des Patienten gelegt haben, nicht möglich, Aussagen über die Testierunfähigkeit des Erblassers zu treffen.[224] Ferner stellt sich besonders[225] bei Ärzten das Problem, dass sie nach dem Ableben des Erblassers grundsätzlich einer postmortalen Schweigepflicht unterliegen und deshalb keine Angaben über die Gesundheit ihres ehemaligen Patienten machen dürfen. Per se besteht nämlich die Schweigepflicht des Arztes auch über den Tod des Erblassers hinaus und ist sogar gemäß § 203 Abs. 4 StGB strafbewehrt. Der behandelnde Arzt darf sein Wissen daher nur mitteilen, wenn er entweder vom Erblasser selbst vor dessen Ableben von der Schweigepflicht entbunden wurde oder die Aussage des Arztes dem mutmaßlichen Willen des Erblassers entspricht.[226] Ist Letzteres der Fall, so ist der Arzt sogar zur Aussage verpflichtet.[227] Dabei ist zu beachten, dass es wohl im Interesse des Erblassers liegen dürfte, „aufkommende Zweifel über seine Testierfähigkeit nach Möglichkeit auszuräumen (…), da sein wohlverstandenes Interesse (…) nicht darauf gerichtet [ist] zu verbergen, daß er testierunfähig ist; vielmehr würden damit umgekehrt die seinem Schutz dienenden Vorschriften über die Testierfähigkeit in vielen Fällen gerade unterlaufen“.[228] Bestehen jedoch ernsthafte Einwände gegen die Offenlegung, so ist der ärztlichen Schweigepflicht der Vorrang zu gewähren, wobei eine gewissenhafte Prüfung durch den betroffenen Arzt vorzunehmen ist und er somit „selbst die letzte Instanz“ dieser Entscheidung bildet.[229]

Die Befragung eines bei der Errichtung eines öffentlichen Testaments gemäß § 2232 BGB anwesenden Notars, welcher sich von der Testierfähigkeit des

---

224 *Rasch/Bayerl*, Der Mythos vom luziden Intervall, Lebensversicherungsmedizin 1985, 2 (2).

225 Diese Ausführungen gelten jedoch nicht nur für Ärzte, sondern gemäß § 203 Abs. 1 Nr. 3 StGB auch für Rechtsanwälte und Notare, die beispielsweise bei der Abfassung eines Testaments beteiligt waren. Nach Ansicht des BGH steht ihnen auch ein Zeugnisverweigerungsrecht gemäß § 383 Abs. 1 Nr. 6 ZPO hinsichtlich der Testierfähigkeit des Erblassers zu, da ihnen kraft Standes Tatsachen anvertraut sind, deren Geheimhaltung durch ihre Natur oder durch gesetzliche Vorschrift geboten ist (BGH, Urt. v. 14.11.1963 (Az. III ZR 19/63), BGHZ 40, 288 (294); a.A.: *Baumann*, in: Staudinger, Kommentar zum BGB, Neubearbeitung 2012, § 2229 Rn. 87; KG, Spruchbeilage zur DJZ, DJZ 1915, 1129 (1135).

226 BGH, Urt. v. 31.5.1983 (Az. VI ZR 259/81), NJW 1983, 2627 (2628 f.).

227 *Bartsch*, Die postmortale Schweigepflicht des Arztes beim Streit um die Testierfähigkeit des Patienten, NJW 2001, 861 (862).

228 BGH, Beschl. v. 4.7.1984 (Az. IV a ZB 18/83), NJW 1984, 2893 (2895).

229 BGH, Urt. v. 31.5.1983 (Az. VI ZR 259/81), NJW 1983, 2627 (2629).

Erblassers überzeugt und dies gemäß § 28 BeurkG in der Niederschrift vermerkt hat, ist für das zu erstellende Gutachten keine „verwertbare Tatsachengrundlage und hat praktisch keinen Beweiswert".[230] Auch wenn ein notarielles Testament einen Zeugnisbeweis gemäß § 415 Abs. 1 ZPO darstellt, so erstreckt sich die Beweiskraft des § 415 Abs. 1 ZPO nur darauf, dass sich der Notar von der Testierfähigkeit überzeugt hat und nicht darauf, dass der Erblasser bei Errichtung des öffentlichen Testaments tatsächlich testierfähig war.[231] In der Aussage des Notars kann somit höchstens ein Indiz für die Testierfähigkeit liegen; allein diese Feststellung ist jedoch nicht ausreichend, um „begründete Zweifel an der Testierfähigkeit zu entkräften".[232] Der Ansicht *Klingelhöffers*, dass sich die Feststellung der Testierfähigkeit meist zuverlässig treffen lässt, wenn ein Notar diese gemäß § 28 BeurkG vermerkt hat und in dem Vermerk einen „Vorteil des notariellen Testaments" zu sehen, kann mithin nicht gefolgt werden.[233]

(2) Dokumentationen von Ärzten und Pflegern

Eine weitere Quelle, auf die ein psychiatrischer Gutachter zurückgreifen kann, ist die von Ärzten und Pflegern erstellte Dokumentation über den Gesundheitszustand des Erblassers.

Soweit möglich sollten die ärztlichen Dokumente (z.B.: Krankenakten) und die Aufzeichnungen von Pflegekräften aus den Jahren vor der Testamentserrichtung und im Zeitraum der Testamentserrichtung selbst in die Erstellung des Gutachtens einbezogen werden.[234]

Für die Beurteilung der Testierfähigkeit kann der Sachverständige auch auf Gutachten zurückgreifen, die unabhängig von der Frage der Testierfähigkeit des Erblassers erstellt wurden. Dazu zählen u.a. Pflegeversicherungsgutachten, welche vom Medizinischen Dienst der Krankenkassen vorgenommen werden und die Frage klären, ob der Betroffene aufgrund von körperlichen oder psychischen Gebrechen auf Pflege im häuslichen oder stationären Bereich angewiesen ist.[235]

---

230 *Cording*, Beweismittel zur Klärung der Testier(un)fähigkeit, ZEV 2010, 23 (27).

231 *Nieder*, Errichtung von Testamenten erklärungsbehinderter Erblasser, ZNotP 2003, 202 (202, 207).

232 BayObLG, Beschl. v. 17.8.2004 (Az. 1Z BR 53/04), BayObLGZ 2004, 237 (243).

233 *Klingelhöffer*, Testierunfähigkeit und ihre Geltendmachung im Nachlassverfahren, ZEV 1997, 92 (93).

234 *Cording*, Die Begutachtung der Testier(un)fähigkeit, Fortschritte der Neurologie und Psychiatrie 2004, 147 (153).

235 *Cording*, Beweismittel zur Klärung der Testier(un)fähigkeit, ZEV 2010, 23 (23).

Auch hier besteht die Gefahr, dass die Ärzte oder Pfleger gegen die Schweigepflicht verstoßen.[236]

(3) Betreuungsakten

Auch etwaige Betreuungsakten können für die Erstellung des Gutachtens herangezogen werden. Gemäß § 1896 Abs. 1 S. 1 BGB bestellt das Betreuungsgericht auf Antrag oder von Amts wegen einen Betreuer, wenn *ein Volljähriger aufgrund einer psychischen Krankheit oder einer körperlichen, geistigen oder seelischen Behinderung seine Angelegenheiten ganz oder teilweise nicht besorgen kann.* Anders als noch bei der Entmündigung hat die Bestellung eines Betreuers aber grundsätzlich keine Auswirkungen auf die Testierfähigkeit des Betreuten.[237] Vor In-Kraft-Treten des Betreuungsgesetzes[238] zum 1.1.1992 konnte gemäß § 2229 Abs. 3 BGB a.F. ein Entmündigter kein Testament errichten.[239] Durch die Aufhebung dieser Regelung gilt auch für einen ehemals Entmündigten, welcher nunmehr unter Betreuung steht, die Vermutung der Testierfähigkeit.[240] „Das Betreuungsrecht [fragt nämlich] nicht in erster Linie nach den geistigen Fähigkeiten des Betreuten, sondern allein danach, welche Hilfen er [braucht].“[241]

Auch wenn sich die Betreuung grundsätzlich nicht auf die Testierfähigkeit auswirkt, kann sich der psychiatrische Sachverständige für die Feststellung der Testierfähigkeit zum einen an den ehemaligen Entmündigungs-/Vormundschaftsakten und zum anderen an den nunmehr vorhandenen Betreuungsakten orientieren.[242] Da die Verlängerung der Bestellung eines Betreuers gemäß § 295 Abs. 2 FamFG spätestens alle sieben Jahre zu erfolgen hat und gemäß § 295 Abs. 1 FamFG entweder ein Gutachten oder ein ärztliches Zeugnis für die

236 Vgl. hierzu: Kapitel 3 B. I. 1. f) aa) (1).

237 *Müller*, in: Bamberger/Roth (Hrsg.), Beck'scher Online Kommentar zum BGB, Stand: 1.11.2016, § 1896 Rn. 40.

238 Gesetz zur Reform des Rechts der Vormundschaft und Pflegschaft für Volljährige (Betreuungsgesetz – BtG) v. 12.9.1990, BGBl. I Nr. 48 v. 21.9.1990, S. 2002. Das BtG ist gemäß Art. 11 des Ersten Gesetzes über die Bereinigung von Bundesrecht im Zuständigkeitsbereich des Bundesministeriums der Justiz v. 19.4.2006 (BGBl. I Nr. 18 v. 24.4.2006) zum 24.4.2006 außer Kraft getreten.

239 *Baumann*, in: Staudinger, Kommentar zum BGB, Neubearbeitung 2012, § 2229 Rn. 7.

240 *Weidlich*, in: Palandt, BGB, 76. Aufl. 2017, § 2229 Rn. 5.

241 OLG Hamm, Beschl. v. 20.5.2003 (Az. 15 W 393/01), juris Rn. 28.

242 *Lauck*, in: Burandt/Rojahn (Hrsg.), Erbrecht, 2. Aufl. 2014, § 2229 Rn. 19.

Entscheidung eingeholt werden muss, sind in der Regel einigermaßen aktuelle Angaben über den Gesundheitszustand des Betreuten vorhanden.[243]

(4) Testament

Auch das Testament selbst kann Rückschlüsse auf die Testierfähigkeit des Erblassers zulassen. Es kann sowohl auf den Inhalt der Verfügung als auch auf das Schriftbild abgestellt werden, sollte das Testament handschriftlich erstellt worden sein.

Der Inhalt des Testaments ist dann bedeutsam, wenn er offensichtlich psychopathologisch bestimmt ist, also der Erblasser seine Verfügungen aufgrund wahnhafter Vorstellungen getroffen hat und diese im Text ihren Niederschlag gefunden haben.[244] Erscheint die Verfügung lediglich unvernünftig, kann daraus jedoch nicht auf die Testierunfähigkeit des Erblassers geschlossen werden, da Testamente keiner Angemessenheitskontrolle unterzogen werden.[245] Auch umgekehrt ist ein vernünftig erscheinendes Testament kein Beleg für die Testierfähigkeit des Erblassers, da nicht zu erkennen ist, ob der Inhalt vom Erblasser selbst oder einem Dritten stammt.[246]

Hinsichtlich der Handschrift des Erblassers ist ein Nachweis einer etwaigen Testierunfähigkeit noch schwieriger. Allein der Umstand, dass das Schriftbild verzerrt ist, lässt noch keinen Schluss auf die Testierunfähigkeit zu, da der Grund hierfür auch in einer Einschränkung der Hand liegen kann.[247]

Abschließend sei erwähnt, dass sich Hinweise auf die Testierunfähigkeit jedoch dann ergeben können, wenn sich grobe grammatikalische Fehler im Testament befinden bzw. der Text viele Wortwiederholungen oder Wortauslassungen enthält.[248]

---

243 *J. Mayer*, in: Soergel, Kommentar zum BGB, 13. Aufl. 2003, § 2229 Rn. 19.

244 *Foerster/Habermeyer*, in: Venzlaff/Foerster/Dreßing/Habermeyer, Psychiatrische Begutachtung, 6. Aufl. 2015, S. 489.

245 *Cording*, Beweismittel zur Klärung der Testier(un)fähigkeit, ZEV 2010, 23 (25).

246 *Cording*, Die Begutachtung der Testier(un)fähigkeit, Fortschritte der Neurologie und Psychiatrie 2004, 147 (154).

247 *Lange*, Die Begutachtung der Testierfähigkeit nach dem Tode des Erblassers, Psychiatrie, Neurologie und medizinische Psychologie, 1989, 1 (3 f.).

248 *Foerster/Habermeyer*, in: Venzlaff/Foerster/Dreßing/Habermeyer, Psychiatrische Begutachtung, 6. Aufl. 2015, S. 489.

(5) Fazit

Zusammenfassend ist festzuhalten, dass dem Nachlassgericht zur Ermittlung der Testierfähigkeit ein bunter Strauß an Beweismitteln zur Verfügung steht. Erhebliches Gewicht kommt dabei der Feststellung des psychiatrischen Gutachters zu. Der psychiatrische Gutachter kann laut *Cording* trotz der Besonderheit, dass er den Erblasser im Großteil der Fälle nicht persönlich begutachten konnte, nach Ausschöpfung aller ihm zur Verfügung stehenden Quellen „in über 90% der Fälle eine gutachterliche Aussage zur Testier(un)fähigkeit mit der rechtlich erforderlichen Sicherheit" treffen.[249] So kann ein Sachverständigengutachten beispielsweise auch Anhaltspunkte dazu liefern, ob sich ein geistig behinderter Erblasser im Wege der Erstellung des Testaments einer unzulässigen Beeinflussung durch Dritte hat entziehen können.[250]

bb) Beweislast für das Vorliegen der Testierunfähigkeit und des luziden Intervalls

„Die volle materielle Beweislast (Feststellungslast) für die Testierunfähigkeit als eine das Erbrecht vernichtende Tatsache hat derjenige zu tragen, der sich auf die Unwirksamkeit des Testaments wegen Testierunfähigkeit des Erblassers beruft."[251] Dies ist deshalb der Fall, da grundsätzlich von Gesetzes wegen von Testierfähigkeit auszugehen ist.[252] Wurde jedoch festgestellt, dass eine Testierunfähigkeit des Erblassers zeitlich vor und nach der Errichtung des Testaments vorlag, kann prima facie davon ausgegangen werden, dass dieser auch im Zeitpunkt der Verfügung testierunfähig war.[253] Derjenige, welcher Rechte aus dem Testament ableitet und somit die Testierfähigkeit des Erblassers behauptet, muss in diesem Fall dennoch nicht den Gegenbeweis führen; es reicht vielmehr aus, dass ernsthafte Anhaltspunkte für ein lucidum intervallum im Zeitpunkt der Abfassung der letztwilligen Verfügung vorliegen und vorgetragen werden.[254]

---

249 *Cording*, Die Begutachtung der Testier(un)fähigkeit, Fortschritte der Neurologie und Psychiatrie 2004, 147 (147).

250 *Hagena*, in: MüKo, BGB, 7. Aufl. 2017, § 2229 Rn. 60.

251 BayObLG, Beschl. v. 20.12.1985 (Az. BReg. 1 Z 81/85), FamRZ 1986, 728 (730).

252 Vgl. hierzu: Kapitel 3 B. I. 1. c).

253 *Weidlich*, in: Palandt, BGB, 76. Aufl. 2017, § 2229 Rn. 11.

254 *Lauck*, in: Burandt/Rojahn (Hrsg.), Erbrecht, 2. Aufl. 2014, § 2229 Rn. 25.

2. *Höchstpersönlichkeit*

Eine weitere Voraussetzung für die wirksame Erstellung eines Testaments ist in § 2064 BGB geregelt, wonach *der Erblasser das Testament nur persönlich errichten kann*. Zweck dieser Norm ist es, die Testierfreiheit des Erblassers zu schützen, indem ihm allein die Befugnis gegeben wird, über den Inhalt der letztwilligen Verfügung zu entscheiden. Des Weiteren wird dem Erblasser aber auch die Verantwortung übertragen, dass er selbst entscheiden muss, wen er als Erben einsetzt, ohne die Verantwortung auf einen anderen übertragen zu können.[255] Diese elementaren Voraussetzungen stellen für einige behinderte Erblasser eine nicht unwesentliche Barriere dar, denn das Erfordernis der formellen Höchstpersönlichkeit gemäß § 2064 BGB untersagt es dem Erblasser, sich bei der Errichtung eines Testaments vertreten zu lassen.[256] Ein behinderter Erblasser, der gemäß §§ 1896 ff. BGB unter gesetzlicher Betreuung steht, kann mithin nicht seinen gesetzlichen Vertreter mit der Erstellung einer letztwilligen Verfügung betrauen. Dies gilt auch dann, wenn ein Betreuer für den Aufgabenkreis der Vermögenssorge bestellt wurde und somit grundsätzlich gemäß § 1902 BGB die Vertretung für den Betreuten in diesen Angelegenheiten übernimmt. Aus diesem Grund kann sich auch ein etwaiger Einwilligungsvorbehalt iSd § 1903 Abs. 1 BGB – wonach ein Betreuter zu einer Willenserklärung, die den Aufgabenkreis des Betreuers betrifft, dessen Einwilligung bedarf, soweit dies zur Abwendung einer erheblichen Gefahr für die Person oder das Vermögen des Betreuten erforderlich ist – nicht auf Verfügungen von Todes wegen gemäß § 1903 Abs. 2 BGB erstrecken.

Eine Verletzung von § 2064 BGB würde sogar vorliegen, wenn der Betreuer „eine im vollen Umfang vom Erblasser vorformulierte Erklärung dem Notar zur Beurkundung [als Bote] übermitteln“ würde, weil § 2232 S. 1 BGB für die Erstellung eines öffentlichen Testaments fordert, dass der *Erblasser dem Notar seinen letzten Willen erklärt oder ihm eine Schrift mit der Erklärung übergibt, dass die Schrift seinen letzten Willen enthalte* und daher „die Einschaltung eines Boten und Betreuers [ausgeschlossen ist]“.[257]

Das Erfordernis der formellen Höchstpersönlichkeit ist außerdem der Grund, weshalb es im Gegensatz zur beschränkten Geschäftsfähigkeit eine beschränkte Testierfähigkeit nicht geben kann. Hängt nämlich bei beschränkt Geschäftsfähigen die Wirksamkeit von Willenserklärungen von der Zustimmung des

---

255 *Leipold*, in: MüKo, BGB, 7. Aufl. 2017, § 2064 Rn. 1.

256 *Otte*, in: Staudinger, Kommentar zum BGB, Neubearbeitung 2013, § 2064 Rn. 3.

257 *Czubayko*, in: Burandt/Rojahn (Hrsg.), Erbrecht, 2. Aufl. 2014, § 2064 Rn. 4.

gesetzlichen Vertreters ab, so besteht diese Möglichkeit im Erbrecht aufgrund des Grundsatzes der Höchstpersönlichkeit der Errichtung der letztwilligen Verfügung nicht.[258]

Da es sich bei § 2064 BGB um einen Fall des absoluten Ausschlusses der Stellvertretung handelt[259], muss der behinderte Erblasser folglich selbst in der Lage sein, ein Testament zu erstellen, sollte er eine letztwillige Verfügung treffen wollen. Ist der Erblasser nicht in der Lage, das Erfordernis der formellen Höchstpersönlichkeit zu erfüllen, „fällt der Erblasser nicht ins Nichts", da in diesem Fall entweder die gesetzliche Erbfolge eintritt oder ein früher wirksam errichtetes Testament Geltung behält.[260]

3. *Errichtungsformen*

Dem Erblasser stehen bei der Errichtung eines ordentlichen Testaments gemäß § 2231 BGB grundsätzlich zwei Wege offen: Er kann das Testament entweder zur Niederschrift eines Notars (Nr. 1) oder durch eine nach § 2247 BGB abgegebene Erklärung (Nr. 2) errichten. Der BGH hat sich zum Sinn und Zweck dieser Formvorschrift folgendermaßen geäußert: „Die einzuhaltenden Förmlichkeiten sollen den Erblasser dazu veranlassen, sich selbst klar darüber zu werden, welchen Inhalt seine Verfügung von Todes wegen haben soll, und seinen Willen möglichst deutlich zum Ausdruck zu bringen. Sie sollen außerdem dazu dienen, Vorüberlegungen und Entwürfe von der maßgebenden Verfügung exakt abzugrenzen. Die Eigenhändigkeit eines Testaments soll nach der Wertung des Gesetzes außerdem eine erhöhte Sicherheit vor Verfälschungen des Erblasserwillens bieten. Alle diese Formzwecke sollen in ihrer Gesamtheit dazu beitragen, verantwortliches Testieren zu fördern und Streitigkeiten der Erbprätendenten über den Inhalt letztwilliger Verfügungen hintanzuhalten."[261]

Dem BGH ist zuzustimmen. Dieser strenge Formzwang hat durchaus seine Berechtigung. Im Vergleich zu einer Willenserklärung unter Lebenden, kann der Erblasser über ein errichtetes Testament nicht mehr befragt werden. Zudem handelt es sich bei der Niederlegung des letzten Willens nicht bloß um eine

258 *Voit*, in: Reimann/Bengel/J. Mayer, Testament und Erbvertrag, 6. Aufl. 2015, § 2229 Rn. 4; vgl. hierzu: Kapitel 3 B. I. 1. b).

259 *Gessaphe*, Der Betreuer als gesetzlicher Vertreter für eingeschränkt Selbstbestimmungsfähige, 1999, S. 155.

260 *Spickhoff*, Autonomie und Heteronomie im Alter, AcP 208 (2008), 345 (375).

261 BGH, Beschl. v. 9.4.1981 (Az. IV a ZB 4/80), BGHZ 80, 242 (246).

„kleine Notiz", die man sich macht, sondern stellt vielmehr eine grundlegende Entscheidung des Erblassers dar.

Der Formzwang bringt aber auch Einschränkungen mit sich. Der Erblasser hat zwar aufgrund der erbrechtlich gleichwertigen Wirkung grundsätzlich die uneingeschränkte Wahl zwischen beiden Formen; diese Wahl wird aber gemäß § 2247 Abs. 1 BGB bei Personen, die nicht des eigenhändigen Schreibens mächtig sind und gemäß § 2247 Abs. 4 BGB bei Personen, die *Geschriebenes nicht zu lesen vermögen*, eingeschränkt.[262] Diese können nur ein öffentliches Testament gemäß § 2231 Nr. 1 iVm § 2232 BGB errichten.[263]

a) *Öffentliches Testament*

§ 2231 Nr. 1 iVm § 2232 BGB normieren die Voraussetzungen für die Erstellung eines öffentlichen Testaments, wobei in § 2233 BGB Sonderregelungen für Minderjährige und Schreibunfähige enthalten sind. Gemäß § 2232 BGB *wird ein Testament zur Niederschrift eines Notars errichtet, indem der Erblasser dem Notar seinen letzten Willen erklärt oder ihm eine Schrift mit der Erklärung übergibt, dass die Schrift seinen letzten Willen enthalte. Der Erblasser kann die Schrift offen oder verschlossen übergeben; sie braucht nicht von ihm geschrieben zu sein.* Der Erblasser hat ergo die Wahl, ob er sich verbal oder non-verbal äußert (Alt. 1) bzw. ob er die Erklärung durch Übergabe einer Schrift abgibt (Alt. 2).[264]

Die nunmehr geltende Fassung der §§ 2232 f. BGB ist das Ergebnis eines Gesetzgebungsverfahrens, welches durch die Rechtsprechung des Bundesverfassungsgerichts vom 19.1.1999 notwendig wurde, da das Gericht die Vorschriften der §§ 2232, 2233 BGB a.F. und § 31 BeurkG a.F. für verfassungswidrig erklärt hat, soweit sie schreib- und sprechunfähige Personen von der Testiermöglichkeit ausgeschlossen haben.[265]

aa) Gesetzeslage vor der Entscheidung des Bundesverfassungsgerichts

Bis zur Entscheidung des Bundesverfassungsgerichts waren schreibunfähige Stumme von der Errichtung eines Testaments ausgeschlossen. Eine Errichtung

---

262 *Lauck*, in: Burandt/Rojahn (Hrsg.), Erbrecht, 2. Aufl. 2014, § 2231 Rn. 2.

263 Vgl. hierzu: Kapitel 2 D. I. 1. a).

264 *Hoeren*, in: Schulze, BGB Handkommentar, 9. Aufl. 2017, § 2232 Rn. 3 ff.

265 BVerfG, Beschl. v. 19.1.1999 (Az. 1 BvR 2161/94), BVerfGE 99, 341 [LS]. Das Bundesverfassungsgericht fällte den Beschluss aufgrund einer Verfassungsbeschwerde, die gegen das Urteil des OLG Hamm v. 13.10.1994 (Az. 10 U 81/93) eingelegt wurde (ZEV 1995, 261). Dieser Entscheidung ging das Urteil des LG Bochum v. 4.3.1993 (Az. 1 O 258/92) voraus (NJW-RR 1993, 969).

eines eigenhändigen Testaments gemäß § 2247 BGB kam nicht in Betracht, da der Erblasser nicht zu schreiben vermochte. Für diese Personengruppe wäre daher nur die Errichtung eines öffentlichen Testaments gemäß §§ 2232 f. BGB a.F. in Betracht gekommen. Diese Möglichkeit war ihnen aber ebenfalls verwehrt, da § 2232 S. 1 Alt. 1 BGB a.F. und § 2233 Abs. 2 BGB a.F. ein Mündlichkeitserfordernis enthielt. § 2232 BGB a.F. besagte nämlich, dass *zur Niederschrift eines Notars ein Testament errichtet wird, indem der Erblasser dem Notar seinen letzten Willen mündlich erklärt oder ihm eine Schrift mit der Erklärung übergibt, dass die Schrift seinen letzten Willen enthalte. Der Erblasser kann die Schrift offen oder verschlossen übergeben; sie braucht nicht von ihm geschrieben zu sein.* § 2233 Abs. 2 BGB a.F. normierte ferner: *Ist der Erblasser nach seinen Angaben oder nach der Überzeugung des Notars nicht imstande, Geschriebenes zu lesen, so kann er das Testament nur durch mündliche Erklärung errichten.* Das Tatbestandsmerkmal der Mündlichkeit war seinerzeit streng nach dem Wortlaut so zu verstehen, dass nur Erklärungen „mittels der Lautsprache“ erfolgen konnten und damit eine Verständigung durch Gebärden ausgeschlossen war.[266] Der Erblasser musste daher wenigstens in der Lage sein, mit einem vernehmlichen „Ja“ erkennen zu geben, dass er mit dem Inhalt des vorgelesenen Testaments einverstanden war.[267] Dies war und ist für einen Stummen jedoch unmöglich. Ein schreibunfähiger Stummer war auch nicht in der Lage durch Übergabe einer Schrift gemäß §§ 2232 S. 1 Alt. 2 iVm § 2233 Abs. 3 BGB a.F. ein Testament zu errichten, da § 31 BeurkG a.F. eine eigenhändige Erklärung des Erblassers bezüglich seines letzten Willens forderte. Während § 2233 Abs. 3 BGB a.F. lediglich besagte, dass der Erblasser das Testament nur durch Übergabe einer Schrift errichten konnte, wenn er nach seinen Angaben oder nach der Überzeugung des Notars nicht hinreichend zu sprechen vermochte, ergab sich das Problem aus dem Zusammenspiel mit § 31 BeurkG a.F. § 31 BeurkG a.F. besagte Folgendes: *Ein Erblasser, der nach seinen Angaben oder nach der Überzeugung des Notars nicht hinreichend zu sprechen vermag (§ 2233 Abs. 3 BGB des Bürgerlichen Gesetzbuches), muss die Erklärung, dass die übergebene Schrift seinen letzten Willen enthalte, bei der Verhandlung eigenhändig in die Niederschrift oder auf ein besonderes Blatt schreiben, das der Niederschrift beigefügt werden soll. Die Niederschrift braucht von dem behinderten*

---

266 *Burkart*, in: MüKo, BGB, 3. Aufl. 1997, § 2232 Rn. 4.

267 BGH, Urt. v. 21.5.1951 (Az. IV ZR 11/50), BGHZ 2, 172 (173). *Rossak* stellte hierzu zu Recht kritisch in Frage, „welcher erkenntnistheoretische Unterschied zwischen einem „Ja“ – das als mündliche Erklärung genügen soll – und einem zustimmenden Kopfnicken besteht“ (*Rossak*, Kann ein schreibunfähiger Stummer ein Testament errichten?, MittBayNot 1991, 193 (194).

Beteiligten nicht besonders genehmigt zu werden. Das Erfordernis der eigenhändigen Niederschrift in § 31 BeurkG a.F. war seinerzeit nicht dispositiv.[268] Der Erblasser musste daher „die Erklärung in Gegenwart des Notars schreiben".[269] Nach der Rechtsprechung des Bundesverfassungsgerichts verstießen die §§ 2232, 2233 BGB a.F. iVm § 31 BeurkG a.F. somit gegen die Erbrechtsgarantie gemäß Art. 14 Abs. 1 S. 1 GG, den allgemeinen Gleichheitssatz gemäß Art. 3 Abs. 1 GG sowie das Benachteiligungsverbot gemäß Art. 3 Abs. 3 S. 2 GG, „soweit sie testierfähigen Personen, die weder schreiben noch sprechen [konnten], die Möglichkeit der Testamentserrichtung [verwehrten]".[270]

(1) Verfassungsverstöße

(a) Verstoß gegen Art. 14 Abs. 1 S. 1 GG

Der generelle Ausschluss schreibunfähiger Stummer von der Errichtung eines Testaments stellt nach der Rechtsprechung des Bundesverfassungsgerichts eine unverhältnismäßige Einschränkung der Erbrechtsgarantie dar und verstößt gegen Art. 14 Abs. 1 S. 1 GG.[271]

Die Erbrechtsgarantie des Art. 14 Abs. 1 S. 1 GG beinhaltet das Erbrecht als Rechtsinstitut an sich und als Individualrecht.[272] Individualrechtlich wird vor allem die Testierfreiheit gewährleistet.[273]

Zwar steht die Erbrechtsgarantie gemäß Art. 14 Abs. 1 S. 2 GG unter Gesetzesvorbehalt und ist damit einschränkbar. Der Eingriff muss jedoch verhältnismäßig sein. Für die Rechtfertigung des Eingriffs müsste somit zunächst ein legitimes Ziel vorgelegen haben. Bereits in den Motiven zu dem Entwurfe des Bürgerlichen Gesetzbuches aus dem Jahre 1896 wird die Testiermöglichkeit von Personen, die nicht in der Lage sind, ihren Willen mündlich oder schriftlich auszudrücken, abgelehnt. Darin wird hierfür das Argument der Rechtssicherheit angeführt, da sich der Wille eines schreibunfähigen Stummen nicht zuverlässig ermitteln lasse. Daneben sollte der Erblasser auch vor sich selbst geschützt werden, da nicht zu erwarten sei, dass der Erblasser „das erforderliche Verständnis von der Bedeutung einer letztwilligen Verfügung [habe]".[274] Sowohl das

268 *Burkart*, in: MüKo, BGB, 3. Aufl. 1997, § 31 BeurkG Rn. 6.
269 *Winkler*, Beurkundungsgesetz Kommentar, 18. Aufl. 2017, § 31 Rn. 9.
270 BVerfG, Beschl. v. 19.1.1999 (Az. 1 BvR 2161/94), BVerfGE 99, 341 [LS].
271 BVerfG, Beschl. v. 19.1.1999 (Az. 1 BvR 2161/94), BVerfGE 99, 341 (353).
272 BVerfG, Beschl. v. 16.10.1984 (Az. 1 BvR 513/78), BVerfGE 67, 329 (340).
273 *Axer*, in: Epping/Hillgruber (Hrsg.), Beck'scher Online Kommentar zum GG, Stand: 1.12.2016, Art. 14 Rn. 142.
274 Motive zu dem Entwurfe des Bürgerlichen Gesetzbuchs, Bd. V, 1896, S. 251.

Argument der Rechtssicherheit als auch der Schutz des Erblassers vor sich selbst sind per se als legitime Ziele zu werten, da diese dem Gemeinwohl dienen.[275]

Das Erfordernis der Mündlichkeit war auch zur Erreichung des Ziels geeignet, da durch den Formzwang „der gewünschte Erfolg gefördert werden [konnte]".[276]

Das Bundesverfassungsgericht hat jedoch in seiner Entscheidung einen Verstoß gegen Art. 14 Abs. 1 S. 1 GG mit der fehlenden Erforderlichkeit dieser Einschränkung des Grundgesetzes begründet.[277] Erforderlich ist ein Eingriff nämlich nur dann, wenn sich das angestrebte Ziel nicht mit anderen gleichwirksamen und zugleich milderen Mitteln erreichen lässt.[278] Als milderes Mittel wäre nach Ansicht des Bundesverfassungsgerichts jedoch ein Beurkundungsverfahren iSd § 24 BeurkG a.F. infrage gekommen, wonach der Wille des Erblassers gesichert hätte festgestellt werden können.[279] Dieses Beurkundungsverfahren kam damals aber nur bei Rechtsgeschäften unter Lebenden zur Anwendung, da § 31 BeurkG a.F. – mit dem Argument der Rechtssicherheit – gegenüber § 24 BeurkG a.F. lex specialis war.[280] Zwar erkannte das Bundesverfassungsgericht in seiner Entscheidung vom 19.1.1999 auch, dass „im Erbrecht ein höheres Bedürfnis nach Rechtssicherheit in Bezug auf die Echtheit und Authentizität einer Willenserklärung besteht als bei Rechtsgeschäften unter Lebenden".[281] Es führte in seinem Beschluss hinsichtlich der Rechtssicherheit jedoch auch Folgendes aus: „Dem bei erbrechtlichen Verfügungen im besonderen Maße bestehenden Bedürfnis nach Rechtssicherheit kann der Gesetzgeber aber dadurch Rechnung tragen, daß er – über die in §§ 22, 24 BeurkG [a.F.] vorgesehene Mitwirkung einer Vertrauensperson und eines Zeugen oder zweiten Notars hinaus – beispielsweise an die Auswahl der heranzuziehenden neutralen Personen besondere Anforderungen stellt. Er hat etwa die Möglichkeit, als Zeugen ausnahmslos nur einen zweiten Notar zuzulassen. (...) Aufgrund dieser Möglichkeiten läßt sich das

---

275 BVerfG, Beschl. v. 19.1.1999 (Az. 1 BvR 2161/94), BVerfGE 99, 341 (353).

276 BVerfG, Beschl. v. 16.3.1971 (Az. 1 BvR 52, 665, 667, 754/66), BVerfGE 30, 292 (316).

277 BVerfG, Beschl. v. 19.1.1999 (Az. 1 BvR 2161/94), BVerfGE 99, 341 (353 f.).

278 BVerfG, Beschl. v. 18.12.1968 (Az. 1 BvL 5, 14/64 und 5, 11, 12/65), BVerfGE 25, 1 (18).

279 BVerfG, Beschl. v. 19.1.1999 (Az. 1 BvR 2161/94), BVerfGE 99, 341 (354). Gemäß § 24 BeurkG a.F. musste zur Beurkundung eine Vertrauensperson hinzugezogen werden, wenn ein Betroffener *nach seinen Angaben oder nach der Überzeugung des Notars nicht hinreichend zu hören oder zu sprechen und sich auch nicht schriftlich zu verständigen vermochte.*

280 *Nieder*, Errichtung von Testamenten erklärungsbehinderter Erblasser, ZNotP 2003, 202 (203).

281 BVerfG, Beschl. v. 19.1.1999 (Az. 1 BvR 2161/94), BVerfGE 99, 341 (355).

Irrtums- und Kommunikationsrisiko so weit reduzieren, daß das Argument der Rechtssicherheit den völligen Ausschluss schreib- und sprechunfähiger Personen von der Testierung nicht zu rechtfertigen vermag".

Aus diesen Gründen wäre es auch falsch, die Motive zu dem Entwurfe des Bürgerlichen Gesetzbuches in Bezug auf § 24 BeurkG als Argumentationsgrundlage heranzuziehen.[282] Denn nach diesen Motiven sollte ein schreibunfähiger Stummer an sich nicht testieren können, da sein Wille nicht zuverlässig ermittelt werden kann. Bei Rechtsgeschäften unter Lebenden soll gemäß § 24 BeurkG aber doch eine Verständigung mit dem schreibunfähigen Stummen möglich sein. Dies ist äußerst widersprüchlich und hätte dem Gesetzgeber spätestens bei dem Erlass des Beurkundungsgesetzes auffallen müssen.[283] Stattdessen wurde der Ausschluss schreibunfähiger Stummer von der Testiermöglichkeit, wie bereits bei der amtlichen Begründung zum Gesetz über die Errichtung von Testamenten und Erbverträgen vom 31.7.1938, weiterhin in Kauf genommen.[284]

Der Ansicht des Bundesverfassungsgerichts ist zu folgen. Die Erbrechtsgarantie stellt eine Art „Verlängerung des Eigentumsrechts über das Leben hinaus" dar und steht unter dem besonderen Schutz des Art. 14 Abs. 1 S. 1 GG.[285] Zwar mag es Fälle geben, in denen aus Gründen der Rechtssicherheit und zum Schutze des Erblassers vor sich selbst, derselbe von der Testiermöglichkeit ausgeschlossen werden muss. Dies kann aber nur im absoluten Ausnahmefall gerechtfertigt sein. Solange der Erblasser – trotz seines Unvermögens zu reden und zu schreiben – in der Lage ist, sich verständlich zu machen, kann das Recht zu testieren nicht vollumfänglich entzogen werden. In diesem Zusammenhang sei noch erwähnt, dass es einem schreibunfähigen Stummen gemäß §§ 330, 331, 2301 BGB möglich ist, Verträge zugunsten Dritter auf den Todesfall zu schließen, ihm eine letztwillige Verfügung aber verwehrt werden sollte. Dieser Umstand spricht ferner gegen eine „sachliche Rechtfertigung des Ausschlusses schreibunfähiger Stummer von der Testamentserrichtung.[286]

---

282 *Baumann*, Anmerkung zu: OLG Hamm, Beschl. v. 8.10.1993 (Az. 15 W 74/93), FamRZ 1994, 993 (994).

283 *Rossak*, Die Testierfähigkeit bzw. Testiermöglichkeit Mehrfachbehinderter, ZEV 1995, 236 (238).

284 Begründung zum Gesetz über die Errichtung von Testamenten und Erbverträgen v. 31.7.1938, Deutsche Justiz 1938, 1253 (1257).

285 *Becker*, in: Stern/Becker, Grundrechte-Kommentar, 2. Aufl. 2016, Art. 14 Rn. 28.

286 *Rohlfing/Mittenzwei*, Ausschluß Mehrfachbehinderter von der Testierfähigkeit, FamRZ 2000, 654 (658).

(b) Verstoß gegen Art. 3 Abs. 1 GG

Die Regelungen der §§ 2232, 2233 BGB a.F. iVm § 31 BeurkG a.F. verletzten nach der Entscheidung des Bundesverfassungsgerichts vom 19.1.1999 ferner den allgemeinen Gleichheitssatz des Art. 3 Abs. 1 GG[287], nachdem *alle Menschen vor dem Gesetz gleich sind.*

Eine Ungleichbehandlung und damit ein Eingriff in Art. 3 Abs. 1 GG liegt nach der Rechtsprechung des Bundesverfassungsgerichts dann vor, „wenn eine Gruppe von Normadressaten im Vergleich zu anderen Normadressaten anders behandelt wird, obwohl zwischen beiden Gruppen keine Unterschiede von solcher Art und solchem Gewicht bestehen, daß sie die ungleiche Behandlung rechtfertigen könnten".[288] Problematisch war vorliegend nach alter Gesetzeslage, dass ein unverheirateter schreibunfähiger und stummer Erblasser gemäß § 2276 Abs. 1 BGB iVm §§ 2232, 2233 BGB a.F. iVm § 31 BeurkG a.F. keinen Erbvertrag[289] schließen konnte, während einem verheirateten schreibunfähigen Stummen diese Möglichkeit gemäß § 2276 Abs. 2 BGB iVm § 1410 BGB iVm §§ 22, 24 BeurkG a.F. eröffnet wurde. Dieser Unterschied rührte nämlich daher, dass gemäß § 2276 Abs. 2 BGB *für einen Erbvertrag zwischen Ehegatten oder zwischen Verlobten, der mit einem Ehevertrag in derselben Urkunde verbunden wird, die für den Ehevertrag vorgeschriebene Form genügt.* In der Konsequenz waren daher bei einem Ehe- und Erbvertrag nicht die Vorschriften über Verfügungen von Todes wegen gemäß §§ 27 ff. BeurkG a.F. und insbesondere § 31 BeurkG a.F. anzuwenden, sondern vielmehr die §§ 1 ff. BeurkG und im Besonderen die §§ 22, 24 BeurkG a.F., welche bei Beurkundungsverfahren unter Lebenden zur Anwendung kamen und folglich eine Errichtung eines Erbvertrages trotz der Unfähigkeit zu sprechen und zu schreiben ermöglichte.[290]

Nach Ansicht des Bundesverfassungsgerichts „[bestehen für] eine derart unterschiedliche Behandlung verheirateter und unverheirateter schreibunfähiger Stummer (...) keine Gründe von solcher Art und solchem Gewicht, daß den einen im Rahmen von miteinander verbundenen Ehe- und Erbverträgen eine

---

287 BVerfG, Beschl. v. 19.1.1999 (Az. 1 BvR 2161/94), BVerfGE 99, 341 (355).

288 BVerfG, Beschl. v. 7.10.1980 (Az. 1 BvL 50, 89/79, 1 BvR 240/79), BVerfGE 55, 72 (88).

289 Die hier gemachten Ausführungen betreffen zwar unmittelbar den Erbvertrag. Sie sind aber trotzdem vorliegend in der Abhandlung über das öffentliche Testament zu verankern, da die Formvorschrift über den Erbvertrag gemäß § 2276 Abs. 1 BGB auf die Vorschriften des §§ 2231 Nr. 1, 2232, 2233 BGB und somit auf das öffentliche Testament verweist.

290 *J. Mayer*, in: Reimann/Bengel/J. Mayer, Testament und Erbvertrag, 6. Aufl. 2015, § 2276 Rn. 25.

Testiermöglichkeit eröffnet wird, während die anderen davon ausgeschlossen werden. Zwar mag das inhaltliche Schwergewicht von Ehe- und Erbverträgen häufig im Bereich der eherechtlichen Regelungen liegen, so daß der größere Sachzusammenhang mit den Rechtsgeschäften unter Lebenden für die Übernahme der in diesem Bereich geltenden Formerleichterungen spricht. Dieser Grund ist aber nur geeignet, eine unterschiedliche Behandlung in bezug auf das „Wie", nicht aber auch in bezug auf das „Ob" der Testierung zu rechtfertigen. Denn es gibt keinen einleuchtenden Grund dafür, dass ein verheirateter schreibunfähiger Stummer über den Weg des § 2276 Abs. 2 BGB testieren kann, ein Unverheirateter hingegen nicht".[291]

Auch hinsichtlich der Verletzung des Art. 3 Abs. 1 GG ist der Argumentation des Bundesverfassungsgerichts zu folgen, da keine sachlichen Gründe für die Rechtfertigung der Ungleichbehandlung bestehen. Diese unterschiedliche Behandlung kann auch nicht mit Art. 6 Abs. 1 GG gerechtfertigt werden, welcher die Ehe unter den besonderen Schutz der staatlichen Ordnung stellt. Zwar schützt das Ehegrundrecht des Art. 6 Abs. 1 GG neben der Eheschließungs- auch die Ehegestaltungsfreiheit und damit auch die Möglichkeit einen Ehevertrag zu schließen.[292] Hierin kann aber kein sachlicher Grund gesehen werden, behinderten Ehegatten die Möglichkeit eines Ehe- und Erbvertrages zu bieten, nichtverheirateten behinderten Erblassern hingegen die Erstellung eines Erbvertrages zu verwehren.

(c) Verstoß gegen Art. 3 Abs. 3 S. 2 GG

Zuletzt hat das Bundesverfassungsgericht noch einen Verstoß gegen das Benachteiligungsverbot des Art. 3 Abs. 3 S. 2 GG festgestellt.[293]

Art. 3 Abs. 3 S. 2 GG verbietet jegliche Benachteiligung wegen einer Behinderung.[294] Zwar kann grundsätzlich auch ein aus grundrechtlicher Sicht nichtbehinderter Mensch aufgrund eines Unfalls für kurze Zeit am Sprechen und Schreiben gehindert sein; die Formvorschriften der §§ 2232, 2233 BGB a.F. iVm § 31 BeurkG a.F. schließen aber vornehmlich behinderte Menschen von der Errichtung einer letztwilligen Verfügung aus, worin eine rechtswidrige Benachteiligung iSd Art. 3 Abs. 3 S. 2 GG zu sehen ist.[295] Denn nach der Rechtsprechung

291 BVerfG, Beschl. v. 19.1.1999 (Az. 1 BvR 2161/94), BVerfGE 99, 341 (356).

292 *Brosius-Gersdorf*, in: Dreier, Grundgesetz Kommentar, 3. Aufl. 2013, Art. 6 Rn. 61, 66.

293 BVerfG, Beschl. v. 19.1.1999 (Az. 1 BvR 2161/94), BVerfGE 99, 341 (353).

294 Vgl. hierzu: Kapitel 2 C. I. 1.

295 BVerfG, Beschl. v. 19.1.1999 (Az. 1 BvR 2161/94), BVerfGE 99, 341 (356 f.).

des Bundesverfassungsgerichts liegt eine Benachteiligung behinderter Menschen bei „Regelungen und Maßnahmen vor, die die Situation des Behinderten wegen seiner Behinderung verschlechtern (...). [Dies kann etwa] bei einem Ausschluß von Entfaltungs- und Betätigungsmöglichkeiten durch die öffentliche Gewalt gegeben sein (...)".[296]

Auch wenn das Benachteiligungsverbot des Art. 3 Abs. 3 S. 2 GG nicht uneingeschränkt gelten kann, war die Schlechterstellung behinderter Erblasser im Vergleich zu nichtbehinderten Erblassern vorliegend nicht gerechtfertigt.[297] Gerechtfertigt wäre eine solche Benachteiligung nämlich nur, wenn ein zwingendes Erfordernis für den Ausschluss schreibunfähiger Stummer von der Testiermöglichkeit bestanden hätte.[298] Dies wäre aber nur dann der Fall, wenn der stumme und schreibunfähige Erblasser zusätzlich weder handlungs- noch einsichtsfähig und die Versagung aus Gründen der Rechtssicherheit und zum Schutze des Erblassers vor sich selbst notwendig gewesen wäre.[299] Für diesen Fall bedarf es aber überhaupt keiner speziellen Formvorschriften, da die Erstellung einer letztwilligen Verfügung bereits an der fehlenden Testierfähigkeit gemäß § 2229 Abs. 4 BGB scheitert.

(2) Verfassungskonforme Auslegung

Nach der Ansicht des Bundesverfassungsgerichts scheiterte eine verfassungskonforme Auslegung der §§ 2232, 2233 BGB a.F. und § 31 BeurkG a.F. an zwei Punkten: Am klaren Wortlaut und am Willen des Gesetzgebers.[300] „Die verfassungskonforme Auslegung findet ihre Grenzen [nämlich] dort, wo sie zu dem Wortlaut und dem klar erkennbaren Willen des Gesetzgebers in Widerspruch treten würde".[301] Problematisch an der Entscheidung des Bundesverfassungsgerichts vom 19.1.1999 ist, dass lediglich Ausführungen zum Wortlaut gemacht werden. Argumente in Bezug auf den Willen des Gesetzgebers bleibt das Gericht schuldig. Hieran knüpft die Kritik von *Rossak* an. In seiner Anmerkung zur Entscheidung des Bundesverfassungsgerichts führt er zu Recht aus, dass „im Rahmen der Neufassung der §§ 2232 und 2233 BGB durch das BeurkG (...)

---

296 BVerfG, Beschl. v. 8.10.1997 (Az. 1 BvR 9/97), BVerfGE 96, 288 (303).
297 BVerfG, Beschl. v. 19.1.1999 (Az. 1 BvR 2161/94), BVerfGE 99, 341 (357).
298 BVerfG, Urt. v. 28.1.1992 (Az. 1 BvR 1025/82, 1 BvL 16/83 und 10/91), BVerfGE 85, 191 (207).
299 BVerfG, Beschl. v. 19.1.1999 (Az. 1 BvR 2161/94), BVerfGE 99, 341 (357).
300 BVerfG, Beschl. v. 19.1.1999 (Az. 1 BvR 2161/94), BVerfGE 99, 341 (358).
301 BVerfG, Beschl. v. 26.4.1994 (Az. 1 BvR 1299/89 und 1 BvL 6/90), BVerfGE 90, 263 (274 f.).

der Gesetzgeber zur Problematik (...) [keinen] Willen erkennen [hat] lassen (...), schon gar keinen klar erkennbaren".[302] Tatsächlich ist keinerlei Anzeichen für den Willen des Gesetzgebers bei der Änderung der §§ 2232, 2233 BGB a.F. in dem Entwurf des Beurkundungsgesetzes zu finden.[303] Dieser Umstand kann dennoch nicht zu einer verfassungskonformen Auslegung führen; sie misslingt vielmehr bereits aufgrund des klaren Wortlauts der Normen. § 2232 S. 1 Alt. 1 und § 2233 Abs. 2 BGB a.F. fordern nämlich eine *mündliche* und § 31 BeurkG a.F. eine *eigenhändige schriftliche Erklärung*. Aufgrund der Eindeutigkeit des Wortlauts („mündlich") ist die Errichtung eines Testaments „durch reine Gebärden oder Bewegungszeichen" und somit eine verfassungskonforme Auslegung der §§ 2232, 2233 BGB a.F. und § 31 BeurkG a.F. nicht möglich.[304]

bb) Rechtslage bis zur Neufassung der Normen

Neben der Erklärung der teilweisen Verfassungswidrigkeit der §§ 2232, 2233 BGB a.F. und des § 31 BeurkG a.F. hat das Bundesverfassungsgericht auch Übergangsregelungen für Verfügungen aufgestellt, die zwischen Beschlussverkündung und Neufassung der Normen getroffen wurden.[305] Des Weiteren enthält der Beschluss auch Empfehlungen, wie mit Verfügungen zu verfahren ist, welche vor der Verkündung des Beschlusses getroffen worden sind.

(1) Verfügungen nach der Beschlussverkündung

Für Verfügungen zwischen der Verkündung des Beschlusses und dem Inkrafttreten des OLG-Vertretungsänderungsgesetzes[306] am 1.8.2002, welches die für verfassungswidrig erklärten Normen neu gefasst hat, wurden vom Bundesverfassungsgericht folgende Übergangsregelung geschaffen: Die letztwillige Verfügung eines schreibunfähigen Stummen ist dann als formwirksam anzusehen, wenn neben den besonderen Regelungen für Verfügungen von Todes wegen gemäß §§ 27–29, 34 und 35 BeurkG[307] auch die Normen für rechtsgeschäftliche

302 *Rossak*, Anmerkung zu: BVerfG, Beschl. v. 19.1.1999 (Az. 1 BvR 2161/94), DNotZ 1999, 409 (419).

303 Entwurf eines Beurkundungsgesetzes v. 25.9.1968, BT-Drs. V/3282 S. 35, 43.

304 BVerfG, Beschl. v. 19.1.1999 (Az. 1 BvR 2161/94), BVerfGE 99, 341 (358).

305 BVerfG, Beschl. v. 19.1.1999 (Az. 1 BvR 2161/94), BVerfGE 99, 341 (358 ff.).

306 Gesetz zur Änderung des Rechts der Vertretung durch Rechtsanwälte vor den Oberlandesgerichten (OLG-Vertretungsänderungsgesetz – OLGVertrÄndG) v. 23.7.2002, BGBl. I Nr. 53 v. 31.7.2002, S. 2850.

307 Bei § 34 BeurkG handelt es sich um die alte Fassung.

Erklärungen unter Lebenden, insbesondere die §§ 22 bis 26 BeurkG[308] zur Anwendung kamen.[309] Es konnte somit gemäß § 24 BeurkG a.F. eine Vertrauensperson hinzugezogen werden, mit deren Hilfe sich der schreibunfähige Stumme mittels Gebärdensprache verständigen konnte.[310] Aufgrund dieser Anordnung des Bundesverfassungsgerichts sind letztwillige Verfügungen, die nach den vorstehenden Regelungen getroffen wurden, gemäß § 35 BVerfGG formgerecht errichtet worden.[311]

(2) Verfügungen vor der Beschlussverkündung

Für bereits vor der Beschlussverkündung getroffene letztwillige Verfügungen hat das Bundesverfassungsgericht nachfolgende Feststellungen getroffen: „Die Übergangsregelung erfaßt allerdings nicht in der Vergangenheit von schreib- und sprechunfähigen Personen bereits errichtete letztwillige Verfügungen. In diesen Fällen ist es Aufgabe der Rechtsprechung, die durch die Unvereinbarkeitserklärung entstandene Regelungslücke zu schließen und Maßstäbe für die Beurteilung der Wirksamkeit solcher Testamente zu entwickeln. (...) [Es] müssen jedenfalls solche letztwilligen Verfügungen als rechtswirksam anerkannt werden, die von schreibunfähigen Stummen in Ermangelung anderer Regelungen entsprechend den Anforderungen der §§ 22–26 BeurkG errichtet wurden."[312] Wurden somit

308 Bei §§ 22, 24, 26 BeurkG handelt es sich jeweils um die alte Fassung.

309 BVerfG, Beschl. v. 19.1.1999 (Az. 1 BvR 2161/94), BVerfGE 99, 341 (359).

310 *J. Mayer*, in: Soergel, Kommentar zum BGB, 13. Aufl. 2003, § 2233 Rn. 9. Der Autor wirft in seiner Kommentierung nicht ganz zu Unrecht die Frage auf, welche Form der Testamentserrichtung des § 2232 S. 1 BGB a.F. während der Übergangszeit zu wählen war. „War durch Übergabe einer Schrift nach § 2233 Abs 3 aF zu testieren, wobei die nach BeurkG § 31 erforderliche Erklärung, die übergebene Schrift enthalte den letzten Willen, abweichend von dieser Norm nicht vom Erblasser niedergeschrieben wird, sondern mittels der Äußerung der Vertrauensperson dokumentiert wird? Oder war das Testament nach § 2232 Satz 1 Alternative 1 „mündlich" zu erklären, wobei die mündliche Erklärung des Erblassers nicht durch ihn selbst, sondern mittels der Vertrauensperson (BeurkG § 24) „als Dolmetscher" erfolgte? Dies liefe auf eine Ersetzung der eigentlichen originären mündlichen Erblasseräußerung durch die Gebärdensprache hinaus." Da das Bundesverfassungsgericht lediglich zur Verfahrensfrage des BeurkG Stellung bezogen hat, sind im Zweifel beide Wege als gangbar anzusehen.

311 *Vollkommer*, Anmerkung zu: BVerfG, Beschl. v. 19.1.1999 (Az. 1 BvR 2161/94), ZEV 1999, 268 (268).

312 BVerfG, Beschl. v. 19.1.1999 (Az. 1 BvR 2161/94), BVerfGE 99, 341 (359).

die Anforderungen der §§ 22 ff. BeurkG erfüllt und trat bzw. tritt der Erbfall erst nach dem 19.1.1999 ein, so ist auch ein solches Testament gültig.[313]

Intrikat ist die Situation jedoch, wenn der Erbfall vor der Beschlussverkündung eingetreten ist. Die hierfür vom Bundesverfassungsgericht gemachten Vorgaben sind in der Literatur teilweise auf Kritik gestoßen.[314] Nach den Entscheidungsgründen des Bundesverfassungsgerichts soll die Rechtsprechung Folgendes beachten: „Ist der Erbfall bereits in der Vergangenheit eingetreten, müssen die Gerichte (...) berücksichtigen, daß die Belange der Rechtssicherheit und des Vertrauensschutzes im Einzelfall der Berufung auf die verfassungsmäßige Rechtslage entgegenstehen können. Rechtskräftig abgeschlossene Verfahren bleiben grundsätzlich unberührt (vgl. § 79 BVerfGG). Ferner folgt aus dem Grundsatz des Vertrauensschutzes, daß die Berufung auf die verfassungsmäßige Rechtslage ausgeschlossen sein kann, wenn sich der testamentarische Erbe in der Vergangenheit (...) nicht auf die Verfassungswidrigkeit der gesetzlichen Formvorschriften berufen und der durch die Formvorschrift Begünstigte in schutzwürdiger Weise auf die gesetzliche Rechtslage vertraut hat. Da die Verfassungsmäßigkeit des Testierausschlusses in der Literatur im wesentlichen erst seit 1991 in Zweifel gezogen [wurde] (...), wird unter den genannten Voraussetzungen eine von den bisherigen gesetzlichen Formvorschriften abweichende Beurteilung eines Testaments als wirksam für die vor dem Jahre 1991 liegenden Erbfälle regelmäßig aus Vertrauensschutzgründen ausscheiden."[315] Das Bundesverfassungsgericht unterscheidet mithin in Erbfälle vor 1991 und Erbfälle nach 1991. Diese Zäsur rührt daher, dass *Rossak*[316] und *Ertl*[317] zu dieser Zeit die Verfassungsmäßigkeit der nun für verfassungswidrig erklärten Normen zum ersten Mal problematisiert haben. Teile der Literatur üben jedoch erheblich Kritik an der Zäsur (1991). Etwa *Baumann* hält das Abstellen auf das Jahr 1991 für nicht

313 *Voit*, in: Reimann/Bengel/J. Mayer, Testament und Erbvertrag, 6. Aufl. 2015, § 2232 Rn. 8.

314 *Baumann*, in: Staudinger, Kommentar zum BGB, Neubearbeitung 2012, § 2233 Rn. 29; *Vollkommer*, Anmerkung zu: BVerfG, Beschl. v. 19.1.1999 (Az. 1 BvR 2161/94), ZEV 1999, 268 (268); *Voit*, in: Reimann/Bengel/J. Mayer, Testament und Erbvertrag, 6. Aufl. 2015, § 2232 Rn. 8.

315 BVerfG, Beschl. v. 19.1.1999 (Az. 1 BvR 2161/94), BVerfGE 99, 341 (359 f.).

316 *Rossak*, Kann ein schreibunfähiger Stummer ein Testament errichten?, MittBayNot 1991, 193.

317 *Ertl*, Gestaltung von Testamenten und anderen Rechtsgeschäften für den Todesfall von sprech- oder schreibbehinderten Personen, MittBayNot 1991, 196.

gerechtfertigt.[318] Er führt hierzu aus, dass die Annahme des Bundesverfassungsgerichts verfehlt sei, den Vertrauensschutz der Parteien an der Veröffentlichung juristischer Aufsätze festzumachen, welche im Zweifel nicht vom juristischen Laien wahrgenommen würden. Des Weiteren hätte sich schon *Canaris*[319] im Jahre 1987 mit der „Problematik des Ausschlusses Geschäftsfähiger von der Möglichkeit zu testieren" befasst, sodass auf diesen Zeitpunkt abzustellen sei. Dieser von *Baumann* vertretenen Ansicht ist jedoch nur teilweise zu folgen. Zwar ist es richtig, dass sich *Canaris* bereits im Jahre 1987 mit einer ähnlichen Problematik befasst hat, nämlich der Versagung der Testiermöglichkeit von beschränkt Geschäftsfähigen, wenn sie gemäß § 2229 Abs. 3 BGB a.F. entmündigt wurden.[320] Dies betrifft aber die Frage der Testierfähigkeit und nicht die der Testierunmöglichkeit aufgrund von Formvorschriften. Insofern kann – sollte man überhaupt auf die Veröffentlichung von juristischen Aufsätzen abstellen – nicht auf diesen Zeitpunkt abgestellt werden. *Baumann* ist jedoch insofern zuzustimmen, als dass juristische Aufsätze im Allgemeinen und zu diesem Thema im Besonderen nur von interessierten Juristen wahrgenommen werden und sich hieraus ein „Vertrauensschutz des rechtssuchenden Bürgers" im Allgemeinen daher nicht ergeben kann.[321] Insofern sollte m.E. nicht auf die Veröffentlichung von juristischen Aufsätzen abgestellt werden. Dem Vertrauensschutz in Bezug auf letztwillige Verfügungen ist ohnehin nur schwer Rechnung zu tragen, da es „im Erbrecht nicht ungewöhnlich [ist], dass sich im Nachhinein – bspw. durch Auffinden eines später errichteten Testaments – die Erbenstellung als nur vermeintliche erweist".[322] Ferner kann als weiteres Argument gegen den Vertrauensschutz angeführt werden, dass Testamente gemäß § 2082 Abs. 3 BGB bis zu 30 Jahre lang anfechtbar sind.[323] Der vom Bundesverfassungsgericht geforderte Vertrauensschutz wird aber dadurch gewährleistet, dass sich der gutgläubige

---

318 *Baumann*, in: Staudinger, Kommentar zum BGB, Neubearbeitung 2012, § 2233 Rn. 29.

319 *Canaris*, Verstöße gegen das verfassungsrechtliche Übermaßverbot im Recht der Geschäftsfähigkeit und im Schadensersatzrecht, JZ 1987, 993 (999 f.).

320 *Canaris*, Verstöße gegen das verfassungsrechtliche Übermaßverbot im Recht der Geschäftsfähigkeit und im Schadensersatzrecht, JZ 1987, 993 (999).

321 *Baumann*, in: Staudinger, Kommentar zum BGB, Neubearbeitung 2012, § 2233 Rn. 29.

322 *Voit*, in: Reimann/Bengel/J. Mayer, Testament und Erbvertrag, 6. Aufl. 2015, § 2232 Rn. 8.

323 *Vollkommer*, Anmerkung zu: BVerfG, Beschl. v. 19.1.1999 (Az. 1 BvR 2161/94), ZEV 1999, 268 (268).

Erbschaftsbesitzer gemäß § 2021 BGB auf den Wegfall der Bereicherung berufen kann, wenn sich im Nachhinein herausstellt, dass die letztwillige Verfügung doch wirksam ist.[324]

Problematisch ist ferner, dass der Beschluss des Bundesverfassungsgerichts keine Aussage über bereits erteilte Erbscheine enthält. Zwar erwähnt das Gericht in seinen Entscheidungsgründen den § 79 BVerfGG, wonach *nicht mehr anfechtbare Entscheidungen, die auf einer gemäß § 78 BVerfGG für nichtig erklärten Norm beruhen, unberührt bleiben.*[325] Demnach werden rechtskräftige Entscheidungen, die Feststellungen hinsichtlich des Erbrechts einer Person treffen, von dem Beschluss nicht tangiert.[326] Dies gilt jedoch nicht für Entscheidungen des Erbscheinsverfahrens, da es keine materielle Rechtskraft in diesem Verfahren gibt.[327] Ein Vertrauensschutz in Bezug auf bereits erteilte Erbscheine wird somit nicht gewährt.[328] § 2361 BGB sieht vielmehr eine Einziehung bzw. Kraftloserklärung des unrichtigen Erbscheins vor.

Fraglich erscheint somit, wie zu verfahren ist, wenn sich nach Erteilung eines Erbscheins herausstellt, dass eine letztwillige Verfügung aufgrund der Rechtsprechung des Bundesverfassungsgerichts doch wirksam errichtet wurde. Nach derzeit geltender Gesetzeslage wäre gemäß § 2361 BGB der Erbschein grundsätzlich einzuziehen. Dieses Vorgehen wird jedoch von Stimmen in der Literatur kritisiert. *Vollkommer* lehnt dieses Ergebnis ab, wenn bereits im Erbscheinsverfahren die Wirksamkeit einer solchen letztwilligen Verfügung umstritten war.[329] Er führt aus, dass der testamentarische Erbe gegen eine ablehnende Entscheidung im Erbscheinsverfahren den Instanzenzug hätte ausschöpfen und gegebenenfalls Verfassungsbeschwerde hätte einlegen müssen, um sich weiterhin seiner Rechte zu erhalten. § 79 Abs. 2 BVerfGG sei somit aus Gründen des Vertrauensschutzes und der Rechtssicherheit zumindest ab dem Jahre 1991 entsprechend mit der Konsequenz anzuwenden, dass die Einziehung des Erbscheins abzulehnen sei. Tatsächlich ist dem § 79 BVerfGG auch „der allgemeine Rechtsgrundsatz

---

324 *Voit*, in: Reimann/Bengel/J. Mayer, Testament und Erbvertrag, 6. Aufl. 2015, § 2232 Rn. 8.

325 BVerfG, Beschl. v. 19.1.1999 (Az. 1 BvR 2161/94), BVerfGE 99, 341 (359).

326 *Vollkommer*, Anmerkung zu: BVerfG, Beschl. v. 19.1.1999 (Az. 1 BvR 2161/94), ZEV 1999, 268 (268).

327 *Bumiller/Harders/Schwamb*, FamFG Kommentar, 11. Aufl. 2015, § 45 Rn. 9.

328 *Baumann*, in: Staudinger, Kommentar zum BGB, Neubearbeitung 2012, § 2233 Rn. 29.

329 *Vollkommer*, Anmerkung zu: BVerfG, Beschl. v. 19.1.1999 (Az. 1 BvR 2161/94), ZEV 1999, 268 (268).

zu entnehmen, dass eine Entscheidung des BVerfG, mit der eine Vorschrift für nichtig oder mit dem GG für unvereinbar erklärt wird, grundsätzlich keine Auswirkungen auf abgewickelte Rechtsbeziehungen haben soll".[330] Diesen Gedanken nimmt auch *Weber* auf, indem er fordert, § 79 Abs. 2 BVerfGG über den Wortlaut hinaus auch auf bereits erteilte Erbscheine anzuwenden, da der Norm die Intention zu entnehmen sei, dass „eine Entscheidung des BVerfG auf bereits abgewickelte Rechtsbeziehungen grundsätzlich keinen Einfluss mehr haben soll".[331] Diese Ansicht ist vor allem aus Gründen der Rechtssicherheit und des Vertrauensschutzes nicht haltlos. Es muss jedoch beachtet werden, dass die „Frage einer möglichen Rückwirkung von Entscheidungen des BVerfG im Privatrecht (...) bis heute ungeklärt [ist]".[332] Des Weiteren bedürfte es für eine analoge Anwendung eines vergleichbaren Sachverhalts und einer planwidrigen Regelungslücke.[333] Vorliegend fehlt es aber an einem vergleichbaren Sachverhalt. Zwar handelt es sich sowohl bei Entscheidungen, welche der materiellen Rechtskraft unterliegen, als auch bei solchen, die dies nicht tun, im Grundsatz um Bestimmungen, die zu befolgen sind. Der entscheidende Unterschied liegt aber darin, dass man auf Entscheidungen, welche der materiellen Rechtskraft fähig sind, vertrauen darf. Bei einer Entscheidung im Erbscheinsverfahren ist dem Betroffenen aber bewusst, dass sich diese wieder ändern kann. Insofern kann der Rechtsgedanke des § 79 BVerfGG nicht auf Entscheidungen im Erbscheinsverfahren angewendet werden. Ein weiteres Argument gegen die „Bestandskraft" der Entscheidung im Erbscheinsverfahren ist, dass sonst dem Willen des Erblassers nicht ausreichend Rechnung getragen würde. Im Gegensatz zum Vertrauen des vermeintlichen Erben ist der Testierfreiheit des Erblassers gemäß Art. 14 Abs. 1 S. 1 GG der Vorrang zu gewähren. Wie vorstehend erwähnt, ist der Scheinerbe nicht ungeschützt. Ihm steht es zu, sich gemäß § 2021 BGB auf den Wegfall der Bereicherung zu berufen, sollte er über das Erbe bereits verfügt haben.

Zuletzt soll noch die Frage geklärt werden, welche formellen Anforderungen an eine letztwillige Verfügung von schreibunfähigen Stummen für die Zeit vor der Beschlussverkündung gestellt werden. Nach der Entscheidung des Bundesverfassungsgerichts ist es „Aufgabe der Rechtsprechung, die durch die

---

330 *Lechner/Zuck*, BVerfGG Kommentar, 7. Aufl. 2015, § 79 Rn. 3; BVerfG, Beschl. v. 14.3.1972 (Az. 2 BvL 35/71), BVerfGE 32, 387 (389).

331 *Weber*, in: Damrau/Tanck (Hrsg.), Praxiskommentar Erbrecht, 3. Aufl. 2014, § 2233 Rn. 10.

332 *Baumann*, in: Staudinger, Kommentar zum BGB, Neubearbeitung 2012, § 2233 Rn. 29.

333 *Larenz/Canaris*, Methodenlehre der Rechtswissenschaft, 3. Aufl. 1995, S. 202.

Unvereinbarkeitserklärung entstandene Regelungslücke zu schließen und Maßstäbe für die Beurteilung der Wirksamkeit solcher Testamente zu entwickeln".[334]

Das OLG Hamm hat in seinem Beschluss vom 15.5.2000 hierzu die Ansicht vertreten, dass die vom Bundesverfassungsgericht getroffenen Übergangsregelungen – für die Zeit nach Beschlussverkündung bis zur Schaffung einer Neuregelung – ebenfalls für bereits vor der Verkündung errichtete letztwillige Verfügungen aus Gründen der Rechtssicherheit gelten sollen, sodass es „der in §§ 22, 24 BeurkG vorgesehenen Mitwirkung einer Vertrauensperson und eines Zeugen oder zweiten Notars [bedarf]".[335] Nach dem OLG Hamm kann im Fall eines schreibunfähigen Stummen nicht auf eine Vertrauensperson des Erblassers verzichtet werden, da erbrechtlich diverse Gestaltungsmöglichkeiten offenstehen. Ein Notar, der verständlicherweise nicht die genauen Lebensumstände des Erblassers kennt und überdies keine Vorstellungen über den konkreten Willen des schreibunfähigen Stummen hat, könne diesen mithin nicht durch einfache Fragen herausfinden, welche nur mit Gebärden beantwortet werden können. Die Ansicht des OLG ist überzeugend. Allein die Kommunikation mithilfe einer Vertrauensperson gemäß § 24 BeurkG a.F. dürfte in Bezug auf die Erforschung des wahren Willens des Erblassers bereits schwierig sein. Einem Notar wird es aber ohne Hinzuziehung einer solchen Person unmöglich sein, den wahren Willen zu erforschen.

Voit ist diese Rechtsprechung nicht weitgehend genug, weshalb er für den Fall, dass „der Erblasser seinen letzten Willen zwar nicht mehr mündlich erklären konnte, der Notar aber aus einer früheren mündlichen Erklärung – etwa aus einer Vorbesprechung – vom Inhalt der Verfügung sichere Kenntnis hat", eine teleologische Reduktion des § 2233 Abs. 3 BGB a.F. fordert, mit der Konsequenz, dass mithilfe der Übergabe einer Schrift gemäß § 2232 S. 1 Alt. 2 BGB a.F. und der Erklärung durch Gebärden, dass die Schrift den letzten Willen enthält, testiert werden kann.[336] Auch wenn diese Ansicht einen absoluten Ausnahmefall betrifft, so sollte m.E. auch in einem solchen Fall bis zum Inkrafttreten des OLG-Vertretungsänderungsgesetz am 1.8.2002 das Testament als gültig angesehen werden.

J. Mayer geht noch eine Stufe weiter und fordert, auf die sog. Altfälle die Wertung des § 2249 Abs. 6 BGB heranzuziehen, wonach ein *Formverstoß der*

---

334 *Voit*, in: Reimann/Bengel/J. Mayer, Testament und Erbvertrag, 6. Aufl. 2015, § 2232 Rn. 8.

335 OLG Hamm, Beschl. v. 15.5.2000 (Az. 15 W 476/99), NJW 2000, 3362 [LS].

336 *Voit*, in: Reimann/Bengel/J. Mayer, Testament und Erbvertrag, 6. Aufl. 2015, § 2232 Rn. 8.

Wirksamkeit der Beurkundung nicht entgegensteht, wenn bei Abfassung der Niederschrift über die Errichtung des (...) Testaments Formfehler unterlaufen sind, aber dennoch mit Sicherheit anzunehmen ist, dass das Testament eine zuverlässige Wiedergabe der Erklärung des Erblassers enthält.[337] Nach seiner Meinung muss „daher die materielle Richtigkeit der Wiedergabe des letzten Willens im Vordergrund stehen, denn Verfahrensrecht [sei] nicht Selbstzweck, sondern nur Mittel für die Richtigkeitsgewähr". Zwar möchte *J. Mayer* die Wertung des § 2249 Abs. 6 BGB heranziehen. Auf eine Vertrauensperson iSd § 24 BeurkG a.F. will er aber dennoch nicht verzichten. Er hält vielmehr lediglich eine Falschbezeichnung der Person (beispielsweise als Schreibzeuge) für unschädlich. Insoweit kritisiert er auch die Rechtsprechung des OLG Hamm, welches seine Entscheidung u.a. darauf gestützt hat, dass der bei Errichtung des Testaments hinzugezogene Arzt nicht als Vertrauensperson iSd § 24 BeurkG a.F., sondern als Schreibzeuge iSd § 22 BeurkG a.F. bezeichnet wurde. Für die Altfälle, in denen es einem Notar grundsätzlich verwehrt war, eine letztwillige Verfügung eines schreibunfähigen Stummen gemäß §§ 22 ff. BeurkG a.F. zu beurkunden, ist die Meinung von *Mayer* nicht als abwegig anzusehen. Problematisch ist jedoch, dass Formvorschriften eine Beweisfunktion haben und somit der Rechtssicherheit dienen.[338] Ließe man somit den Rechtsgedanken des § 2249 Abs. 6 BGB in den sog. Altfällen zu, so würde dies zwar zu einer erheblichen Erleichterung in Bezug auf die Wirksamkeit von letztwilligen Verfügungen führen, es wäre aber zugleich auch mit einer deutlichen Rechtsunsicherheit verbunden. Außerdem ist der Telos des § 2249 Abs. 6 BGB weniger darin zu sehen, im Notfall die Beurkundungsanforderungen abzusenken; es soll vielmehr dem meist juristisch unerfahrenen Bürgermeister nicht unnötig erschwert werden, die Beurkundung zu vollziehen.[339]

cc) Gesetzeslage seit der Neufassung der Normen

Bedingt durch die Entscheidung des Bundesverfassungsgerichts vom 19.1.1999 hat der Gesetzgeber gemäß Art. 25 Abs. 1 Nr. 23, 24, Abs. 4 Nr. 2, 3, 4, 5 des OLG-Vertretungsänderungsgesetzes (OLGVertrÄndG) mit Wirkung zum 1.8.2002 die §§ 2232, 2233 BGB und §§ 22, 23, 24 BeurkG geändert sowie § 31 BeurkG aufgehoben.

---

337 *J. Mayer*, in: Soergel, Kommentar zum BGB, 13. Aufl. 2003, § 2233 Rn. 12.

338 *Winkler*, Beurkundungsgesetz Kommentar, 18. Aufl. 2017, Einl. Rn. 19.

339 *Voit*, in: Reimann/Bengel/J. Mayer, Testament und Erbvertrag, 6. Aufl. 2015, § 2232 Rn. 8.

(1) Änderungen

Das OLGVertrÄndG beinhaltet folgende Änderungen: Das Mündlichkeitserfordernis in den §§ 2232 S. 1 und 2233 Abs. 1, 2 BGB wurde gestrichen. Ferner wurde § 2233 Abs. 3 BGB aufgehoben. § 31 BeurkG wurde ebenfalls ersatzlos gestrichen. In § 22 BeurkG ist die Überschrift geändert worden. Anstelle von Tauben, Stummen und Blinden ist nun von hörbehinderten, sprachbehinderten und sehbehinderten Beteiligten die Rede. Des Weiteren ist in § 22 Abs. 1 BeurkG ein Satz 2 eingefügt worden, welcher eine *Hinzuziehung eines Gebärdensprachdolmetschers auf Verlangen eines hör- oder sprachbehinderten Beteiligten* vorsieht. Die Änderung des § 23 BeurkG betrifft lediglich die Überschrift. Verlangte § 24 Abs. 1 BeurkG a.F. noch die Zuziehung einer Vertrauensperson, so regelt § 24 Abs. 1 BeurkG n.F. nun, dass *zu der Beurkundung eine Person zugezogen werden muss, die sich mit dem behinderten Beteiligten zu verständigen vermag und mit deren Zuziehung er nach der Überzeugung des Notars einverstanden ist.* Des Weiteren wurde ein neuer Satz 2 eingefügt, nach dem der Notar *in der Niederschrift eine Feststellung treffen soll, wenn er an der Möglichkeit der Verständigung zwischen der zugezogenen Person und dem Beteiligten zweifelt.* § 24 Abs. 2 BeurkG spricht wiederum in Anlehnung an Absatz 1 von einer „Verständigungsperson“ anstatt von einer Vertrauensperson.

(2) Kritik an den Änderungen

Diese Änderungen sind zum Teil auf heftige Kritik gestoßen. Wider der Empfehlung des Bundesrates[340], einen vierten Absatz[341] in § 2233 BGB a.F. mit einer Sonderregelung für Mehrfachbehinderte einzufügen, hat sich der Gesetzgeber am Ende für o.g. Streichung des Mündlichkeitserfordernisses entschieden. Hierzu führt *Reimann* aus, dass „der Gesetzgeber eine denkbare Lösung für den Sonderfall zur Regel für den Normalfall gemacht [hat] (...) [und hierdurch in Zukunft öfter Testamente] mit der Begründung angefochten werden, es habe keine Erklärung des letzten Willens iSd § 2232 BGB vorgelegen“.[342] Auch *v. Dickhuth-Harrach*

340 Empfehlungen der Ausschüsse zu Punkt 69 der 777. Sitzung des Bundesrates am 21.6.2002 v. 14.6.2002, BR-Drs. 503/1/02, S. 10 f.

341 Der Inhalt des vierten Absatzes sah folgenden Wortlaut vor: „Vermag der Erblasser nach seinen Angaben oder nach der Überzeugung des Notars nicht hinreichend zu hören oder zu sprechen und sich auch nicht schriftlich zu verständigen, so kann er das Testament zur Niederschrift des Notars errichten, indem er vor dem Notar seinen letzten Willen abweichend von § 2232, in sonstiger Weise zum Ausdruck bringt.“

342 *Reimann*, Die Änderungen des Erbrechts durch das OLG-Vertretungsänderungsgesetz, FamRZ 2002, 1383 (1384).

hätte es begrüßt, das Mündlichkeitserfordernis beizubehalten und Mehrfachbehinderten auf andere Weise, beispielsweise durch die Streichung der Eigenhändigkeit in § 31 BeurkG a.F., zu ihrem Testierrecht zu verhelfen. Seiner Ansicht nach hat der Gesetzgeber durch den Verzicht auf das Mündlichkeitserfordernis „eine breite Schneise in das Beurkundungsrecht geschlagen".[343] Es darf freilich nicht verkannt werden, dass der Vorschlag von *v. Dickhuth-Harrach* nur schreibunfähigen Stummen weiterhelfen würde. Ein leseunfähiger Stummer wäre weiterhin von der Errichtung eines Testaments ausgeschlossen, da er wegen § 2247 Abs. 4 BGB nicht in der Lage wäre, ein eigenhändiges Testament zu errichten und er aufgrund von § 2232 Abs. 2 BGB a.F. nur durch mündliche Erklärung testieren könnte, was ihm wegen seines Unvermögens nicht möglich ist.[344] Selbst dieser Personenkreis hätte aber in die Sonderregelung aufgenommen werden können, sodass *v. Dickhuth-Harrach* zuzustimmen ist, welcher erklärt, dass man der Beschlussempfehlung und dem Bericht des Rechtsausschusses zum OLGVertrÄndG vom 5.6.2002 insoweit nicht folgen kann, als dass es aufgrund der Entscheidung des Bundesverfassungsgerichts vom 19.1.1999 nur „konsequent [wäre], auf das Erfordernis der mündlichen Erklärung für die Errichtung öffentlicher Testamente ganz zu verzichten".[345]

Ergebnis dieses Verzichts ist überdies, dass auch sprechfähige Erblasser beispielsweise durch bloße Gebärden testieren können.[346]

(3) Voraussetzungen des öffentlichen Testaments

Die neu gefassten § 2231 Nr. 1 iVm § 2232 S. 1 BGB geben einem Erblasser, der ein eigenhändiges Testament gemäß § 2231 Nr. 2 iVm § 2247 BGB entweder nicht errichten kann oder nicht errichten will, somit die Möglichkeit durch Erklärung (Alt. 1) oder durch Übergabe einer Schrift (Alt. 2) zur Niederschrift eines Notars öffentlich zu testieren. Hinsichtlich der Beurkundung unterscheiden sich beide Formen insofern, als dass bei der Erklärung des letzten Willens (Alt. 1) die Verfügung selbst beurkundet wird, wohingegen bei der Übergabe einer Schrift

---

343 *v. Dickhuth-Harrach*, Testament durch Wimpernschlag, FamRZ 2003, 493 (497).

344 *Rossak*, Folgen des verfassungswidrigen Ausschlusses Mehrfachbehinderter von jeglicher Testiermöglichkeit für die notarielle Praxis, ZEV 1999, 254 (255).

345 Beschlussempfehlung und Bericht des Rechtsausschusses (6. Ausschuss) zu dem Gesetzentwurf der Bundesregierung - Drucksache 14/8763 - v. 5.6.2002, BT-Drs. 14/9266, S. 49; *v. Dickhuth-Harrach*, Testament durch Wimpernschlag, FamRZ 2003, 493 (497).

346 *Baumann*, in: Staudinger, Kommentar zum BGB, Neubearbeitung 2012, § 2232 Rn. 21.

(Alt. 2) lediglich „die Erklärung, die Schrift enthalte den letzten Willen", beurkundet wird.[347] Der Erblasser hat zwischen beiden Formen des § 2232 S. 1 BGB grundsätzlich die freie Wahl, wobei diese Wahlfreiheit durch § 2233 BGB, welcher Sonderfälle für Minderjährige (Abs. 1) und Leseunfähige (Abs. 2) enthält, eine Einschränkung erfährt.[348]

(a) Erklärung des letzten Willens

Der Erblasser hat gemäß § 2232 S. 1 Alt. 1 BGB die Möglichkeit, ein öffentliches Testament zur Niederschrift eines Notars zu errichten, indem er ihm seinen letzten Willen erklärt. Vor Inkrafttreten des OLGVertrÄndG am 1.8.2002 musste diese Erklärung in mündlicher Form erfolgen, d.h. durch „phonetisch-stimmliche Artikulation".[349] Dieses Erfordernis ist nunmehr entfallen, sodass neben der verbalen auch eine non-verbale Erklärung in Form von „schriftlichen Äußerungen, Zeichen, Kopfnicken, Wimpernschlag, sowie vor allem auch Gebärden (…) und lautsprachbegleitende Gebärden gem. § 6 Behindertengleichstellungsgesetz (BGG) (…), Lormen (Handtastensprache) sowie taktil wahrnehmbare Gebärden i.S.v. § 2 KommunikationshilfeVO zu § 9 BGG" möglich ist, soweit der letzte Wille des Erblassers deutlich erkennbar ist.[350]

Eine konkludente Erklärung des letzten Willens ist dann möglich, wenn die Erklärung zusätzlich durch Gebärden oder andere Zeichen verständlich wird.[351]

Ob der Erblasser eine verbale und nonverbale Erklärungsform wählt, bleibt ihm überlassen; er kann bei der Errichtung des öffentlichen Testaments sogar beide Formen miteinander verbinden.[352] Erforderlich ist lediglich, dass der

---

347 *Voit*, in: Reimann/Bengel/J. Mayer, Testament und Erbvertrag, 6. Aufl. 2015, § 2232 Rn. 6.

348 *J. Mayer*, in: Soergel, Kommentar zum BGB, 13. Aufl. 2003, § 2232 Rn. 3.

349 *Hagena*, in: MüKo, BGB, 7. Aufl. 2017, § 2232 Rn. 5.

350 *Lauck*, in: Burandt/Rojahn (Hrsg.), Erbrecht, 2. Aufl. 2014, § 2232 Rn. 7.

351 *Lauck*, in: Burandt/Rojahn (Hrsg.), Erbrecht, 2. Aufl. 2014, § 2232 Rn. 3. Der Verweis auf „a.A. Soergel/*Mayer* § 2232 Rn. 10" ist etwas verwirrend, da in der Kommentierung von *Mayer* ebenfalls eine konkludente Erklärung nur mithilfe von „Gebärden (Gestik, Mimik), Zeichen (bloße Berührungen?) oder auf andere Weise" möglich sein soll. Allein *Reimann* lehnt eine konkludente Erklärung ohne Begründung apodiktisch ab (*Reimann*, Die Änderungen des Erbrechts durch das OLG-Vertretungsänderungsgesetz, FamRZ 2002, 1383 (1384)).

352 *Hagena*, in: MüKo, BGB, 7. Aufl. 2017, § 2232 Rn. 10.

Erblasser in der Lage ist, seinen letzten Willen aktiv auszudrücken bzw. sich gegenteilig zu äußern.[353]

Bei Erklärungen in Form von schriftlichen Äußerungen kann es zu Abgrenzungsschwierigkeiten zu § 2232 S. 1 Alt. 2 BGB kommen, wobei darauf abgestellt wird, „ob die schriftliche Erklärung bereits den ausformulierten letzten Willen [darstellt]".[354] Ist dies der Fall, so liegt eine Erklärung in Form der Übergabe einer Schrift gemäß § 2232 S. 1 Alt. 2 BGB (s.u.) vor, bei der auch § 30 BeurkG zu beachten ist.[355]

(b) Erklärung durch Übergabe einer Schrift

Der letzte Wille kann gemäß § 2232 S. 1 Alt. 2 BGB auch durch Übergabe einer Schrift erklärt werden. Der Erblasser muss dem Notar hierzu eine Schrift mit der Erklärung übergeben, dass diese seinen letzten Willen enthalte. Die Übergabe der Schrift kann dabei gemäß § 2232 S. 2 BGB offen oder verschlossen erfolgen. Diese muss nicht von dem Erblasser selbst stammen.

Als Schrift wird jede „Verkörperung von Schriftzeichen" verstanden, sodass sich der Erblasser beispielsweise auch der Blindenschrift bedienen darf, solange er diese lesen kann.[356] Dieses Erfordernis ergibt sich aus § 2233 Abs. 2 BGB, da hiernach die Testamentserrichtung durch Übergabe einer Schrift nicht möglich ist, wenn der Erblasser Geschriebenes nicht zu lesen vermag.[357] Es kommt bei § 2232 S. 1 Alt. 2 BGB ergo wesentlich darauf an, dass der Erblasser in der Lage ist, die übergebene Schrift zu lesen. Der Notar muss hingegen nicht in der Lage sein, das übergebene Schriftstück zu lesen (vgl. § 30 S. 4 BeurkG).[358]

---

353 *Reimann*, Die Änderungen des Erbrechts durch das OLG-Vertretungsänderungsgesetz, FamRZ 2002, 1383 (1384).

354 *J. Mayer*, in: Soergel, Kommentar zum BGB, 13. Aufl. 2003, § 2232 Rn. 11.

355 *Litzenburger*, in: Bamberger/Roth (Hrsg.), Beck'scher Online Kommentar zum BGB, Stand: 1.11.2016, § 2232 Rn. 5; a.A.: *Voit*, in: Reimann/Bengel/J. Mayer, Testament und Erbvertrag, 6. Aufl. 2015, § 2232 Rn. 6 mit fehlerhaftem Hinweis in Fn. 12 auf Bamberger/Roth/*Litzenburger* Rn. 4, der in Rn. 5 die gegenteilige Auffassung vertritt: „[Es] ist der Wille des Erblassers entscheidend, nicht die Frage, ob das übergebene Schriftstück bereits vollständig ausformuliert ist oder nicht."

356 *Lauck*, in: Burandt/Rojahn (Hrsg.), Erbrecht, 2. Aufl. 2014, § 2232 Rn. 12; *Schulze*, Über die Verwendung der Blindenschrift bei der Errichtung letztwilliger Verfügungen, DNotZ 1955, 629 (629); a.A.: OLG Koblenz, Beschl. v. 21.3.1958 (Az. 2 U H 4/58), NJW 1958, 1784 (1784 f.).

357 *Voit*, in: Reimann/Bengel/J. Mayer, Testament und Erbvertrag, 6. Aufl. 2015, § 2232 Rn. 17.

358 *Hagena*, in: MüKo, BGB, 7. Aufl. 2017, § 2232 Rn. 18.

Die Übergabe der Schrift iSd § 2232 S. 1 Alt. 2 BGB meint nicht eine Übergabe im sachenrechtlichen Sinne[359], sondern lediglich, dass „die Schrift mit dem Willen des Verfügenden in die Hand des Notars gelangt [ist]".[360] Es ist daher ausreichend, wenn beispielsweise eine Pflegerin die Schrift in Anwesenheit und mit dem Willen des Erblassers an den Notar übergibt, wobei „eine Übergabe von Hand zu Hand (…) nicht erforderlich [ist]".[361] Die Erklärung des Erblassers, dass die Schrift seinen letzten Willen enthält, kann ebenfalls verbal oder nonverbal erfolgen; sie muss seinen Willen jedoch zweifelsfrei erkennen lassen.[362]

(4) Sonderfälle

§ 2233 BGB regelt Sonderfälle in Bezug auf die Errichtung eines öffentlichen Testaments und schränkt die grundsätzlich gemäß § 2232 BGB bestehende Wahlfreiheit für Minderjährige und Leseunfähige ein. Konkret bedeutet dies für einen Leseunfähigen, dass er gemäß § 2232 Abs. 2 BGB *das Testament nur durch eine Erklärung gegenüber dem Notar errichten kann, wenn er nach seinen Angaben oder nach der Überzeugung des Notars nicht im Stande ist, Geschriebenes zu lesen*. Im Umkehrschluss können diese Erblasser demnach weder eigenhändig (§ 2247 Abs. 4 BGB) noch durch Übergabe einer Schrift (§ 2232 S. 1 Alt. 2 BGB) testieren. Leseunfähig ist ein Erblasser dann, wenn er entweder das Geschriebene nicht optisch wahrnehmen kann[363] oder nicht in der Lage ist, das Aufgenommene zu verstehen[364]. Der Grund der Leseunfähigkeit ist dabei unerheblich.[365] Ursächlich können u.a. sein: Blindheit[366], vorübergehende Beeinträchtigung des Sehvermögens[367], Analphabetismus[368], hochgradige Geistesschwäche[369], hochgradige Schwachsichtigkeit[370].

---

359 *Litzenburger*, in: Bamberger/Roth (Hrsg.), Beck'scher Online Kommentar zum BGB, Stand: 1.11.2016, § 2232 Rn. 13.

360 RG, Urt. v. 3.2.1936 (Az. IV 139/35), RGZ 150, 189 (191).

361 *J. Mayer*, in: Soergel, Kommentar zum BGB, 13. Aufl. 2003, § 2232 Rn. 19.

362 *Lauck*, in: Burandt/Rojahn (Hrsg.), Erbrecht, 2. Aufl. 2014, § 2232 Rn. 15.

363 *Weidlich*, in: Palandt, BGB, 76. Aufl. 2017, § 2233 Rn. 2.

364 BayObLG, Beschl. v. 27.6.1997 (Az. 1Z BR 240/96), NJW-RR 1997, 1438 (1438).

365 *Hagena*, in: MüKo, BGB, 7. Aufl. 2017, § 2233 Rn. 11.

366 BayObLG, Beschl. v. 25.3.1999 (Az. 1Z BR 48/99), FamRZ 2000, 322 (323).

367 OLG Hamm, Beschl. v. 27.10.1966 (Az. 15 W 288/66), OLGZ 1967, 65 (66).

368 *Baumann*, in: Staudinger, Kommentar zum BGB, Neubearbeitung 2012, § 2233 Rn. 15.

369 *Lauck*, in: Burandt/Rojahn (Hrsg.), Erbrecht, 2. Aufl. 2014, § 2233 Rn. 4.

370 SchlHOLG, Beschl. v. 28.8.1969 (Az. 2 W 68/69), SchlHA 1970, 138 (139).

Für die Bejahung des § 2233 Abs. 2 BGB ausschlaggebend ist nicht die tatsächliche Leseunfähigkeit des Erblassers, sondern dessen Angabe, leseunfähig zu sein bzw. die Überzeugung des Notars von der Leseunfähigkeit des Erblassers.[371] Wird trotz Vorliegen der Tatbestandsvoraussetzungen des § 2233 Abs. 2 BGB durch Übergabe einer Schrift gemäß § 2232 S. 1 Alt. 2 BGB testiert, führt dies zur Nichtigkeit des Testaments gemäß § 125 S. 1 BGB.

Im Fall eines gemeinschaftlichen Testaments gemäß §§ 2265 ff. BGB soll die Vorschrift des § 2233 Abs. 2 BGB nicht nur auf den behinderten Erblasser, sondern zugleich auch auf den Ehegatten oder Lebenspartner nach dem LPartG[372] (§ 10 Abs. 4 LPartG) angewendet werden, bei dem die Voraussetzungen des § 2233 Abs. 2 BGB nicht vorliegen.[373] Ist demnach ein Erblasser nicht imstande, Geschriebenes zu lesen, sollen beide nur durch eine Erklärung gegenüber dem Notar testieren können. Begründet wird dies mit dem Schutzbedürfnis des behinderten Erblassers, welcher vom Inhalt der Erklärung des Ehegatten oder Lebenspartners Kenntnis erlangen muss.[374] Mit diesem Argument kann aber die Einschränkung für den nichtbehinderten Erblasser nicht gerechtfertigt werden.[375] Bei einem gemeinschaftlichen Testament ist es nämlich lediglich erforderlich, dass den Ehegatten respektive Lebenspartnern der Inhalt der letztwilligen Verfügung des jeweils anderen bekannt wird.[376] Aus diesem Grund ist es ausreichend, wenn der leseunfähige Erblasser durch den Notar über den Inhalt der letztwilligen Verfügung des anderen Erblassers informiert wird.[377]

(5) Testierunmöglichkeit[378] trotz Neufassung des Gesetzes

Trotz Neufassung der §§ 2232, 2233 BGB und der Streichung von § 31 BeurkG durch das OLGVertrÄndG gibt es immer noch Ausnahmefälle, in denen

---

371 *Weidlich*, in: Palandt, BGB, 76. Aufl. 2017, § 2233 Rn. 2.

372 Lebenspartnerschaftsgesetz – LPartG – v. 16.2.2001, BGBl. I Nr. 9 v. 22.2.2001, S. 266.

373 *J. Mayer*, in: Reimann/Bengel/J. Mayer, Testament und Erbvertrag, 6. Aufl. 2015, § 2267 Rn. 9; *M. Wolf*, in: Soergel, Kommentar zum BGB, 13. Aufl. 2003, § 2265 Rn. 10; *Braun*, in: Burandt/Rojahn (Hrsg.), Erbrecht, 2. Aufl. 2014, § 2265 Rn. 26; *Weidlich*, in: Palandt, BGB, 76. Aufl. 2017, Einf. v. § 2265 Rn. 5.

374 *v. Dickhuth-Harrach*, Handbuch der Erbfolge-Gestaltung, 2011, § 17 Rn. 34.

375 *Musielak*, in: MüKo, BGB, 7. Aufl. 2017, § 2267 Rn. 7.

376 *Johannsen*, in: BGB RGRK Kommentar, 12. Aufl. 1975, § 2265 Rn. 12.

377 *Lange/Kuchinke*, Lehrbuch des Erbrechts, 5. Aufl. 2001, § 24 II. 1. d).

378 *Voit* verwendet diese Begrifflichkeit in seiner Kommentierung zu § 2229 BGB (*Voit*, in: Reimann/Bengel/J. Mayer, Testament und Erbvertrag, 6. Aufl. 2015, § 2229 Rn. 27). Häufig wird in der Literatur aber auch der Begriff der faktischen Testierunfähigkeit verwendet.

behinderte Erblasser weiterhin nicht wirksam testieren können. So kann ein tauber Analphabet, welcher nicht in der Lage ist, sich mit anderen zu verständigen, weder ein eigenhändiges noch ein öffentliches Testament errichten.[379] Nämliches gilt sogar auch für einen lesefähigen Gelähmten, der sich nicht verständigen kann.[380]

Dass es für diese Personen schwierig sein wird, sich mit dieser Situation zurechtzufinden, ist unbestritten. Trotzdem bedarf es allein aus Gründen der Rechtssicherheit, dass eine gewisse Verständigung mit dem Erblasser möglich sein muss. Zu Recht fordert *Baumann* insofern „von jedem Erblasser die Fähigkeit (...), den Willen für Dritte objektiv und eindeutig verständlich auszudrücken, da es andernfalls an wahrnehmbaren Willenserklärungen fehlt".[381] Ausschlagend ist daher, ob eine „hinreichend gesicherte Verständigung" mit dem Erblasser möglich ist.[382]

(6) Beurkundungsverfahren

Das Beurkundungsgesetz regelt in den §§ 22–26 das Beurkundungsverfahren bei der Beteiligung behinderter Personen und enthält in seinen §§ 27–35 Besonderheiten für Verfügungen von Todes wegen.

Telos der §§ 22 ff. BeurkG ist es, behinderte Menschen im Beurkundungsverfahren zu schützen.[383] Als Behinderungsarten werden dabei das Unvermögen zu hören, zu sprechen und zu sehen aufgeführt, sowie die Unfähigkeit seinen Namen zu schreiben. Bei all diesen Behinderungen ist es ausreichend, wenn diese lediglich vorübergehend im Zeitpunkt der Beurkundung auftreten.[384] Auf eine Dauerhaftigkeit kommt es mithin nicht an. Ob die Behinderung tatsächlich vorliegt, ist für §§ 22 ff. BeurkG ebenfalls unerheblich, da es von Gesetzes wegen für das Vorliegen der Behinderung lediglich auf die *Angaben des Beteiligten oder die Überzeugung des Notars* ankommt.[385]

---

379 *Rohlfing/Mittenzwei*, Ausschluß Mehrfachbehinderter von der Testierfähigkeit, FamRZ 2000, 654 (655).

380 *J. Mayer*, in: Soergel, Kommentar zum BGB, 13. Aufl. 2003, § 2232 Rn. 14.

381 *Baumann*, in: Staudinger, Kommentar zum BGB, 13. Bearb. 1996, § 2233 Rn. 20.

382 *v. Dickhuth-Harrach*, Testament durch Wimpernschlag, FamRZ 2003, 493 (497); BVerfG, Beschl. v. 19.1.1999 (Az. 1 BvR 2161/94), BVerfGE 99, 341 (354).

383 *Baumann*, in: Eylmann/Vaasen, BNotO BeurkG, 4. Aufl. 2016, § 22 Rn. 1.

384 *Hagena*, in: MüKo, BGB, 7. Aufl. 2017, § 2232 Rn. 41.

385 *v. Dickhuth-Harrach*, Handbuch der Erbfolge-Gestaltung, 2011, § 17 Rn. 3.

(a) Hörbehinderte, sprachbehinderte und sehbehinderte Beteiligte

(aa) Behinderungsarten

§ 22 BeurkG normiert die besonderen Voraussetzungen, die für eine Beurkundung von Willenserklärungen hör-, sprach- oder sehbehinderter Erblasser zu beachten sind. Gemäß § 22 Abs. 1 S. 1 BeurkG *soll zu der Beurkundung ein Zeuge oder ein zweiter Notar zugezogen werden, wenn ein Beteiligter nach seinen Angaben oder nach der Überzeugung des Notars nicht hinreichend zu hören, zu sprechen oder zu sehen vermag, es sei denn, dass alle Beteiligten darauf verzichten.* Durch diese Formulierung des Gesetzes – früher war der Wortlaut der Überschrift des § 22 BeurkG: Taube, Stumme, Blinde – soll gewährleistet werden, dass „es nicht auf das dauernde Unvermögen, sondern auf die Behinderung im Zeitpunkt der Beurkundung ankommt" und gleichzeitig auch der Personenkreis in den Schutzbereich des Gesetzes einbezogen wird, der „zwar nicht völlig taub, stumm oder blind ist, jedoch einem derartig Behinderten so nahekommt, daß er bei der Beurkundung wie ein solcher zu behandeln ist".[386] Ein Erblasser ist daher auch dann als hörbehindert anzusehen, wenn er zwar nicht gänzlich taub, jedoch hochgradig schwerhörig ist, diesem Leiden „nicht durch Hörgeräte abhelfen kann"[387] und somit „eine Verständigung von Mund zu Ohr infolge einer Beeinträchtigung des Gehörsinns nicht möglich ist"[388].

Der ebenso von § 22 BeurkG umfasste Fall der Sprachbehinderung liegt vor, wenn eine Person, „auch nur vorübergehend (z.B. wegen einer Kieferoperation), Sprachlaute nicht hervorzubringen [vermag], sondern nur unartikuliert lallen [kann] und dadurch an der Verständigung durch Reden verhindert [ist] oder wegen Schonung der Stimme infolge Krankheit oder eines ärztlichen Verbots nicht sprechen [will bzw. darf]".[389] Eine Sprachbehinderung ist aber nicht gegeben, wenn sich der Erblasser beim Reden teilweise Gebärden bedienen muss[390] oder in der Lage ist, ein unmissverständliches „Ja" zu artikulieren.[391]

---

386 Entwurf eines Beurkundungsgesetzes v. 25.9.1968, BT-Drs. V/3282, S. 33.

387 *Frenz*, Verfahrensrechtliche Besonderheiten bei der Beurkundung von Testamenten mit behinderten Personen, ZNotP 1998, 373 (374).

388 *J. Mayer*, in: Soergel, Kommentar zum BGB, 13. Aufl. 2003, § 22 BeurkG Rn. 5.

389 *Winkler*, Beurkundungsgesetz Kommentar, 18. Aufl. 2017, § 22 Rn. 6.

390 OLG Köln, Urt. v. 20.8.1957 (Az. 9 U 167/56), MDR 1957, 740.

391 H.M.: *Litzenburger*, in: Bamberger/Roth (Hrsg.), Beck'scher Online Kommentar zum BGB, Stand: 1.11.2016, § 22 BeurkG Rn. 2; *Hagena*, in: MüKo, BGB, 7. Aufl. 2017, § 2232 Rn. 8; RG, Urt. v. 16.10.1939 (Az. IV 10/39), RGZ 161, 378 (382); BGH, Urt. v. 21.5.1951 (Az. IV ZR 11/50), BGHZ 2, 172 (174 f.); BayObLG, Beschl. v. 25.10.1968 (Az. 1a Z 72/68), DNotZ 1969, 301 (302 f.); a.A. *Hertel*, in: Staudinger, Kommentar

Die dritte von § 22 BeurkG umfasste Variante, namentlich die Sehbehinderung, ist zu bejahen, wenn „dem Beteiligten das Sehvermögen dauernd (Blindheit) oder vorübergehend (Augenleiden, Behinderung durch Verband) fehlt oder wenn er so hochgradig schwachsichtig ist, daß er den Vorgängen der Verhandlung mit dem Gesichtssinn nicht folgen kann".[392] Es ist daher auch ausreichend, dass der Erblasser beim Lesen auf eine Brille angewiesen ist, diese jedoch bei der Beurkundung nicht mit sich führt.[393] Da der Wortlaut des § 22 Abs. 1 S. 1 BeurkG vom *Unvermögen zu sehen* und nicht wie § 2233 Abs. 2 bzw. § 2247 Abs. 4 BGB vom *Unvermögen Geschriebenes zu lesen* spricht, liegt im Fall von Analphabetismus respektive bei fehlendem Wissen um die Urkundensprache keine Sehbehinderung vor.[394]

(bb) Feststellung der Behinderung

Gemäß § 22 Abs. 1 S. 1 BeurkG kommt es für die Feststellung der darin genannten Behinderungen auf *die Angaben des Beteiligten oder die Überzeugung*

---

zum BGB, Neubearbeitung 2012, Vorbem zu §§ 127a, 128 (BeurkG) Rn. 554: Danach soll eine Sprachbehinderung auch dann vorliegen, wenn der Erblasser lediglich im Stande ist, „Ja" oder „Nein" zu artikulieren. Begründet wird dies damit, dass zwar die Rechtsprechung ein noch verständliches „Ja" als mündliche Erklärung iSd § 2232 a.F. ausreichen ließ, um Mehrfachbehinderten eine Testiermöglichkeit zu geben; ein bloßes „Ja" könne aber seit dem Wegfall des Mündlichkeitserfordernisses nicht mehr für die Bejahung der Sprachfähigkeit ausreichen, wodurch „die Schutzvorschriften der §§ 22 ff BeurkG (...) bereits [dann eingreifen], wenn der Beteiligte seinen Willen nicht in Sätzen artikulieren kann". Dies wird ebenso von *Voit* gesehen, der „eine allzu großzügige Auslegung des Begriffs der hinreichenden Sprechfähigkeit" ablehnt und somit ein Verfahren gemäß § 22 BeurkG für notwendig hält, wenn der Erblasser lediglich ein schlichtes „Ja" aussprechen kann (*Voit*, in: Reimann/Bengel/J. Mayer, Testament und Erbvertrag, 6. Aufl. 2015, § 2232 Rn. 6).

392 *Jansen*, Beurkundungsgesetz, 1971, § 22 Rn. 4.

393 *Frenz*, Verfahrensrechtliche Besonderheiten bei der Beurkundung von Testamenten mit behinderten Personen, ZNotP 1998, 373 (374).

394 *Winkler*, Beurkundungsgesetz Kommentar, 18. Aufl. 2017, § 22 Rn. 7. Die Ausführungen von *J. Mayer*, dass es genüge, wenn „der Beteiligte nicht imstande ist, Geschriebenes zu lesen (wie in den Fällen der BGB §§ 2233 Abs 2, 2247 Abs 4)" ist daher etwas irreführend, da hierunter beispielsweise auch Analphabetismus fällt (*J. Mayer*, in: Soergel, Kommentar zum BGB, 13. Aufl. 2003, § 22 BeurkG Rn. 6). Sein Verweis in Fn. 12 auf die Rechtsprechung des OLG Köln vom 27.2.1947 (Az. Wx 39/47) bezieht sich aber wiederum lediglich auf Schwachsichtigkeit und nicht auf den Fall von Analphabetismus und schränkt scheinbar die großzügige Inbezugnahme auf §§ 2233 Abs. 2, 2247 Abs. 4 BGB wieder ein.

des Notars an. Primär sind die Angaben des Beteiligten zu beachten.[395] Hat der Erblasser verlauten lassen, dass er an einer der genannten Behinderungen leidet, ist der Notar an diese Angabe gebunden.[396] Behauptet der Erblasser, dass er nicht behindert ist, steht es dem Notar frei, sich eine gegenteilige Meinung zu bilden.[397] Äußert sich der Beteiligte überhaupt nicht zu einer möglichen Behinderung, liegt es am Notar, ob er eine solche feststellen kann oder nicht.[398] Hat der Erblasser unwahre Angaben zum (Nicht-)Vorliegen einer der in § 22 BeurkG genannten Behinderungen gemacht oder der Notar eine falsche Feststellung hierzu getroffen, hat dies jedoch keine Auswirkungen auf „die Wirksamkeit der Beurkundung".[399]

(cc) Zuziehung eines Zeugen oder zweiten Notars

Wurde eine Behinderung iSd § 22 BeurkG festgestellt, soll gemäß § 22 Abs. 1 S. 1 BeurkG *zu der Beurkundung ein Zeuge oder ein zweiter Notar zugezogen werden, es sei denn, dass alle Beteiligten darauf verzichten.* Bei der Vorschrift handelt es sich – wie der Wortlaut schon sagt – lediglich um eine Soll-Vorschrift, die bei Missachtung nicht zur Unwirksamkeit der Beurkundung führt.[400] Gleiches gilt auch, wenn trotz des Mitwirkungsverbots des § 26 BeurkG eine Person bei der Beurkundung als Zeuge oder zweiter Notar zugezogen wurde, die grundsätzlich nach § 26 BeurkG nicht hätte mitwirken sollen.[401]

Der Notar trifft die Auswahl und veranlasst die Zuziehung des Zeugen oder des zweiten Notars, wobei er Anregungen der Beteiligten berücksichtigen wird, ohne hieran gebunden zu sein.[402] „Zuziehung" bedeutet dabei, dass der Zeuge oder der zweite Notar bewusst und gewollt in den Beurkundungsvorgang einbezogen wird und sich die zugezogene Person ihrer Stellung und Aufgabe selbst

---

395 *Frenz*, Verfahrensrechtliche Besonderheiten bei der Beurkundung von Testamenten mit behinderten Personen, ZNotP 1998, 373 (374).

396 *Seger*, in: Armbrüster/Preuß/Renner (Hrsg.), BeurkG/DONot Kommentar, 7. Aufl. 2015, § 22 Rn. 3.

397 *Baumann*, in: Eylmann/Vaasen, BNotO BeurkG, 4. Aufl. 2016, § 22 Rn. 5.

398 *Winkler*, Beurkundungsgesetz Kommentar, 18. Aufl. 2017, § 22 Rn. 14.

399 *Hagena*, in: MüKo, BGB, 7. Aufl. 2017, § 2232 Rn. 42.

400 *Eickelberg*, in: Kersten/Bühling, Formularbuch und Praxis der Freiwilligen Gerichtsbarkeit, 25. Aufl. 2016, § 14 Rn. 11.

401 *Mecke*, Der Entwurf eines Beurkundungsgesetzes, DNotZ 1968, 584 (606).

402 *Jansen*, Beurkundungsgesetz, 1971, § 22 Rn. 8; a.A.: *Firsching*, Fragen des Testamentsrechts, DNotZ 1955, 283 (287).

bewusst ist.[403] Hat der Notar eine Person zugezogen, muss diese während des gesamten Beurkundungsvorgangs anwesend sein.[404] Um dem behinderten Erblasser iSd § 22 BeurkG die Möglichkeit zu bieten, dass seine letztwillige Verfügung geheim bleibt, kann er als Beteiligter des Beurkundungsverfahrens gemäß § 22 Abs. 1 S. 1 Hs. 2 BeurkG auf die Zuziehung verzichten.[405]

(dd) Zuziehung eines Gebärdensprachdolmetschers

Auf Verlangen eines hör- oder sprachbehinderten Beteiligten soll der Notar einen Gebärdensprachdolmetscher hinzuziehen (vgl. § 22 Abs. 1 S. 2 BeurkG). Aufgrund des Wortlauts besteht in der Literatur Einigkeit, dass es dem Notar untersagt ist, dem hör- oder sprachbehinderten Beteiligten einen Gebärdensprachdolmetscher zu oktroyieren.[406] Dies ist auch deshalb richtig, weil der behinderte Erblasser ein Interesse daran haben kann, dass außer ihm und dem Notar keine weitere Person von seiner letztwilligen Verfügung erfährt und dieses Anliegen nicht „durch die Zuziehung eines nicht der Verschwiegenheitsverpflichtung unterliegenden Gebärdensprachdolmetschers gefährdet wird".[407] Umstritten ist, ob die Hinzuziehung ausschließlich auf Verlangen des Hör- oder Sprachbehinderten erfolgen kann[408] oder dem Notar hierbei ein Ermessensspielraum zusteht[409]. Der Wortlaut von § 22 Abs. 1 S. 2 BGB besagt nur, dass *auf Verlangen*

403 BayObLG, Beschl. v. 22.6.1984 (Az. 1 Z 44/83), BayObLGZ 1984, 141 (145).

404 *Frenz*, Verfahrensrechtliche Besonderheiten bei der Beurkundung von Testamenten mit behinderten Personen, ZNotP 1998, 373 (374).

405 *Baumann*, in: Eylmann/Vaasen, BNotO BeurkG, 4. Aufl. 2016, § 22 Rn. 11c.

406 Statt aller: *Winkler*, Beurkundungsgesetz Kommentar, 18. Aufl. 2017, § 22 Rn. 22.

407 *Hagena*, in: MüKo, BGB, 7. Aufl. 2017, § 2232 Rn. 45.

408 So: *Litzenburger*, in: Bamberger/Roth (Hrsg.), Beck'scher Online Kommentar zum BGB, Stand: 1.11.2016, § 22 BeurkG Rn. 8; *Eickelberg*, in: Kersten/Bühling, Formularbuch und Praxis der Freiwilligen Gerichtsbarkeit, 25. Aufl. 2016, § 14 Rn. 9; *Hagena*, in: MüKo, BGB, 7. Aufl. 2017, § 2232 Rn. 45; *Baumann*, in: Eylmann/Vaasen, BNotO BeurkG, 4. Aufl. 2016, § 22 Rn. 10; *Hertel*, in: Staudinger, Kommentar zum BGB, Neubearbeitung 2012, Vorbem zu §§ 127a, 128 (BeurkG) Rn. 562.

409 So: *J. Mayer*, in: Soergel, Kommentar zum BGB, 13. Aufl. 2003, § 22 BeurkG Rn. 11; Beschlussempfehlung und Bericht des Rechtsausschusses (6. Ausschuss) zu dem Gesetzentwurf der Bundesregierung – Drucksache 14/8763 – v. 5.6.2002, BT-Drs. 14/9266, S. 51; *Seger*, in: Armbrüster/Preuß/Renner (Hrsg.), BeurkG/DONot Kommentar, 7. Aufl. 2015, § 22 Rn. 9; *Winkler*, Beurkundungsgesetz Kommentar, 18. Aufl. 2017, § 22 Rn. 22; *Rossak*, Neue Vorschriften zum materiellen Recht der Testamentserrichtung und zum Beurkundungsrecht bei Beteiligung von behinderten Erblassern, ZEV 2002, 435 (436).

ein Gebärdensprachdolmetscher hinzugezogen werden soll. Die Formulierung *auf Verlangen* bedeutet aber lediglich, dass nach entsprechender Aufforderung des hör- oder sprachbehinderten Beteiligten stets ein Gebärdensprachdolmetscher hinzuzuziehen ist. Darüber, wie bei Nichtvorliegen eines Verlangens zu verfahren ist, äußert sich die Norm nicht. Da der Wortlaut nicht *ausschließlich auf Verlangen* des hör- oder sprachbehinderten Beteiligten lautet, muss die Zuziehung des Gebärdensprachdolmetschers beim Fehlen eines Verlangens im Ermessen des Notars stehen.[410] Zu einem anderen Ergebnis kann man auch nicht kommen, wenn man darauf abstellt, dass in § 22 Abs. 1 S. 2 BeurkG im Vergleich zu § 22 Abs. 1 S. 1 BeurkG expressis verbis auf das Verlangen des hör- oder sprachbehinderten Beteiligten abgestellt wird.[411] Der Wortlaut des § 22 Abs. 1 S. 2 BeurkG ist hierfür zu weit, um allein aus dem Unterschied zu § 22 Abs. 1 S. 1 BeurkG – der dem Notar unstreitig einen Ermessensspielraum einräumt – das Ermessen des Notars im Hinblick auf die Zuziehung eines Gebärdensprachdolmetschers zu verneinen. Auch der Vergleich zu § 29 BeurkG führt zu keinem anderen Ergebnis.[412] Bei beiden Normen ist der Wortlaut in Bezug auf das „Verlangen" identisch. Dass bei § 29 BeurkG von Stimmen in der Literatur ein Ermessen des Notars verneint und aufgrund des identischen Wortlauts im Hinblick auf das „Verlangen" der Ermessensspielraum des Notars verneint wird[413], ist nicht nachvollziehbar. Denn auch im Fall von § 29 BeurkG muss mit dem Wortlautargument ein solcher bejaht werden.

An die Geeignetheit des Gebärdensprachdolmetschers werden mangels besonderer Ausbildung, allgemeiner Vereidigung bzw. Vereidigung im Beurkundungsverfahren keine besonderen Voraussetzungen gestellt.[414] Der Gebärdensprachdolmetscher muss lediglich in der Lage sein, eine Kommunikation

---

410 Beschlussempfehlung und Bericht des Rechtsausschusses (6. Ausschuss) zu dem Gesetzentwurf der Bundesregierung – Drucksache 14/8763 – v. 5.6.2002, BT-Drs. 14/9266, S. 51.

411 So: *Litzenburger*, in: Bamberger/Roth (Hrsg.), Beck'scher Online Kommentar zum BGB, Stand: 1.11.2016, § 22 BeurkG Rn. 8.

412 A.A.: *Hagena*, in: MüKo, BGB, 7. Aufl. 2017, § 2232 Rn. 45.

413 *J. Mayer*, in: Soergel, Kommentar zum BGB, 13. Aufl. 2003, § 29 BeurkG Rn. 2. Der Autor verneint bei § 29 BeurkG das Ermessen des Notars, möchte die Zuziehung des Gebärdensprachdolmetschers aber bei § 22 Abs. 1 S. 2 BeurkG ins Ermessen des Notars stellen, soweit kein Verlangen des Beteiligten geäußert wurde (vgl. *J. Mayer*, in: Soergel, Kommentar zum BGB, 13. Aufl. 2003, § 22 BeurkG Rn. 11); *Hagena*, in: MüKo, BGB, 7. Aufl. 2017, § 2232 Rn. 45.

414 *Eickelberg*, in: Kersten/Bühling, Formularbuch und Praxis der Freiwilligen Gerichtsbarkeit, 25. Aufl. 2016, § 14 Rn. 9.

zwischen dem Notar, dem hör- oder sprachbehinderten Erblasser und gegebenenfalls den übrigen Urkundsbeteiligten herzustellen.[415]

Problematisch ist, dass für den Gebärdensprachdolmetscher weder die Ausschließungsgründe der §§ 6 und 7 BeurkG noch die Mitwirkungsverbote der §§ 26 und 27 BeurkG zur Anwendung kommen.[416] Dieser Umstand ist hinsichtlich seiner Stellung im Beurkundungsverfahren gerade in Bezug auf den hör- oder sprechbehinderten Erblasser, aber auch im Hinblick auf die Rechtssicherheit zweifelhaft.[417] Aus diesem Grund ist *Hertel* zu folgen, der den Gebärdensprachdolmetscher unter § 16 Abs. 3 S. 2 BeurkG – der für Fremdsprachendolmetscher die Ausschließungsgründe der §§ 6 f. BeurkG vorsieht – subsumieren möchte bzw. eine analoge Anwendung der §§ 6 f. BeurkG für den Gebärdensprachdolmetscher fordert.[418] Er begründet dies damit, dass offensichtlich eine Regelungslücke vorliegen würde und die Aufgaben des Gebärdensprachdolmetschers denen des Fremdsprachendolmetschers entsprechen würden.[419] Um schon gar keine Zweifel entstehen zu lassen, sollte der Notar daher davon absehen, Personen, die unter §§ 6, 7, 26, 27 BeurkG fallen, als Gebärdensprachdolmetscher am Beurkundungsvorgang teilnehmen zu lassen.[420]

Abschließend sei zum Gebärdensprachdolmetscher noch erwähnt, dass dieser nicht zugleich Zeuge iSd § 22 Abs. 1 S. 1 BeurkG sein kann, da beiden Personengruppen unterschiedliche Funktionen zukommen.[421]

(ee) Niederschrift

Gemäß § 22 Abs. 1 S. 3 BeurkG *sollen die Tatsachen in der Niederschrift festgestellt werden.* Mit „Tatsachen" iSd Vorschrift ist gemeint, ob der Beteiligte hör-,

---

415 *Baumann*, in: Eylmann/Vaasen, BNotO BeurkG, 4. Aufl. 2016, § 22 Rn. 10a.

416 *Winkler*, Beurkundungsgesetz Kommentar, 18. Aufl. 2017, § 22 Rn. 23.

417 *J. Mayer*, in: Soergel, Kommentar zum BGB, 13. Aufl. 2003, § 22 BeurkG Rn. 13.

418 *Hertel*, in: Staudinger, Kommentar zum BGB, Neubearbeitung 2012, Vorbem zu §§ 127a, 128 (BeurkG) Rn. 565. Eine andere Ansicht in der Literatur möchte anstelle der § 16 Abs. 3 S. 2 BeurkG iVm §§ 6, 7 BeurkG die Regelung des § 24 Abs. 2 BeurkG entsprechend anwenden (*J. Mayer*, in: Soergel, Kommentar zum BGB, 13. Aufl. 2003, § 24 BeurkG Rn. 9).

419 A.A.: *Seger*, in: Armbrüster/Preuß/Renner (Hrsg.), BeurkG/DONot Kommentar, 7. Aufl. 2015, § 22 Rn. 9; *J. Mayer*, in: Soergel, Kommentar zum BGB, 13. Aufl. 2003, § 22 BeurkG Rn. 13.

420 *Baumann*, in: Eylmann/Vaasen, BNotO BeurkG, 4. Aufl. 2016, § 22 Rn. 11a.

421 *Rossak*, Neue Vorschriften zum materiellen Recht der Testamentserrichtung und zum Beurkundungsrecht bei Beteiligung von behinderten Erblassern, ZEV 2002, 435 (436).

sprach- oder sehbehindert ist und worauf diese Feststellung gestützt wird (eigene Angaben oder Überzeugung des Notars) sowie, ob ein Zeuge, zweiter Notar oder Gebärdensprachdolmetscher hinzugezogen oder darauf verzichtet wurde.[422] Gemäß § 22 Abs. 2 BeurkG *soll die Niederschrift auch von dem Zeugen oder dem zweiten Notar unterschrieben werden.* Im Umkehrschluss ist die Unterschrift des Gebärdensprachdolmetschers nicht von Nöten, jedoch empfehlenswert.[423]

(b) Besonderheiten für hörbehinderte Beteiligte

Bei der Beurkundung einer letztwilligen Verfügung eines hörbehinderten Beteiligten ergänzt § 23 BeurkG die Vorschrift des § 22 BeurkG, wobei beide Normen kumulativ angewendet werden müssen.[424] Gemäß § 23 S. 1 BeurkG muss einem hörbehinderten Beteiligten die Niederschrift anstelle des Verlesens zur Durchsicht vorgelegt werden, wenn seine Behinderung gemäß § 22 Abs. 1 S. 3 BeurkG in der Niederschrift festgestellt wurde. § 23 S. 1 BeurkG stellt somit eine Ausnahme zu § 13 BeurkG dar, welcher grundsätzlich das Verlesen der Niederschrift vorsieht.[425] Zu beachten ist aber, dass § 23 BeurkG nicht bereits bei einer tatsächlichen Hörbehinderung des Beteiligten zur Anwendung kommt bzw. dann, wenn der Beteiligte dies angibt oder diese zur Überzeugung des Notars feststeht, sondern nur, wenn die Behinderung in der Niederschrift auch festgestellt wurde (sog. konstitutiver Feststellungsvermerk[426]).[427] Die Konsequenz ist, dass – obwohl § 23 BeurkG eine Muss-Vorschrift darstellt – eine Nichtvorlage nur dann die Unwirksamkeit der Beurkundung zur Folge hat, wenn die Hörbehinderung in der Niederschrift festgestellt wurde.[428] Dies gilt auch dann, wenn der hörbehinderte Beteiligte den Ausführungen des Notars beispielsweise durch Lippenlesen folgen konnte.[429] Sinn und Zweck dieses Feststellungsvermerks ist, dass die Unwirksamkeit aus der Urkunde an sich hervorgehen muss.[430] Teilweise wird auch gefordert,

---

422 *Winkler*, Beurkundungsgesetz Kommentar, 18. Aufl. 2017, § 22 Rn. 27.

423 *Litzenburger*, in: Bamberger/Roth (Hrsg.), Beck'scher Online Kommentar zum BGB, Stand: 1.11.2016, § 22 BeurkG Rn. 12.

424 *Seger*, in: Armbrüster/Preuß/Renner (Hrsg.), BeurkG/DONot Kommentar, 7. Aufl. 2015, § 23 Rn. 1.

425 *J. Mayer*, in: Soergel, Kommentar zum BGB, 13. Aufl. 2003, § 23 BeurkG Rn. 1.

426 *J. Mayer*, in: Soergel, Kommentar zum BGB, 13. Aufl. 2003, § 23 BeurkG Rn. 2.

427 *Winkler*, Beurkundungsgesetz Kommentar, 18. Aufl. 2017, § 23 Rn. 5.

428 *v. Dickhuth-Harrach*, Testament durch Wimpernschlag, FamRZ 2003, 493 (496).

429 *Baumann*, in: Eylmann/Vaasen, BNotO BeurkG, 4. Aufl. 2016, § 23 Rn. 11; a.A. OLG Hamm, Beschl. v. 9.11.1988 (Az. 15 W 198/87), DNotZ 1989, 584 (586).

430 *v. Dickhuth-Harrach*, Handbuch der Erbfolge-Gestaltung, 2011, § 17 Rn. 4.

dass dem hörbehinderten Erblasser zusätzlich die Frage, ob die in der Niederschrift enthaltenen Ausführungen seinem letzten Willen entsprechen, schriftlich vorgelegt werden müssen.[431] An sich ist ein solches Vorgehen unschädlich. Eine solche Vorlage immer zu fordern, wäre aber zu weitgehend[432], zumal auch „die Vorlage [der Niederschrift] zum Durchlesen (...) die Frage nach der Zustimmung [beinhaltet]“[433].

(c) Besonderheiten für hör- und sprachbehinderte Beteiligte, mit denen eine schriftliche Verständigung nicht möglich ist

§ 24 BeurkG regelt den Sonderfall für Beurkundungen bei hör- und sprachbehinderten Beteiligten, mit denen eine schriftliche Verständigung nicht möglich ist. Gemäß § 24 Abs. 1 BeurkG *muss zu der Beurkundung eine Person zugezogen werden, die sich mit dem behinderten Beteiligten zu verständigen vermag und mit deren Zuziehung er nach der Überzeugung des Notars einverstanden ist, wenn in der Niederschrift eine Feststellung darüber getroffen wurde, dass ein Beteiligter nach seinen Angaben oder nach der Überzeugung des Notars nicht hinreichend zu hören oder zu sprechen und sich auch nicht schriftlich zu verständigen vermag.* § 24 BeurkG hat durch das OLGVertrÄndG mit Wirkung zum 1.8.2002 eine Änderung erfahren, „indem der Begriff der Vertrauensperson ersetzt wurde durch eine Person, die sich mit dem behinderten Beteiligten zu verständigen vermag (im Folgenden: „Verständigungsperson“) und mit deren Zuziehung er nach Überzeugung des Notars einverstanden ist (...)“.[434] Grund für die Änderung war, dass die Begrifflichkeit der Vertrauensperson Anwendungsschwierigkeiten verursachte, da die erforderliche Vertrauensbeziehung für den Notar nicht ohne Weiteres – insbesondere in Eilfällen – nachzuvollziehen war und Angriffsfläche geboten hat, da der Begriff äußerst auslegungsfähig war.[435]

Voraussetzung von § 24 Abs. 1 BeurkG ist, dass *ein Beteiligter nach seinen Angaben oder nach der Überzeugung des Notars nicht hinreichend zu hören oder zu*

---

431 *Seger*, in: Armbrüster/Preuß/Renner (Hrsg.), BeurkG/DONot Kommentar, 7. Aufl. 2015, § 23 Rn. 4; OLG Hamm, Beschl. v. 9.11.1988 (Az. 15 W 198/87), DNotZ 1989, 584 (587).

432 *J. Mayer*, in: Soergel, Kommentar zum BGB, 13. Aufl. 2003, § 23 BeurkG Rn. 4.

433 *Burkart*, Anmerkung zu: OLG Hamm, Beschl. v. 9.11.1988 (Az. 15 W 198/87), DNotZ 1989, 584 (588).

434 *Winkler*, Beurkundungsgesetz Kommentar, 18. Aufl. 2017, § 24 Rn. 1.

435 Beschlussempfehlung und Bericht des Rechtsausschusses (6. Ausschuss) zu dem Gesetzentwurf der Bundesregierung - Drucksache 14/8763 – v. 5.6.2002, BT-Drs. 14/9266, S. 51.

sprechen und sich auch nicht schriftlich[436] *zu verständigen vermag*. In den Schutzbereich[437] von § 24 BeurkG fallen daher u.a. Hörbehinderte, die nicht zu lesen vermögen, da ihnen der Notar weder mündliche noch schriftliche Fragen stellen kann, und Sprachbehinderte, welche nicht schreiben können, weil ihnen der Notar zwar Fragen vorlegen kann, die Betroffenen aber hierauf weder mündlich noch schriftlich antworten können.[438] Entscheidend für die Anwendbarkeit von § 24 BeurkG sind (wie schon bei § 22 BeurkG) die Angaben des Erblassers oder die Überzeugung des Notars, welche in der Niederschrift festgestellt werden sollen.[439] Hat der Notar die Feststellung iSd § 24 Abs. 1 S. 1 BeurkG in der Niederschrift getroffen, so führt dies zum Ausschluss des Einwands, dass mit dem Erblasser eine schriftliche Verständigung möglich gewesen sei und zur zwingenden Zuziehung einer Verständigungsperson.[440] Auch die Zuziehungspflicht gemäß § 24 Abs. 1 S. 2 BeurkG wird – wie bei § 23 BeurkG – nicht dadurch ausgelöst, dass tatsächlich eine Doppelbehinderung vorliegt bzw. der Erblasser dies angibt oder diese zur Überzeugung des Notars feststeht, sondern sie besteht nur, wenn die Doppelbehinderung iSd § 24 Abs. 1 S. 1 BeurkG in der Niederschrift vermerkt ist.[441] Als Verständigungspersonen kommen für gewöhnlich nahe Angehörige, aber auch Gebärdensprachdolmetscher iSd § 22 Abs. 1 S. 2 BeurkG oder Taubstummendolmetscher infrage.[442] Ausgeschlossen sind jedoch der Notar selbst, ein Zeuge oder zweiter Notar gemäß §§ 22, 29 BeurkG sowie Schreibzeugen iSd

---

436 Das Vermögen zur schriftlichen Verständigung iSv § 24 Abs. 1 S. 1 BeurkG setzt keine Schriftform iSd § 126 BGB voraus, sondern lässt beispielsweise auch eine Verständigung „mit Hilfe eines per Augensteuerung bedienten Computers" ausreichen (*Hagena*, in: MüKo, BGB, 7. Aufl. 2017, § 2232 Rn. 50).

437 *Voit* fordert die Norm teleologisch zu reduzieren, „wenn [der] Testator zwar nicht sprechen oder nicht hören kann und auch eine schriftliche Verständigung mit ihm nicht möglich ist, wenn aber die Verständigung mit dem Notar auf andere Weise an sich unproblematisch ist. Zu denken ist z.B. an Fälle, in denen der Testator sprechen und lesen, nicht aber schreiben und hören kann" (vgl. *Voit*, in: Reimann/Bengel/J. Mayer, Testament und Erbvertrag, 6. Aufl. 2015, § 2232 Rn. 6 aE).

438 *J. Mayer*, in: Soergel, Kommentar zum BGB, 13. Aufl. 2003, § 24 BeurkG Rn. 2.

439 Vgl. hierzu: Kapitel 3 B. I. 3. a) cc) (6) (a) (bb). In der Niederschrift soll auch die Beziehung der Verständigungsperson festgestellt werden.

440 *Seger*, in: Armbrüster/Preuß/Renner (Hrsg.), BeurkG/DONot Kommentar, 7. Aufl. 2015, § 24 Rn. 4.

441 *J. Mayer*, in: Soergel, Kommentar zum BGB, 13. Aufl. 2003, § 24 BeurkG Rn. 3; vgl. hierzu: Kapitel 3 B. I. 3. a) cc) (6) (b).

442 *Winkler*, Beurkundungsgesetz Kommentar, 18. Aufl. 2017, § 24 Rn. 11.

§ 25 BeurkG (vgl. § 24 Abs. 3 BeurkG).[443] Wird ein Gebärdensprachdolmetscher gemäß § 22 Abs. 1 S. 2 BeurkG zugezogen, so kommt es im Aufgabenfeld zu einer Überschneidung. Sowohl der Gebärdensprachdolmetscher als auch die Verständigungsperson sollen eine Verständigung zwischen dem Notar und dem Erblasser herstellen. Eine Zuziehung beider Personen wäre laut *J. Mayer* „unnütze Förmelei".[444] Er fordert daher, die „Zuziehung einer Verständigungsperson nach Abs 1 Satz 2 neben dem Gebärdensprachdolmetscher nach § 22 Abs 1 Satz 2 [BeurkG] (…) im Wege einer *teleologischen Reduktion* abzulehnen". *Voit* möchte in diesen Fällen den Verweis von § 24 Abs. 3 BeurkG auf § 22 Abs. 1 S. 2 BeurkG einschränkend auslegen, „weil § 24 BeurkG als zwingende Vorschrift den Schutz des Testators in höherem Maß verwirklicht".[445] Dieses Vorgehen erschließt sich nicht, da § 24 Abs. 3 BeurkG lediglich auf § 22 Abs. 1 S. 1 BeurkG und nicht auf § 22 Abs. 1 S. 2 BeurkG verweist. Recht zu geben ist *Voit* aber insofern, als dass eher der Zuziehung der Verständigungsperson gemäß § 24 Abs. 1 BeurkG als der Zuziehung eines Gebärdensprachdolmetschers gemäß § 22 Abs. 1 S. 2 BeurkG der Vortritt zu gewähren ist, wobei konstatiert werden muss, dass diese Konstellation rein theoretischer Natur sein dürfte. Zudem gelangen beide Ansichten zu dem gleichen Ergebnis, nämlich der Zuziehung einer Person, mit der sich der behinderte Erblasser verständigen kann.

Die „Muss-Vorschrift" des § 24 Abs. 1 S. 2 BeurkG ist erst dann zu beachten, wenn in der Niederschrift die Feststellungen des § 24 Abs. 1 S. 1 BeurkG getroffen wurden.[446] Wurde die Doppelbehinderung in der Niederschrift festgestellt und dennoch keine Verständigungsperson zugezogen, führt dies auch dann zur Unwirksamkeit der Beurkundung, wenn tatsächlich die Möglichkeit einer schriftlichen Verständigung bestand.[447]

Die Ausschlussgründe der §§ 6 f. BeurkG sind aufgrund der Spezialregelung in § 24 Abs. 2 BeurkG nicht anzuwenden. In § 24 Abs. 2 BeurkG wird jedoch der Telos des § 7 BeurkG aufgenommen, wonach *die Beurkundung von Willenserklärungen insoweit unwirksam ist, als diese darauf gerichtet sind, der nach Absatz*

---

443 *Hagena*, in: MüKo, BGB, 7. Aufl. 2017, § 2232 Rn. 53.

444 *J. Mayer*, in: Soergel, Kommentar zum BGB, 13. Aufl. 2003, § 24 BeurkG Rn. 9.

445 *Voit*, in: Reimann/Bengel/J. Mayer, Testament und Erbvertrag, 6. Aufl. 2015, § 2232 Rn. 6.

446 *Litzenburger*, in: Bamberger/Roth (Hrsg.), Beck'scher Online Kommentar zum BGB, Stand: 1.11.2016, § 24 BeurkG Rn. 8.

447 *Hertel*, in: Staudinger, Kommentar zum BGB, Neubearbeitung 2012, Vorbem zu §§ 127a, 128 (BeurkG) Rn. 559.

1 zugezogenen Person einen rechtlichen Vorteil zu verschaffen.[448] Die Regelung des § 24 Abs. 2 BeurkG bleibt einer Erörterung im Rahmen des Problemfeldes „Einsetzung bestimmter Personengruppen“ im weiteren Verlauf der Arbeit vorbehalten.[449]

(d) Schreibunfähige

§ 25 BeurkG regelt den Beurkundungsvorgang bei Willenserklärungen von Beteiligten, die nicht in der Lage sind, ihren Namen zu schreiben: *Vermag ein Beteiligter nach seinen Angaben oder nach der Überzeugung des Notars seinen Namen nicht zu schreiben, so muss bei dem Vorlesen und der Genehmigung ein Zeuge oder ein zweiter Notar zugezogen werden, wenn nicht bereits nach § 22 BeurkG ein Zeuge oder ein zweiter Notar zugezogen worden ist* (vgl. § 25 S. 1 BeurkG). Gemäß § 25 BeurkG kommt es mithin nur darauf an, dass der Erblasser seinen Namen im Zeitpunkt der Beurkundung nicht zu schreiben vermag, wobei die Ursache für die Schreibunfähigkeit irrelevant ist.[450] Es wird somit weder verlangt, dass der Erblasser insgesamt schreiben noch seine Namensunterschrift lesen kann.[451] Kann beispielsweise ein Blinder[452] oder ein Analphabet seinen Namen schreiben, findet § 25 BeurkG keine Anwendung.[453] Gleiches gilt für einen Erblasser, der sich bei der Leistung der Unterschrift fremder Hilfe bedienen muss, solange seine Hand lediglich gestützt und nicht geführt wird.[454] Ist der Erblasser hingegen nur noch im Stande, drei Kreuze zu machen, kann in diesem Handzeichen keine Unterschrift iSd § 25 S. 1 BeurkG gesehen werden.[455] Es muss nämlich ein individueller Schriftzug erkennbar sein.[456] Dieses Erfordernis ist jedoch auch dann erfüllt, wenn der behinderte Erblasser lediglich mit seinem Vornamen unterschreiben kann.[457] Die Rechtsprechung des BGH vom 25.10.2002[458], wonach

448 *Winkler*, Beurkundungsgesetz Kommentar, 18. Aufl. 2017, § 24 Rn. 13.
449 Vgl. hierzu: Kapitel 3 D. IV.
450 *Eickelberg*, in: Kersten/Bühling, Formularbuch und Praxis der Freiwilligen Gerichtsbarkeit, 25. Aufl. 2016, § 14 Rn. 16.
451 *Bengel*, in: Reimann/Bengel/J. Mayer, Testament und Erbvertrag, 5. Aufl. 2006, § 25 BeurkG Rn. 4.
452 BGH, Beschl. v. 30.10.1956 (Az. V ZB 17/59), in BGHZ 31, 136 (142 f.).
453 *Baumann*, in: Eylmann/Vaasen, BNotO BeurkG, 4. Aufl. 2016, § 25 Rn. 3.
454 *Heinemann*, in: Grziwotz/Heinemann, Beurkundungsgesetz Kommentar, 2. Aufl. 2015, § 25 Rn. 8.
455 BGH, Beschl. v. 3.10.1958 (Az. V ZB 17/58), DNotZ 1958, 650 (652 f.).
456 *Renner*, Die Namensunterschrift, NotBZ 2003, 178 (182 f.).
457 *Baumann*, in: Eylmann/Vaasen, BNotO BeurkG, 4. Aufl. 2016, § 25 Rn. 6.
458 BGH, Urt. v. 25.10.2002 (Az. V ZR 279/01), DNotZ 2003, 269 (270 f.).

eine Unterschrift allein mit dem Vornamen zur Unwirksamkeit des öffentlichen Testaments führt, ist aufgrund vorstehender Ausführungen abzulehnen. Der BGH fordert in diesem Urteil, dass die notariellen Urkunde „wenigstens mit dem Familiennamen" unterschrieben werden müsse, damit der Zweck, nämlich „die Echtheit des beurkundeten Willens und (…) [das Einstehen für] die Geltung des beurkundeten Rechtsgeschäfts" deutlich erkennbar werden. Die Identifizierbarkeit des Beteiligten gehöre hingegen auch nach Ansicht des BGH nicht zum Telos der Unterschrift, da die Identität des Beteiligten bereits durch § 10 BeurkG, wonach *in der Niederschrift die Person der Beteiligten so genau bezeichnet werden soll, dass Zweifel und Verwechslungen ausgeschlossen sind*, festgestellt wird. Dieser Rechtsprechung ist entgegenzuhalten, dass auch durch die Unterzeichnung allein mit dem Vornamen „ein Rechtsbindungswille, eine Verantwortungsübernahme [bzw.] ein Einstehungswille des Unterzeichners" zu erkennen ist.[459] Zudem steht die Auffassung des BGH im Widerspruch zu § 2247 Abs. 3 BGB, welcher bei eigenhändigen Testamenten die Unterschrift des Erblassers sogar mit Kosenamen und allein mit dem Vornamen zulässt.[460] Wenn schon die Unterschrift mit dem bloßen Vornamen bei eigenhändigen Testamenten ausreicht, muss dies erst recht bei notariellen Urkunden gelten.[461]

Im Falle des § 25 S. 1 BeurkG muss ein Zeuge oder zweiter Notar zwingend zugezogen werden, wenn ein Beteiligter angibt, nicht seinen Namen schreiben zu können oder dies nach Überzeugung des Notars feststeht.[462] Anders als bei § 23 und § 24 BeurkG kommt es in diesem Zusammenhang allein auf die Angaben des Beteiligten oder die Überzeugung des Notars und nicht auf den Feststellungsvermerk an. Für die Zuziehung gilt das zu § 22 BeurkG bereits Gesagte.[463] Ein Verzicht auf den Schreibzeugen ist in dieser Konstellation nicht möglich, da „seine Unterschrift die des Beteiligten und damit ein wesentliches Merkmal einer echten Urkunde ersetzt".[464]

Der Schreibzeuge oder der zweite Notar müssen *bei dem Vorlesen und der Genehmigung* und nicht bei dem gesamten Beurkundungsvorgang anwesend

---

459 *Heinemann*, Nochmals: Zu den Anforderungen an die Unterschrift der Beteiligten in der notariellen Niederschrift, DNotZ 2003, 243 (246).

460 *Baumann*, in: Eylmann/Vaasen, BNotO BeurkG, 4. Aufl. 2016, § 25 Rn. 6.

461 *Kanzleiter*, Anforderungen an die Unterschrift von Beteiligten und Notar unter der notariellen Niederschrift, DNotZ 2002, 520 (526).

462 *v. Dickhuth-Harrach*, Handbuch der Erbfolge-Gestaltung, 2011, § 17 Rn. 22.

463 Vgl. hierzu: Kapitel 3 B. I. 3. a) cc) (6) (a) (cc).

464 *Mecke*, Der Entwurf eines Beurkundungsgesetzes, DNotZ 1968, 584 (608).

sein.[465] Wie aus § 25 S. 1 BeurkG zu entnehmen ist, darf auch ein Zeuge oder zweiter Notar, der bereits nach § 22 Abs. 1 S. 1 BeurkG hinzugezogen wurde, als Schreibzeuge fungieren; ein Dolmetscher iSd § 16 Abs. 3 BeurkG, ein Gebärdensprachdolmetscher iSv § 22 Abs. 1 S. 2 BeurkG und eine Verständigungsperson iSd § 24 Abs. 1 BeurkG können diese Aufgabe nicht erfüllen.[466] Wurde trotz des Unvermögens des Beteiligten, seinen Namen zu schreiben, kein Zeuge oder zweiter Notar hinzugezogen oder wurde die Niederschrift unter Missachtung des § 25 S. 3 BeurkG nicht unterschrieben, so hat dies die Nichtigkeit der Beurkundung zur Folge; fehlt hingegen die Feststellung über die Schreibunfähigkeit, so berührt dies nicht die Wirksamkeit der Beurkundung.[467]

b) Eigenhändiges Testament

Neben der Errichtung eines öffentlichen Testaments steht dem behinderten Erblasser gemäß § 2231 Nr. 2 iVm § 2247 BGB auch die Möglichkeit offen, ein eigenhändiges Testament zu errichten. Das eigenhändige stellt – wie auch das öffentliche – ein ordentliches Testament gemäß § 2231 BGB dar. Beide Testamentsformen sind als gleichwertig iSd Erbrechts zu betrachten.[468]

aa) Eigenhändigkeit

§ 2247 Abs. 1 BGB erfordert eine *eigenhändig geschriebene und unterschriebene Erklärung* des Erblassers. Die letztwillige Verfügung muss hierbei vom „Anfang bis zum Ende selbst" angefertigt werden.[469] Nach der Rechtsprechung des BGH ist der „Begriff der Eigenhändigkeit eng auszulegen und als eigenhändig geschrieben nur ein solches Testament anzusehen, das nicht nur von dem Erblasser persönlich abgefaßt und niedergelegt, sondern von ihm in der ihm eigenen Schrift geschrieben und damit in einer Art und Weise errichtet worden ist, welche die Nachprüfung der Echtheit des Testaments aufgrund der individuellen

---

465 *J. Mayer*, in: Soergel, Kommentar zum BGB, 13. Aufl. 2003, § 25 BeurkG Rn. 3; a.A. *Winkler*, Beurkundungsgesetz Kommentar, 18. Aufl. 2017, § 25 Rn. 11.

466 *Litzenburger*, in: Bamberger/Roth (Hrsg.), Beck'scher Online Kommentar zum BGB, Stand: 1.11.2016, § 25 BeurkG Rn. 2; *Rossak*, Neue Vorschriften zum materiellen Recht der Testamentserrichtung und zum Beurkundungsrecht bei Beteiligung von behinderten Erblassern, ZEV 2002, 435 (436); OLG Hamm, Beschl. v. 15.5.2000 (Az. 15 W 476/99), NJW 2000, 3362 (3364).

467 *Seger*, in: Armbrüster/Preuß/Renner (Hrsg.), BeurkG/DONot Kommentar, 7. Aufl. 2015, § 25 Rn. 12.

468 *Weidlich*, in: Palandt, BGB, 76. Aufl. 2017, § 2231 Rn. 2.

469 *Lauck*, in: Burandt/Rojahn (Hrsg.), Erbrecht, 2. Aufl. 2014, § 2247 Rn. 7.

Züge, die die Handschrift jedes Menschen aufweist, gestattet".[470] „Eigenhändigkeit" bedeutet aber nicht, dass nur ein Abfassen mittels der Hand infrage kommt. Vielmehr kann ein behinderter Erblasser, der nicht mit der Hand zu schreiben vermag, seinen Mund, einen Fuß oder eine Prothese zu Hilfe nehmen.[471] Ist der behinderte Erblasser selbst noch zur händischen Erstellung fähig, benötigt er jedoch den Beistand eines Dritten, so hängt die Wirksamkeit des Testaments davon ab, ob seine Hand gestützt oder geführt wird.[472] Diese Abgrenzung kann im Einzelfall sehr schwierig sein. Solange der Erblasser den Schreibvorgang willentlich beherrscht, die Schriftzüge selbstständig formt und seine Hand nur gestützt wird, ist Eigenhändigkeit zu bejahen.[473] Insoweit ist es unschädlich, „wenn das Schriftbild mehr der Schreibweise des Schreibhelfers als der des Erblassers entspricht und die Unterschrift überwiegend auf die Tätigkeit und die Willensimpulse des Helfers zurückgeht und nicht auf solche des Erblassers".[474] Es kommt auf die Willensherrschaft des Erblassers an. Ist die Erklärung (nicht die Unterschrift) des Erblassers trotz Unterstützung Dritter unlesbar, hat dies die Unwirksamkeit der letztwilligen Verfügung zur Folge.[475] Gleiches gilt, wenn der Erblasser überhaupt nicht mehr zur aktiven Mitwirkung in der Lage und somit schreibunfähig ist.[476]

bb) Testament in Blindenschrift

Fraglich ist, ob ein eigenhändiges Testament in Blindenschrift wirksam angefertigt werden kann. Die herrschende Meinung[477] lehnt dies ab, da durch die

---

470 BGH, Urt. v. 3.2.1967 (Az. III ZB 14/66), juris Rn. 20.

471 *Litzenburger*, in: Bamberger/Roth (Hrsg.), Beck'scher Online Kommentar zum BGB, Stand: 1.11.2016, § 2247 Rn. 10.

472 *Lauck*, in: Burandt/Rojahn (Hrsg.), Erbrecht, 2. Aufl. 2014, § 2247 Rn. 10.

473 *Voit*, in: Reimann/Bengel/J. Mayer, Testament und Erbvertrag, 6. Aufl. 2015, § 2247 Rn. 17; BGH, Urt. v. 3.2.1967 (Az. III ZB 14/66), juris Rn. 20.

474 *Hagena*, in: MüKo, BGB, 7. Aufl. 2017, § 2247 Rn. 15.

475 *J. Mayer*, in: Soergel, Kommentar zum BGB, 13. Aufl. 2003, § 2247 Rn. 19.

476 BGH, Urt. v. 12.3.1981 (Az. IVa ZR 111/80), juris Rn. 16.

477 OLG Koblenz, Beschl. v. 21.3.1958 (Az. 2 U H 4/58), NJW 1958, 1784 (1784 f.); *Weidlich*, in: Palandt, BGB, 76. Aufl. 2017, § 2247 Rn. 7; *Litzenburger*, in: Bamberger/Roth (Hrsg.), Beck'scher Online Kommentar zum BGB, Stand: 1.11.2016, § 2247 Rn. 12; *Hagena*, in: MüKo, BGB, 7. Aufl. 2017, § 2247 Rn. 51; *J. Mayer*, in: Soergel, Kommentar zum BGB, 13. Aufl. 2003, § 2247 Rn. 17; *Lauck*, in: Burandt/Rojahn (Hrsg.), Erbrecht, 2. Aufl. 2014, § 2247 Rn. 16; *Baumann*, in: Staudinger, Kommentar zum BGB, Neubearbeitung 2012, § 2247 Rn. 32 (*Firsching*, in: Staudinger, Kommentar zum BGB, 12. Aufl. 1983, § 2247 Rn. 36: Bis zu dieser Auflage wurde eine Erstellung

Erstellung der Punktschrift eine ausreichende Identifizierbarkeit des Erblassers nicht möglich ist. Laut *Voit* soll dies sowohl bei einer mittels Blindenschreibmaschine als auch bei einer vom Erblasser in Blindenschrift mit der Hand erstellten Erklärung gelten.[478] *Schulze* verneint ebenfalls die Möglichkeit ein Testament durch Blindenschrift gemäß § 2247 Abs. 1 BGB erstellen zu können, da „die von Hand geschriebene Punktschrift zwar nach dem Buchstaben des Gesetzes eigenhändig ist, nach seinem Sinn und Zweck aber den Erfordernissen der Eigenhändigkeit sicherlich nicht genügt".[479] Die Blindenschrift wird namentlich mithilfe von Einstichen in vorgefertigte Platten hergestellt.[480] Ausschlaggebend für die Ablehnung der wirksamen Erstellung eines eigenhändigen Testaments durch Blindenschrift ist daher, dass diese Schrift nicht auf „sicher erkennbaren Schreibgewohnheiten beruht, so daß nicht mit der gleichen Sicherheit auf den Verfasser und demgemäß auch nicht auf Fälschungen und Verfälschungen geschlossen werden [kann]".[481]

cc) Ausschluss von Leseunfähigen

Für leseunfähige Erblasser ist § 2247 Abs. 4 Alt. 2 BGB von Relevanz. Wer *Geschriebenes nicht zu lesen vermag*, kann ein Testament nicht iSd § 2247 Abs. 1 BGB errichten. Gleiches gilt für die Errichtung eines gemeinschaftlichen Testaments gemäß § 2267 iVm § 2247 Abs. 4 BGB, selbst wenn die Leseunfähigkeit nur bei einem Ehegatten oder Lebenspartner gegeben ist.[482] Diesem Personenkreis steht

---

durch Blindenschrift noch bejaht.); *Lange/Kuchinke*, Lehrbuch des Erbrechts, 5. Aufl. 2001, § 20 IV. 1. c) Fn. 42 (*Lange/Kuchinke*, Lehrbuch des Erbrechts, 4. Aufl. 1995, § 20 IV. 1. c) Fn. 42: Bis zu dieser Auflage wurde eine Erstellung durch Blindenschrift noch bejaht.); a.A.: *Neuner*, Die Stellung Körperbehinderter im Privatrecht, NJW 2000, 1822 (1826); *Kregel*, in: BGB RGRK Kommentar, 12. Aufl. 1975, § 2247 Rn. 30; *Vogels*, Das eigenhändige Testament nach dem Gesetz vom 31. Juli 1938, JW 1938, 2161 (2162).

478 *Voit*, in: Reimann/Bengel/J. Mayer, Testament und Erbvertrag, 6. Aufl. 2015, § 2247 Rn. 16.

479 *Schulze*, Über die Verwendung der Blindenschrift bei der Errichtung letztwilliger Verfügungen, DNotZ 1955, 629 (632).

480 *Werner*, Zur Eigenhändigkeit letztwilliger Verfügungen, DNotZ 1972, 6 (8).

481 LG Hannover, Beschl. v. 28.3.1972 (Az. 10 T 10/72), NJW 1072, 1204 (1205); *Schulze*, Über die Verwendung der Blindenschrift bei der Errichtung letztwilliger Verfügungen, DNotZ 1955, 629 (630).

482 *J. Mayer*, in: Reimann/Bengel/J. Mayer, Testament und Erbvertrag, 6. Aufl. 2015, § 2267 Rn. 18; a.A.: *Lange/Kuchinke*, Lehrbuch des Erbrechts, 5. Aufl. 2001, § 24 II. 2. a), wenn die Verfügungen in verschiedenen Urkunden getroffen werden.

dann lediglich die Errichtung eines öffentlichen Testaments gemäß §§ 2231 iVm § 2232 BGB zur Verfügung, wobei § 2233 Abs. 2 BGB[483] zu beachten ist. Leseunfähig ist ein Erblasser dann, wenn er entweder das Geschriebene nicht optisch wahrnehmen kann[484] oder beispielsweise aufgrund einer Rindenblindheit nicht in der Lage ist, das Aufgenommene zu verstehen[485]. Der Grund der Leseunfähigkeit ist dabei unerheblich.[486] Für die Frage der Leseunfähigkeit kommt es auf den Zeitpunkt der Errichtung der letztwilligen Verfügung an.[487] War der Testator bei der Testamentserrichtung leseunfähig, erlangt das Testament auch nicht dadurch Geltung, dass der Erblasser nachträglich die Lesefähigkeit erwirbt, es sei denn, es erfolgt eine Bestätigung gemäß § 141 BGB.[488] Im Zweifel ist jedoch von der Lesefähigkeit des Erblassers auszugehen.[489]

Ist der Erblasser zwar lesefähig, kann aber nicht schreiben, muss unterschieden werden, ob lediglich eine Störung des Gedächtnisses vorliegt, welche durch einen vorformulierten Text behoben werden kann, oder der Testator das Vorgeschriebene nur nachzeichnet, ohne den dahinterstehenden Sinn zu verstehen.[490] Im zweiten Fall ist die letztwillige Verfügung unwirksam.[491]

c) *Fazit: Vor- und Nachteile der einzelnen Formen des ordentlichen Testaments*

Für den Betroffenen stellt sich regelmäßig die Frage, welche ordentliche Testamentsform gemäß § 2231 BGB für ihn die bessere Variante ist, soweit ihm überhaupt eine Wahlmöglichkeit verbleibt. Eine solche scheidet im Falle der Leseunfähigkeit gemäß § 2233 Abs. 2 BGB bzw. § 2247 Abs. 4 Alt. 2 BGB sowie bei mangelnder Eigenhändigkeit iSd § 2247 Abs. 1 BGG aus. In diesen Fällen muss

483 Vgl. hierzu: Kapitel 3 B. I. 3. a) cc) (4).

484 *Weidlich*, in: Palandt, BGB, 76. Aufl. 2017, § 2233 Rn. 2.

485 BayObLG, Beschl. v. 27.6.1997 (Az. 1Z BR 240/96), NJW-RR 1997, 1438 (1438).

486 *Hagena*, in: MüKo, BGB, 7. Aufl. 2017, § 2233 Rn. 11. Zur Ursächlichkeit vgl.: Kapitel 3 B. I. 3. a) cc) (4).

487 *Voit*, in: Reimann/Bengel/J. Mayer, Testament und Erbvertrag, 6. Aufl. 2015, § 2247 Rn. 39.

488 *J. Mayer*, in: Soergel, Kommentar zum BGB, 13. Aufl. 2003, § 2247 Rn. 6.

489 *v. Dickhuth-Harrach*, Handbuch der Erbfolge-Gestaltung, 2011, § 17 Rn. 18.

490 *Baumann*, in: Staudinger, Kommentar zum BGB, Neubearbeitung 2012, § 2247 Rn. 141.

491 *Voit*, in: Reimann/Bengel/J. Mayer, Testament und Erbvertrag, 6. Aufl. 2015, § 2247 Rn. 39.

der Testator ohnehin auf ein öffentliches Testament gemäß § 2231 Nr. 1 iVm §§ 2232 f. BGB zurückgreifen.

Bei geistig oder seelisch behinderten Erblassern besteht häufig Streit über deren Testierfähigkeit. Diesen Personengruppen ist daher die Errichtung eines öffentlichen Testaments gemäß § 2231 Nr. 1 iVm §§ 2232 f. BGB zu empfehlen, da dieses gemäß §§ 11, 28 BeurkG Feststellungen über die Testierfähigkeit enthält.[492] Zwar hat diese Feststellung streng genommen „praktisch keinen Beweiswert".[493] Der Richter wird sie jedoch als Indiz für das Vorliegen der Testierfähigkeit werten und sich im Zweifel für diese entscheiden.

Für rein körperlich behinderte Erblasser, die zur Errichtung eines eigenhändigen Testaments gemäß § 2247 BGB in der Lage sind, gelten die Abwägungen, welche nichtbehinderte Erblasser auch anzustellen haben. Für das eigenhändige Testament spricht, dass dessen Errichtung, Änderung oder Aufhebung einfach zu vollziehen ist.[494] Ferner entstehen dem Erblasser keine Kosten und er muss sich auch niemandem hinsichtlich seines letzten Willens offenbaren.[495] Nachteilig am eigenhändigen Testament ist, dass dieses oft fehlerhaft oder unklar errichtet wird und die Gefahr von Verfälschung, Drittbeeinflussung oder des Verlustes besteht.[496] Durch die Errichtung eines öffentlichen Testaments können vorstehende Aspekte vermieden werden, da eine umfängliche Rechtsberatung stattfindet, wodurch das Risiko der Unwirksamkeit des Testaments verringert wird.[497] Freilich kann sich der Erblasser bei der Erstellung auch der Hilfe eines Rechtsanwalts bedienen und somit die Gefahr von Formfehlern oder unzulässigen Verfügungen verringern. Die amtliche Verwahrung des öffentlichen Testaments gemäß § 34 Abs. 1 S. 4 BeurkG schützt überdies davor, dass das Testament verloren geht bzw. vernichtet, verfälscht oder unterdrückt wird.[498] Diese Möglichkeit des Schutzes besteht jedoch auch bei einem eigenhändigen Testament gemäß § 2248 BGB. Ferner erbringt ein öffentliches Testament gemäß § 415 Abs. 1 ZPO vollen

---

492 *J. Mayer*, in: Soergel, Kommentar zum BGB, 13. Aufl. 2003, § 2231 Rn. 8.

493 *Cording*, Beweismittel zur Klärung der Testier(un)fähigkeit, ZEV 2010, 23 (27); vgl. ferner: Kapitel 3 B. I. 1. f) aa) (1).

494 *Hagena*, in: MüKo, BGB, 7. Aufl. 2017, § 2231 Rn. 24.

495 *Baumann*, in: Staudinger, Kommentar zum BGB, Neubearbeitung 2012, § 2231 Rn. 13.

496 *J. Mayer*, in: Soergel, Kommentar zum BGB, 13. Aufl. 2003, § 2231 Rn. 6.

497 *Voit*, in: Reimann/Bengel/J. Mayer, Testament und Erbvertrag, 6. Aufl. 2015, § 2231 Rn. 6.

498 *Hagena*, in: MüKo, BGB, 7. Aufl. 2017, § 2231 Rn. 18.

Beweis des Beurkundungsvorgangs.[499] Gegen die Errichtung eines öffentlichen Testaments sprechen aber zum einen die anfallenden Notargebühren für den Erblasser und zum anderen die Offenbarung des letzten Willens gegenüber einem Dritten, namentlich dem Notar.[500]

Einen Königsweg im Hinblick auf die Erstellung eines ordentlichen Testaments gibt es nicht. Entscheidend ist stets der Einzelfall. Generell kann gesagt werden, dass sich ein behinderter Erblasser rechtskundiger Beratung durch einen Notar oder Rechtsanwalt bedienen sollte, um die Gefahr der Unwirksamkeit eines Testaments zu vermeiden.

4. Beseitigung der letztwilligen Verfügung

Möchte sich der behinderte Erblasser von seiner letztwilligen Verfügung lösen, hat er die Möglichkeit das errichtete Testament zu beseitigen. Dies kann durch Widerruf gemäß §§ 2253 ff. BGB erfolgen. Ob daneben ein Anfechtungsrecht besteht, ist umstritten.

a) Widerruf eines Testaments

Dem behinderten Erblasser steht es jederzeit frei, das von ihm errichtete Testament gemäß §§ 2253 ff. BGB zu widerrufen. Dies kann durch ein Widerrufstestament (§ 2254 BGB), Vernichtung oder Veränderung (§ 2255 BGB), Rücknahme des Testaments aus der amtlichen Verwahrung (§ 2256 BGB) oder durch ein späteres Testament (§ 2258 BGB) erfolgen.

aa) Erfordernis der Testierfähigkeit

Der Erblasser muss im Zeitpunkt des Widerrufs gemäß § 2229 BGB testierfähig sein, da der Widerruf selbst eine letztwillige Verfügung darstellt.[501] Ein testierunfähiger Erblasser kann somit nicht wirksam ein Testament widerrufen. Der von *Waldhoff*[502] angesprochene Gedanke, einem Erblasser trotz Testierunfähigkeit ein Widerrufsrecht zu gewähren, ist abzulehnen. „Der Erblasser erhielte [laut *Waldhoff*] somit als eine ihm noch verbleibende Gestaltungsoption die Möglichkeit, sich durch Widerruf einer einst getroffenen Verfügung wieder auf

499 *Lauck*, in: Burandt/Rojahn (Hrsg.), Erbrecht, 2. Aufl. 2014, § 2231 Rn. 5.

500 *Voit*, in: Reimann/Bengel/J. Mayer, Testament und Erbvertrag, 6. Aufl. 2015, § 2231 Rn. 6.

501 *Lauck*, in: Burandt/Rojahn (Hrsg.), Erbrecht, 2. Aufl. 2014, § 2253 Rn. 5.

502 *Waldhoff*, Die Testierfähigkeit Demenzkranker im Lichte des Verfassungsrechts, in: Schmoeckel (Hrsg.), Demenz und Recht, 2010, S. 73.

die gesetzliche Erbfolge zurückzuziehen. Trotz der geistigen Beeinträchtigungen verbliebe ihm so ein Bereich gewisser Autonomie." Zwar ist richtig, dass dem testierunfähigen Erblasser durch die Anerkennung eines Widerrufsrechts mehr Selbstbestimmung zugesprochen würde. Problematisch ist aber, dass das Recht zur Selbstbestimmung, Selbstbestimmungsfähigkeit voraussetzt, woran es einem Testierunfähigen fehlt.[503] Das Erfordernis der Testierfähigkeit als Voraussetzung eines wirksamen Widerrufs stellt somit freilich einen Eingriff in die Testierfreiheit gemäß Art. 14 Abs. 1 S. 1 GG dar, der jedoch durch den Telos der Testierfähigkeit gerechtfertigt ist, nämlich den Erblasser vor sich selbst zu schützen.[504]

Im Hinblick auf alle bis zum 31.12.1991 errichteten Widerrufstestamente eines ehemals Entmündigten gilt § 2253 Abs. 2 BGB a.F., der eine „negative Testierfähigkeit normierte":[505] *Die Entmündigung des Erblassers wegen Geistesschwäche, Verschwendung, Trunksucht oder Rauschgiftsucht steht dem Widerruf eines vor der Entmündigung errichteten Testaments nicht entgegen.* Obwohl der Entmündigte gemäß § 2229 Abs. 3 BGB a.F. grundsätzlich nicht die für den Widerruf notwendige Testierfähigkeit besaß, ermöglichte § 2253 Abs. 2 BGB a.F. dem Entmündigten damals, ein von ihm errichtetes Testament zu widerrufen, soweit er fähig war, die Bedeutung einer von ihm abgegebenen Willenserklärung einzusehen und nach dieser Einsicht zu handeln (vgl. § 2229 Abs. 4 BGB).[506]

bb) Kein Widerruf durch Stellvertreter

Da es sich beim Widerruf des Testaments – wie bereits bei dessen Errichtung – um ein höchstpersönliches Recht handelt[507], ist auch der Widerruf durch den gesetzlichen Vertreter – beispielsweise durch einen Betreuer – ausgeschlossen.[508] Ist der unter Betreuung stehende behinderte Erblasser testierfähig, bedarf es für den Widerruf keiner Zustimmung durch den Betreuer[509], da sich ein

503 *Hillgruber*, Der Schutz des Menschen vor sich selbst, 1992, S. 121.

504 *Zimmermann*, Juristische und psychiatrische Aspekte der Geschäfts- und Testierfähigkeit, BWNotZ 2000, 97 (98); vgl. hierzu: Kapitel 3 B. I. 1. a).

505 *Baumann*, in: Staudinger, Kommentar zum BGB, Neubearbeitung 2012, § 2253 Rn. 18.

506 *Voit*, in: Reimann/Bengel/J. Mayer, Testament und Erbvertrag, 6. Aufl. 2015, § 2253 Rn. 10 f.

507 Vgl. hierzu: Kapitel 3 B. I. 2.

508 *Gessaphe*, Der Betreuer als gesetzlicher Vertreter für eingeschränkt Selbstbestimmungsfähige, 1999, S. 155.

509 *Hagena*, in: MüKo, BGB, 7. Aufl. 2017, § 2253 Rn. 7.

Einwilligungsvorbehalt gemäß § 1903 Abs. 2 BGB nicht auf Verfügungen von Todes wegen erstrecken kann.

Der Erblasser hat gemäß § 2065 Abs. 1 BGB grundsätzlich selbst darüber zu entscheiden, ob eine Verfügung *gelten oder nicht gelten soll.*[510] Höchstpersönlichkeit bedeutet aber nicht, dass sich der Erblasser keiner fremden Hilfe bedienen darf. Hat beispielsweise ein behinderter Erblasser vor seiner Querschnittslähmung gemäß § 2231 Nr. 2 iVm § 2247 BGB ein eigenhändiges Testament errichtet und ist er nunmehr nicht mehr in der Lage dieses selbst zu beseitigen, kann gemäß § 2255 BGB „der Widerruf [des] Testaments durch Vernichtung der Testamentsurkunde auch durch Dritte als Werkzeug des Erblassers handelnde Personen wirksam geschehen (…), wenn sie im Auftrag und mit Willen des Erblassers zu dessen Lebzeiten[511] vorgenommen worden ist".[512] Teilweise wird sogar die Ansicht vertreten, dass es nicht einmal notwendig sei, dass die Vernichtung durch den Dritten im Beisein oder mit „Tatherrschaft" des Testators geschieht; der Dritte dürfe lediglich keinen Entscheidungsspielraum haben.[513] Unstreitig unzulässig ist es, wenn die Testamentsurkunde von einem Dritten oder anderweitig ohne das Wissen des Erblassers vernichtet wurde und diese Handlung nun von demselben im Nachhinein lediglich genehmigt wird.[514] Eine solche

---

510 *Weidlich*, in: Palandt, BGB, 76. Aufl. 2017, § 2065 Rn. 4.

511 Laut *Voit* ist sogar eine Vernichtung kurze Zeit nach dem Ableben des Erblassers denkbar: „Soweit also der Erblasser mit dem Willen der Aufhebung des Testaments einen Dritten mit der Vernichtung beauftragt und damit alles tat, was aus seiner Sicht erforderlich war, sollte man der Zufälligkeit, ob es dem Dritten gelingt, der Bitte noch zur Lebzeiten des Testators nachzukommen, oder ob er die Urkunde erst kurze Zeit nach dem Tod vernichtet oder verändert, entgegen der wohl allgemeinen Auffassung keine entscheidende Bedeutung beimessen." (*Voit*, in: Reimann/Bengel/J. Mayer, Testament und Erbvertrag, 6. Aufl. 2015, § 2253 Rn. 10).

512 BayObLG, Beschl. v. 10.2.1992 (Az. BReg. 1 Z 57/91), FamRZ 1992, 1350 (1351); KG, Beschl. v. 15.10.1936 (Az. 1 Wx 515/36), JW 1937, 476 (477); a.A.: *Muscheler*, Erbrecht, 2010, Rn. 1812.

513 OLG Hamm, Beschl. v. 11.9.2001 (Az. 15 W 224/01), NJW-RR 2002, 222 (223); *J. Mayer*, in: Soergel, Kommentar zum BGB, 13. Aufl. 2003, § 2255 Rn. 11; *Voit*, in: Reimann/Bengel/J. Mayer, Testament und Erbvertrag, 6. Aufl. 2015, § 2255 Rn. 10; *Hagena*, in: MüKo, BGB, 7. Aufl. 2017, § 2255 Rn. 13; a.A.: *Muscheler*, Erbrecht, 2010, Rn. 1811 ff.; *v. Dickhuth-Harrach*, Handbuch der Erbfolge-Gestaltung, 2011, § 52 Rn. 7; *Baumann*, in: Staudinger, Kommentar zum BGB, Neubearbeitung 2012, § 2255 Rn. 22.

514 BGH, Urt. v. 10.5.1951 (Az. IV ZR 12/50), JZ 1951, 591 (592).

Vernichtung stellt nämlich keinen Widerruf, sondern einen bloßen Realakt dar, welcher nicht gemäß §§ 182 ff. BGB genehmigt werden kann.[515]

Auch der Widerruf durch Rücknahme des Testaments aus der amtlichen Verwahrung gemäß § 2256 BGB lässt in Bezug auf die Rückgabe keine Stellvertretung zu. Gemäß § 2256 Abs. 2 S. 2 BGB darf *das Testament nur an den Erblasser persönlich zurückgegeben werden.* Wie bereits der Widerruf durch Vernichtung oder Veränderung gemäß § 2255 BGB stellt auch der Widerruf gemäß § 2256 BGB eine letztwillige Verfügung und damit ein Recht, das dem Erblasser nur höchstpersönlich zusteht, dar.[516] Folgerichtig treten die Widerrufsvoraussetzungen erst dann ein, wenn die Urkunde dem Erblasser persönlich zurückgegeben wurde.[517] Umstritten ist allerdings, ob neben der persönlichen Rückgabe auch ein persönliches Rücknahmeverlangen durch den Erblasser von Nöten ist.[518] Immerhin spricht das Gesetz in § 2256 Abs. 2 S. 2 BGB lediglich davon, dass nur die Rückgabe an den Erblasser persönlich zu erfolgen hat. § 2256 Abs. 2 S. 1 BGB enthält für das Rückgabeverlangen an sich gerade nicht das Tatbestandsmerkmal „persönlich". Der Wortlaut der Norm erlaubt es dem Erblasser somit, sich beim Verlangen auf Rückgabe eines Stellvertreters zu bedienen. Dies ist auch deshalb konsequent, weil das bloße Rückgabeverlangen noch keine letztwillige Verfügung darstellt, zu welcher der Erblasser nur höchstpersönlich befähigt wäre.[519] Im Ergebnis ist diese Frage aber rein theoretischer Natur, da das Testament nur an den Erblasser persönlich zurückgegeben werden darf und somit das Rückgabeverlangen jedenfalls bei der Rückgabe vom Erblasser selbst gestellt wird.[520] § 2256 Abs. 2 S. 2 BGB verfolgt dabei den Zweck, „daß der Erblasser die Rückgabe nicht nur zur Zeit des Rückgabeverlangens, sondern auch noch zur Zeit der Durchführung der Rückgabe selbst will".[521]

---

515 *Weidlich*, in: Palandt, BGB, 76. Aufl. 2017, § 2255 Rn. 4; a.A.: *Schmidt*, Der Widerruf des Testaments durch Vernichtung oder Veränderung der Testamentsurkunde, MDR 1951, 321 (323).

516 *v. Dickhuth-Harrach*, Handbuch der Erbfolge-Gestaltung, 2011, § 52 Rn. 7.

517 BGH, Urt. v. 16.9.1959 (Az. V ZR 20/59), NJW 1959, 2113 (2113).

518 Bejahend: *J. Mayer*, in: Soergel, Kommentar zum BGB, 13. Aufl. 2003, § 2256 Rn. 5; LG Augsburg, Beschl. v. 21.4.1998 (Az. 5 T 629/98), Rpfleger 1998, 344 (345); verneinend: *Hagena*, in: MüKo, BGB, 7. Aufl. 2017, § 2256 Rn. 6; *Voit*, in: Reimann/Bengel/J. Mayer, Testament und Erbvertrag, 6. Aufl. 2015, § 2256 Rn. 6.

519 *v. Dickhuth-Harrach*, Die Rückgabe eines Erbvertrages aus der notariellen Verwahrung, RNotZ 2002, 384 (391).

520 *Baumann*, in: Staudinger, Kommentar zum BGB, Neubearbeitung 2012, § 2256 Rn. 11.

521 OLG Saarbrücken, Beschl. v. 16.10.1991 (Az. 5 W 96/91), NJW-RR 1992, 586 (586).

b) *Anfechtung*

Da dem testierunfähigen Erblasser nicht die Möglichkeit gegeben ist, sich im Wege eines Widerrufs gemäß §§ 2253 ff. BGB von seiner letztwilligen Verfügung zu lösen, stellt sich die Frage, ob ihm oder seinem gesetzlichen Vertreter ein Anfechtungsrecht gemäß §§ 2078 ff. BGB zusteht.

Die herrschende Meinung lehnt ein solches Recht grundsätzlich mit dem Argument ab, der Erblasser benötige kein Anfechtungsrecht, da es ihm jederzeit zustehe, seine letztwillige Verfügung gemäß §§ 2253 ff. BGB zu widerrufen.[522] Diese Ansicht ist jedoch nur dann richtig, wenn der Erblasser noch gemäß § 2229 BGB testierfähig ist und sein Testament wirksam gemäß §§ 2253 ff. BGB widerrufen kann.[523] Wurde der Erblasser zwischenzeitlich testierunfähig, kann er weder erneut verfügen noch sich von seinen alten Verfügungen lösen.[524] Um diese Lücke zu schließen, wird von Teilen der Literatur befürwortet, dem Erblasser[525] bzw. seinem gesetzlichen Vertreter[526] ein Anfechtungsrecht zuzubilligen.

Harke möchte für den Fall, dass eine letztwillige Verfügung eines unter Betreuung stehenden, testierunfähigen Erblassers auf Willensmängeln beruht, dem gesetzlichen Vertreter ein Anfechtungsrecht gemäß §§ 2281 ff. BGB gewähren.[527] Er begründet dies mit § 2282 Abs. 2 BGB, wonach *für einen geschäftsunfähigen Erblasser sein gesetzlicher Vertreter den Erbvertrag anfechten kann*. Nach *Harkes* Ansicht muss aufgrund der Anfechtungsbefugnis des gesetzlichen Vertreters in Bezug auf einen Erbvertrag „die Anfechtung generell von anderer Natur als die angegriffene Verfügung und daher vom Prinzip der Höchstpersönlichkeit ausgenommen sein. (…) Mangels Höchstpersönlichkeit der Anfechtung gibt es (…)

522 *Loritz*, in: Soergel, Kommentar zum BGB, 13. Aufl. 2003, § 2080 Rn. 1; *Otte*, in: Staudinger, Kommentar zum BGB, Neubearbeitung 2013, § 2080 Rn. 1; *Muscheler*, Erbrecht, 2010, Rn. 1997; *Leipold*, in: MüKo, BGB, 7. Aufl. 2017, § 2080 Rn. 2; *Litzenburger*, in: Bamberger/Roth (Hrsg.), Beck'scher Online Kommentar zum BGB, Stand: 1.11.2016, § 2078 Rn. 2; *Lange/Kuchinke*, Lehrbuch des Erbrechts, 5. Aufl. 2001, § 36 I. 1. c).

523 *Zimmer*, Demenz als Herausforderung für die erbrechtliche Praxis, NJW 2007, 1713 (1714).

524 *Harke*, Testamentsanfechtung durch den Erblasser?, JZ 2004, 180 (181).

525 *Lange*, Beseitigung von letztwilligen Verfügungen durch Betreuer, ZEV 2008, 313 (318).

526 *Stürner*, in: Jauernig, BGB Kommentar, 16. Aufl. 2015, § 2080 Rn. 1; *Zimmer*, Demenz als Herausforderung für die erbrechtliche Praxis, NJW 2007, 1713 (1714); *Harke*, Testamentsanfechtung durch den Erblasser?, JZ 2004, 180 (182); *Lange*, Beseitigung von letztwilligen Verfügungen durch Betreuer, ZEV 2008, 313 (318).

527 *Harke*, Testamentsanfechtung durch den Erblasser?, JZ 2004, 180 (181 ff.).

keinen Grund (...), sie dem gesetzlichen Vertreter eines testierunfähigen Erblassers nicht auch beim Testament zu gestatten."[528] *Harke* will dem gesetzlichen Vertreter des testierunfähigen Erblassers somit eine Befugnis zugestehen, die der testierunfähige Erblasser selbst nicht besitzt, nämlich die Selbstanfechtung von einseitigen letztwilligen Verfügungen.[529] Beachtet werden muss in diesem Zusammenhang, dass auch bei einer Anfechtung der Grundsatz der Höchstpersönlichkeit gemäß § 2064 BGB gilt und dieser gemäß § 2282 Abs. 2 BGB nur ausnahmsweise durchbrochen wird.[530] § 2282 Abs. 2 BGB ist mithin nicht verallgemeinerungsfähig.[531] Dem Erblasser wird beim Erbvertrag in Bezug auf vertragsmäßige Verfügungen keine Widerrufsmöglichkeit gegeben, sodass ihm (und seinem gesetzlichen Vertreter) ein anderes Mittel zur Lösung von diesen Verfügungen und damit zur Wiedererlangung der Testierfreiheit an die Hand gegeben werden muss.[532] Überdies wurde die Norm des § 2282 Abs. 2 BGB zum Schutz des Vertragspartners des Erblassers erlassen, „da (...) im Falle der Geschäftsunfähigkeit des Anfechtungsberechtigten unter Umständen ein längerer Zeitraum vergehe, bis der Anfechtungsberechtigte sein Anfechtungsrecht selbstständig auszuüben in der Lage sei[. Es liege] (...) im Interesse einer schleunigen Erledigung der Anfechtung, daß dem gesetzlichen Vertreter mit Genehmigung des Vormundschaftsgerichts ein Anfechtungsrecht gegeben werde."[533] Eine solch schützenswerte Stellung ist bei einem Testament zu Lebzeiten des Testators nicht anzuerkennen, da der Erblasser seine letztwillige Verfügung zu jeder Zeit grundlos gemäß §§ 2253 ff. BGB widerrufen kann.[534]

Lange geht sogar noch einen Schritt weiter, indem er nicht nur dem gesetzlichen Vertreter des testierunfähigen Erblassers ein Anfechtungsrecht analog § 2282 Abs. 2 BGB gewähren möchte, sondern sogar dem Erblasser selbst analog § 2281 Abs. 1 BGB.[535] Zweifelhaft ist bereits, ob überhaupt eine für eine Analogie notwendige planwidrige Regelungslücke und ein vergleichbarer Sachverhalt

528 *Harke*, Testamentsanfechtung durch den Erblasser?, JZ 2004, 180 (182).

529 *Otte*, in: Staudinger, Kommentar zum BGB, Neubearbeitung 2013, § 2080 Rn. 32.

530 *J. Mayer*, in: Reimann/Bengel/J. Mayer, Testament und Erbvertrag, 6. Aufl. 2015, § 2282 Rn. 4.

531 OLG Bamberg, Beschl. v. 22.5.2015 (Az. 4 W 16/14), BeckRS 2015, 13311 Rn. 32.

532 *Burandt*, in: Burandt/Rojahn (Hrsg.), Erbrecht, 2. Aufl. 2014, § 2281 Rn. 1.

533 Protokolle zu dem Entwurfe des Bürgerlichen Gesetzbuches, Bd. V, 1899, S. 386.

534 *Muscheler*, Erbrecht, 2010, Rn. 1997.

535 *Lange*, Beseitigung von letztwilligen Verfügungen durch Betreuer, ZEV 2008, 313 (318).

gegeben sind.[536] Die für eine Analogie notwendige Regelungslücke sieht *Lange* darin, dass der Gesetzgeber in den „allgemeinen Vorschriften der §§ 2064 ff. BGB zum Testament im Gegensatz zu denen zum Erbvertrag“ keine Regelung über die Selbstanfechtung eingeführt hat.[537] Diese Regelungslücke unterstellt, ist jedoch immer noch keine Planwidrigkeit zu erkennen, da dem Gesetzgeber durchaus die Stellung des „testierunfähig gewordenen Erblassers“ bewusst war.[538] Immerhin hat er für diesen Fall die Ausnahmeregelung in § 2282 Abs. 2 BGB für Erbverträge geschaffen.[539] Der Vollständigkeit halber sei klargestellt, dass eine Analogie auch mangels vergleichbarem Sachverhalt scheitern würde. *Otte* führt hierzu richtigerweise aus: „Das Selbstanfechtungsrecht des erbvertraglich gebundenen Erblassers ermöglicht die Beseitigung einer Bindung in erster Linie zwecks Wiedergewinnung der Testierfreiheit, die beim einseitigen Testament von vornherein weiter besteht. Darüber hinaus dient es der frühzeitigen Klärung der Rechtslage im Interesse des Vertragspartners, insbesondere wenn er ebenfalls vertragsmäßige Verfügungen vorgenommen hat oder schuldrechtliche Verpflichtungen gegenüber dem Erblasser eingegangen ist.“[540] Die Voraussetzungen für eine Analogie liegen somit nicht vor.

Des Weiteren ist durch die Ablehnung der Anerkennung eines Anfechtungsrechts des Erblassers bzw. seines gesetzlichen Vertreters noch nicht aller Tage Abend. Immerhin können noch die Anfechtungsberechtigten gemäß § 2080 BGB die letztwillige Verfügung anfechten. Diese Möglichkeit ist als hinreichend anzusehen, da es dem Erblasser ohnehin nicht mehr möglich wäre, nach erklärter Anfechtung abermals zu testieren.[541]

Das OLG Bamberg führt in seinem Beschluss vom 22.5.2015 weitere praktische Erwägungen gegen eine analoge Anwendung des § 2282 Abs. 2 BGB ins Feld: „Zum einen sind Interessenkollisionen zu befürchten, da der Betreuer des Erblassers nicht selten mit diesem verwandt ist und somit (…) eigene Interessen des Betreuers bei der Ausübung des Anfechtungsrechts mitbestimmend sein können. Zum anderen (…) bereitet es oftmals Schwierigkeiten, den Zeitpunkt des Eintritts einer Testierunfähigkeit zu bestimmen, so dass häufig Rechtsunsicherheit über die Wirksamkeit einer vom Betreuer abgegebenen

---

536 *Larenz/Canaris*, Methodenlehre der Rechtswissenschaft, 3. Aufl. 1995, S. 202.
537 *Lange*, Beseitigung von letztwilligen Verfügungen durch Betreuer, ZEV 2008, 313 (318).
538 *Otte*, in: Staudinger, Kommentar zum BGB, Neubearbeitung 2013, § 2080 Rn. 33.
539 OLG Bamberg, Beschl. v. 22.5.2015 (Az. 4 W 16/14), BeckRS 2015, 13311 Rn. 32.
540 *Otte*, in: Staudinger, Kommentar zum BGB, Neubearbeitung 2013, § 2080 Rn. 33.
541 *Leipold*, in: MüKo, BGB, 7. Aufl. 2017, § 2080 Rn. 2.

Anfechtungserklärung bestehen wird."[542] An das Argument der Interessenkollision anknüpfend sei abschließend noch gesagt, dass entscheidend immer der Wille des Erblassers sein sollte, da allein das bestehende Recht zur Anfechtung noch lange nicht bedeutet, dass dieser es auch geltend machen will. Grundsätzlich ist daher die vom Erblasser im Zustand der Testierfähigkeit vorgenommene letztwillige Verfügung trotz eines möglichen Anfechtungsgrundes zu respektieren, da nicht geklärt werden kann, ob der Testator hieran etwas ändern will. Dieses Ergebnis kann auch mit dem Rechtsgedanken der ersten BGB-Kommission untermauert werden, welche lediglich dem Erblasser selbst ein Anfechtungsrecht des Erbvertrages zubilligen wollte.[543] Nach Ansicht der Kommission sollte „[nur] auf die persönliche Willensentscheidung des Verfügenden (...) Gewicht zu legen [sein] (...), da auch die Errichtung des Erbeinsetzungsvertrages nur durch persönliche Erklärung des Verfügenden erfolgen kann (...)."[544] Auch wenn – abweichend von der ersten BGB-Kommission – aus o.g. Gründen dem gesetzlichen Vertreter gemäß § 2282 Abs. 2 BGB ausnahmsweise ein Anfechtungsrecht beim Erbvertrag gegeben wird, kann diese Befugnis nicht auf einseitige Verfügungen[545] übertragen werden. Es ist somit weder dem Erblasser selbst noch seinem gesetzlichen Vertreter ein Anfechtungsrecht zu gewähren.

II. Nottestament

Neben den ordentlichen Testamenten gemäß §§ 2231 ff. BGB kennt das BGB auch außerordentliche Testamentsformen, die sog. Nottestamente,[546] namentlich das Nottestament vor dem Bürgermeister (§ 2249 BGB), das Nottestament vor drei Zeugen (§ 2250 BGB) sowie das Nottestament auf See (§ 2251 BGB).

542 OLG Bamberg, Beschl. v. 22.5.2015 (Az. 4 W 16/14), BeckRS 2015, 13311 Rn. 33.

543 *Harke*, Testamentsanfechtung durch den Erblasser?, JZ 2004, 180 (182).

544 Motive zu dem Entwurfe des Bürgerlichen Gesetzbuchs, Bd. V, 1896, S. 324.

545 Gleiches gilt auch für die Anfechtung von wechselbezüglichen Verfügungen iSd § 2271 BGB im Rahmen eines gemeinschaftlichen Testaments (*Musielak*, in: MüKo, BGB, 7. Aufl. 2017, § 2271 Rn. 6). Zwar ist anerkannt, dass der überlebende Ehegatte seine eigenen wechselbezüglichen Verfügungen in entsprechender Anwendung der §§ 2078 f., 2281 ff. BGB anfechten kann (BGH, Urt. v. 4.7.1962 (Az. V ZR 206/60), BGHZ 37, 331 (333)). Ein Anfechtungsrecht des gesetzlichen Vertreters für den Fall der Testierunfähigkeit des Erblassers ist aber aus o.g. Gründen nicht anzuerkennen; a.A.: *Helms*, Der Widerruf und die Anfechtung wechselbezüglicher Verfügungen bei Geschäfts- und Testierunfähigkeit, DNotZ 2003, 104 (114); *Schlüter*, Erbrecht, 16. Aufl. 2007, § 22 Rn. 364.

546 *J. Mayer*, in: Soergel, Kommentar zum BGB, 13. Aufl. 2003, Vor § 2229 Rn. 5.

Gemein ist all diesen Testamentsformen die in § 2252 Abs. 1 BGB normierte begrenzte Gültigkeitsdauer von drei Monaten.

1. Nottestament vor dem Bürgermeister

Ist zu besorgen, dass der Erblasser früher sterben werde, als die Errichtung eines Testaments vor einem Notar möglich ist, so kann er das Testament zur Niederschrift des Bürgermeisters der Gemeinde, in der er sich aufhält, errichten (§ 2249 Abs. 1 S. 1 BGB). Aufgrund der Verweisung in § 2249 Abs. 1 S. 4 BGB u.a. auf §§ 2232 f. BGB und die §§ 23 und 24 BeurkG kann ein behinderter Erblasser entweder durch verbale oder nonverbale Erklärung oder durch Übergabe einer Schrift gemäß § 2249 BGB ein solches Nottestament vor dem Bürgermeister errichten. Ist der behinderte Erblasser jedoch nach seinen Angaben oder nach der Überzeugung des Bürgermeisters nicht imstande Geschriebenes zu lesen, kann er das Nottestament gemäß § 2249 Abs. 1 S. 4 BGB iVm § 2233 BGB nur durch eine Erklärung gegenüber dem Bürgermeister errichten. Insofern ergeben sich im Vergleich zu der Erstellung eines ordentlichen öffentlichen Testaments gemäß § 2231 Nr. 1 iVm §§ 2232 f. BGB keine Einschränkungen für den behinderten Erblasser.[547] § 2249 Abs. 1 S. 6 BGB regelt sogar eine „Erleichterung" für den Erblasser, in dem mangels Verweisung in § 2249 Abs. 1 S. 4 BGB auf § 25 BeurkG trotz Schreibunfähigkeit des Erblassers kein Schreibzeuge hinzuzuziehen ist.[548] Dies wäre freilich auch reine Förmelei, da gemäß § 2249 Abs. 1 S. 2 BGB bereits zwei Zeugen bei der Errichtung des Nottestaments vor dem Bürgermeister anwesend sein müssen.

Obwohl der Gesetzestext von der „Besorgnis des vorzeitigen Ablebens" spricht, wird von der herrschenden Meinung auch die Erstellung eines Nottestaments vor dem Bürgermeister gemäß § 2249 BGB für den Fall der bevorstehenden Testierunfähigkeit des Erblassers anerkannt.[549] Der BGH führt hierzu folgendermaßen aus: „Wenn das Berufungsgericht mit dem Reichsgericht den Eintritt des Todes dem Eintritt der Testierunfähigkeit des Erblassers gleichsetzt, so kann dem unter der Voraussetzung zugestimmt werden, daß der nahe Eintritt einer bis zum Tod

---

547 Vgl. hierzu: Kapitel 3 B. I. 3. a) cc) (3).

548 *Hagena*, in: MüKo, BGB, 7. Aufl. 2017, § 2249 Rn. 29.

549 *Weidlich*, in: Palandt, BGB, 76. Aufl. 2017, § 2249 Rn. 2; *Muscheler*, Erbrecht, 2010, Rn. 1770; *Baumann*, in: Staudinger, Kommentar zum BGB, Neubearbeitung 2012 § 2249 Rn. 23; BGH, Urt. v. 15.11.1951 (Az. IV ZR 66/51), BGHZ 3, 373 (377); a.A.: *Brox/Walker*, Erbrecht, 27. Aufl. 2016, § 12 Rn. 130; *Kappeßer*, Die Nottestamente des BGB, 1995, S. 26.

des Erblassers ununterbrochen oder doch nur mit kurzen, die Möglichkeit einer Testamentserrichtung nicht gewährleistenden Unterbrechungen fortdauernden Testierunfähigkeit zu besorgen ist."[550] *Walker* hält diese Ansicht aufgrund des klaren Wortlauts des § 2249 BGB und des entgegenstehenden Willens des Gesetzgebers für zu weitgehend.[551] Beide Argumente sind nicht ohne Weiteres von der Hand zu weisen. Der Wortlaut spricht lediglich von der *Besorgnis, dass der Erblasser früher sterben werde, als die Errichtung eines Testaments vor einem Notar möglich ist* und gerade nicht von der Besorgnis der bevorstehenden Testierunfähigkeit. Zu beachten ist hierbei, dass grundsätzlich eine „Deutung, die nicht mehr im Bereich des möglichen Wortsinns liegt, (...) nicht mehr Ausdeutung, sondern (...) Umdeutung [ist]".[552] Ferner kommt vorliegend an sich auch keine Analogie in Betracht, da dem Gesetzgeber die Problematik der nahenden Geschäftsunfähigkeit des Erblassers bewusst war und dieser sie trotzdem nicht als Fall für ein Nottestament geregelt hat.[553] Dennoch ist der herrschenden Meinung zu folgen, da der Telos der Norm dem Erblasser in einer Notsituation – also einem Zustand, in dem die Besorgnis besteht, dass er letztmalig seinen Nachlass regeln kann – die Möglichkeit bieten will, letztwillig zu verfügen. Eine – zugegebenermaßen – großzügige Auslegung des Gesetzeswortlauts des § 2249 BGB ist gerade in Zeiten zunehmender Demenzerkrankungen[554] und der Verbesserung der Medizin von Nöten, da die Besorgnis der bevorstehenden Testierunfähigkeit auch dann existent sein kann, obwohl noch keine Todesgefahr gegeben ist.[555]

2. *Nottestament vor drei Zeugen*

Neben der Errichtung eines Nottestaments vor dem Bürgermeister kann der behinderte Erblasser grundsätzlich auch von einem Nottestament vor drei Zeugen gemäß §§ 2250 f. BGB Gebrauch machen. Problematisch ist jedoch, dass dies nur durch mündliche Erklärung möglich ist. Trotz der Entscheidung des Bundesverfassungsgerichts vom 19.1.1999, wonach die §§ 2232, 2233 BGB a.F. und § 31 BeurkG a.F. für verfassungswidrig erklärt wurden, soweit sie schreib- und

---

550 BGH, Urt. v. 15.11.1951 (Az. IV ZR 66/51), BGHZ 3, 373 (377).

551 *Brox/Walker*, Erbrecht, 27. Aufl. 2016, § 12 Rn. 130.

552 *Larenz/Canaris*, Methodenlehre der Rechtswissenschaft, 3. Aufl. 1995, S. 143.

553 Motive zu dem Entwurfe des Bürgerlichen Gesetzbuchs, Bd. V, 1896, S. 282.

554 Derzeit gibt es weltweit zirka 35 Millionen Demenzpatienten, wobei mit einer jährlichen Zunahme von 9,9 Millionen Neuerkrankten gerechnet wird (*Schmoeckel*, Die Geschäfts- und Testierfähigkeit von Demenzerkrankten, NJW 2016, 433 (433)).

555 *Baumann*, in: Staudinger, Kommentar zum BGB, Neubearbeitung 2012, § 2249 Rn. 23.

sprechunfähige Personen von der Testiermöglichkeit ausgeschlossen haben[556] und dem darauffolgenden Verzicht auf das Mündlichkeitserfordernis in ordentlichen Testamenten durch das OLGVertrÄndG[557] mit Wirkung zum 1.8.2002, hält der Gesetzgeber weiterhin am Erfordernis der mündlichen Erklärung im Falle eines Nottestaments vor drei Zeugen fest. Die Konsequenz dieser Voraussetzung ist, dass ein sprechunfähiger Erblasser ein Nottestament vor drei Zeugen nicht errichten kann.[558] Dieses Ergebnis ist im Lichte der Entscheidung des Bundesverfassungsgerichts vom 19.1.1999 nicht zu rechtfertigen. Es verstößt vielmehr gegen die Erbrechtsgarantie des Art. 14 Abs. 1 S. 1 GG[559] und das Benachteiligungsverbot gemäß Art. 3 Abs. 3 S. 2 GG[560].[561] Um diese Grundrechte zu garantieren, muss es einem stummen Erblasser abweichend von §§ 2250 f. BGB erlaubt sein, entweder durch nonverbale Erklärung analog § 2232 S. 1 Alt. 1 BGB oder durch Übergabe einer Schrift analog § 2232 S. 1 Alt. 2 BGB[562] ein Nottestament vor drei Zeugen zu errichten. Sollte der Erblasser taubstumm sein, ist ihm die Niederschrift entsprechend § 23 BeurkG zur Durchsicht vorzulegen.[563]

Eine Versagung sowohl der nonverbalen Erklärung als auch der Übergabe einer Schrift lässt sich auch nicht mit dem Argument der Rechtssicherheit[564] rechtfertigen, da diese im Vergleich zur Erbrechtsgarantie behinderter Erblasser gemäß Art. 14 Abs. 1 S. 1 GG und dem Benachteiligungsverbot gemäß Art. 3 Abs. 3 S. 2 GG nachrangig ist.

Auch das Abstellen auf das Bewusstsein des Erblassers – wie es das OLG Frankfurt a.M. in seinem Urteil vom 10.2.1947 getan hat – überzeugt nicht. Das OLG Frankfurt a.M. hält das Tatbestandsmerkmal der mündlichen Erklärung für notwendig, da nur durch das Mündlichkeitserfordernis gewährleistet wird, „daß der Erblasser sich im Augenblick der Testamentserrichtung seiner Erklärung bewußt ist und nicht etwa ein Schriftstück übergibt, dessen Inhalt ihm in

---

556 BVerfG, Beschl. v. 19.1.1999 (Az. 1 BvR 2161/94), BVerfGE 99, 341; vgl. hierzu: Kapitel 3 B. I. 3. a) aa).

557 Zu den Änderungen vgl.: Kapitel 3 B. I. 3. a) cc) (1).

558 *Lauck*, in: Burandt/Rojahn (Hrsg.), Erbrecht, 2. Aufl. 2014, § 2250 Rn. 10.

559 Vgl. hierzu: Kapitel 3 B. I. 3. a) aa) (1) (a).

560 Vgl. hierzu: Kapitel 3 B. I. 3. a) aa) (1) (c).

561 *Hagena*, in: MüKo, BGB, 7. Aufl. 2017, § 2250 Rn. 13.

562 *Litzenburger*, in: Bamberger/Roth (Hrsg.), Beck'scher Online Kommentar zum BGB, Stand: 1.11.2016, § 2250 Rn. 7.

563 *Hagena*, in: MüKo, BGB, 7. Aufl. 2017, § 2250 Rn. 13.

564 *Weidlich*, in: Palandt, BGB, 76. Aufl. 2017, § 2250 Rn. 6.

seiner augenblicklichen Not vielleicht gar nicht mehr gegenwärtig ist".[565] Der Schluss von der mündlichen Erklärung auf das Bewusstsein des Erblassers überzeugt nicht. Ein Festhalten an einer mündlichen Erklärung und folglich ein Ausschluss Stummer von der Errichtung eines außerordentlichen Testaments gemäß §§ 2250 f. BGB kann damit nicht gerechtfertigt werden. Denn auch ein sprechunfähiger Erblasser kann durch nonverbale Erklärungen mittels Gesten oder Gebärden oder durch Übergabe einer Schrift seinen Willen bewusst ausdrücken. Es ist deshalb nicht nachvollziehbar, warum dem Erblasser das Testieren beim Nottestament vor dem Bürgermeister durch nonverbale Erklärung oder Übergabe einer Schrift möglich sein soll[566], nicht hingegen beim Nottestament vor drei Zeugen.[567] Unverständlich ist auch, warum die Anforderungen an ein Nottestament vor drei Zeugen erhöht werden und somit der Kreis der potentiellen Erblasser weiter eingeengt wird, anstelle ihn zu erweitern.[568]

Wie bereits bei § 2249 BGB ist auch bei § 2250 Abs. 2 BGB der nahen Todesgefahr, die Gefahr „des Eintritts der Testierunfähigkeit" gleichgesetzt.[569]

3. *Nottestament auf See*

Wer sich während einer Seereise an Bord eines deutschen Schiffes außerhalb eines inländischen Hafens befindet, kann ein Testament durch mündliche Erklärung vor drei Zeugen nach § 2250 Abs. 3 BGB errichten (vgl. § 2251 BGB).

Aufgrund des Verweises in § 2251 BGB auf § 2250 Abs. 3 BGB gelten für die Errichtung des Nottestaments auf See die vorstehenden Ausführungen über das Nottestament vor drei Zeugen gemäß § 2250 BGB.[570]

C. Erbvertrag

Neben der Errichtung eines (gemeinschaftlichen) Testaments steht es dem Erblasser offen, auch einen Erbvertrag gemäß §§ 2274 ff. BGB zu schließen. Dies kann mittelbar für einen behinderten Erblasser, der auf die Hilfe eines anderen angewiesen ist, und insbesondere für den Pflegenden selbst interessant sein, da hierdurch der Nachlass des behinderten Erblassers bindend festgelegt werden

565 OLG Frankfurt a.M., Urt. v. 10.2.1947 (Az. 2/1 U 261/46), HEZ 1, 236 (237 f.).
566 Vgl. hierzu: Kapitel 3 B. II. 1.
567 *Lange/Kuchinke*, Lehrbuch des Erbrechts, 5. Aufl. 2001, § 21 Fn. 49.
568 *Muscheler*, Erbrecht, 2010, Rn. 1786.
569 *Voit*, in: Reimann/Bengel/J. Mayer, Testament und Erbvertrag, 6. Aufl. 2015, § 2250 Rn. 4.
570 Vgl. hierzu: Kapitel 3 B. II. 2.

kann.[571] Im Vergleich zu letztwilligen Verfügungen in einem Testament, welche gemäß §§ 2253 ff. BGB frei widerruflich sind, ist Kennzeichen eines Erbvertrages, dass in diesem vertragsmäßige Verfügungen iSd § 2278 BGB getroffen werden, die durch den Erblasser grundsätzlich nicht mehr einseitig aufgehoben werden können.[572] Dies bedeutet aber nicht, dass durch die vertragsmäßige Verfügung „ein Anspruch gegen den Erblasser begründet [wird. Denn] Rechte der Bedachten bestehen erst mit dem Eintritt des Erbfalles. (…) [Vor] dem Eintritt des Erbfalles [besteht] lediglich eine tatsächliche Aussicht“.[573] Der Erblasser ist somit zwar gemäß § 2289 Abs. 1 S. 2 BGB gehindert, abermals eine letztwillige Verfügung zu treffen, *soweit sie das Recht des vertragsgemäß Bedachten beeinträchtigen würde*; er behält aber trotz des Abschlusses eines Erbvertrages gemäß § 2286 BGB das Recht *über sein Vermögen durch Rechtsgeschäft unter Lebenden zu verfügen*.[574] Der behinderte Erblasser kann folglich durch den Abschluss eines Erbvertrages seine Pflege bis zum Ableben sichern, indem er den Bedachten an sich bindet. Der Bedachte wiederum hat – im Vergleich zu einem Testament – eine etwas gesichertere Position, da ihm die Erklärung des Erblassers, dass er beispielsweise durch Anfechtung oder Rücktritt vom Erbvertrag Abstand nehmen will, zugehen muss und er somit Kenntnis über die tatsächlichen Umstände hat.

I. Errichtung

Die für die wirksame Errichtung eines Erbvertrages einschlägigen Vorschriften sind in §§ 2274 ff. BGB normiert, wobei § 2274 BGB den persönlichen Vertragsschluss durch den Erblasser fordert, § 2275 BGB Regelungen über das Erfordernis der Geschäftsfähigkeit des Erblassers enthält und § 2276 BGB die Form des Vertragsschlusses regelt.

1. Persönlicher Abschluss

§ 2274 BGB normiert, dass *der Erblasser einen Erbvertrag nur persönlich schließen kann*. Als Erblasser iSd § 2274 BGB ist dabei derjenige anzusehen, der vertragsmäßige – und somit bindende – Verfügungen gemäß § 2278 BGB trifft.[575] Da der Erbvertrag „eine in Vertragsform errichtete [Verfügung von Todes

---

571 *Musielak*, in: MüKo, BGB, 7. Aufl. 2017, Vor § 2274 Rn. 1.
572 *Leipold*, Erbrecht, 21. Aufl. 2016, § 15 Rn. 491.
573 BGH, Beschl. v. 19.1.1954 (Az. V ZB 28/53), BGHZ 12, 115 (118).
574 *Burandt*, in: Burandt/Rojahn (Hrsg.), Erbrecht, 2. Aufl. 2014, Vor §§ 2274–2302 Rn. 3.
575 *J. Mayer*, in: Reimann/Bengel/J. Mayer, Testament und Erbvertrag, 6. Aufl. 2015, § 2274 Rn. 2.

wegen]“ ist, kann sich der Erblasser bei Abschluss des Vertrages nicht vertreten lassen.[576] Trifft der Erblasser zusätzlich einseitige letztwillige Verfügungen, steht § 2299 Abs. 2 iVm § 2064 BGB einer Stellvertretung entgegen.[577] Die Regelung des § 2274 BGB gilt jedoch nur für den Erblasser, welcher eine vertragsmäßige Verfügung trifft, und nicht für den Vertragspartner, weshalb für Letzteren eine Stellvertretung zulässig ist.[578]

2. *Voraussetzungen*

Beim Erbvertrag handelt es sich im Gegensatz zu einem Testament nicht nur um eine letztwillige Verfügung, sondern – wie der Name bereits sagt – darüber hinaus um einen Vertrag, sodass es gemäß § 2275 BGB nicht auf die Testier-, sondern auf die Geschäftsfähigkeit gemäß §§ 104 ff. BGB ankommt.[579] Wird irrtümlicherweise § 2229 BGB anstelle von § 2275 BGB auf den Erbvertrag angewendet, führt dies aber grundsätzlich zum gleichen Ergebnis.[580] Die Regelung des § 2229 Abs. 4 BGB fasst nämlich „lediglich sachlich die Gesichtspunkte zusammen, die [gemäß] §§ 104 Nr. 2, 105 [Abs. 2] BGB zur Nichtigkeit einer Willenserklärung führen“.[581] Da die Testierfähigkeit einen Unterfall der Geschäftsfähigkeit darstellt und sich Unterschiede nur im Bereich der beschränkten Geschäftsfähigkeit ergeben[582], kann zum Großteil auf die Ausführungen zur Testierfähigkeit verwiesen werden[583].

Nichtsdestotrotz fordert § 2275 Abs. 1 BGB grundsätzlich die unbeschränkte Geschäftsfähigkeit des Erblassers. § 2275 Abs. 2 BGB macht hiervon eine Ausnahme, indem *ein Ehegatte als Erblasser mit seinem Ehegatten einen Erbvertrag schließen kann, auch wenn er in der Geschäftsfähigkeit beschränkt ist*, wobei es in diesem Fall der Zustimmung des gesetzlichen Vertreters bedarf. Gemäß § 2275 Abs. 3 BGB gelten *die Vorschriften des Absatzes 2 entsprechend für Verlobte, auch im Sinne des Lebenspartnerschaftsgesetzes.*

Gemäß § 2275 Abs. 1 BGB kann also nur ein unbeschränkt Geschäftsfähiger einen Erbvertrag als Erblasser schließen. Vorbehaltlich der Ausnahmeregelung

576 *Weidlich*, in: Palandt, BGB, 76. Aufl. 2017, § 2274 Rn. 1 f.
577 *M. Wolf*, in: Soergel, Kommentar zum BGB, 13. Aufl. 2002, § 2274 Rn. 4.
578 *Litzenburger*, in: Bamberger/Roth (Hrsg.), Beck'scher Online Kommentar zum BGB, Stand: 1.11.2016, § 2274 Rn. 7.
579 *Musielak*, in: MüKo, BGB, 7. Aufl. 2017, § 2275 Rn. 1.
580 *Weidlich*, in: Palandt, BGB, 76. Aufl. 2017, § 2275 Rn. 1.
581 BayObLG, Beschl. v. 6.3.1996 (Az. 1Z BR 199/95), NJW-RR 1996, 1289 (1289).
582 *Baumann*, in: Staudinger, Kommentar zum BGB, Neubearbeitung 2012, § 2229 Rn. 12.
583 Vgl. hierzu: Kapitel 3 B. I. 1.

des § 2275 Abs. 2 und 3 BGB ist somit der Erbvertrag eines geschäftsunfähigen (§ 104 BGB) bzw. eines beschränkt geschäftsfähigen Erblassers (§ 106 BGB) nichtig.[584] Gemäß § 104 BGB ist geschäftsunfähig, *wer nicht das siebente Lebensjahr vollendet hat (Nr. 1)* bzw. *wer sich in einem die freie Willensbildung ausschließenden Zustand krankhafter Störung der Geistestätigkeit befindet, sofern nicht der Zustand seiner Natur nach ein vorübergehender ist (Nr. 2)*. Als krankhafte Störung der Geistestätigkeit kommen dabei sowohl die Geisteskrankheit als auch die Geistesschwäche in Betracht, wobei der Unterschied nur gradueller Natur ist.[585] Für die Bejahung von § 104 Nr. 2 BGB ist aber nicht allein ausreichend, dass der Erblasser geistig oder seelisch behindert ist. Es ist vielmehr erforderlich, dass die Störung dauerhaft ist und zum Ausschluss der freien Willensbildung führt.[586] Der BGH hat hierzu folgende Feststellungen getroffen: „(…) [Es kommt] vornehmlich darauf an, ob der [Erblasser] imstande war, seinen Willen frei und unbeeinflußt von der vorliegenden Störung zu bilden und nach zutreffend gewonnenen Einsichten zu handeln (…). Ausschlaggebend sind dabei weniger die Fähigkeiten des Verstandes als vielmehr die Freiheit des Willensentschlusses. Abzustellen ist daher darauf, ob eine freie Entscheidung nach Abwägung des Für und Wider bei sachlicher Prüfung der in Betracht kommenden Gesichtspunkte möglich war oder ob umgekehrt von einer freien Willensbildung nicht mehr gesprochen werden kann, etwa weil der [Erblasser] fremden Einflüssen unterlag (…).“[587] Bestehen aber nur Zweifel an der freien Willensbildung des Erblassers, muss von dessen Geschäftsfähigkeit ausgegangen werden, da die Geschäftsfähigkeit den Regelfall darstellt und im Fall des Vorliegens der Geschäftsunfähigkeit diese „zur Gewißheit des Gerichts nachgewiesen“ sein muss.[588] Gelangt ein Gericht dennoch zu der Überzeugung, dass der Erblasser geschäftsunfähig war, kann der Erbvertrag auch nicht durch die Zustimmung des gesetzlichen Vertreters oder die nachträglich eintretende Geschäftsfähigkeit des Erblasser geheilt werden, selbst wenn der Vertrag vom Erblasser genehmigt werden sollte[589], da es auf den Zeitpunkt des wirksamen Vertragsschlusses ankommt.[590]

584 BayObLG, Beschl. v. 13.4.1982 (Az. 1 Z 142/81), Rpfleger 1982, 286 (286).
585 RG, Urt. v. 6.10.1930 (Az. IV 583/29), RGZ 130, 69 (71).
586 *Ellenberger*, in: Palandt, BGB, 76. Aufl. 2017, § 104 Rn. 4 f.
587 BGH, Urt. v. 20.6.1984 (Az. IV a ZR 206/82), FamRZ 1984, 1003 (1003).
588 BayObLG, Beschl. v. 6.4.2001 (Az. 1 Z BR 123/00), FamRZ 2002, 62 (64).
589 *Kanzleiter*, in: Staudinger, Kommentar zum BGB, Neubearbeitung 2014, § 2275 Rn. 3.
590 *Litzenburger*, in: Bamberger/Roth (Hrsg.), Beck'scher Online Kommentar zum BGB, Stand: 1.11.2016, § 2275 Rn. 1.

Sollte der Erblasser gemäß §§ 1896 ff. BGB unter Betreuung stehen, hat dies keine Auswirkungen auf seine Geschäftsfähigkeit und somit auf den Abschluss des Erbvertrages, da sich ein Einwilligungsvorbehalt gemäß § 1903 Abs. 2 BGB nicht auf Verfügungen von Todes wegen erstrecken kann.[591] Auch der unter Betreuung stehende Erblasser muss freilich die Voraussetzungen der §§ 2274 ff. BGB erfüllen.

3. *Form*

Die für die Form des Erbvertrages maßgebliche Regelung enthält § 2276 BGB. Nach dessen Abs. 1 kann *ein Erbvertrag nur zur Niederschrift eines Notars bei gleichzeitiger Anwesenheit beider Teile geschlossen werden. Die Vorschriften des § 2231 Nr. 1 und der §§ 2232, 2233 BGB sind anzuwenden; was nach diesen Vorschriften für den Erblasser gilt, gilt für jeden der Vertragsschließenden.* Beide Vertragspartner müssen somit gleichzeitig anwesend sein, weshalb eine Beurkundung iSd § 128 BGB ausscheidet.[592] Persönliche Anwesenheit wird wegen § 2274 BGB aber nur vom Erblasser selbst gefordert, nicht hingegen von dem Vertragspartner, der nicht letztwillig verfügt.[593] Aufgrund der Verweisung in § 2276 Abs. 1 S. 2 BGB ist ein „Erbvertrag in der gleichen Form wie ein öffentliches Testament zu errichten".[594] Der Erblasser kann daher gemäß § 2232 S. 1 BGB seinen letzten Willen verbal oder nonverbal erklären oder eine offene oder verschlossene Schrift an den Notar mit der Erklärung übergeben, dass sie seinen letzten Willen enthalte. Der Vertragserbe muss anschließend die Annahme erklären.[595] Die Vertragspartner dürfen sich dabei unterschiedlicher Erklärungsformen bedienen.[596] Unerlässlich ist jedoch, dass die Beteiligten jeweils Kenntnis vom Inhalt der Erklärung des anderen erlangen.[597]

Etwas missverständlich formuliert ist § 2276 Abs. 1 S. 2 Hs. 2 BGB (*was nach diesen Vorschriften für den Erblasser gilt, gilt für jeden der Vertragsschließenden).* Aus dieser Formulierung kann nicht geschlossen werden, dass die

591 *Cypionka*, Fortfall der Entmündigung Volljähriger – Auswirkungen auf den Rechtsverkehr, NJW 1992, 207 (208 ff.).

592 *S. und T. Kappler*, in: Erman, BGB Kommentar, 14. Aufl. 2014, § 2276 Rn. 2.

593 *Weidlich*, in: Palandt, BGB, 76. Aufl. 2017, § 2276 Rn. 1.

594 *Musielak*, in: MüKo, BGB, 7. Aufl. 2017, § 2276 Rn. 2.

595 *J. Mayer*, in: Reimann/Bengel/J. Mayer, Testament und Erbvertrag, 6. Aufl. 2015, § 2276 Rn. 9.

596 *Litzenburger*, in: Bamberger/Roth (Hrsg.), Beck'scher Online Kommentar zum BGB, Stand: 1.11.2016, § 2276 Rn. 4.

597 *S. und T. Kappler*, in: Erman, BGB Kommentar, 14. Aufl. 2014, § 2276 Rn. 3.

Einschränkung des § 2233 BGB, welche für behinderte Menschen gilt, auch auf den Vertragspartner anzuwenden ist, sollte der Erblasser die Voraussetzungen erfüllen. Nach seinem Wortlaut fordert dieser Halbsatz vielmehr, dass die Vorschriften, die für den Erblasser zur Anwendung kommen, auch für den Vertragspartner gelten, wenn bei diesem die jeweiligen Voraussetzungen vorliegen.[598] Ob etwa ein Fall der Leseunfähigkeit gemäß § 2233 Abs. 2 BGB gegeben ist, muss somit für jeden der Vertragsschließenden gesondert geprüft werden.[599] Vor diesem Hintergrund ist es nicht nachvollziehbar, warum von einem Teil der Literatur[600] gefordert wird, dass im Fall der Leseunfähigkeit eines Beteiligten gemäß § 2233 Abs. 2 BGB auch dem anderen nur die Erklärung gegenüber dem Notar gestattet werden soll. Begründet wird dies damit, dass der Leseunfähige ohne dieses Vorgehen sonst keine Kenntnis von dem Inhalt der Erklärung des anderen erhielte.[601] Mit diesem Argument kann aber die Einschränkung für den nichtbehinderten Beteiligten – wie bereits beim Parallelproblem im Wege des gemeinschaftlichen Testaments[602] – nicht gerechtfertigt werden.[603] Für die Errichtung eines Erbvertrages ist es lediglich erforderlich, dass den Vertragsschließenden der Inhalt der Erklärung des jeweils anderen bekannt wird.[604] Aus diesem Grund ist es auch ausreichend, wenn der leseunfähige Vertragspartner durch den Notar über den Inhalt einer offenen Schrift des anderen und damit über dessen Willenserklärung informiert wird.[605]

Ist einer der Beteiligten ferner hör-, sprach- oder sehbehindert, kommen die Vorschriften der §§ 22 ff. BeurkG zur Anwendung.[606] Außerdem ist bei Erbverträgen – neben den allgemeinen beurkundungsrechtlichen Normen des BeurkG – § 33 BeurkG zu beachten. Auf die Ausführungen zum Beurkundungsrecht wird verwiesen.[607]

---

598 *v. Dickhuth-Harrach*, Handbuch der Erbfolge-Gestaltung, 2011, § 17 Rn. 35.

599 *Kanzleiter*, in: Staudinger, Kommentar zum BGB, Neubearbeitung 2014, § 2276 Rn. 6.

600 *S. und T. Kappler*, in: Erman, BGB Kommentar, 14. Aufl. 2014, § 2276 Rn. 3; *J. Mayer*, in: Reimann/Bengel/J. Mayer, Testament und Erbvertrag, 6. Aufl. 2015, § 2276 Rn. 12; *Weidlich*, in: Palandt, BGB, 76. Aufl. 2017, § 2276 Rn. 4; *M. Wolf*, in: Soergel, Kommentar zum BGB, 13. Aufl. 2002, § 2276 Rn. 8.

601 *J. Mayer*, in: Reimann/Bengel/J. Mayer, Testament und Erbvertrag, 6. Aufl. 2015, § 2276 Rn. 12.

602 Vgl. hierzu: Kapitel 3 B. I. 3. a) cc) (4).

603 *Musielak*, in: MüKo, BGB, 7. Aufl. 2017, § 2267 Rn. 7.

604 *Burandt*, in: Burandt/Rojahn (Hrsg.), Erbrecht, 2. Aufl. 2014, § 2276 Rn. 3.

605 *Lange/Kuchinke*, Lehrbuch des Erbrechts, 5. Aufl. 2001, § 24 II. 1. d).

606 *M. Wolf*, in: Soergel, Kommentar zum BGB, 13. Aufl. 2002, § 2276 Rn. 6.

607 Vgl. hierzu: Kapitel 3 B. I. 3. a) cc) (6).

II. Beseitigung

Im Gegensatz zum (gemeinschaftlichen) Testament wird dem Erblasser beim Erbvertrag in Bezug auf vertragsmäßige Verfügungen kein Widerrufsrecht gemäß §§ 2253 ff. BGB gewährt.[608] Da es ihm aber aufgrund der in Art. 14 Abs. 1 S. 1 GG normierten Testierfreiheit dennoch möglich sein muss, von seinem Vertrag bzw. einzelnen vertragsmäßigen Verfügungen Abstand zu nehmen, stehen ihm anderweitige Lösungsmöglichkeiten zu: Aufhebung durch Vertrag (§ 2290 BGB), Aufhebung durch Testament (§§ 2291 f. BGB), Rücktritt (§§ 2293 ff. BGB) und Anfechtung (§§ 2281 ff. BGB).

Die drei erstgenannten Lösungswege können vom Erblasser nur selbst gegangen werden. Gemäß § 2290 Abs. 2 S. 1 BGB kann der Aufhebungsvertrag nur vom Erblasser persönlich geschlossen werden. Er setzt Geschäftsfähigkeit des Erblassers voraus.[609] Die Aufhebung durch (gemeinschaftliches) Testament gemäß §§ 2291 f. BGB kann aufgrund von § 2064 BGB ebenfalls nur durch den Erblasser selbst vollzogen werden, wobei der Erblasser hierzu gemäß § 2229 BGB testierfähig sein muss. Gemäß § 2296 Abs. 1 S. 1 BGB kann auch die Rücktrittserklärung in einer der Varianten gemäß §§ 2293 ff. BGB nicht durch einen Vertreter erfolgen. Die Versagung der Stellvertretung macht es erforderlich, dass der Erblasser bei Abgabe der Rücktrittserklärung selbst geschäftsfähig ist, wobei § 130 Abs. 2 BGB Anwendung findet.[610] Der Ausschluss der Stellvertretung ist damit ein absoluter, da der Erblasser nur selbst zu handeln berechtigt ist.[611] Das Anfechtungsrecht gemäß §§ 2281 ff. BGB macht hiervon für den geschäftsunfähigen Erblasser eine Ausnahme. Zwar ist gemäß § 2282 Abs. 1 S. 1 BGB dem Grunde nach nur der Erblasser persönlich zur Vornahme der Anfechtung berechtigt. Ist der Erblasser jedoch geschäftsunfähig, so kann gemäß § 2282 Abs. 2 BGB sein gesetzlicher Vertreter den Erbvertrag mit Genehmigung des Familien- bzw. Betreuungsgerichts anfechten. Hat also beispielsweise ein Erblasser einen Erbvertrag geschlossen und ist dieser zwischenzeitlich aufgrund von Demenz gemäß § 104 Nr. 2 BGB geschäftsunfähig, so kann dessen Betreuer für ihn den Erbvertrag wirksam anfechten, wenn gemäß § 2281 Abs. 1 BGB

608 *Lange*, Beseitigung von letztwilligen Verfügungen durch Betreuer, ZEV 2008, 313 (314).

609 *Weidlich*, in: Palandt, BGB, 76. Aufl. 2017, § 2290 Rn. 2.

610 *J. Mayer*, in: Reimann/Bengel/J. Mayer, Testament und Erbvertrag, 6. Aufl. 2015, § 2296 Rn. 4.

611 *Gessaphe*, Der Betreuer als gesetzlicher Vertreter für eingeschränkt Selbstbestimmungsfähige, 1999, S. 155 f.

ein Anfechtungsgrund iSv §§ 2078 f. BGB vorliegt. Sinn und Zweck von § 2282 Abs. 2 BGB ist der Schutz des Geschäftsunfähigen, da gewährleistet werden soll, dass ein dem Erblasser zustehender Anfechtungsgrund gemäß § 2281 Abs. 1 iVm §§ 2078 f. BGB durchgesetzt werden kann.[612] Daneben ist die Norm auch iSd Vertragspartners erlassen worden, da durch eine Anfechtungserklärung des gesetzlichen Vertreters der Zustand der Ungewissheit für den Anfechtungsgegner, namentlich die Frage, ob der geschäftsunfähige Erblasser nach Wiedererlangung der Geschäftsfähigkeit den Erbvertrag selbst anfechten wird, rasch beendet werden kann.[613] Abschließend sei noch erwähnt, dass die Anfechtungserklärung gemäß § 2282 Abs. 3 BGB der notariellen Beurkundung bedarf und die Frist des § 2283 BGB einzuhalten ist.

D. Einsetzung bestimmter Personengruppen

Ein behinderter Erblasser kann ein Interesse daran haben, Personen letztwillig zu bedenken, die sich um ihn aufgrund seiner Behinderung besonders gekümmert haben. Zu denken ist vor allem an Menschen, die ihm entweder von Berufs wegen oder aufgrund ihrer rechtlichen Stellung nahestehen. In Frage kommen etwa das Personal in stationären Pflegeeinrichtungen, Mitarbeiter ambulanter Pflegedienste und Betreuer. In Betracht kommt aber auch der Träger von stationären Einrichtungen. Ferner wird ein Erblasser, der sich nur über eine Verständigungsperson iSd § 24 BeurkG mit Anderen zu verständigen vermag, regelmäßig die Bestrebung haben, diese Person als Erben einzusetzen.

Im Folgenden soll geklärt werden, ob diesem Anliegen entsprochen werden kann oder ob die Testierfreiheit des behinderten Erblassers in diesen Konstellationen Einschränkungen erfährt. Hierbei wird in Bezug auf Heime und stationäre Einrichtungen lediglich auf das Heimgesetz (HeimG)[614] und das Bayerische Pflege- und Wohnqualitätsgesetz (PfleWoqG)[615] eingegangen.

612 *Hahn*, Die Auswirkungen des Betreuungsrechts auf das Erbrecht, FamRZ 1991, 27 (28).

613 Protokolle zu dem Entwurfe des Bürgerlichen Gesetzbuches, Bd. V, 1899, S. 386.

614 Gesetz über Altenheime, Altenwohnheime und Pflegeheime für Volljährige (Heimgesetz – HeimG) v. 7.8.1974, BGBl. I Nr. 91 v. 14.8.1974, S. 1873.

615 Gesetz zur Regelung der Pflege-, Betreuungs- und Wohnqualität im Alter und bei Behinderung (Pflege- und Wohnqualitätsgesetz – PfleWoqG) v. 8.7.2008, GVBl. 2008, 346.

I. Träger und Personal von Heimen/stationären Einrichtungen

Art. 8 PfleWoqG enthält sowohl für den Träger von stationären Einrichtungen (Abs. 1) als auch für deren Personal (Abs. 4) ein Zuwendungsverbot für Geld oder geldwerte Leistungen. Dieses landesrechtliche Verbot hat in Bayern die Regelung des § 14 HeimG abgelöst.[616]

1. *Föderalismusreform I*

Ausgangspunkt für die Neuregelung in Bayern (und den anderen Bundesländern) war Art. 1 Nr. 7 a) dd) des Gesetzes zur Änderung des Grundgesetzes[617], welcher im Wege der Föderalismusreform I zum 1.9.2006 Art. 74 Abs. 1 Nr. 7 GG geändert und das Heimrecht der ausschließlichen Gesetzgebungskompetenz der Bundesländer zugeführt hat.[618] Bayern hat – wie mittlerweile alle anderen Bundesländer – durch das PfleWoqG, welches gemäß Art. 26 PfleWoqG am 1.8.2008 in Kraft getreten ist, von dieser Gesetzgebungskompetenz Gebrauch gemacht und hierdurch das Heimgesetz des Bundes abgelöst. Da jedoch das Zuwendungsverbot des Art. 8 PfleWoqG weitgehend dem des § 14 HeimG entspricht, ist davon auszugehen, dass die zu § 14 HeimG ergangene Rechtsprechung übertragbar und daher in ihren Aussagen weiterhin maßgebend ist.[619] Zum besseren Verständnis wird im Folgenden kurz auf die Norm, den Schutzzweck und die Verfassungskonformität des § 14 HeimG eingegangen.

2. *Zuwendungsverbot gemäß § 14 HeimG*

§ 14 HeimG, der von der herrschenden Meinung als Verbotsgesetz iSd § 134 BGB gewertet wurde, mit der Konsequenz, dass letztwillige Verfügungen, die gegen § 14 HeimG verstießen, nichtig waren[620], enthielt u.a. folgende Regelungen:

---

616 In Niedersachsen gilt § 14 HeimG gemäß Art. 125 a Abs. 1 GG fort, da es dieses Bundesland unterlassen hat, eine Nachfolgeregelung zu § 14 HeimG zu treffen, vgl. auch § 2 Abs. 1 S. 3 Niedersächsisches Heimgesetz (*Nieder/W. Kössinger*, in: Nieder/Kössinger, Handbuch der Testamentsgestaltung, 5. Aufl. 2015, § 3 Rn. 3).

617 Gesetz zur Änderung des Grundgesetzes v. 28.8.2006, BGBl. I Nr. 41 v. 31.8.2006, S. 2034.

618 *Wittreck*, in: Dreier, Grundgesetz Kommentar, 3. Aufl. 2015, Art. 74 Rn. 36, 40.

619 Ersetzung des Heimgesetzes durch Landesgesetze in Baden-Württemberg und Bayern – HeimG §§ 1, 14; GG Art. 74 Abs. 1 Nr. 7, DNotI-Report 2008, 143 (143).

620 BGH, Urt. v. 9.2.1990 (Az. V ZR 139/88), BGHZ 110, 235 (240); BayObLG, Beschl. v. 28.6.1991 (Az. BReg. 1a Z 3/90), DNotZ 1992, 258 (258).

Gemäß § 14 Abs. 1 HeimG war *es dem Träger untersagt, sich von oder zugunsten von Bewohnerinnen und Bewohnern oder den Bewerberinnen und Bewerbern um einen Heimplatz Geld- oder geldwerte Leistungen über das nach § 5 vereinbarte Entgelt hinaus versprechen oder gewähren zu lassen.* Nach Abs. 2 galt *dies nicht, wenn andere als die in § 5 aufgeführten Leistungen des Trägers abgegolten [wurden] (Nr. 1), geringwertige Aufmerksamkeiten versprochen oder gewährt [wurden] (Nr. 2) oder Leistungen im Hinblick auf die Überlassung eines Heimplatzes zum Bau, zum Erwerb, zur Instandsetzung, zur Ausstattung oder zum Betrieb des Heims versprochen oder gewährt [wurden] (Nr. 3).* Gemäß § 14 Abs. 5 HeimG war *es der Leitung, den Beschäftigten oder sonstigen Mitarbeiterinnen und Mitarbeitern des Heims untersagt, sich von oder zugunsten von Bewohnerinnen und Bewohnern neben der vom Träger erbrachten Vergütung Geld- oder geldwerte Leistungen für die Erfüllung der Pflichten aus dem Heimvertrag versprechen oder gewähren zu lassen. Dies [galt] nicht, soweit es sich um geringwertige Aufmerksamkeiten [handelte].* § 14 Abs. 6 HeimG normierte eine Ausnahmegenehmigung. *Die zuständige Behörde [konnte] in Einzelfällen Ausnahmen von den Verboten der Absätze 1 und 5 zulassen, soweit der Schutz der Bewohnerinnen und Bewohner die Aufrechterhaltung der Verbote nicht [erforderte] und die Leistungen noch nicht versprochen oder gewährt worden [waren].*

a) Schutzzweck der Norm

§ 14 HeimG verfolgte mehrere Zielsetzungen. Gesetzeszweck war einerseits, alte und pflegebedürftige Menschen aufgrund ihrer Hilf- und Arglosigkeit vor pekuniärer Ausbeutung durch den Träger bzw. dessen Personal zu schützen.[621] Andererseits sollte unterbunden werden, „daß unterschiedliche Vermögensverhältnisse der Bewohner mit unterschiedlicher Behandlung, Beachtung oder sonstiger Bevorzugung bzw. Benachteiligung verknüpft werden[, da derartige] Unterscheidungen (…) das seelische Wohl der Bewohner erheblich beeinträchtigen [können]" und somit der Heimfriede gefährdet wäre.[622] Des Weiteren diente § 14 HeimG – trotz der Einschränkung – dem Schutz der Testierfreiheit der Bewohner, da durch das Zuwendungsverbot verhindert werden sollte, dass auf die

621 Entwurf eines Gesetzes über Altenheime, Altenwohnheime und Pflegeheime für Volljährige (Heimgesetz – HeimG) v. 15.3.1972, BR-Drs. 173/72, S. 14; BVerwG, Urt. v. 18.12.1987 (Az. 7 C 57.85), BVerwGE 78, 357 (359).

622 Gesetzentwurf des Bundesrates v. 14.2.1973, BT-Drs. 7/180, S. 12; BVerfG, Beschl. v. 3.7.1998 (Az. 1 BvR 434/98), ZEV 1998, 312 (312).

Bewohner Druck ausgeübt wird, letztwillig zugunsten des Trägers bzw. des Personals zu verfügen.[623]

b) *Verfassungskonformität der Norm*

Obwohl das Zuwendungsverbot des § 14 HeimG einen Eingriff in die Erbrechtsgarantie gemäß Art. 14 Abs. 1 GG darstellt, wurde dieser durch den sozialen Schutzzweck der Norm[624] hinreichend gerechtfertigt.[625] Das Bundesverfassungsgericht hat in seinem Beschluss vom 3.7.1998 die Verfassungskonformität des Zuwendungsverbots des § 14 HeimG bestätigt.[626] Nach Ansicht des Bundesverfassungsgerichts stellt das Zuwendungsverbot ein legitimes Ziel[627] dar, welches geeignet, erforderlich und verhältnismäßig im engeren Sinne ist:[628] Die Geeignetheit ergebe sich daraus, dass durch § 14 HeimG dem Träger bzw. dem Personal des Heims untersagt ist, sich „über das Pflegeentgelt hinaus Vermögensvorteile für zu erbringende Leistungen versprechen zu lassen" und somit die o.g. Ziele[629] gefördert werden. Ferner sei das Zuwendungsverbot auch erforderlich, da weder die „allgemeinen Vorschriften über die Sittenwidrigkeit von Rechtsgeschäften (§ 138 BGB) [noch] über den Testamentswiderruf (§§ 2253–2255 BGB) das Ziel des Gesetzgebers in gleichem Maße erreichen und einen geringeren Eingriff darstellen" würden. Zwar schütze § 138 BGB ebenfalls vor Übervorteilung. Problematisch sei jedoch, dass für die Bejahung des § 138 BGB eine tatsächliche Zwangslage erforderlich sei und diese nachgewiesen werden müsse. Durch die Widerrufsmöglichkeiten der §§ 2253 ff. BGB habe der Erblasser lediglich die Möglichkeit, sich von fremdbeeinflussten letztwilligen Verfügungen zu lösen. Dadurch könne aber nicht unterbunden werden, dass auf die Heimbewohner Druck in Bezug auf die Erstellung letztwilliger Verfügungen ausgeübt werde. Da

---

623 Gesetzentwurf der Bundesregierung v. 1.9.1989, BT-Drs. 11/5120, S. 17; BVerfG, Beschl. v. 3.7.1998 (Az. 1 BvR 434/98), ZEV 1998, 312 (312).

624 Vgl. hierzu: Kapitel 3 D. I. 2. a).

625 BVerwG, Beschl. v. 26.1.1990 (Az. 7 B 86/89), NJW 1990, 2268 (2268).

626 *Karl*, Der Betreute als Erblasser mit besonderer Berücksichtigung von § 14 HeimG, 2007, S. 132; a.A.: *Brox*, Die Einschränkung der Testierfreiheit durch § 14 des Heimgesetzes und das Verfassungsrecht, in: Grundrechte, soziale Ordnung und Verfassungsgerichtsbarkeit, Festschrift für Ernst Benda, 1995, S. 31.

627 Vgl. hierzu: Kapitel 3 D. I. 2. a).

628 BVerfG, Beschl. v. 3.7.1998 (Az. 1 BvR 434/98), ZEV 1998, 312 (312 f.); a.A.: *Münzel*, Heimbewohner und Testierfreiheit – Zur Anwendbarkeit des § 14 I HeimG auf letztwillige Verfügungen, NJW 1997, 112 (112 f.); krit.: *Muscheler*, Erbrecht, 2010, Rn. 1925; *Leipold*, in: MüKo, BGB, 7. Aufl. 2017, Vor § 2064 Rn. 43 ff.

629 Vgl. hierzu: Kapitel 3 D. I. 2. a).

gemäß § 14 HeimG nur Vorteilsversprechen untersagt sind, bestünde aus Sicht des Bundesverfassungsgerichts die Möglichkeit zugunsten des Trägers bzw. des Personals des Heims letztwillige Verfügungen zu treffen, soweit diese „dem Betroffenen nicht mitgeteilt und gleichsam im Stillen angeordnet [würden]". Zudem bestünde die Möglichkeit, vor der Verfügung eine Erlaubnis gemäß § 14 Abs. 6 HeimG bei der zuständigen Behörde für die Zuwendung zu beantragen. Darauf habe der Betroffene einen Anspruch, „wenn seine Zuwendung nicht dem Zweck des § 14 HeimG a. F. widerspricht (...)". Insofern sei § 14 HeimG auch verhältnismäßig im engeren Sinne.

Die Ansicht des Bundesverfassungsgerichts überzeugt. Zwar erfuhr die Testierfreiheit des Art. 14 Abs. 1 S. 1 GG durch das Zuwendungsverbot des § 14 HeimG eine Einschränkung. Da hierfür jedoch sachliche Gründe vorlagen und es zudem Möglichkeiten gab, wirksam zu testieren, ohne gegen § 14 HeimG zu verstoßen, wurde der Grundsatz der Verhältnismäßigkeit vollumfänglich gewahrt.

3. *Zuwendungsverbot gemäß Art. 8 PfleWoqG*

Art. 8 PfleWoqG entspricht zum Großteil dem Zuwendungsverbot des § 14 HeimG. Beide Normen enthalten das Verbot von Zuwendungen an Träger von Heimen/stationären Einrichtungen bzw. dessen Personal von oder zugunsten von Bewohnerinnen und Bewohnern oder Bewerberinnen und Bewerbern um einen Platz, wobei beide Normen geringwertige Aufmerksamkeiten zulassen. Außerdem gewähren sowohl Art. 8 Abs. 5 PfleWoqG als auch § 14 Abs. 6 HeimG Ausnahmeregelungen für den Einzelfall. Der wesentliche Unterschied liegt darin, dass Art. 8 PfleWoqG im Vergleich zu § 14 HeimG von „stationären Einrichtungen" anstelle von „Heimen" spricht und somit die Anwendungsbereiche etwas divergieren.[630]

Wie bereits § 14 HeimG verfolgt auch Art. 8 PfleWoqG die gleiche Zielsetzung. „Leitgedanke dieser Bestimmung ist es, eine unterschiedliche und sachlich nicht gerechtfertigte Behandlung der Bewohnerinnen und Bewohner zu verhindern und die Bewohnerinnen und Bewohner vor finanzieller Ausnutzung oder Benachteiligung zu schützen sowie eine uneingeschränkte Testierfreiheit zu gewährleisten."[631] Da der Telos von Art. 8 PfleWoqG dem des § 14 HeimG

---

630 Vgl. hierzu: Kapitel 3 D. I. 3. a).

631 Gesetzentwurf der Staatsregierung v. 11.3.2008, LT-Drs. 15/10182, S. 26.

entspricht, ist mit entsprechender Argumentation auch bei Art. 8 PfleWoqG von dessen Verfassungsmäßigkeit auszugehen.[632]

a) Anwendungsbereich

Art. 8 PfleWoqG regelt ein Zuwendungsverbot für stationäre Einrichtungen. Stationäre Einrichtungen werden in Art. 2 Abs. 1 PfleWoqG legaldefinitiert.[633] Danach sind *stationäre Einrichtungen im Sinn dieses Gesetzes Einrichtungen, die dem Zwecke dienen, ältere Menschen, pflegebedürftige Volljährige oder volljährige behinderte oder von Behinderung bedrohte Menschen im Sinn des § 2 Abs. 1 des Neunten Buches Sozialgesetzbuch aufzunehmen, ihnen Wohnraum zu überlassen sowie Betreuungs- oder Pflegeleistungen zur Verfügung zu stellen oder vorzuhalten (Nr. 1), die in ihrem Bestand von Wechsel sowie Zahl der Bewohnerinnen und Bewohner unabhängig sind (Nr. 2) sowie entgeltlich betrieben werden (Nr. 3).* Vergleicht man diese Definition mit der des Heims gemäß § 1 Abs. 1 HeimG, so stellt man fest, dass der Bayerische Gesetzgeber neben volljährigen behinderten Menschen zusätzlich von Behinderung bedrohte Menschen in den Anwendungsbereich aufgenommen hat.[634] Ferner wurde mit dem Begriff der stationären Einrichtungen eine Formulierung gefunden, die einen weiten Anwendungsbereich des Gesetzes gewährleistet, durch den verschiedene Formen von Einrichtungen, wie beispielsweise Altenheime und Behindertenheime unter den Wortlaut der Norm fallen.[635]

Obwohl Art. 8 PfleWoqG nur von stationären Einrichtungen spricht, ist das Zuwendungsverbot auch auf ambulant betreute Wohngemeinschaften und betreute Wohngruppen anzuwenden (vgl. Art. 2 Abs. 3 und 4 PfleWoqG). Anders als viele andere Bundesländer, bezieht das PfleWoqG in Art. 2 Abs. 3 ambulant betreute Wohngemeinschaften in seinen Anwendungsbereich ein.[636] *Ambulant betreute Wohngemeinschaften im Sinn dieses Gesetzes sind Wohnformen, die dem Zweck dienen, pflegebedürftigen Menschen das Leben in einem gemeinsamen Haushalt und die Inanspruchnahme externer Pflege- oder Betreuungsleistungen gegen Entgelt zu ermöglichen. Dies gilt unabhängig davon, ob die Wohngemeinschaften*

---

632 Vgl. hierzu: Kapitel 3 D. I. 2. b).

633 *Spall*, Behindertentestament und Heimgesetz – Bestandsaufnahme und Update –, MittBayNot 2010, 9 (12).

634 *Karl*, Das Verbot der zusätzlichen Leistungsgewährung im bayerischen Heimrecht nach der Föderalismusreform, BayVBl. 2010, 36 (39).

635 *Froese/Michelchen*, Praxiskommentar Pflege- und Wohnqualitätsgesetz – PfleWoqG Bayern, 2009, Art. 2 Rn. 7.

636 *G. Müller*, in: Burandt/Rojahn (Hrsg.), Erbrecht, 2. Aufl. 2014, Anhang HeimG Rn. 41.

durch einen Träger initiiert und begleitet werden sowie in ihrem Bestand von Wechsel und Zahl der Bewohnerinnen und Bewohner unabhängig sind.

Im Gegensatz zum HeimG werden des Weiteren auch betreute Wohngruppen gemäß Art. 2 Abs. 4 PfleWoqG durch das Bayerische Landesgesetz erfasst.[637] Unter betreuten Wohngruppen versteht man *gemeinschaftlich betreute Wohnformen für Menschen mit Behinderung, die für ihre Bewohnerinnen und Bewohner eine individuelle Betreuung gewährleisten.*

Für ambulant betreute Wohngemeinschaften gilt das Zuwendungsverbot des Art. 8 PfleWoqG unabhängig davon, ob gemäß Art. 2 Abs. 3 S. 3, 4 PfleWoqG die Bestimmungen des zweiten oder dritten Teils des Gesetzes zur Anwendung kommen. Bei Vorliegen der Voraussetzungen des Art. 2 Abs. 3 S. 3 PfleWoqG ist zwar „eine geringere Schutzbedürftigkeit der Bewohner gegeben", sodass grundsätzlich nur der dritte Teil (Art. 18 ff.) und Art. 23 und 24 des PfleWoqG zur Anwendung kommen.[638] Über die Verweisung des Art. 19 S. 2 PfleWoqG (Qualitätsanforderungen in ambulant betreuten Wohngemeinschaften) gilt aber auch in diesem Fall das Zuwendungsverbot des Art. 8 PfleWoqG.[639] Bei betreuten Wohngruppen ist das Zuwendungsverbot hingegen nur dann einschlägig, wenn gemäß Art. 2 Abs. 4 S. 4 PfleWoqG die Kriterien des Satzes 3 nicht erfüllt sind. Nach Art. 2 Abs. 4 S. 3 PfleWoqG *gelten für betreute Wohngruppen nur die Bestimmungen des Dritten Teils sowie Art. 23 und 24, wenn sie räumlich eigene Einheiten mit in der Regel bis zu zwölf Plätzen bilden (Nr. 1), nur organisatorisch an eine zentrale Verwaltung angebunden, örtlich aber von ihr getrennt sind (Nr. 2), Personen aufnehmen, die nicht in der Lage sind, allein und unabhängig von Betreuung zu wohnen und die nicht der permanenten persönlichen Anwesenheit von Betreuungskräften während des gesamten Tages und während der Nacht bedürfen (Nr. 3), sowie Personen aufnehmen, die in der Lage sind, ihre Interessen und Bedürfnisse mitteilen zu können (Nr. 4)*. Liegen diese Voraussetzungen vor, besteht ein „geringeres Schutzbedürfnis der Bewohner".[640] Im Gegensatz zu den ambulant betreuten Wohngemeinschaften enthält Art. 20 PfleWoqG, der

---

637 *Burmeister/Gaßner/Melzer/Müller*, Bayerisches Pflege- und Wohnqualitätsgesetz Kommentar, 2. Aufl. 2015, Art. 2 Rn. 67.

638 *Burmeister/Gaßner/Melzer/Müller*, Bayerisches Pflege- und Wohnqualitätsgesetz Kommentar, 2. Aufl. 2015, Art. 2 Rn. 18.

639 *Karl*, Das Verbot der zusätzlichen Leistungsgewährung im bayerischen Heimrecht nach der Föderalismusreform, BayVBl. 2010, 36 (42).

640 *Burmeister/Gaßner/Melzer/Müller*, Bayerisches Pflege- und Wohnqualitätsgesetz Kommentar, 2. Aufl. 2015, Art. 2 Rn. 18.

die Qualitätsanforderungen in betreuten Wohngruppen regelt, auch keine dem Art. 19 S. 2 PfleWoqG vergleichbare Verweisungsnorm auf Art. 8 PfleWoqG.[641]

Für betreute Wohngruppen für Menschen mit seelischer Behinderung findet das PfleWoqG überhaupt keine Anwendung, wenn die Voraussetzungen des Art. 2 Abs. 4 S. 3 PfleWoqG erfüllt sind. Sind diese Kriterien jedoch nicht gegeben, werden diese Wohngruppen wie stationäre Einrichtungen behandelt, sodass Art. 8 PfleWoqG zu beachten ist.[642]

Auf betreutes Wohnen kommt das Gesetz und somit Art. 8 PfleWoqG gemäß Art. 2 Abs. 2 PfleWoqG nicht zur Anwendung, wenn der Mieter bzw. Käufer lediglich dazu verpflichtet ist, Grundleistungen nicht aber Zusatzleistungen von bestimmten Anbietern abzunehmen.

b) Voraussetzungen des Zuwendungsverbots

Gemäß Art. 8 Abs. 1 PfleWoqG *ist es dem Träger untersagt, sich von oder zugunsten von Bewohnerinnen und Bewohnern oder Bewerberinnen und Bewerbern um einen Platz in der stationären Einrichtung Geld oder geldwerte Leistungen über das vereinbarte Entgelt hinaus versprechen oder gewähren zu lassen.* Art. 8 Abs. 4 PfleWoqG enthält eine Regelung, wonach es *der Leitung, den Beschäftigten und sonstigen Mitarbeiterinnen oder Mitarbeitern der stationären Einrichtungen untersagt ist, sich von oder zugunsten von Bewohnerinnen und Bewohnern neben der vom Träger erbrachten Vergütung Geld oder geldwerte Leistungen für die Erfüllung der Pflichten aus den zwischen dem Träger und den Bewohnerinnen oder Bewohnern geschlossenen Verträgen versprechen oder gewähren zu lassen.*

Wie § 14 HeimG stellt auch Art. 8 PfleWoqG ein Verbotsgesetz iSd § 134 BGB dar, wobei ein Verstoß gegen das Zuwendungsverbot ipso iure die Nichtigkeit der letztwilligen Verfügung begründet.[643]

aa) Leistung von oder zugunsten von Bewohnern bzw. Bewerbern

Voraussetzung für das Zuwendungsverbot ist zunächst eine Leistung von oder zugunsten von Bewohnern bzw. Bewerbern.

---

641 *Karl*, Das Verbot der zusätzlichen Leistungsgewährung im bayerischen Heimrecht nach der Föderalismusreform, BayVBl. 2010, 36 (43).

642 *Burmeister/Gaßner/Melzer/Müller*, Bayerisches Pflege- und Wohnqualitätsgesetz Kommentar, 2. Aufl. 2015, Art. 2 Rn. 72 f.

643 *Spall*, Behindertentestament und Heimgesetz – Bestandsaufnahme und Update –, MittBayNot 2010, 9 (9).

Die Leistung kann durch den Bewohner, Bewerber oder Dritten entweder in Geld oder als geldwerte Leistungen erbracht werden. Während unter Geldleistungen u.a. Bargeld oder Überweisungen verstanden werden, sind geldwerte Leistungen „solche Leistungen, deren Gegenwert in Geld ausgedrückt werden kann“ (beispielsweise ein zinsloses Darlehen).[644] In Bezug auf Verfügungen von Todes wegen können diese Leistungen u.a. in Form einer Erbeinsetzung, eines Vermächtnisses oder einer Einsetzung zum Testamentsvollstrecker liegen.[645]

Das Verbot für Zuwendungen im Hinblick auf Bewerber gilt gemäß Art. 8 Abs. 1 PfleWoqG jedoch nur für den Träger. Fraglich ist in diesem Zusammenhang, wann von einem Bewerber gesprochen werden kann. Eine Person wird nach allgemeiner Meinung nicht erst dann zum Bewerber, wenn ein Aufnahmeantrag eingereicht wurde.[646] Ausreichend ist vielmehr, dass ein Aufnahmewunsch – beispielsweise durch Kontaktaufnahme mit dem Träger in Form einer Besichtigung der Einrichtung oder eines Informationsgesprächs mit der Leitung – erkennbar geäußert wurde.[647]

bb) Empfänger der Leistung

Als Empfänger der Leistung kommen gemäß Art. 8 Abs. 1 PfleWoqG der Träger und gemäß Art. 8 Abs. 4 PfleWoqG die Leitung, die Beschäftigten oder die sonstigen Mitarbeiterinnen und Mitarbeiter der stationären Einrichtungen in Betracht. Als Träger ist dabei eine natürliche oder juristische Person anzusehen, die die stationäre Einrichtung betreibt und für den Betrieb verantwortlich zeichnet.[648] Die Rechtsform ist dabei unerheblich.[649] Der Kreis der Personen in Art. 8 Abs. 4 PfleWoqG ist weitgefasst, sodass „sämtliche in [einer stationären Einrichtung] (beschäftigte Personen, unabhängig davon, ob sie hauptberuflich, nebenberuflich oder ehrenamtlich tätig sind [und mit der Pflege und Betreuung des Erblassers mittelbar oder unmittelbar befasst sind], unter das Verbot des

---

644 *Froese/Michelchen*, Praxiskommentar Pflege- und Wohnqualitätsgesetz – PfleWoqG Bayern, 2009, Art. 8 Rn. 3.

645 *Dietz*, § 14 HeimG – Gut gemeinter Schutz für Heimbewohner und -bewerber, Fallstrick für den Testamentsgestalter, MittBayNot 2007, 453 (453).

646 *Philipp*, Pflege- und Wohnqualitätsgesetz Bayern, 2015, S. 146.

647 *Müller*, Zur Anwendung des § 14 HeimG auf Verfügungen von Todes wegen, insbesondere im Rahmen des sog. Behindertentestaments, in: Zehn Jahre Deutsches Notarinstitut, 2003, S. 163.

648 *Philipp*, Pflege- und Wohnqualitätsgesetz Bayern, 2015, S. 41.

649 *Spall*, Behindertentestament und Heimgesetz – Bestandsaufnahme und Update –, MittBayNot 2010, 9 (13).

[Art. 8 Abs. 4 PfleWoqG] fallen".[650] Aus diesem Grund kann auch ein Testament zugunsten eines Pförtners, selbst wenn er sich in seiner Freizeit um den Erblasser gekümmert hat, unwirksam sein.[651]

Beachtet werden muss jedoch das Erfordernis gemäß Art. 8 Abs. 4 PfleWoqG, dass die *Leistungen für die Erfüllung der Pflichten aus den zwischen dem Träger und den Bewohnerinnen oder Bewohnern geschlossenen Verträgen* versprochen oder gewährt worden sind. Die Zuwendung muss demnach mit dem geschlossenen Vertrag in einem Zusammenhang stehen.[652] Hat die Leistung hingegen einen familiären oder freundschaftlichen Hintergrund, besteht keine dem Schutzzweck des Art. 8 Abs. 4 PfleWoqG zuwiderlaufende Gefahr, weshalb die hierfür erfolgte Zuwendung nicht dem Zuwendungsverbot unterfällt.[653] Nach Ansicht des BGH wird jedoch „[ein] solcher Zusammenhang (...) bis zum Beweis des Gegenteils vermutet."[654] Der BGH rechtfertigt dies mit dem Verbotszweck, der bei Anwendung der allgemeinen Regeln zur Verteilung der Beweislast weitgehend leerlaufen würde, da es an dem Erblasser bzw. seinen eigentlichen Erben läge, den Zusammenhang zu beweisen.[655] Dies soll durch eine echte Beweislastumkehr verhindert werden.[656]

cc) Versprechen oder gewähren lassen

Art. 8 Abs. 1 und 4 PfleWoqG untersagen dem Träger und dem Personal, sich Geld oder geldwerte Leistungen versprechen oder gewähren zu lassen. Da die

---

650 *Müller*, Zur Anwendung des § 14 HeimG auf Verfügungen von Todes wegen, insbesondere im Rahmen des sog. Behindertentestaments, in: Zehn Jahre Deutsches Notarinstitut, 2003, S. 166.

651 OLG Frankfurt a. M., Beschl. v. 29.1.2001 (Az. 20 W 71/99), ZEV 2001, 364 (364).

652 *Rossak*, Letztwillige Verfügungen von Heimbewohnern zugunsten des Heimträgers oder von Heimmitarbeitern, ZEV 1996, 41 (43).

653 *Rastätter*, Der Einfluss des § 14 HeimG auf Verfügungen von Todes wegen, 2004, S. 39.

654 BGH, Urt. v. 9.2.1990 (Az. V ZR 139/88), BGHZ 110, 235 (239).

655 *Karl*, Der Betreute als Erblasser mit besonderer Berücksichtigung von § 14 HeimG, 2007, S. 135; BGH, Urt. v. 9.2.1990 (Az. V ZR 139/88), BGHZ 110, 235 (239).

656 OLG Düsseldorf, Beschl. v. 18.7.1997 (Az. 3 Wx 250/97), FamRZ 1998, 192 (193); OLG Frankfurt a.M., Beschl. v. 12.5.2015 (Az. 21 W 67/14), NJW 2015, 2351 (2352 f.); *Ziegert*, Verstoß gegen die Testierverbote des § 14 HeimG durch Zuwendungen an heimfremde Dritte, ZErb 2003, 166 (174); a.A. für die Anwendung eines prima-facie-Beweises: *Rossak*, Unwirksamkeit der Erbeinsetzung von Angehörigen des Altenheimleiters, ZEV 1998, 34 (35); *Karl*, Der Betreute als Erblasser mit besonderer Berücksichtigung von § 14 HeimG, 2007, S. 135 ff.

Alternative des Versprechens bereits gemäß § 2302 BGB zur Nichtigkeit der letztwilligen Verfügung führt, ist grundsätzlich nur das Verbot des Gewährens von Geld oder geldwerten Leistungen von Nöten.[657] Das Wort „lassen" macht deutlich, dass nicht allein das Versprechen oder die Gewährung ausreichen, sondern vielmehr Einvernehmen zwischen dem Leistenden und dem Empfänger erforderlich ist.[658] In Bezug auf den Abschluss eines Erbvertrages ist dies unproblematisch zu bejahen, da dieser nur durch zwei korrespondierende Willenserklärungen gemäß § 2276 BGB geschlossen werden kann. Art. 8 PfleWoqG ist aber nicht nur auf Erbverträge, sondern auch auf Testamente anwendbar.[659] Da es sich bei einem Testament um eine „einseitige, nicht empfangsbedürftige Willenserklärung des Erblassers" handelt und dieses daher vom Wortlaut des Zuwendungsverbots an sich nicht umfasst ist[660], gestaltet sich die Rechtslage hierbei etwas anders. Maßgeblich ist, ob der Empfänger Kenntnis von der Verfügung hat und diese Kenntnis dem Zuwendenden bekannt ist.[661] Denn nur in diesem Fall besteht die Gefahr, dass der Schutzzweck von Art. 8 PfleWoqG unterlaufen und beispielsweise der Heimfriede gefährdet wird.[662] Das Einverständnis kann auch durch konkludentes Verhalten erklärt werden.[663] Hatte der Empfänger bis zum Eintritt des Erbfalls keine Kenntnis von der letztwilligen Verfügung, ist das Testament mangels Einverständnis zwischen dem Leistenden und dem Empfänger wirksam (sog. stille Testamente).[664] Die Wirksamkeit des Testaments kann sogar bei Kenntnis des Empfängers von der letztwilligen Verfügung unberührt bleiben. „Sofern der Bedachte seine Kenntnis nicht vom dem Erblasser, sondern durch eine andere Person erhalten oder dadurch, daß er das Testament zufällig (etwa beim Aufräumen des Zimmers) oder auf unlautere Weise (etwa durch „Nachschnüffeln") zu Gesicht bekommen hat, so fehlt es schon an jedem

---

657 *Lange/Kuchinke*, Lehrbuch des Erbrechts, 5. Aufl. 2001, § 35 II. 3. b).

658 *Philipp*, Pflege- und Wohnqualitätsgesetz Bayern, 2015, S. 147.

659 BayObLG, Beschl. v. 28.6.1991 (Az. BReg. 1a Z 3/90), DNotZ 1992, 258 (259); a.A.: *Brox*, Die Einschränkung der Testierfreiheit durch § 14 des Heimgesetzes und das Verfassungsrecht, in: Grundrechte, soziale Ordnung und Verfassungsgerichtsbarkeit, Festschrift für Ernst Benda, 1995, S. 25.

660 *Leipold*, in: MüKo, BGB, 7. Aufl. 2017, Vor § 2064 Rn. 37.

661 BayObLG, Beschl. v. 24.11.1992 (Az. 1Z BR 73/92), BayObLGZ 1992, 344 (349).

662 *Rossak*, Letztwillige Verfügungen von Heimbewohnern zugunsten des Heimträgers oder von Heimmitarbeitern, ZEV 1996, 41 (45).

663 KG, Beschl. v. 14.5.1998 (Az. 1 W 3540/97), ZEV 1998, 437 (438).

664 BGH, Beschl. v. 26.10.2011 (Az. IV ZB 33/10), NJW 2012, 155 (155 f.).

Zusammenwirken oder Einvernehmen zwischen [dem Zuwendenden] und dem im Testament Begünstigten."[665]

Für die Kenntniserlangung des Trägers von stationären Einrichtungen ist nicht mehr erforderlich, dass dessen gesetzlicher Vertreter entsprechend § 166 Abs. 1 BGB von der Leistung des Erblassers erfährt.[666] Seit der Entscheidung des BayObLG vom 24.11.1992, die noch in Bezug auf den Heimträger iSd § 14 HeimG erging, ist es ausreichend, „wenn ein Mitarbeiter des Heimträgers, den dieser als Ansprechpartner für die Heimbewohner in den wesentlichen Heimangelegenheiten bestellt hat, und der aus der Sicht des Heimbewohners wegen seiner Stellung im Heim wesentlichen Einfluß auf dessen konkrete Lebenssituation ausüben kann, mit Wissen des Heimbewohners zu dessen Lebzeiten von der letztwilligen Zuwendung an den Heimträger Kenntnis erhält (...)."[667] Insofern ist es hinreichend, wenn die Schwester Oberin oder andere Schwestern einer stationären Einrichtung von der letztwilligen Verfügung Kenntnis erlangen.[668]

c) Ausnahmen vom Zuwendungsverbot

Das Zuwendungsverbot des Art. 8 Abs. 1 und 4 PfleWoqG gilt jedoch nicht uneingeschränkt. Zum einen enthalten Art. 8 Abs. 2 und Abs. 4 S. 2 PflegWoqG für drei Fallgruppen Ausnahmeregelungen. Zum anderen kann gemäß Art. 8 Abs. 5 PfleWoqG eine Ausnahmegenehmigung für Geld- oder geldwerte Leistungen beantragt werden.

Gemäß Art. 8 Abs. 2 Nr. 1 PfleWoqG gilt das Zuwendungsverbot des Abs. 1 nicht, *wenn andere als die vertraglich aufgeführten Leistungen des Trägers abgegolten werden.* Dieser Ausnahmetatbestand soll die Bereitschaft des Trägers fördern, dass er den Bewohnern ein kulturelles Angebot (Musikabende, Ausflüge) bietet und im Gegenzug Entgelt annehmen darf.[669]

Art. 8 Abs. 2 Nr. 2 PfleWoqG schränkt die Geltung des Zuwendungsverbots ein, *wenn geringwertige Aufmerksamkeiten versprochen oder gewährt werden.*

---

665 *Brox*, Die Einschränkung der Testierfreiheit durch § 14 des Heimgesetzes und das Verfassungsrecht, in: Grundrechte, soziale Ordnung und Verfassungsgerichtsbarkeit, Festschrift für Ernst Benda, 1995, S. 22.

666 *Müller*, Zur Anwendung des § 14 HeimG auf Verfügungen von Todes wegen, insbesondere im Rahmen des sog. Behindertentestaments, in: Zehn Jahre Deutsches Notarinstitut, 2003, S. 158.

667 BayObLG, Beschl. v. 24.11.1992 (Az. 1Z BR 73/92), BayObLGZ 1992, 344 (349).

668 OLG Karlsruhe, Urt. v. 22.2.1995 (Az. 9 U 160/94), ZEV 1996, 146 (147).

669 *Burmeister/Gaßner/Melzer/Müller*, Bayerisches Pflege- und Wohnqualitätsgesetz Kommentar, 2. Aufl. 2015, Art. 8 Rn. 6.

Dies gilt nicht nur für den Träger, sondern auch für das Personal gemäß Art. 8 Abs. 4 S. 2 PfleWoqG. Einen einheitlichen Grenzwert in Bezug auf die Geringwertigkeit gibt es nicht. Noch als geringwertig sieht *Philipp* eine Leistung an, wenn sie einen Wert von 35 Euro nicht überschreitet.[670] Da laut Gesetzentwurf des Bayerischen Landtags „[maßgeblich] ist, dass die Vermögenslage des oder der Bedachten sich nicht wesentlich verbessert und die des Gebers sich nicht wesentlich verschlechtert", wird man auch zu einer großzügigeren Grenze tendieren können.[671] Zu beachten ist jedoch, dass mehrere Zuwendungen innerhalb eines Jahres zusammengerechnet werden.[672]

Eine weitere Ausnahme normiert Art. 8 Abs. 2 Nr. 3 PfleWoqG, wonach das Zuwendungsverbot des Abs. 1 nicht eingreift, *wenn Leistungen im Hinblick auf die Überlassung eines Platzes in der stationären Einrichtung zum Bau, zum Erwerb, zur Instandsetzung, zur Ausstattung oder zum Betrieb der stationären Einrichtung versprochen oder gewährt werden.* Diese sog. Bewohnerdarlehen dienen einem doppelten Zweck:[673] Erstens bieten sie beiden Parteien eine gewisse Planungssicherheit, da sie meist vor dem Einzug durch den Bewohner gewährt werden. Zweitens senken diese die Kapitalkosten des Trägers, da dieser beispielsweise beim Bau der stationären Einrichtung weniger Fremdkapital durch Dritte benötigt. Art. 8 Abs. 3 PfleWoqG enthält für die Bewohnerdarlehen eine Regelung über deren Rückgewähr.

Neben den vorgenannten Regelungen, normiert Art. 8 Abs. 5 PfleWoqG eine weitere Ausnahme vom Zuwendungsverbot. Danach kann *die zuständige Behörde in Einzelfällen Ausnahmen von den Verboten des Abs. 1 und Abs. 4 zulassen, soweit der Schutz der Bewohnerinnen und Bewohner die Aufrechterhaltung der Verbote nicht erfordert und die Leistungen noch nicht versprochen oder gewährt worden sind.* Zuständig für diese Genehmigung, welche einen Verwaltungsakt darstellt, ist gemäß Art. 24 Abs. 1 PfleWoqG die Kreisverwaltungsbehörde.[674] Auch wenn sich das Zuwendungsverbot an den Träger und das Personal von stationären Einrichtungen richtet, kann daraus für die Ausnahmegenehmigung nicht auf die Antragsberechtigung nur der Leistungsempfänger geschlossen

---

670 *Philipp*, Pflege- und Wohnqualitätsgesetz Bayern, 2015, S. 150.

671 Gesetzentwurf der Staatsregierung v. 11.3.2008, LT-Drs. 15/10182, S. 26.

672 *Froese/Michelchen*, Praxiskommentar Pflege- und Wohnqualitätsgesetz – PfleWoqG Bayern, 2009, Art. 8 Rn. 4.

673 *Philipp*, Pflege- und Wohnqualitätsgesetz Bayern, 2015, S. 150.

674 *Karl*, Das Verbot der zusätzlichen Leistungsgewährung im bayerischen Heimrecht nach der Föderalismusreform, BayVBl. 2010, 36 (38).

werden.[675] Antragsberechtigt ist neben dem Zuwendungsempfänger auch der Zuwendende selbst, da es ihm möglich sein muss, seinem letzten Willen nach seinen Vorstellungen Ausdruck zu verleihen.[676] Erforderlich ist gemäß Art. 8 Abs. 5 PfleWoqG, dass der Antragsberechtigte den Antrag vor dem Leistungsversprechen bzw. der Leistungsgewährung gestellt und die Kreisverwaltungsbehörde auch vorher die Genehmigung erteilt hat; eine nachträgliche Genehmigung ist unwirksam.[677] Die Genehmigung iSd Art. 8 Abs. 5 PfleWoqG ist nämlich nicht im zivilrechtlichen Sinne gemäß § 184 Abs. 1 BGB als nachträgliche Zustimmung zu sehen, sondern als öffentlich-rechtliche Gestattung in Form eines Verwaltungsakts.[678] Auch wenn es sich nach dem Wortlaut des Art. 8 Abs. 5 PfleWoqG um eine Ermessensnorm handelt („kann"), besteht nach der Rechtsprechung des Bundesverfassungsgerichts ein Anspruch auf Erteilung der Genehmigung, wenn nicht der Schutzzweck des Art. 8 PfleWoqG verletzt wird.[679] Die zuständige Behörde hat hierfür alle Umstände des Einzelfalls genau zu prüfen und insbesondere festzustellen, ob „der [Bewohner] sein Vermögen freiwillig und ohne Druck hergibt".[680] Die Behörde hat außerdem den Schutz der gesamten Bewohnerschaft ins Auge zu fassen, da der Heimfriede ebenso vom Schutzzweck der Norm umfasst ist; insofern steht Art. 8 PfleWoqG auch nicht zur Disposition des Zuwendenden.[681] Prüfungsmaßstab ist der Schutzzweck der Norm.[682]

Bei Zuwendungen in Form eines Testaments kann die Genehmigung iSd Art. 8 Abs. 5 PfleWoqG auch noch nach Kenntniserlangung des Zuwendungsempfängers, jedoch noch vor Eintritt des Einvernehmens, eingeholt werden.[683] Dies rührt daher, da für das Einvernehmen iSd Art. 8 Abs. 1 und 4 PfleWoqG nicht bloß die Kenntnis des Leistungsempfängers, sondern auch dessen konkludent oder ausdrücklich erklärtes Einverständnis gefordert wird (sog. „Wissen

675 VG Würzburg, Urt. v. 3.6.2008 (Az. W 1 K 08.638), ZEV 2008, 601 (602).

676 VG Gera, Urt. v. 16.6.2010 (Az. 6 K 2400/09 Ge), juris Rn. 29.

677 *G. Müller*, in: Burandt/Rojahn (Hrsg.), Erbrecht, 2. Aufl. 2014, § 14 HeimG Rn. 18.

678 *Dietz*, § 14 HeimG – Gut gemeinter Schutz für Heimbewohner und -bewerber, Fallstrick für den Testamentsgestalter, MittBayNot 2007, 453 (457).

679 BVerfG, Beschl. v. 3.7.1998 (Az. 1 BvR 434/98), ZEV 1998, 312 (313).

680 BVerwG, Urt. v. 18.12.1987 (Az. 7 C 57.85), BVerwGE 78, 357 (360).

681 *Müller*, Zur Anwendung des § 14 HeimG auf Verfügungen von Todes wegen, insbesondere im Rahmen des sog. Behindertentestaments, in: Zehn Jahre Deutsches Notarinstitut, 2003, S. 170.

682 *Plantholz*, in: Krahmer/Richter (Hrsg.), Heimgesetz, 2. Aufl. 2006, § 14 Rn. 26.

683 BayObLG, Beschl. v. 24.11.1992 (Az. 1Z BR 73/92), BayObLGZ 1992, 344 (350).

vom Wissen")[684].[685] Würde unrichtigerweise nur auf die Kenntnis des Leistungsempfängers abgestellt, wäre es für diesen unmöglich, eine Ausnahmegenehmigung zu beantragen.[686]

Abschließend sei noch erwähnt, dass die Regelung zur Einholung einer Ausnahmegenehmigung gemäß Art. 8 Abs. 5 PfleWoqG nicht nur für letztwillige Verfügungen von Bewohnern, sondern erst recht auch für solche von Bewerbern gilt.[687]

d) *Umgehungsgeschäfte*

Nach dem Wortlaut des Art. 8 Abs. 1 und 4 PfleWoqG unterfallen dem Zuwendungsverbot lediglich der Träger, die Leitung, die Beschäftigten und sonstige Mitarbeiterinnen und Mitarbeiter der jeweiligen stationären Einrichtung. Um einen vollumfänglichen Schutz der Bewohner und Bewerber zu gewährleisten und die Umgehung von Art. 8 Abs. 1 und 4 PfleWoqG zu verhindern, hat die Rechtsprechung eine analoge Anwendung des Zuwendungsverbots auf gewisse Dritte anerkannt.[688] Denn „ein vom Gesetz mißbilligter Erfolg [darf] nicht durch Umgehung des Gesetzes erreicht werden (...)".[689] Eine solche Umgehung zieht immer dann die Nichtigkeit des Umgehungsgeschäfts gemäß § 134 BGB nach sich, „wenn durch die gewählte rechtliche Gestaltung der Zweck einer Rechtsnorm vereitelt wird".[690] Dies ist etwa bei der Einsetzung einer dem Verbotsadressaten vertrauten natürlichen oder mit dieser zusammenhängenden juristischen Person der Fall, wenn die Zuwendung dem Verbotsadressaten mittelbar zugute

684 *Rossak*, Letztwillige Verfügungen von Heimbewohnern zugunsten des Heimträgers oder von Heimmitarbeitern, ZEV 1996, 41 (44).

685 KG, Beschl. v. 14.5.1998 (Az. 1 W 3540/97), ZEV 1998, 437 (438).

686 KG, Beschl. v. 14.5.1998 (Az. 1 W 3540/97), ZEV 1998, 437 (438).

687 *Müller*, Zur Anwendung des § 14 HeimG auf Verfügungen von Todes wegen, insbesondere im Rahmen des sog. Behindertentestaments, in: Zehn Jahre Deutsches Notarinstitut, 2003, S. 171.

688 OLG Düsseldorf, Beschl. v. 18.7.1997 (Az. 3 Wx 250/97), FamRZ 1998, 192 (Einsetzung der Kinder des Heimleiters als Nacherben); BayObLG, Beschl. v. 9.2.2000 (Az. 1Z BR 149/99), FamRZ 2000, 1126 (Einsetzung des geschäftsführenden Alleingesellschafters einer in der Rechtsform einer GmbH betriebenen Einrichtung, sowie dessen Ehefrau als Ersatzerbin); OLG Frankfurt a. M., Beschl. v. 29.1.2001 (Az. 20 W 71/99), ZEV 2001, 364 (Einsetzung der Ehefrau eines Heimbediensteten).

689 BGH, Urt. v. 23.9.1982 (Az. VII ZR 183/80), BGHZ 85, 39 (46).

690 BGH, Urt. v. 6.12.1990 (Az. IX ZR 44/90), NJW 1990, 1060 (1061).

kommt.[691] Eines subjektiven Tatbestandes in Form einer Umgehungsabsicht bedarf es dabei nicht.[692] Erforderlich ist jedoch, dass der Verbotsadressat Kenntnis von der letztwilligen Verfügung zugunsten des Dritten hat und diesbezüglich ein Einvernehmen zwischen ihm und dem Erblasser besteht.[693] Bei der Kenntnis wird somit nicht auf den begünstigten Dritten, sondern auf den Verbotsadressaten abgestellt, da nur bei dessen Kenntnis die Gefahr besteht, dass sein Verhalten gegenüber dem Erblasser oder Dritten beeinflusst wird.[694]

Im Falle einer Einsetzung von juristischen Personen hat die Rechtsprechung verschiedene Herangehensweisen entwickelt, wie die Umgehung des Zuwendungsverbotes verhindert werden soll. Das BayObLG stellt in seiner Entscheidung vom 22.2.2000 über die Einsetzung einer Stadt als Erbin mit der Maßgabe, dass diese nach freiem Ermessen mit dem vererbten Nachlass soziale Zwecke (u.a. „Verbesserung der Einrichtung und Ausstattung der Altenheime in der Stadt") erfüllen muss, darauf ab, ob dem Empfänger „die Entscheidung über die Verwendung des vererbten Vermögens (...) überlassen [wird].[695] Ist dies der Fall, greife nach Ansicht des BayObLG das Zuwendungsverbot des Art. 8 PfleWoqG nicht. Nur wenn der Erbe verpflichtet ist, die Leistungen an den Verbotsadressaten herauszugeben, soll diese Verfügung unter Art. 8 PfleWoqG fallen.[696] In einem weiteren Beschluss des BayObLG, dem die Einsetzung einer Stiftung als Erbin zugrunde lag, von welcher der Heimträger (eine GmbH) das Gebäude, in dem das Heim betrieben wurde, angemietet hatte, wurde darauf abgestellt, dass es „maßgeblich auf das Vorliegen einer personellen Verflechtung bzw. einer starken faktischen Verknüpfung" zwischen dem als Erben eingesetzten Dritten und dem Heimträger ankommt.[697] Dieser Rechtsprechung ist das VG Würzburg entgegengetreten und hat es als ausreichend angesehen, „wenn die juristischen Personen derart miteinander verbunden sind, dass diese Verbindung für jeden Außenstehenden erkennbar ist und er davon ausgehen kann, dass die

---

691 *Müller*, Zur Anwendung des § 14 HeimG auf Verfügungen von Todes wegen, insbesondere im Rahmen des sog. Behindertentestaments, in: Zehn Jahre Deutsches Notarinstitut, 2003, S. 167.

692 *Wolf/Neuner*, Allgemeiner Teil des Bürgerlichen Rechts, 11. Aufl. 2016, § 45 Rn. 27.

693 BayObLG, Beschl. v. 13.9.2000 (Az. 1Z BR 68/00), ZEV 2001, 121 (122).

694 *Ziegert*, Verstoß gegen die Testierverbote des § 14 HeimG durch Zuwendungen an heimfremde Dritte, ZErb 2003, 166 (173).

695 BayObLG, Beschl. v. 22.2.2000 (Az. 1Z BR 147/99), ZEV 2000, 284 (286).

696 *Bengel*, Beziehungstestamente, ErbR 2009, 236 (243).

697 *G. Müller*, in: Burandt/Rojahn (Hrsg.), Erbrecht, 2. Aufl. 2014, § 14 HeimG Rn. 28; BayObLG, Beschl. v. 4.6.2003 (Az. 1Z BR 17/03), BayObLGZ 2003, 136 (140).

Zuwendung (...) zumindest mittelbar auch der Arbeit der anderen juristischen Person (...) zugute kommt".[698] Diese Entscheidung ist in der Literatur auf Kritik gestoßen. *Limmer* hält die Entscheidung für verfehlt, da sie die Vorschrift überdehne und somit „jede irgendwie geartete Verbindung" eine analoge Anwendung des Zuwendungsverbots rechtfertige.[699] Auch *G. Müller* lehnt dieses Urteil als zu weitgehend ab, „da damit der Ausnahmecharakter der Vorschrift verwässert [würde]".[700] Den Ansichten von *Limmer* und *G. Müller* ist beizupflichten, da das Zuwendungsverbot des Art. 8 PfleWoqG einen Eingriff in die Testierfreiheit des Erblassers darstellt und die Vorschrift eng auszulegen ist.[701]

II. Betreuer

Soweit ein behinderter Erblasser gemäß §§ 1896 ff. BGB unter rechtlicher Betreuung steht, stellt sich die Frage, wie es sich mit der Wirksamkeit von letztwilligen Verfügungen zugunsten dieser Personengruppe verhält. Die Unwirksamkeit solcher Verfügungen könnte sich aus einem Verstoß gegen das Zuwendungsverbot gemäß Art. 8 Abs. 4 PfleWoqG, aus der Sittenwidrigkeit gemäß § 138 Abs. 1 BGB oder aus einer erfolgten Anfechtung gemäß § 2078 Abs. 2 BGB ergeben.

1. Zuwendungsverbot

Die Zuwendung in Form einer letztwilligen Verfügung zugunsten des Betreuers verstößt nicht gegen Art. 8 Abs. 4 PfleWoqG in seiner direkten Anwendung, da der Betreuer nicht unter das Personal einer stationären Einrichtung fällt. Es ist jedoch fraglich, ob sich eine Unwirksamkeit aus einer analogen Anwendung dieser Vorschrift ergeben kann. Dies wird von der herrschenden Meinung abgelehnt.[702] Das BayObLG verneint bereits das Vorliegen einer planwidrigen Regelungslücke, da der Gesetzgeber bewusst nicht die reine Erbberechtigung, sondern die Stellung als Mitarbeiter in einer stationären Einrichtung gemäß § 1897 Abs. 3

698 VG Würzburg, Urt. v. 3.6.2008 (Az. W 1 K 08.638), ZEV 2008, 601 (602 f.).

699 *Limmer*, Anmerkung zu: VG Würzburg, Urt. v. 3.6.2008 (Az. W 1 K 08.638), ZEV 2008, 601 (604).

700 *G. Müller*, in: Burandt/Rojahn (Hrsg.), Erbrecht, 2. Aufl. 2014, § 14 HeimG Rn. 29.

701 BayObLG, Beschl. v. 28.6.1991 (Az. BReg. 1a Z 3/90), DNotZ 1992, 258 (259 f.).

702 BayObLG, Beschl. v. 18.12.1997 (Az. 1Z BR 73/97), ZEV 1998, 232; LG Hamburg, Beschl. v. 17.2.2000 (Az. 301 T 264/99), DNotI-Report 2000, 86; *Neuner*, Die Stellung Körperbehinderter im Privatrecht, NJW 2000, 1822 (1827); *Müller*, Zur Wirksamkeit lebzeitiger und letztwilliger Zuwendungen des Betreuten an seinen Betreuer, ZEV 1998, 219 (221 f.).

BGB als Ausschlussgrund für die Betreuerbestellung gewertet hat.[703] Diese Argumentation kritisiert *Rossak* zu Recht.[704] Er pflichtet dem BayObLG zwar insofern bei, als dass der Gesetzgeber nicht wollte, dass „abstrakte Gefahren[, wie etwa die bloße Erbberechtigung] die Bestellung zum Betreuer ausschließen". Allein in der Entscheidung des Gesetzgebers, dass die Stellung als Mitarbeiter in einer stationären Einrichtung eine Betreuerbestellung ausschließt, eine bewusste Entscheidung dessen gegen ein Zuwendungsverbot des Betreuten an den Betreuer zu sehen, ist aber nicht haltbar. Insofern stellt *Rossak* vielmehr zutreffend fest, dass eine planwidrige Regelungslücke vorliegt, da „der Gesetzgeber (...) die Frage, ob der Betreuer nach seiner Bestellung nach dem Betreuten erbfähig ist oder ob seine Erbfähigkeit in irgendeiner Weise eingeschränkt ist[, nicht geregelt und auch nicht bewusst offengelassen hat]".[705]

Die Analogie zu Art. 8 Abs. 4 PfleWoqG ist aufgrund der fehlenden Ähnlichkeit der Sachverhalte dennoch abzulehnen.[706] Eine solche Vergleichbarkeit wäre für eine Analogie aber wesentliche Voraussetzung.[707] Zwar mag der Betreute bisweilen in einem ähnlichen Abhängigkeitsverhältnis zu seinem Betreuer stehen, wie der Bewohner zu dem Personal einer stationären Einrichtung; daraus auf eine vergleichbare Sachlage zu schließen, wäre jedoch falsch.[708] Die Situation des Betreuten ist nicht „mit der besonders eingeschränkten Lebenssituation des [Bewohners einer stationären Einrichtung]" vergleichbar.[709] Des Weiteren wird bei einer Zuwendung an den Betreuer auch nicht der von Art. 8 PfleWoqG geschützte Heimfrieden berührt.[710]

Ein weiteres Argument gegen die analoge Anwendbarkeit des Art. 8 Abs. 4 PfleWoG auf Betreuungsverhältnisse führt *G. Müller*[711] an. Nach ihrer Ansicht würde die Anwendung des Zuwendungsverbotes auf Betreuungsverhältnisse „zu

703 BayObLG, Beschl. v. 18.12.1997 (Az. 1Z BR 73/97), ZEV 1998, 232 (233); Gesetzentwurf der Bundesregierung v. 11.5.1989, BT-Drs. 11/4528, S. 128.

704 *Rossak*, Neuere zivilrechtliche Probleme zu Vorschriften des Heimgesetzes und deren erweiterte Anwendung – (...) –, MittBayNot 1998, 407 (408).

705 *Rossak*, Neuere zivilrechtliche Probleme zu Vorschriften des Heimgesetzes und deren erweiterte Anwendung – (...) –, MittBayNot 1998, 407 (409).

706 *Leipold*, Erbrecht, 21. Aufl. 2016, § 9 Rn. 242a.

707 BGH, Urt. v. 13.7.1988 (Az. IVa ZR 55/87), BGHZ 105, 140 (143).

708 BayObLG, Beschl. v. 18.12.1997 (Az. 1Z BR 73/97), ZEV 1998, 232 (233).

709 *Müller*, Zur Wirksamkeit lebzeitiger und letztwilliger Zuwendungen des Betreuten an seinen Betreuer, ZEV 1998, 219 (222).

710 *Neuner*, Die Stellung Körperbehinderter im Privatrecht, NJW 2000, 1822 (1827).

711 *Müller*, Zur Wirksamkeit lebzeitiger und letztwilliger Zuwendungen des Betreuten an seinen Betreuer, ZEV 1998, 219 (222).

völlig unbilligen Ergebnissen führen", da häufig ein Verwandter des Betreuten zu dessen Betreuer bestellt wird (vgl. § 1897 Abs. 4 und 5 BGB). Die analoge Anwendung des Zuwendungsverbots hätte in diesen Konstellationen zur Folge, dass eine letztwillige Verfügung zugunsten des verwandten Betreuers nicht mehr möglich wäre. Dies kann vom Gesetzgeber nicht gewollt sein. Eine analoge Anwendung des Art. 8 Abs. 4 PfleWoqG auf Zuwendungen des Betreuten zugunsten des Betreuers ist im Ergebnis somit abzulehnen.

2. *Sittenwidrigkeit*

Da der betreute Erblasser vor unlauterer Einflussnahme geschützt werden muss, kann sich die Nichtigkeit der letztwilligen Verfügung jedoch durch ein sittenwidriges Verhalten des Betreuers gemäß § 138 Abs. 1 BGB ergeben. Bei der Klärung, ob Sittenwidrigkeit iSd § 138 Abs. 1 BGB vorliegt, ist besonders auf die Testierfreiheit gemäß Art. 14 Abs. 1 GG zu achten. Nach der Rechtsprechung des BGH ist „eine Einschränkung der Testierfreiheit durch Anwendung der Generalklausel des § 138 Abs. 1 BGB nur in Betracht zu ziehen, wenn sich das Verdikt der Sittenwidrigkeit auf eine klare, deutlich umrissene Wertung des Gesetzgebers oder allgemeine Rechtsauffassung stützen [kann]".[712] Das BayObLG war in seinem Beschluss vom 18.12.1997 der Ansicht, dass eine solche gesetzgeberische Wertung, dass eine Einsetzung des Betreuers als Erben zur Sittenwidrigkeit der letztwilligen Verfügung führe, fehle, da der Gesetzgeber sich bewusst dafür entschieden hatte, die „Erbberechtigung nicht als generellen Ausschlußgrund für die Betreuerbestellung" zu werten.[713] Diese Ansicht ist verfehlt, da es „nicht um die Erbberechtigung als Ausschlußgrund für die Betreuerbestellung (…), sondern umgekehrt um die Betreuerbestellung als Ausschlußgrund für die Erbberechtigung [geht]".[714]

Zu folgen ist vielmehr dem OLG Braunschweig, das für die gesetzgeberische Wertung auf die Grundsätze des Betreuungsrechts abstellt.[715] Danach soll der Betreuer sein Verhalten am Wohl des Betreuten orientieren.[716] Diese Wertung zeigt sich auch an § 1901 Abs. 2 BGB, wonach *der Betreuer die Angelegenheiten des Betreuten so zu besorgen hat, wie es dessen Wohl entspricht.* Ferner soll durch

---

712 BGH, Urt. v. 20.10.1993 (Az. IV ZR 231/92), BGHZ 123, 368 (378).

713 BayObLG, Beschl. v. 18.12.1997 (Az. 1Z BR 73/97), ZEV 1998, 232 (233).

714 *Rossak*, Neuere zivilrechtliche Probleme zu Vorschriften des Heimgesetzes und deren erweiterte Anwendung – (…) –, MittBayNot 1998, 407 (410).

715 OLG Braunschweig, Beschl. v. 4.11.1999 (Az. 2 U 29/99), juris Rn. 44 ff.

716 Gesetzentwurf der Bundesregierung v. 11.5.1989, BT-Drs. 11/4528, S. 67.

die Bestellung des Betreuers die beschränkte Handlungsfähigkeit des Betreuten ausgeglichen werden, wobei der Betreuer beratend und unterstützend agieren und die Autonomie des zu Betreuenden achten soll.[717] Aus dieser Wertung entnimmt das OLG Braunschweig, „dass es das Gesetz als sittenwidrig missbilligt, wenn ein Betreuer seine ihm gerichtlich verliehene Vertrauensstellung und seinen persönlichen Einfluss auf den Betreuten dazu benutzt, gezielt darauf hinzuwirken, dass der infolge seiner geistigen Behinderung leicht beeinflussbare Betreute ohne reifliche Überlegung über erhebliche Vermögenswerte zugunsten des Betreuers durch ein Testament vor einem Notar verfügt, der nicht von dem Betreuten als sein Berater hinzugezogen ist, sondern von dem begünstigten Betreuer. Für den Vorwurf der Sittenwidrigkeit reicht es dabei aus, dass sich der Betreuer, der durch die von ihm herbeigeführte letztwillige Verfügung bedacht ist, der Tatumstände bewusst ist, aus denen sich die Sittenwidrigkeit ergibt".[718] Für die Bejahung der Sittenwidrigkeit ist somit der „aus der Zusammenfassung von Inhalt, Beweggrund und Zweck zu [entnehmende] Gesamtcharakter" der letztwilligen Verfügung ausschlaggebend[719], wobei neben objektiven Gesichtspunkten auch die Absichten und Motive des Betreuers zu berücksichtigen sind[720].

3. *Anfechtung wegen widerrechtlicher Drohung*

Neben einer Nichtigkeit gemäß § 138 BGB kann es beim Vorliegen einer widerrechtlichen Drohung gemäß § 2078 Abs. 2 BGB zur Anfechtung der letztwilligen Verfügung durch einen Anfechtungsberechtigten iSd § 2080 BGB kommen. Ein Fall der widerrechtlichen Drohung ist u.a. dann anzunehmen, wenn der Betreuer dem behinderten Erblasser in Aussicht stellt, im Notfall keine Hilfe zu holen, wenn er nicht letztwillig bedacht wird.[721]

III. Mitarbeiter ambulanter Pflegedienste

Da behinderte Menschen oft auch zuhause gepflegt werden, stellt sich wie im Verhältnis zum Betreuer[722] die Frage, ob letztwillige Verfügungen behinderter Erblasser zugunsten von Mitarbeitern ambulanter Pflegedienste wirksam

---

717 OLG Braunschweig, Beschl. v. 4.11.1999 (Az. 2 U 29/99), juris Rn. 46.

718 OLG Braunschweig, Beschl. v. 4.11.1999 (Az. 2 U 29/99), juris Rn. 48.

719 BGH, Urt. v. 8.12.1982 (Az. IVb ZR 333/81), BGHZ 86, 82 (88).

720 BGH, Urt. v. 10.10.1997 (Az. V ZR 74/96), NJW-RR 1998, 590 (591).

721 *Leipold*, Erbrecht, 21. Aufl. 2016, § 13 Rn. 429.

722 Vgl. hierzu: Kapitel 3 D. II.

erfolgen können oder möglicherweise wegen eines Verstoßes gegen Art. 8 Abs. 4 PfleWoqG oder § 138 Abs. 1 BGB bzw. § 2078 Abs. 2 BGB unwirksam sind.

Ein direkter Verstoß gegen Art. 8 Abs. 4 PflegWoqG scheidet aus, da vom Anwendungsbereich des Gesetzes gemäß Art. 2 PfleWoqG neben stationären Einrichtungen nur ambulant betreute Wohngemeinschaften und betreute Wohngruppen umfasst sind.[723] Ambulante Pflegedienste fallen somit gerade nicht unter den Anwendungsbereich des Gesetzes. Für eine analoge Anwendung des Zuwendungsverbots ist – wie bereits beim Betreuer – mangels vergleichbarer Sachlage daher kein Raum.[724]

Möglich ist jedoch eine Unwirksamkeit der letztwilligen Verfügung wegen eines sittenwidrigen Verhaltens des Mitarbeiters des ambulanten Pflegedienstes gemäß § 138 Abs. 1 BGB.[725] Daneben kann es auch zu einer Anfechtung wegen widerrechtlicher Drohung gemäß § 2078 Abs. 2 BGB kommen.[726]

IV. Verständigungsperson

Für hör- und sprachbehinderte Erblasser, mit denen eine schriftliche Verständigung nicht möglich ist, stellt sich gemäß § 24 Abs. 2 BeurkG in Bezug auf letztwillige Verfügungen zugunsten von Verständigungspersonen iSv § 24 Abs. 1 S. 2 BeurkG ein zusätzliches Problem. Nach § 24 Abs. 2 ist *die Beurkundung von Willenserklärungen insoweit unwirksam, als diese darauf gerichtet sind, der zugezogenen Person einen rechtlichen Vorteil zu verschaffen.* Diese Regelung mag in Fällen, in denen mehrere Verständigungspersonen zur Verfügung stehen, seine Berechtigung haben, da sie die Gefahr der falschen Wiedergabe des Erblasserwillens minimiert.[727] Äußerst problematisch wird die Anwendung des § 24 Abs. 2 BeurkG aber dann, wenn der behinderte Erblasser lediglich in der Lage ist, sich mit einer einzigen Person (häufig ein naher Angehöriger) zu verständigen und diese letztwillig bedenken möchte.[728] Zwar kann der Erblasser Angehörige der Verständigungsperson begünstigen, eine Einsetzung der Verständigungsperson

723 Vgl. hierzu: Kapitel 3 D. I. 3. a).

724 Vgl. hierzu: Kapitel 3 D. II. 1.; a.A.: *Niemann*, Testierverbot in Pflegefällen, ZEV 1998, 419 (421 f.).

725 Vgl. hierzu: Kapitel 3 D. II. 2.

726 Vgl. hierzu: Kapitel 3 D. II. 3.

727 *Neuner*, Die Stellung Körperbehinderter im Privatrecht, NJW 2000, 1822 (1827).

728 *Seger*, in: Armbrüster/Preuß/Renner (Hrsg.), BeurkG/DONot Kommentar, 7. Aufl. 2015, § 24 Rn. 7.

selbst, ist ihm aufgrund der Regelung in § 24 Abs. 2 BeurkG aber nicht möglich.[729] Diese Situation stellt für einen hör- und sprachbehinderten Erblasser, mit dem eine schriftliche Verständigung nicht möglich ist, einen massiven Eingriff in seine Testierfreiheit gemäß Art. 14 Abs. 1 S. 1 GG dar. „In solchen Fällen erscheint es oft nicht sachgerecht, einen Menschen, der zwar behindert, aber geistig Herr seiner Entschlüsse ist, wie einen Geisteskranken vor sich selbst zu schützen."[730] Daran hat auch das OLGVertrÄndG nichts geändert, wonach § 24 BeurkG nun nicht mehr die Zuziehung einer Vertrauensperson fordert, sondern die Zuziehung einer Verständigungsperson ausreichen lässt[731] und somit der „Kreis möglicher Verständigungspersonen" erweitert wurde[732]. Das Problem, dass sich der Erblasser nur mit einer Person zu verständigen vermag und diese bedenken möchte, stellt sich nach wie vor. *Neuner* fordert deshalb für diesen Ausnahmefall eine teleologische Reduktion des § 24 Abs. 2 BeurkG.[733] Er begründet seinen Ansatz damit, dass es im Privatrecht vergleichbare Situationen gibt, in denen es auf die Glaubwürdigkeit einer einzigen Person ankomme, da der Wille des Gegenübers aufgrund dessen Ablebens nicht mehr eruiert werden kann. Ferner stelle die Anwendung des § 24 Abs. 2 BeurkG auf solche Konstellationen einen Verstoß gegen das Verhältnismäßigkeitsprinzip dar, da der mehrfachbehinderte Erblasser von vornherein vor der Verständigungsperson (vermeintlich) geschützt und somit seine Privatautonomie faktisch aufgehoben wird. Wie *Neuner* richtigerweise ausführt, „würde [der behinderte Erblasser] dadurch gleichsam entmündigt werden, um ihn ausgerechnet vor jenem Menschen zu schützen, der ihm häufig am nächsten steht". Ein durch die teleologische Reduktion entstehender

729 *Winkler*, Beurkundungsgesetz Kommentar, 18. Aufl. 2017, § 24 Rn. 13; a.A.: *J. Mayer* möchte de lege ferenda das Verbot des § 24 Abs. 2 BeurkG auch auf die Angehörigen der Verständigungsperson ausweiten, da sonst die Gefahr der unzulässigen Beeinflussung weiterhin besteht (*J. Mayer*, in: Soergel, Kommentar zum BGB, 13. Aufl. 2003, § 24 BeurkG Rn. 11).

730 *Seger*, in: Armbrüster/Preuß/Renner (Hrsg.), BeurkG/DONot Kommentar, 7. Aufl. 2015, § 24 Rn. 7.

731 Beschlussempfehlung und Bericht des Rechtsausschusses (6. Ausschuss) zu dem Gesetzentwurf der Bundesregierung – Drucksache 14/8763 – v. 5.6.2002, BT-Drs. 14/9266, S. 51; vgl. hierzu: Kapitel 3 B. I. 3. a) cc) (1).

732 *Seger*, in: Armbrüster/Preuß/Renner (Hrsg.), BeurkG/DONot Kommentar, 7. Aufl. 2015, § 24 Rn. 7.

733 *Neuner*, Die Stellung Körperbehinderter im Privatrecht, NJW 2000, 1822 (1827 f.); *J. Mayer*, in: Soergel, Kommentar zum BGB, 13. Aufl. 2003, § 2233 Rn. 10.

Wertungswiderspruch zu § 16 BeurkG, wie er von *Seger*[734] behauptet wird, kann nicht erkannt werden. Die beiden Fälle sind nicht vergleichbar. Im Fall des § 16 BeurkG geht es um die Übersetzung der Niederschrift durch einen Dritten, wenn ein Beteiligter der Sprache, welche in der Urkunde verwendet wird, nicht hinreichend kundig ist. In einem solchen Fall gilt für den hinzugezogenen Dolmetscher gemäß § 16 Abs. 3 S. 2 BeurkG der § 7 BeurkG entsprechend, wonach *die Beurkundung von Willenserklärungen insoweit unwirksam ist, als diese darauf gerichtet ist, dem Dolmetscher einen rechtlichen Vorteil zu verschaffen*. Der Dolmetscher ist aber im Gegensatz zu einer Verständigungsperson, die alleinig in der Lage ist, sich mit dem behinderten Erblasser zu verständigen, jederzeit durch einen anderen Dolmetscher austauschbar. Insofern kann es bereits mangels Vergleichbarkeit der Sachverhalte keinen Wertungswiderspruch zu § 16 BeurkG geben. Mithin ist der Ansicht *Neuners* zu folgen.

734 *Seger*, in: Armbrüster/Preuß/Renner (Hrsg.), BeurkG/DONot Kommentar, 7. Aufl. 2015, § 24 Rn. 7.

Kapitel 4. Der Behinderte als Erbe

Erbe kann nur werden, wer zur Zeit des Erbfalls lebt. Diese in § 1923 Abs. 1 BGB normierte „Erbfähigkeit" gilt auch in Bezug auf einen behinderten Erben. Es kommt somit lediglich auf die Existenz einer Person und nicht auf deren persönlichen Fähigkeiten oder Eigenschaften an. Denn die Erbfähigkeit, die aus der allgemeinen Rechtsfähigkeit gemäß § 1 BGB abgeleitet wird, ist als „Fähigkeit, den Nachlass eines Erblassers als erbrechtlicher Gesamtnachfolger zu erlangen", definiert.[735] Diese Fähigkeit besitzt auch ein behinderter Erbe. Körperliche, geistige oder seelische Beeinträchtigungen sind für die Rechtsfähigkeit und damit auch für die Erbfähigkeit unerheblich.[736] Neben lebenden Personen wird gemäß § 1923 Abs. 2 BGB auch das bereits gezeugte, aber noch ungeborene Leben als erbfähig angesehen. Voraussetzung für diese gesetzliche Fiktion (*gilt als vor dem Erbfall geboren*) ist jedoch, dass der sog. nasciturus später auch lebend geboren wird.[737]

Bei dem Themenkomplex „Der Behinderte als Erbe" stellt das sog. „Behindertentestament" das größte Themenfeld dar. Daneben gibt es aber auch noch weitere Problemfelder, die sich in Bezug auf den behinderten Erben stellen. So ist u.a. zu klären, welche Befugnisse dem Betreuer eines behinderten Erblassers zustehen. Ferner stellt sich die Frage nach der Sittenwidrigkeit eines durch einen behinderten Sozialhilfeempfänger erklärten Erb- und/oder Pflichtteilsverzichts. Analog dazu ist fraglich, ob die Ausschlagung einer Erbschaft bzw. der Erlass eines entstandenen Pflichtteilsanspruchs durch einen behinderten Sozialhilfeempfänger gegen die guten Sitten verstößt.

A. Der unter Betreuung stehende Erbe

Der behinderte Erbe hat grundsätzlich die gleichen Rechte und Pflichten, wie jeder andere Erbe auch. Soweit es ihm möglich ist, trägt er hierfür selbst Verantwortung. Wurde allerdings ein Betreuer für den Bereich der Vermögenssorge gemäß §§ 1896 ff. BGB bestellt, so ist dieser per se für den behinderten Erben zum Handeln berechtigt. Da die Betreuungsbedürftigkeit von der Geschäftsfähigkeit

735 *Leipold*, in: MüKo, BGB, 7. Aufl. 2017, § 1923 Rn. 2.
736 *Ellenberger*, in: Palandt, BGB, 76. Aufl. 2017, § 1 Rn. 2.
737 *Große-Boymann*, in: Burandt/Rojahn (Hrsg.), Erbrecht, 2. Aufl. 2014, § 1923 Rn. 4.

unabhängig ist[738], kann es aber beispielsweise bei der Ausschlagung einer Erbschaft – diese setzt unbeschränkte Geschäftsfähigkeit voraus[739] – zu einer Doppelzuständigkeit zwischen Betreutem und Betreuer kommen, wenn der Betreute geschäftsfähig ist.[740]

Der Betreuer kann u.a. für den Betreuten die Erbschaft annehmen, einen Erbschein beantragen oder „die Erbschaftssteuererklärung abgeben".[741] Für die in § 1822 Nr. 1 und 2 iVm § 1908 i Abs. 1 S. 1 BGB genannten Fälle bedarf der Betreuer zusätzlich der Genehmigung des Betreuungsgerichts. Die Genehmigung ist gemäß § 1822 BGB notwendig *zu einem Rechtsgeschäft, durch das der Betreute zu einer Verfügung über eine ihm angefallene Erbschaft oder über seinen künftigen gesetzlichen Erbteil oder seinen künftigen Pflichtteil verpflichtet wird, sowie zu einer Verfügung über den Anteil des Betreuten an einer Erbschaft (Nr. 1)* und *zur Ausschlagung einer Erbschaft oder eines Vermächtnisses, zum Verzicht auf einen Pflichtteil sowie zu einem Erbteilungsvertrag (Nr. 2)*. Eine Verpflichtung zu einer Verfügung über eine angefallene Erbschaft liegt beispielsweise bei einem Erbschaftskauf gemäß §§ 2371 ff. BGB oder einer Nießbrauchsbestellung an einer Erbschaft gemäß § 1089 BGB vor.[742] Die Verpflichtung zu einer Verfügung über seinen künftigen gesetzlichen Erbteil oder seinen künftigen Pflichtteil ist gemäß § 311 b Abs. 5 BGB lediglich *unter künftigen gesetzlichen Erben* möglich.[743] § 1822 Nr. 1 BGB iVm § 1908 i Abs. 1 S. 1 BGB kommt außerdem zur Anwendung, wenn der Betreuer für den Betreuten die Verpflichtung eingeht, dass dieser auf seinen Erb- oder Pflichtteil verzichtet.[744] Zuletzt erfordert § 1822 Nr. 1 iVm § 1908 i Abs. 1 S. 1 BGB eine Genehmigung des Betreuungsgerichts, wenn der Betreuer über den Anteil des Betreuten an einer Erbschaft verfügt. Insofern ist nicht nur das Verpflichtungs- sondern auch das Verfügungsgeschäft genehmigungsbedürftig, wobei eine bereits für das Kausalgeschäft erteilte Genehmigung auch für das dingliche Geschäft gilt.[745]

---

738 *Müller*, in: Bamberger/Roth (Hrsg.), Beck'scher Online Kommentar zum BGB, Stand: 1.11.2016, § 1896 Rn. 19.

739 *Weidlich*, in: Palandt, BGB, 76. Aufl. 2017, § 1945 Rn. 2.

740 *Zimmermann*, Betreuung und Erbrecht, 2012, Rn. 185.

741 *Damrau/Zimmermann*, Betreuungsrecht, 4. Aufl. 2011, § 1896 Rn. 61.

742 *Kroll-Ludwigs*, MüKo, BGB, 7. Aufl. 2017, § 1822 Rn. 5.

743 *Damrau/Zimmermann*, Betreuungsrecht, 4. Aufl. 2011, § 1822 Rn. 6.

744 *Zimmermann*, in: Soergel, Kommentar zum BGB, 13. Aufl. 2000, § 1822 Rn. 4 (*Wegerhoff* spricht sich hingegen für eine entsprechende Anwendung des § 2347 Abs. 1 BGB aus (vgl. *Wegerhoff*, in: MüKo, BGB, 7. Aufl. 2017, § 2347 Rn. 6)).

745 *Veit*, in: Staudinger, Kommentar zum BGB, Neubearbeitung 2014, § 1822 Rn. 11.

Gemäß § 1822 Nr. 2 BGB iVm § 1908 i Abs. 1 S. 1 BGB steht die Ausschlagung einer Erbschaft oder eines Vermächtnisses ebenfalls unter Genehmigungsvorbehalt. Teilweise wird vertreten, dass die Ausschlagung einer Erbschaft einer Erweiterung des Aufgabenkreises des Betreuers bedarf, da diese Befugnis nicht allein von der Vermögenssorge gedeckt sein soll.[746] Bis der Aufgabenbereich durch das Gericht angepasst wird, wäre die Ausschlagungsfrist jedoch gemäß § 1944 Abs. 2 S. 3 BGB iVm § 206 BGB gehemmt.[747] Ferner würde eine Hemmung der Ausschlagungsfrist gemäß § 1944 Abs. 2 S. 3 BGB iVm § 206 BGB eintreten, wenn die Genehmigung beim zuständigen Amtsgericht beantragt wurde.[748] Da gemäß § 1957 Abs. 1 BGB die Anfechtung der Annahme der Erbschaft als Ausschlagung gilt, ist hierbei ebenfalls eine Genehmigung des Betreuungsgerichts Wirksamkeitsvoraussetzung.[749] Nämliches gilt für die Anfechtung der Annahme eines Vermächtnisses.[750] Des Weiteren bedarf es gemäß § 1822 Nr. 2 BGB iVm § 1908 i Abs. 1 S. 1 BGB einer Genehmigung, wenn auf den Pflichtteil des Betreuten verzichtet werden soll. Da der Verzicht auf den künftigen Pflichtteil bereits gemäß § 2347 Abs. 1 S. 2 BGB die betreuungsgerichtliche Genehmigung erfordert, bezieht sich der Genehmigungsvorbehalt des § 1822 Nr. 2 BGB lediglich auf den schon entstandenen Pflichtteilsanspruch.[751] Zuletzt ist für einen Erbteilungsvertrag die Genehmigung des Betreuungsgerichts gemäß § 1822 Nr. 2 BGB iVm § 1908 i Abs. 1 S. 1 BGB erforderlich. Bei dem Vertrag handelt es sich um eine einvernehmliche Auseinandersetzung der Miterbengemeinschaft.[752] Der Genehmigungsvorbehalt bezieht sich dabei sowohl auf das Verpflichtungs- als auch auf das Verfügungsgeschäft, wobei in der

---

746 *Bienwald*, in: Bienwald/Sonnenfeld/Harm, Betreuungsrecht Kommentar, 6. Aufl. 2016, § 1896 Rn. 157 S. 111; *Schwab*, in: MüKo, BGB, 6. Aufl. 2012, § 1896 Rn. 113 (*Schwab* hat seine Meinung ab der 7. Aufl. 2017 (§ 1896 Rn. 119) nunmehr relativiert und verweist auf einen Beschluss des BGH vom 23.11.2011, in dem dieser die Ausschlagung als vermögensrechtliche Angelegenheit ansieht (vgl. BGH, Beschl. v. 23.11.2011 (Az. XII ZB 293/119), FamRZ 2012, 292 (292); a.A.: Vertretungsmacht des für die Vermögenssorge bestellten Betreuers zur Ausschlagung einer dem Betreuten angefallenen Erbschaft, DNotI-Report 2004, 1 (2)).

747 *Neuhausen*, Rechtsgeschäfte mit Betreuten, RNotZ 2003, 157 (168).

748 *Klüsener*, Vormundschaftsgerichtliche Genehmigung nach § 1822 BGB, Rpfleger 1993, 133 (134): In der zitierten Fundstelle wird noch § 203 BGB a.F. genannt, der in Abs. 1 den *Stillstand der Rechtspflege* als Hemmungsgrund normiert hat.

749 *Götz*, in: Palandt, BGB, 76. Aufl. 2017, § 1822 Rn. 3.

750 *Veit*, in: Staudinger, Kommentar zum BGB, Neubearbeitung 2014, § 1822 Rn. 16.

751 *Damrau/Zimmermann*, Betreuungsrecht, 4. Aufl. 2011, § 1822 Rn. 12.

752 *Roth*, Erbrecht und Betreuungsfall, 2005, S. 46.

Genehmigung der Verpflichtung wiederum auch die Genehmigung der Verfügung zu sehen ist.[753]

Eine Genehmigung des Betreuungsgerichts ist gemäß § 2290 Abs. 3 S. 3 BGB auch unabdingbar, wenn der Betreuer den Betreuten als Erbvertragserben bei der Aufhebung des Erbvertrages bzw. einzelner vertragsmäßiger Verfügungen vertritt.

Der Betreuer ist außerdem befugt, den Widerruf eines Testaments oder den Rücktritt vom Erbvertrag entgegenzunehmen, da dies beispielsweise bei einem geschäftsunfähigen behinderten Erben gemäß § 131 Abs. 1 BGB die einzige Möglichkeit für den Erblasser ist, sich von seiner letztwilligen Verfügung zu lösen.[754]

Bei sämtlichen seiner Handlungen hat der Betreuer gemäß § 1901 Abs. 2 BGB das Wohl und die Interessen des Betreuten und nicht diejenigen des Sozialhilfeträgers zu beachten; Nämliches gilt auch für das Betreuungsgericht.[755]

B. Behindertentestament

Auf das Konstrukt des Behindertentestaments wird häufig dann zurückgegriffen, wenn Eltern ein behindertes Kind haben und ihren Nachlass regeln möchten. Zurückzuführen ist das sog. „Behindertentestament" auf den Notar Prof. Dr. *Bengel*, der dieses in den 1970er Jahren entwickelt hat.[756] Die wesentliche Ursache für die Schaffung dieser Testamentsform liegt in dem in § 2 Abs. 1 SGB XII normierten sozialhilferechtliche Nachranggrundsatz (sog. Subsidiaritätsprinzip).[757] Gemäß § 2 Abs. 1 SGB XII *erhält Sozialhilfe nicht, wer sich vor allem durch Einsatz seiner Arbeitskraft, seines Einkommens und seines Vermögens selbst helfen kann oder wer die erforderliche Leistung von anderen, insbesondere von Angehörigen oder von Trägern anderer Sozialleistungen, erhält.* Dieser Grundsatz besagt, dass erst das eigene Vermögen iSd § 82 SGB XII und das Einkommen iSd § 90 SGB XII des (potentiellen) Sozialhilfeempfänger zu verwerten sind, bevor der Sozialhilfeträger in Anspruch genommen werden

753 *Zimmermann*, Betreuung und Erbrecht, 2012, Rn. 360.
754 *Neuhausen*, Rechtsgeschäfte mit Betreuten, RNotZ 2003, 157 (167).
755 *Bengel*, Gestaltung letztwilliger Verfügungen bei Vorhandensein behinderter Abkömmlinge, ZEV 1994, 29 (30).
756 *Baltzer/Reisnecker*, Vorsorgen mit Sorgenkindern, 2012, Rn. 617.
757 *R. Kössinger*, in: Nieder/Kössinger, Handbuch der Testamentsgestaltung, 5. Aufl. 2015, § 21 Rn. 65.

kann.[758] Um die Verwendung des Erbes für die Bedarfsdeckung des Sozialhilfeempfängers zu umgehen, wird häufig auf die Erstellung eines Behindertentestaments zurückgegriffen. Die Besonderheit dieses Konstrukts liegt darin, dass das behinderte Kind weiterhin Sozialleistungen beziehen kann und zugleich durch die Partizipation am Nachlass der Eltern Vermögensvorteile genießt, welche dem Zugriff des Sozialhilfeträgers entzogen sind (Primärziel[759]).[760] Ferner kann bei dieser Gestaltungsmöglichkeit das Vermögen der Eltern auch nach dem Tod des behinderten Kindes innerhalb der Familie verbleiben (Sekundärziel[761]).[762]

Im Folgenden werden zunächst Wege skizziert, die sich bei letztwilligen Verfügungen im Zusammenhang mit sozialhilfebedürftigen, behinderten Erben

---

758 *Bengel/Spall*, in: Scherer, Anwaltshandbuch Erbrecht, 4. Aufl. 2014, § 41 Rn. 3; Vermögen und Einkommen wird dabei nach der sog. Zuflusstheorie abgegrenzt, wobei „Einkommen alles das [ist], was jemand in der Bedarfszeit wertmäßig dazuerhält, und Vermögen das, was er in der Bedarfszeit bereits hat" (BVerwG, Urt. v. 18.2.1999 (Az. 5 C 35.97), BVerwGE 108, 296 (299)). Diese Abgrenzung ist insofern von wesentlicher Bedeutung, als dass § 90 Abs. 2 und 3 SGB XII Regelungen enthalten, die eine Verwertung von Vermögen in bestimmten Fällen verwehrt, wohingegen eine entsprechende Regelung für Einkommen gemäß § 82 SGB XII nicht existiert (*Wahrendorf*, in: Grube/Wahrendorf, SGB XII, 5. Aufl. 2014, § 82 Rn. 17). Für die Bewertung einer Erbschaft kommt es somit auf den Zeitpunkt des Erbfalls an, da er bereits zu diesem Zeitpunkt gemäß § 2033 Abs. 1 BGB über seinen Anteil am Nachlass verfügen kann: Tritt der Erbfall vor der Antragsstellung auf Sozialhilfe ein, so ist die Erbschaft als Vermögen zu werten; tritt der Erbfall erst danach ein, so handelt es sich bei der Erbschaft um Einkommen (BSG, Urt. v. 24.2.2011 (Az. B 14 AS 45/09 R), ZEV 2011, 328 (329)). Im Fall eines Vermächtnisses kommt es ebenso auf den Zufluss, als die Vermächtniserfüllung, an, sodass Einkommen dann vorliegt, wenn die Erfüllung des Vermächtnisses erst nach Antragsstellung erfolgte, auch wenn der Erblasser bereits vorher verstorben ist (*Schindler*, in: Ruby/Schindler/Wirich, Das Behindertentestament, 2. Aufl. 2014, § 2 Rn. 15).

759 *Duvenkrop*, Übergehung naher Angehöriger, Behindertentestament, § 14 HeimG; Eine exemplarische Studie zur Beschränkung der Testierfreiheit aus §§ 138 und 134 BGB, 2014, S. 130 f.

760 *Leipold*, in: MüKo, BGB, 7. Aufl. 2017, Vor § 2064 Rn. 23.

761 *Duvenkrop*, Übergehung naher Angehöriger, Behindertentestament, § 14 HeimG; Eine exemplarische Studie zur Beschränkung der Testierfreiheit aus §§ 138 und 134 BGB, 2014, S. 130 f.

762 *Schindler*, in: Ruby/Schindler/Wirich, Das Behindertentestament, 2. Aufl. 2014, § 3 Rn. 1.

bzw. für die Erstellung eines Behindertentestaments nicht eignen. Anschließend wird auf die verschiedenen Gestaltungsmöglichkeiten des Behindertentestaments eingegangen, die sich grundsätzlich zur Erstellung eines Behindertentestaments eignen.

I. Ungeeignete Lösungswege

Ungeeignet sind die Enterbung des behinderten Sozialhilfeempfängers, dessen Einsetzung zum Schlusserben (trotz Pflichtteilsstrafklausel) und Zuwendungen unterhalb der Pflichtteilsquote.

1. Enterbung

Größtenteils nicht geeignet ist die Enterbung des behinderten Sozialhilfeempfängers, da dies zur Konsequenz hat, dass ihm gemäß §§ 2303 ff. BGB der gesetzliche Pflichtteil zusteht.[763] Der Sozialhilfeträger kann gemäß § 93 Abs. 1 S. 1 SGB XII diesen Pflichtteilsanspruch auf sich übertragen. Dem steht auch nicht § 852 Abs. 1 ZPO entgegen, wonach *der Pflichtteilsanspruch der Pfändung nur unterworfen ist, wenn er durch Vertrag anerkannt oder rechtshängig geworden ist.* Zwar geht nach Ansicht des BGH das „Anliegen (...) [von § 852 Abs. 1 ZPO] dahin, mit Rücksicht auf die familiäre Verbundenheit von Erblasser und Pflichtteilsberechtigtem allein diesem die Entscheidung zu überlassen, ob der Anspruch gegen den Erben durchgesetzt werden soll (...). Gläubiger sollen [somit] diese Entscheidung nicht an sich ziehen können (...)".[764] Gemäß § 93 Abs. 1 S. 4 SGB XII gibt der Gesetzgeber dem Sozialhilfeträger jedoch ein Mittel an die Hand, dass er – trotz § 852 Abs. 1 ZPO – den Pflichtteilsanspruch ohne Weiteres auf sich überleiten kann.[765] Gemäß § 93 Abs. 1 S. 4 SGB XII ist *der Übergang [des Pflichtteilsanspruchs nämlich] nicht dadurch ausgeschlossen, dass der Anspruch nicht übertragen, verpfändet oder gepfändet werden kann.* Der Sozialhilfeträger erfährt hierdurch eine Besserstellung im Vergleich zu anderen Gläubigern des Pflichtteilsberechtigten, da der Anspruch unabhängig von „einer persönlichen Entscheidung des Pflichtteilsberechtigten zur Geltendmachung übergeleitet werden [kann]".[766] Der Pflichtteil verkörpert

---

763 *v. Dickhuth-Harrach*, Handbuch der Erbfolge-Gestaltung, 2011, § 70 Rn. 8.

764 BGH, Urt. v. 8.7.1993 (Az. IX ZR 116/92), BGHZ 123, 183 (186).

765 *G. Müller*, in: Schlitt/Müller, Handbuch Pflichtteilsrecht, 1. Aufl. 2010, § 10 Rn. 268.

766 BGH, Urt. v. 8.12.2004 (Az. IV ZR 223/03), ZEV 2005, 117 (118); a.A.: *Muscheler*: „Gewiss kann nach [§ 93 Abs. 1 S. 1 SGB XII] der Sozialhilfeträger den Pflichtteilsanspruch auch dann auf sich überleiten, wenn die Voraussetzungen von § 852 I

mithin einen Vermögenswert, der bis zur Grenze des Schonvermögens gemäß § 90 Abs. 2 SGB XII einzusetzen ist.[767]

Eine Enterbung kann aber beispielsweise dann infrage kommen, wenn die Höhe des Pflichtteils so gering ist, dass sie evtl. Schonvermögen iSd § 90 Abs. 2 SGB XII darstellt, eine Überleitung auf den Sozialhilfeträger unwahrscheinlich und somit die Erstellung eines Behindertentestaments nicht erforderlich ist.[768] Einer Enterbung steht ferner dann nichts entgegen, wenn die Bedürftigkeit des Pflichtteilsberechtigten erst nach dem Tod des Letztversterbenden entsteht, weil das einzige (behinderte) Kind bis zu diesem Zeitpunkt bei dem überlebenden Elternteil wohnt und keine Sozialleistungen erforderlich sind.[769]

2. Einsetzung zum Schlusserben (trotz Pflichtteilsstrafklausel)

Auch die Anwendung einer Pflichtteilsstrafklausel im Wege eines gemeinschaftlichen Behindertentestaments gemäß §§ 2265 ff. BGB und der damit verbundenen Einsetzung des behinderten Sozialhilfeempfängers zum Schlusserben ändert nichts an der Möglichkeit der Geltendmachung des Pflichtteilsanspruchs durch den Sozialhilfeträger nach dem Tod des Erstversterbenden.[770] Zwar soll

---

ZPO (vertragliche Anerkennung oder Rechtshängigkeit des Anspruchs) noch nicht erfüllt sind. (…) Nur darf man nicht glauben, dass die bloße Überleitung des Anspruchs dem Pflichtteilsberechtigten die vom Gesetzgeber allein ihm zugedachte Freiheit nimmt, über die Geltendmachung des Anspruchs autonom und ohne wirtschaftlichen Druck zu entscheiden. Die frühzeitig (ab Entstehung des Anspruchs) mögliche Überleitung sichert den Anspruch lediglich gegen Verfügungen zugunsten Dritter und gegen deren Vollstreckungszugriff ab, nicht aber gegen die Entscheidung im Verhältnis Pflichtteilsberechtigter/Erbe. (…) Nur wenn der Pflichtteilsanspruch (im Sinne von § 852 I ZPO) geltend gemacht wird, führt die vorhergehende oder nachträgliche Überleitung nach [§ 93 Abs. 1 S. 1 SGB XII] zur (endgültigen) Möglichkeit des Zugriffs auf den Pflichtteilschuldner“ (vgl. *Muscheler*, Universalsukzession und Vonselbsterwerb, 2002, S. 235).

767 *Kornexl*, Nachlassplanung bei Problemkindern, 2006, Rn. 366.

768 *Schindler*, in: Ruby/Schindler/Wirich, Das Behindertentestament, 2. Aufl. 2014, § 3 Rn. 5.

769 *Limmer*, in: Tiedtke/Kanzleiter (Hrsg.), Erbrechtsberatung 2007 Aktuelle Entwicklungen im Erbrecht und Erbschaftssteuerrecht, 2007, S. 63.

770 BGH, Urt. v. 8.12.2004 (Az. IV ZR 223/03), ZEV 2005, 117 (119); Die teilweise vertretene Ansicht, dass eine Geltendmachung des Pflichtteilsanspruchs durch den Sozialhilfeträger aufgrund der Parallelität zu § 2306 Abs. 1 BGB, wonach es dem Sozialhilfeträger verwehrt ist, das Ausschlagungsrecht und den damit verbundenen Pflichtteilsanspruch auf sich überzuleiten, nicht möglich sein soll, ist mangels

durch eine Pflichtteilsstrafklausel verhindert werden, dass der behinderte Sozialhilfeempfänger bereits beim ersten Erbfall sein Pflichtteilsrecht geltend und damit seine Stellung als Schlusserbe zunichtemacht.[771] Ein Ausschluss des Pflichtteilsrechts an sich kann damit aber nicht erreicht werden. Tatsächlich bewirkt dieses Konstrukt vielmehr das Gegenteil des bezweckten Ausschlusses des Sozialhilfeträgers, wenn der behinderte Sozialhilfeempfänger beim ersten Todesfall seinen Pflichtteil fordert, da ihm durch die Pflichtteilsstrafklausel auch im Fall des Todes des Zweitversterbenden dann „nur" der Pflichtteil zusteht, den der Sozialhilfeträger anschließend auf sich überleiten kann.[772] Der BGH hat eine solche Pflichtteilsstrafklausel für den Fall, dass sich die Eltern gegenseitig als Alleinerben und das sozialhilfebedürftige Kind zum Schlusserben einsetzen und zugleich dessen Erbteil unter Dauertestamentsvollstreckung stellen, dahingehend einschränkend ausgelegt, als dass die „Geltendmachung des Pflichtteilsanspruchs nach dem erstverstorbenen Elternteil durch den Sozialhilfeträger vom Anwendungsbereich der Verwirkungsklausel ausgenommen [wird]" und der behinderte Sozialhilfeempfänger seinen Erbteil nach dem Zweitversterbenden nicht verliert.[773] Dieser Auslegung ist zuzustimmen, da der Sozialhilfeträger aufgrund der Anordnung der Testamentsvollstreckung gemäß § 2214 BGB – diese Norm gewährt lediglich den Nachlassgläubigern ein Zugriffsrecht auf Nachlassgegenstände, nicht aber den Gläubigern des Erben – ohnehin nicht auf den Erbteil des Zweitversterbenden hätte zugreifen können.[774]

3. *Zuwendungen unterhalb der Pflichtteilsquote*

Des Weiteren sind auch Zuwendungen in Form einer Erbeinsetzung oder eines Vermächtnisses unterhalb der Pflichtteilsquote zu vermeiden, da hierdurch Ansprüche gemäß § 2305 Abs. 1 S. 1 BGB und § 2307 Abs. 1 S. 2 BGB entstehen, die der Sozialhilfeträger gemäß § 93 Abs. 1 S. 1 SGB XII wiederum auf sich überleiten kann.[775] Aufgrund des eindeutigen Wortlauts von § 93 Abs. 1 S. 1 SGB XII

Vergleichbarkeit der Situationen aus dogmatischer Sicht abzulehnen (vgl. *Lange*, in: MüKo, BGB, 7. Aufl. 2017, § 2317 Rn. 19).

771 *J. Mayer*, in: Reimann/Bengel/J. Mayer, Testament und Erbvertrag, 6. Aufl. 2015, § 2269 Rn. 107.

772 *Limmer*, in: Tiedtke/Kanzleiter (Hrsg.), Erbrechtsberatung 2007 Aktuelle Entwicklungen im Erbrecht und Erbschaftssteuerrecht, 2007, S. 55 f.

773 BGH, Urt. v. 8.12.2004 (Az. IV ZR 223/03), ZEV 2005, 117 (119).

774 BGH, Urt. v. 19.10.2005 (Az. IV ZR 235/03), ZEV 2006, 76 (77).

775 *v. Dickhuth-Harrach*, Handbuch der Erbfolge-Gestaltung, 2011, § 70 Rn. 11; Der durch die zu geringe Zuwendung entstandene „Super-Gau" gemäß § 2306 Abs. 1 S. 1

(... *dass dieser Anspruch bis zur Höhe seiner Aufwendungen auf ihn übergeht*) ist die Durchsetzung des Anspruchs aus § 2307 Abs. 1 S. 1 BGB dem Sozialhilfeträger de lege lata mangels Ausschlagungsrecht verwehrt, da es sich hierbei um ein Gestaltungsrecht und keinen überleitbaren Anspruch handelt.[776] Ein Ausschlagungsrecht steht dem Sozialhilfeträger nach der höchstrichterlichen Rechtsprechung des BGH nicht zu.[777]

Solange der Gesetzgeber an dieser Formulierung festhält und nicht den Begriff „Anspruch" mit dem Begriff „Recht" austauscht[778], kann dieses Gestaltungsrecht nur vom Erben selbst oder seinem Betreuer geltend gemacht werden.

II. Geeignete Lösungswege

Seit der „Erfindung" des Behindertentestaments in den 1970er Jahren wurden diverse Lösungsmodelle für die Erstellung eines Behindertentestaments entwickelt. Zu erwähnen sind vor allem folgende Modelle: die klassische Erbschaftslösung, die Vermächtnislösung, die sog. umgekehrte Vermächtnislösung, die Trennungslösung, die reine Testamentsvollstreckungslösung und Nutzungsvermächtnisse.[779]

BGB a.F., wonach die durch das Behindertentestament angeordneten Beschränkung als nicht angeordnet galten, wenn der hinterlassene Erbteil die Hälfte des gesetzlichen Erbteils nicht übersteigt, ist durch die Erbrechtsreform mit Wirkung zum 1.1.2010 nicht mehr zu befürchten. Durch die Neufassung des § 2306 Abs. 1 BGB besteht mittlerweile keine Abhängigkeit mehr zwischen einer Beschränkung und der Größe der Zuwendung (vgl. *G. Müller*, in: Limmer/Hertel/Frenz/Mayer (Hrsg.), Würzburger Notarhandbuch, 4. Aufl. 2015, Teil 4 Kap. 1 Rn. 400).

776 *Nieder*, Das Behindertentestament * Sittenwidrige Umgehung des sozialhilferechtlichen Nachrangprinzips oder Familienlastenausgleich, NJW 1994, 1264 (1266). Der Autor geht davon aus, dass es sich bei dem Ausschlagungsrecht um ein höchstpersönliches Gestaltungsrecht handelt. Dies ist jedoch unzutreffend, da auch der gesetzliche Vertreter des behinderten Erben ausschlagen kann (vgl. *Weidlich*, in: Palandt, BGB, 76. Aufl. 2017, § 1945 Rn. 5); a.A.: *van de Loo*, Die Gestaltung der Verfügung von Todes wegen zugunsten des betroffenen Behinderten, MittRhNotK 1989, 233 (249).

777 BGH, Urt. v. 19.1.2011 (Az. IV ZR 7/10), BGHZ 188, 96 (106).

778 *Krauß*, Vermögensnachfolge in der Praxis, 4. Aufl. 2015, Rn. 5657; *Ivo* bezweifelt, dass „der Gesetzgeber mit einer Änderung des § 93 Abs. 1 SGB XII ein anderes Ergebnis (...) angesichts der deutlichen Worte des BGH zur „Erbfreiheit" des Pflichtteilsberechtigten (Art. 14 GG) [herbeiführen könnte]" (vgl. *Ivo*, Anmerkung zu: BGH, Urt. v. 19.1.2011 (Az. IV ZR 7/10), DNotZ 2011, 381 (382 ff.).

779 *Ruby*, in: Ruby/Schindler/Wirich, Das Behindertentestament, 2. Aufl. 2014, § 1 Rn. 8.

1. Erbschaftslösung

Die Erbschaftslösung stellt – vor allem aufgrund ihrer Anerkennung durch die höchstrichterliche Rechtsprechung[780] – die derzeit sicherste Variante des Behindertentestaments dar. Charakteristisch für die Erbschaftslösung ist folgende Ausgestaltung:[781] Der behinderte Sozialhilfeempfänger wird mit einer Quote, die knapp oberhalb seines Pflichtteils liegt, zum nicht befreiten Vorerben eingesetzt. Nacherben sind regelmäßig entweder seine Abkömmlinge oder seine Geschwister. Des Weiteren wird gemäß § 2209 BGB für den Vorerbteil des behinderten Sozialhilfeempfängers Dauervollstreckung angeordnet, welche bewirkt, dass der behinderte Sozialhilfeempfänger gemäß § 2211 Abs. 1 BGB nicht über die *der Verwaltung des Testamentsvollstreckers unterliegenden Nachlassgegenstände verfügen kann.* Daneben erfolgt gemäß § 2216 Abs. 2 S. 1 BGB die bindende Anweisung an den Testamentsvollstrecker, dass dieser an den Vorerben zur Verbesserung der Lebensqualität aus den Erträgen des Erbteils Zuwendungen machen soll, welche dem Zugriff des Sozialhilfeträgers entzogen sind.

Vorteil dieses sog. klassischen Behindertentestaments ist die Kombination aus § 2115 BGB, welcher zugunsten der Nacherben einen Vollstreckungsschutz in Bezug auf die Erbschaft gewährt und § 2214 BGB, welcher ein „Zugriffsverbot auf die der Testamentsvollstreckung unterliegenden Nachlaßgegenstände" vorsieht.[782]

a) Anordnung der Vor- und Nacherbfolge

Gemäß § 2100 BGB *kann der Erblasser einen Erben in der Weise einsetzen, dass dieser erst Erbe wird, nachdem zunächst ein anderer Erbe geworden ist (Nacherbe).* Verstirbt der Erblasser, wird erst der Vorerbe alleiniger Erbe, wobei der an ihn fallende Nachlass vom übrigen Vermögen des Vorerben getrennt wird und selbstständiges Sondervermögen darstellt.[783] Bei Eintritt des Nacherbfalls hört der Vorerbe gemäß § 2139 BGB auf, Erbe zu sein. Die (Vor-)Erbschaft fällt an den Nacherben. Der Nacherbe ist dabei Erbe des Erblassers und nicht Erbe des Vorerben.[784]

---

780 BGH, Urt. v. 21.3.1990 (Az. IV ZR 169/89), BGHZ 111, 36; BGH, Urt. v. 20.10.1993 (Az. IV ZR 231/92), BGHZ 123, 368.

781 *Bengel*, Gestaltung letztwilliger Verfügungen bei Vorhandensein behinderter Abkömmlinge, ZEV 1994, 29 (30).

782 *Limmer*, in: Tiedtke/Kanzleiter (Hrsg.), Erbrechtsberatung 2007 Aktuelle Entwicklungen im Erbrecht und Erbschaftssteuerrecht, 2007, S. 56.

783 *Baltzer/Reisnecker*, Vorsorgen mit Sorgenkindern, 2012, Rn. 535.

784 *Weidlich*, in: Palandt, BGB, 76. Aufl. 2017, § 2139 Rn. 4.

Zu beachten ist bei der Einsetzung des behinderten Sozialhilfeempfängers zum Vorerben, dass dieser in einem Umfang oberhalb seiner Pflichtteilsquote zum Vorerben eingesetzt wird, da sonst gemäß § 2305 S. 1 BGB ein Anspruch auf den Zusatzpflichtteil entsteht, auf den der Sozialhilfeträger zugreifen kann.[785]

aa) Sinn und Zweck

Die Anordnung der Vor- und Nacherbfolge hat den Vorteil, dass der Nachlass im Verhältnis zum Nacherben vor Zugriffen von Gläubigern des behinderten Vorerben – wie etwa dem Sozialhilfeträger – geschützt ist. Gemäß § 2115 S. 1 BGB ist *eine Verfügung über einen Erbschaftsgegenstand, die im Wege der Zwangsvollstreckung oder der Arrestvollziehung oder durch den Insolvenzverwalter erfolgt, im Falle des Eintritts der Nacherbfolge insoweit unwirksam, als sie das Recht des Nacherben vereiteln oder beeinträchtigen würde.* Da die Unwirksamkeit erst im Zeitpunkt des Nacherbfalls eintritt, sind alle bis dahin gegen den Vorerben ergangenen Zwangsverfügungen zunächst wirksam; im Zeitpunkt des Nacherbfalls tritt jedoch die absolute Unwirksamkeit dieser Verfügungen ein.[786] Es handelt sich somit um eine sog. Halbvollstreckung, da die Nachlassgegenstände während der Vorerbschaft zwar gepfändet oder beschlagnahmt, aufgrund der Anordnung der Nacherbschaft aber nicht verwertet werden dürfen.[787] Damit der Nacherbe bis zum Eintritt des Nacherbfalls nicht schutzlos gestellt ist, sind in § 773 ZPO und § 83 Abs. 2 InsO Verwertungsverbote normiert.[788]

Ein weiterer Vorteil der Anordnung der Vor- und Nacherbfolge ist, dass beim Eintritt des Nacherbfalls – etwa dem Tod des behinderten Sozialhilfeempfängers (vgl. § 2106 Abs. 1 BGB) – das Vermögen des Erblassers auf die Nacherben übergeht und nicht in den Nachlass des behinderten Vorerben fällt. Somit wird – den Nachlass des nichtbehinderten Erblassers betreffend – kein Anspruch gemäß § 102 Abs. 1 SGB XII ausgelöst, wonach der Erbe des Sozialhilfeempfängers verpflichtet wird, die Kosten der Sozialhilfe, die innerhalb eines Zeitraums von zehn Jahren vor dem Erbfall aufgewendet worden sind, zu ersetzen.[789] Der

---

785 *Meyer-Dulheuer*, Gestaltungsformen des Behindertentestamentes, 2009, S. 47.

786 *Grunsky*, in: MüKo, BGB, 7. Aufl. 2017, § 2115 Rn. 10.

787 *Nieder*, Das Behindertentestament * Sittenwidrige Umgehung des sozialhilferechtlichen Nachrangprinzips oder Familienlastenausgleich, NJW 1994, 1264 (1264).

788 *Litzenburger*, in: Bamberger/Roth (Hrsg.), Beck'scher Online Kommentar zum BGB, Stand: 1.11.2016, § 2115 Rn. 4.

789 BGH, Urt. v. 20.10.1993 (Az. IV ZR 231/92), BGHZ 123, 368 (374): Das Urteil ist noch in Zeiten des BSHG gefällt worden, sodass auf die Vorgängernorm des § 102 SGB XII abgestellt wurde, nämlich § 92c BSHG.

Erbenbegriff des § 102 Abs. 1 SGB XII und der des fünften Buches des Bürgerlichen Gesetzbuches sind nämlich identisch; der Nacherbe ist Erbe des Erblassers und nicht des Vorerben.[790] Daran ändert sich auch nichts, wenn der Nacherbe zusätzlich Erbe des Vorerben geworden ist. In dieser Konstellation fallen ihm nämlich zwei Nachlässe mit der Konsequenz an, dass diese Person nur mit dem Nachlass des behinderten Sozialhilfeempfängers für die Kosten der Sozialhilfe haftet.[791] Dieses Ergebnis unterstreicht auch § 102 Abs. 2 SGB XII, wonach *die Ersatzpflicht des Erben zu den Nachlassverbindlichkeiten gehört und* der *Erbe [nur] mit dem Wert des im Zeitpunkt des Erbfalles vorhandenen Nachlasses [des Sozialhilfeempfängers] haftet.*

bb) Ausgestaltung der Vorerbschaft

Dem Erblasser steht es frei, den behinderten Sozialhilfeempfänger als nicht befreiten Vorerben oder als befreiten Vorerben einzusetzen. Für die Entscheidung maßgebend ist, inwieweit er die Befugnisse des Vorerben ausgestalten möchte. Dabei hat er vor allem die Konsequenzen, die mit der Befreiung der Vorerbschaft verbunden sind, zu beachten. So kann der befreite Vorerbe – mit Ausnahme von § 2113 Abs. 2 BGB – grundsätzlich frei über den Nachlass verfügen (vgl. § 2136 BGB).[792] Ferner beschränkt § 2138 Abs. 1 BGB die Herausgabepflicht des befreiten Vorerben im Nacherbfall auf die bei ihm noch vorhandenen Erbschaftsgegenstände.[793] Dies ist im Hinblick auf § 82 und § 90 SGB XII bedenklich, da der behinderte Sozialhilfeempfänger zunächst sein Einkommen und Vermögen einsetzen muss, bevor er Anspruch auf Sozialhilfe hat.[794] Ohne Anordnung einer Dauervollstreckung gemäß § 2209 BGB müsste der Vorerbe somit erst die Nachlasssubstanz verwerten.[795] Nach Ansicht von *Otte* bestehe sogar bei angeordneter Dauervollstreckung die Gefahr, dass der Sozialhilfeträger auf die Nachlasssubstanz zugreift.[796] Der Vorerbe könne nämlich mittelbar auf die

---

790 BVerwG, Urt. v. 23.9.1982 (Az. 5 C 109.81), BVerwGE 66, 161 (162 f.).

791 *Engelmann*, Das sogenannte Behindertentestament, MittBayNot 1999, 509 (510).

792 Einsetzung des Behinderten im Behinderten-Testament als befreiten Vorerben, Verwaltungsanordnung gem. § 2216 Abs. 2, DNotI-Report 1996, 48 (48 f.).

793 *Kornexl*, Nachlassplanung bei Problemkindern, 2006, Rn. 301.

794 *Settergren*, Das „Behindertentestament" im Spannungsfeld zwischen Privatautonomie und sozialhilferechtlichem Nachrangprinzip, 1999, S. 34.

795 *Schindler*, in: Ruby/Schindler/Wirich, Das Behindertentestament, 2. Aufl. 2014, § 3 Rn. 58.

796 *Otte*, Anmerkung zu: BGH, Urt. v. 21.3.1990 (Az. IV ZR 169/89), JZ 1990, 1025 (1028 f.); a.A.: BGH, Urt. v. 21.3.1990 (Az. IV ZR 169/89), BGHZ 111, 36 (43): Der

Substanz zugreifen, da er dem Nacherben aufgrund der Befreiung gemäß § 2136 iVm § 2134 BGB bei eigennütziger Verwendung nicht zum Ersatz verpflichtet sei. Da der Vorerbe gegen den Testamentsvollstrecker gemäß § 2216 Abs. 1 BGB einen Anspruch auf ordnungsgemäße Verwaltung und auf „Auskehrung derjenigen Erträge seines Erbteils [hat], die er zur Sicherung seines angemessenen Unterhalts benötigt", kann er – sollten die Erträge nicht ausreichen – den Zugriff auf die Substanz verlangen.[797] Da es dem Erblasser gemäß § 2220 iVm § 2216 BGB untersagt ist, den Testamentsvollstrecker von der Verpflichtung zur ordnungsgemäßen Verwaltung des Nachlasses zu befreien und der Testamentsvollstrecker im Bedarfsfall auf die Substanz zurückgreifen muss, sollte der behinderte Sozialhilfeempfänger – um dies zu verhindern – nur zum nicht befreiten Vorerben eingesetzt werden.[798] Zwar kann auch der nicht befreite Vorerbe im Umkehrschluss zu § 2112 BGB entgeltlich über bewegliche Nachlassgegenstände verfügen.[799] Hierdurch wird der behinderte Sozialhilfeempfänger aber nicht verpflichtet, sein Vermögen nach § 90 Abs. 1 SGB XII einzusetzen, da er gemäß § 2130 Abs. 1 S. 1 BGB *nach dem Eintritt der Nacherbfolge verpflichtet ist, dem Nacherben die Erbschaft in dem Zustand herauszugeben, der sich bei einer bis zur Herausgabe fortgesetzten ordnungsgemäßen Verwaltung ergibt.*[800] Diese Befugnis des behinderten Sozialhilfeempfängers ist auch mit § 90 Abs. 1 SGB XII vereinbar. „Da die Regelung des [§ 90 Abs. 1 SGB XII] nicht bezweckt, Rechte Dritter zu beeinträchtigen, sondern nur den Einsatz des dem Hilfeempfänger gebührenden Vermögens sicherstellen soll, kann auch der Einsatz derjenigen Erbschaftsgegenstände, über die der Vorerbe zwar alleine verfügen darf, deren Surrogationsgegenstände er andererseits dem Nacherben herauszugeben verpflichtet ist, nicht verlangt werden."[801]

BGH lehnt diese Pflicht jedoch ab, da auch bei einer Befreiung der Vorerbschaft der Nachlass unter Verwaltung eines Testamentsvollstreckers steht und somit gemäß § 2214 BGB ein Zugriff durch den Sozialhilfeträger unmöglich ist.

797 Einsetzung des Behinderten im Behinderten-Testament als befreiten Vorerben, Verwaltungsanordnung gem. § 2216 Abs. 2, DNotI-Report 1996, 48 (52).

798 *Limmer*, in: Tiedtke/Kanzleiter (Hrsg.), Erbrechtsberatung 2007 Aktuelle Entwicklungen im Erbrecht und Erbschaftssteuerrecht, 2007, S. 64.

799 *Stürner*, in: Jauernig, BGB Kommentar, 16. Aufl. 2015, § 2112 Rn. 2.

800 *Van de Loo*, Die letztwillige Verfügung von Eltern behinderter Kinder, NJW 1990, 2852 (2852 f.).

801 *Van de Loo*, Die letztwillige Verfügung von Eltern behinderter Kinder, NJW 1990, 2852 (2852 f.); im Ergebnis ebenso *Meyer-Dulheuer*, die jedoch *van de Loo* vorhält, dass er bei seiner Argumentation § 2134 BGB übersieht, wonach bei eigennütziger Verwendung eines Nachlassgegenstandes durch den Vorerben Wertersatz zu leisten

b) Testamentsvollstreckung in Form der Dauervollstreckung

Die Anordnung einer Testamentsvollstreckung in Form der Dauervollstreckung gemäß § 2209 S. 1 BGB ist das wesentliche Gestaltungselement für das Behindertentestament.[802] Der Erblasser ernennt gemäß § 2197 iVm § 2210 S. 2 BGB einen Testamentsvollstrecker, der den Nachlass meist bis zum Tod des behinderten Vorerben verwaltet. Die Anordnung der Dauervollstreckung hat zur Konsequenz, dass der behinderte Erbe gemäß § 2211 Abs. 1 BGB nicht über die *der Verwaltung des Testamentsvollstreckers unterliegenden Nachlassgegenstände verfügen kann.* Die Entziehung des Verfügungsrechts über die Nachlassgegenstände führt nach richtiger Ansicht des OVG Saarland und des LSG Baden-Württemberg ferner dazu, dass die Nachlassgegenstände kein verwertbares Vermögen des behinderten Vorerben iSd § 90 Abs. 1 SGB XII darstellen.[803] Der Nachlass wäre nämlich nur dann verwertbar, wenn der Vorerbe über den Nachlass frei verfügen und ihn somit auch „rechtlich durchsetzbar fordern" könnte.[804] Dies ist wegen § 2211 Abs. 1 BGB ausgeschlossen.

Des Weiteren gewährt § 2214 BGB Schutz vor Zugriffen von Eigengläubigern des behinderten Sozialhilfeempfängers (wie beispielsweise der Sozialhilfeträger) in den Nachlass des Erblassers.[805] Der Nachlass wird durch den Entzug des Verfügungsrechts des Erben gemäß § 2211 Abs. 1 BGB und das Vollstreckungsverbot für Gläubiger des behinderten Sozialhilfeempfängers gemäß § 2214 BGB

ist. *Meyer-Dulheuer* argumentiert damit, dass „der Verlust eines Teils des Nachlasses (...) dadurch nachträglich auf schuldrechtlicher Ebene ausgeglichen [wird], so dass Rechte des Nacherben letztlich nicht beeinträchtigt sind" (vgl. *Meyer-Dulheuer*, Gestaltungsformen des Behindertentestamentes, 2009, S. 51). Dabei übersieht sie jedoch, dass allein ein schuldrechtlicher Anspruch gegen den Vorerben respektive dessen Erben keinen Nutzen hat, wenn der Nachlass des behinderten Vorerben wertlos ist. Insofern ist *van de Loo* zuzustimmen, der unabhängig von § 2134 BGB eine Verwertbarkeit der beweglichen Erbschaftsgegenstände ablehnt.

802 *G. Müller*, in: Limmer/Hertel/Frenz/Mayer (Hrsg.), Würzburger Notarhandbuch, 4. Aufl. 2015, Teil 4 Kap. 1 Rn. 410.

803 OVG Saarland, Urt. v. 17.3.2006 (Az. 3 R 2/05), MittBayNot 2007, 65 (66). Die Entscheidung des OVG beruht noch auf der Vorgängernorm des § 90 SGB XII, namentlich § 88 BSHG; LSG Baden-Württemberg, Beschl. v. 9.10.2007 (Az. L 7 AS 3628/07), ZEV 2008, 147 (148). Die Entscheidung des LSG erging zum Parallelproblem des § 12 Abs. 1 SGB II.

804 *Tersteegen*, Sozialhilferechtliche Verwertbarkeit von Vermögen bei Anordnung von Verwaltungstestamentsvollstreckung, ZEV 2008, 121 (122).

805 BGH, Urt. v. 11.5.2006 (Az. IX ZR 42/05), NJW 2006, 2698 (2698).

vollumfänglich geschützt.[806] Sollte trotz des Vollstreckungsverbots des § 2214 BGB ein Eigengläubiger des behinderten Vorerben versuchen, in den Nachlass zu vollstrecken, kann der Testamentsvollstrecker dagegen im Wege der Erinnerung gemäß § 766 ZPO vorgehen.[807]

c) Verwaltungsanordnung

Während die bloße Anordnung der Vor- und Nacherbfolge in Verbindung mit der Dauervollstreckung Schutz hinsichtlich der Substanz des Nachlasses bietet, bedarf es für die Abwehr des Zugriffs des Sozialhilfeträgers auf die Nutzungen der Vorerbschaft einer Anordnung an den Testamentsvollstrecker gemäß § 2216 Abs. 2 S. 1 BGB, wonach dieser an den Vorerben die Nutzungen der Vorerbschaft nur in einer Höhe auskehren darf, die dem Zugriff des Sozialhilfeträgers entzogen ist.[808] Eine entsprechende Verwaltungsanordnung ist erforderlich, da gemäß § 2111 BGB Abs. 1 S. 1 BGB dem Vorerben die Nutzungen der Vorerbschaft grundsätzlich uneingeschränkt zustehen.[809] Nach Rechtsprechung des BGH hat der Vorerbe sogar einen Anspruch gegen den Testamentsvollstrecker auf Herausgabe derartiger Nutzungen, wenn dies dem Grundsatz einer ordnungsgemäßen Verwaltung entspricht.[810] Der Sozialhilfeträger könnte daher aufgrund dieser dem behinderten Vorerben zustehenden Nutzungen – mit dem Argument des in § 2 Abs. 1 SGB XII normierten sozialhilferechtlichen Nachranggrundsatzes – die Sozialhilfe ganz oder teilweise versagen. Alternativ könnte der Sozialhilfeträger die dem Vorerben gegen den Testamentsvollstrecker zustehenden Ansprüche auf Auskehrung der Nutzungen gemäß § 93 Abs. 1 S. 1 SGB XII auf sich überleiten.[811] Dies kann durch die beschriebene Verwaltungsanordnung verhindert werden.

Umstritten ist jedoch die Frage, ob eine Verwaltungsanordnung, die den Vorerben in seiner Nutzungsziehung einschränkt, überhaupt wirksam ist oder gemäß § 2216 Abs. 2 S. 2 BGB außer Kraft gesetzt werden kann. Zwar sind *Anordnungen, die der Erblasser für die Verwaltung durch letztwillige Verfügung getroffen hat,* gemäß § 2216 Abs. 2 S. 1 BGB *von dem Testamentsvollstrecker zu befolgen. Sie können jedoch auf Antrag des Testamentsvollstreckers oder eines*

806 *Heckschen*, in: Burandt/Rojahn (Hrsg.), Erbrecht, 2. Aufl. 2014, § 2214 Rn. 2.

807 *Weidlich*, in: Palandt, BGB, 76. Aufl. 2017, § 2214 Rn. 2.

808 *G. Müller*, in: Limmer/Hertel/Frenz/Mayer (Hrsg.), Würzburger Notarhandbuch, 4. Aufl. 2015, Teil 4 Kap. 1 Rn. 412.

809 *Grunsky*, in: MüKo, BGB, 7. Aufl. 2017, § 2111 Rn. 28.

810 BGH, Urt. v. 14.5.1986 (Az. IV a ZR 100/84), FamRZ 1986, 900 (900).

811 *Tersteegen*, Sozialhilferechtliche Verwertbarkeit von Vermögen bei Anordnung von Verwaltungstestamentsvollstreckung, ZEV 2008, 121 (123).

anderen Beteiligten von dem Nachlassgericht gemäß § 2216 Abs. 2 S. 2 BGB *außer Kraft gesetzt werden, wenn ihre Befolgung den Nachlass erheblich gefährden würde.* Der Gefährdung des Nachlasses steht dabei nach herrschender Meinung einer Gefährdung der wirtschaftlichen Existenz des (Vor-)Erben gleich.[812] In der Literatur wird partiell – aufgrund des dem Vorerben zustehenden Rechts auf die Nutzungen des Nachlasses – vertreten, dass dieses Recht nicht durch eine entgegenstehende Verwaltungsanordnung des Erblassers beschränkt werden kann; fand dennoch eine Beschränkung statt, soll diese gemäß § 2216 Abs. 2 S. 2 BGB außer Kraft gesetzt werden können.[813] Der Erblasser könne den Vorerben höchstens mit einer Auflage beschweren, nach der „die Nutzungen zugunsten des Hilfeempfängers für einen von der Sozialhilfe nicht gedeckten Bedarf zu verwenden [sind]"; der Testamentsvollstrecker hätte diese Auflage auszuführen.[814] Die herrschende Meinung[815] lehnt diese Ansicht jedoch zu Recht ab. Ausschlaggebend ist der Wille des Erblassers, weshalb die Rechtsprechung auch anerkennt, wenn der Erblasser den Erben durch Verwaltungsanordnung von Nutzungen des Nachlasses ausschließt.[816] Schon nach der Rechtsprechung des RG hat das „BGB (...) die Befugnis des Erblassers, den von ihm berufenen Erben in dessen Interesse durch Einsetzung eines Testamentsvollstreckers in der Verfügung über das ihm Hinterlassene zu beschränken – von dem Fall des § 2338 BGB abgesehen – an keinerlei Grenzen gebunden".[817] Folgerichtig ist die Frage, ob eine solche Anordnung ordnungsgemäßer Verwaltung iSv § 2216 Abs. 1 BGB entspricht, unerheblich.[818] Zwar stellt § 2216 Abs. 1 BGB gemäß § 2220 BGB nicht-dispositives

812 *Damrau*, in: Soergel, Kommentar zum BGB, 13. Aufl. 2003, § 2216 Rn. 12.

813 *Otte*, Anmerkung zu: BGH, Urt. v. 21.3.1990 (Az. IV ZR 169/89), JZ 1990, 1025 (1028 f.); Laut *Mayer* kann lediglich ein völliger Entzug der Nachlassfrüchte nicht durch Verwaltungsanordnung erreicht werden (*Mayer*, Das Behinderten-Testament als empfehlenswerte Gestaltung?, DNotZ 1994, 347 (358)); *Krampe* plädiert auch für einen unentziehbaren Anspruch des Vorerben auf die Nachlassfrüchte, jedoch unter der Bedingung, dass der Vorerbe pflichtteilberechtigt ist und selbst unterhaltsbedürftig oder kraft Gesetzes unterhaltspflichtig ist (*Krampe*, Testamentsgestaltung zugunsten eines Sozialhilfeempfängers, AcP 191 (1991), 526 (545 f.)).

814 *Otte*, in: Staudinger, Kommentar zum BGB, Neubearbeitung 2013, Vorb. § 2064 Rn. 170.

815 Statt aller: *Spall*, Anmerkung zu: OVG Saarland, Urt. v. 17.3.2006 (Az. 3 R 2/05), MittBayNot 2007, 65 (70).

816 *Engelmann*, Das sogenannte Behindertentestament, MittBayNot 1999, 509 (511).

817 RG, Urt. v. 27.1.1919 (Az. IV 188/18), WarnR 1919, Nr. 71.

818 A.A.: *Krampe*, Testamentsgestaltung zugunsten eines Sozialhilfeempfängers, AcP 191 (1991), 526 (538).

Recht dar. Zu beachten ist aber, dass Inhalt und Pflicht der ordnungsgemäßen Verwaltung durch die Anordnung des Erblassers gemäß § 2216 Abs. 2 S. 1 BGB bestimmt werden können.[819] Die ordnungsgemäße Verwaltung orientiert sich mithin an der Anordnung des Erblassers und nicht umgekehrt. Dies ist auch Ausdruck der in Art. 14 Abs. 1 S. 1 GG normierten Testierfreiheit. Da selbst „gewöhnliche" Nachlassgläubiger nicht die Möglichkeit haben, einen Antrag nach § 2216 Abs. 2 S. 2 BGB zu stellen, würde dem Sozialhilfeträger – als Gläubiger des Vorerben – überdies jedenfalls die Antragsberechtigung gemäß § 2216 Abs. 2 S. 2 BGB fehlen.[820] Da der Zweck der Verwaltungsanordnung berücksichtigt werden muss, mangelt es daneben auch materiell-rechtlich an einer Gefährdung des Nachlasses, welche für eine Aufhebung der Verwaltungsanordnung jedoch erforderlich wäre.[821] Nur für den Fall, dass „die Verwaltungsanordnung die wirtschaftliche Existenz des Erben [gefährdet], ist die Anordnung (…) aufzuheben, wenn der Zweck der Testamentsvollstreckung nicht darauf gerichtet war, den Nachlass ohne Rücksicht auf die wirtschaftlichen Interessen des Erben zu verwalten".[822]

Außerdem ist zu beachten, dass der Vorerbe nicht schutzlos gestellt ist. Aufgrund der Beschränkung durch die Einsetzung eines Nacherben und die Ernennung eines Testamentsvollstreckers, ist ihm gemäß § 2306 Abs. 1 S. 1 BGB der Weg eröffnet, die Erbschaft auszuschlagen und den Pflichtteil zu verlangen.

Daran anknüpfend stellt sich des Weiteren die Frage, ob durch den Sozialhilfeträger gemäß § 26 Abs. 1 Nr. 1 SGB XII die Hilfeleistungen auf das zum Lebensunterhalt Unerlässliche eingeschränkt werden kann, wenn der beschränkte Vorerbe nicht die Erbschaft gemäß § 2306 Abs. 1. S. 1 BGB ausschlägt, nur um den Nachlass für die Nacherben zu erhalten. Der BGH bejaht diese Frage, wenn der behinderte Sozialhilfeempfänger durch das Unterlassen der Ausschlagung (weiterhin) in den „Genuss" der Sozialhilfe kommt, obwohl „der Pflichtteil zu einer lebenslangen, umfassenden Versorgung des Behinderten ausreicht".[823] Zu berücksichtigen ist aber, dass dieses Vorgehen grundsätzlich nur bei einem voll

---

819 *Weidlich*, in: Palandt, BGB, 76. Aufl. 2017, § 2216 Rn. 2.

820 BayObLG, Beschl. v. 27.12.1982 (Az. BReg. 1 Z 112/82), BayObLGZ 1982, 459 (461 f.); a.A.: *Krampe*, Testamentsgestaltung zugunsten eines Sozialhilfeempfängers, AcP 191 (1991), 526 (537).

821 *Schindler*, in: Ruby/Schindler/Wirich, Das Behindertentestament, 2. Aufl. 2014, § 3 Rn. 23.

822 *Lange*, in: Bamberger/Roth (Hrsg.), Beck'scher Online Kommentar zum BGB, Stand: 1.11.2016, § 2216 Rn. 35.

823 BGH, Urt. v. 20.10.1993 (Az. IV ZR 231/92), BGHZ 123, 368 (379).

geschäftsfähigen behinderten Vorerben möglich ist, da für einen geschäftsunfähigen Erben nur dessen gesetzlicher Vertreter ausschlagen kann, der jedoch die Interessen des behinderten Vorerben und nicht das Allgemeininteresse zu beachten hat.[824]

Summa summarum ist der vom BGH vertretenen Auffassung beizupflichten. Ist das alleinige Motiv für die Nichtausschlagung, den Nachlass für die Nacherben zu erhalten und hat der behinderte Sozialhilfeempfänger sonst keinen Vorteil durch die letztwillige Verfügung, so ist auch kein Grund ersichtlich, warum der in § 2 Abs. 1 SGB XII normierte sozialhilferechtliche Nachranggrundsatz nicht zur Geltung kommen sollte. Für das Subsidiaritätsprinzip ist nämlich „die bloße Möglichkeit zur Selbsthilfe" entscheidend.[825]

d) *Vor- und Nachteile der Erbschaftslösung*

Neben den bereits o.g. Aspekten ist zuvörderst der Vorteil der „hinreichend geklärten Rechtslage" durch den BGH zu erwähnen, was auch aus kautelarjuristischer Sicht in Bezug auf die Pflicht, den sichersten Weg zu beschreiten, von Nutzen ist.[826] Existieren mehrere rechtliche Gestaltungsvarianten, hat der damit befasste Rechtsanwalt oder Notar nach dem „Grundsatz des sichersten Weges" dem Mandanten die Alternative mit dem geringsten Risiko darzustellen und zu empfehlen.[827] Ein weiteres Plus der Erbschaftslösung ist bei einem Nachlass, der im Wesentlichen aus einem größeren kaum teilbaren Vermögen – wie etwa einem vermieteten Wohnhaus – besteht, darin zu sehen, dass der Nachlass im Ganzen erhalten bleiben kann.[828] Als Kehrseite der Medaille ist hierzu jedoch klarzustellen, dass der Nachlass – aufgrund der meist vorliegenden Erbengemeinschaft zwischen dem überlebenden Ehegatten und dem behinderten Kind – regelmäßig gesamthänderisch gebunden und die Dispositionsfreiheit des überlebenden Ehegatten stark eingeschränkt ist.[829] Hinzukommen kann die

---

824 *Nieder*, Das Behindertentestament * Sittenwidrige Umgehung des sozialhilferechtlichen Nachrangprinzips oder Familienlastenausgleich, NJW 1994, 1264 (1266).

825 *Krampe*, Testamentsgestaltung zugunsten eines Sozialhilfeempfängers, AcP 191 (1991), 526 (533).

826 *Spall*, Das Behindertentestament – ein Überblick für die notarielle Praxis, in: Festschrift 200 Jahre Notarkammer Pfalz, 2003, S. 130 f.

827 *W. Kössinger*, in: Nieder/Kössinger, Handbuch der Testamentsgestaltung, 5. Aufl. 2015, § 7 Rn. 47.

828 *Baltzer/Reisnecker*, Vorsorgen mit Sorgenkindern, 2012, Rn. 642.

829 *Litzenburger*, Die interessengerechte Gestaltung des gemeinschaftlichen Testaments von Eltern zu Gunsten behinderter Kinder, RNotZ 2004, 138 (144).

Problematik, dass der Überlebende, der im Zweifel auch Betreuer des behinderten Kindes ist, zum Testamentsvollstrecker eingesetzt wird. In diesen Fällen der Personenidentität wird häufig ein Dauerzusatzbetreuer bestellt, was dazu führt, dass ein familienfremder Dritter bei der Nachlassverwaltung miteinzubeziehen ist; dies hat eine weitere Einschränkung des überlebenden Ehegatten zur Folge.[830] Im Fall eines minderjährigen Erben hat der BGH jedoch entschieden, dass es für die Anordnung einer Ergänzungspflegschaft auf den Einzelfall ankommt: „Ob (...) eine Ergänzungspflegschaft zur Wahrnehmung der Rechte des Minderjährigen gegenüber dem Vater als Testamentsvollstrecker angeordnet werden muss, ist – im Rahmen der tatrichterlichen Verantwortung – im Einzelfall zu entscheiden. Ein „typischer" Interessengegensatz wird zwar im Regelfall die Annahme rechtfertigen, dass es auch im zu entscheidenden Einzelfall zu Konfliktsituationen kommen kann, denen durch die Bestellung eines Pflegers rechtzeitig vorgebeugt werden sollte. Anderes kann sich jedoch dann ergeben, wenn aufgrund der bisherigen Erfahrungen und des engen persönlichen Verhältnisses zwischen Vater und Kind keinerlei Anlass zu der Annahme besteht, der Vater werde unbeschadet seiner eigenen Interessen die Belange des Kindes nicht in gebotenem Maße wahren und fördern."[831] Die Entscheidung des BGH wird aufgrund der Rechtsschutzverkürzung des Minderjährigen – es gibt keinen Dritten, der die Situation überwacht – in der Literatur kritisiert.[832] Aufgrund der besonderen Schutzbedürftigkeit von behinderten Menschen sollte dieses Vorgehen im Fall eines behinderten Erben allenfalls die Ausnahme bilden. Außerdem kommt eine Übertragung dieser Rechtsprechung aufgrund ihrer besonderen Kombination zwischen der Stellung der Eltern als gesetzliche Vertreter und gleichzeitig als Testamentsvollstrecker auf die sonstigen Betreuungsverhältnisse wohl nicht in Betracht.[833] Unabhängig davon besteht die Möglichkeit, das Problem der Einsetzung eines familienfremden Ergänzungsbetreuers gänzlich zu umgehen, indem ein Mittestamentsvollstrecker eingesetzt wird oder man einen solchen gemäß § 2199 BGB vom Haupttestamentsvollstrecker bestimmen lässt, wobei eine

---

830 *Hartmann*, Das sog. Behindertentestament: Vor- und Nacherbschaftskonstruktion oder Vermächtnisvariante?, ZEV 2001, 89 (91).

831 BGH, Beschl. v. 5.3.2008 (Az. XII ZB 2/07), FamRZ 2008, 1156 (1156).

832 *Zimmermann*, Anmerkung zu: BGH, Beschl. v. 5.3.2008 (Az. XII ZB 2/07), FamRZ 2008, 1156 (1158 f.).

833 *G. Müller*, in: Limmer/Hertel/Frenz/Mayer (Hrsg.), Würzburger Notarhandbuch, 4. Aufl. 2015, Teil 4 Kap. 1 Rn. 418 Fn. 762.

Beschränkung auf die Überwachung des Haupttestamentsvollstreckers gemäß § 2208 BGB angeordnet werden sollte.[834]

Die Erstellung eines Behindertentestaments in der Ausgestaltungsvariante der Erbschaftslösung ist somit immer dann sinnvoll, wenn eine Erbauseinandersetzung nicht gewünscht oder deren Nichtdurchführung in Kauf genommen wird.[835] Außerdem hat der Erblasser die Möglichkeit durch Teilungsanordnungen und Vermächtnisse entsprechende Regelungen (auch zugunsten des überlebenden Ehegatten) zu treffen, die unabhängig von und zusätzlich zu der Anordnung der Vor- und Nacherbschaft verfügt werden können.[836]

2. Vermächtnislösung

Alternativ zur Erbschaftslösung kann für die Erstellung eines Behindertentestaments auch auf die Vermächtnislösung zurückgegriffen werden. Kennzeichnend für dieses Lösungsmodell ist folgende Gestaltung:[837] Der behinderte Pflichtteilsberechtigte wird vom Erblasser enterbt, erhält jedoch ein Vorvermächtnis, dessen Höhe aufgrund von § 2307 Abs. 1 S. 2 BGB mindestens seinem Pflichtteil entspricht. Als Nachvermächtnisnehmer werden gemäß § 2191 BGB (vornehmlich) entweder die Abkömmlinge oder Geschwister des Vermächtnisnehmers eingesetzt, wobei der Nachvermächtnisfall mit dem Tod des behinderten Vorvermächtnisnehmers eintritt. Für das Vorvermächtnis wird – analog zur Erbschaftslösung – Dauervollstreckung angeordnet. Des Weiteren erfolgt an den Testamentsvollstrecker die bindende Anweisung, dass dieser an den Vorvermächtnisnehmer zur Verbesserung der Lebensqualität aus den Erträgen des Vorvermächtnisses Zuwendungen in einer Höhe machen soll, die dem Zugriff des Sozialhilfeträgers entzogen sind.

a) Anordnung eines Vor- und Nachvermächtnisses

Im Vergleich zur Erbschaftslösung wird der behinderte Sozialhilfeempfänger bei der Vermächtnislösung gerade nicht (Mit-)Erbe, sondern vielmehr enterbt. Zu

---

834 *Krauß*, Vermögensnachfolge in der Praxis, 4. Aufl. 2015, Rn. 5646.

835 *Spall*, Zur so genannten Vermächtnislösung beim Behindertentestament, MittBayNot 2001, 249 (251).

836 *Hartmann*, Das sog. Behindertentestament: Vor- und Nacherbschaftskonstruktion oder Vermächtnisvariante?, ZEV 2001, 89 (94); a.A.: *Litzenburger*, Die interessengerechte Gestaltung des gemeinschaftlichen Testaments von Eltern zu Gunsten behinderter Kinder, RNotZ 2004, 138 (144).

837 *Spall*, Das Behindertentestament – ein Überblick für die notarielle Praxis, in: Festschrift 200 Jahre Notarkammer Pfalz, 2003, S. 132.

seinen Gunsten wird jedoch vom Erblasser ein Vermächtnis angeordnet, wobei dies gemäß § 2191 BGB meist im Wege eines Vor- und Nachvermächtnisses erfolgt. Von einem sog. Nachvermächtnis spricht man immer dann, wenn der Erblasser mehreren Personen einen Vermächtnisgegenstand hintereinander zuwendet und der Vorvermächtnisnehmer den Gegenstand bei Eintritt eines vom Erblasser bestimmten Zeitpunkts oder Ereignisses an den Nachvermächtnisnehmer herausgeben muss.[838] Da der Vorvermächtnisnehmer durch die Anordnung eines Nachvermächtnisses gemäß § 2191 Abs. 1 BGB beschwert wird, stellt das Nachvermächtnis eine Ausprägung des Untervermächtnisses dar.[839] Im Unterschied zur Erbschaftslösung und der darin enthaltenen Anordnung der Vor- und Nacherbschaft, geht der Vermächtnisgegenstand bei der Vermächtnislösung aber „nicht automatisch und dinglich (wie bei § 2139 BGB) auf den Zweitbedachten über"; der Nachvermächtnisnehmer hat vielmehr nur einen schuldrechtlichen Anspruch gegen den Vorvermächtnisnehmer respektive dessen Erben.[840] Der Nachvermächtnisnehmer hat somit im Gegensatz zum Nacherben eine wesentlich schwächere Rechtstellung.[841] Dies zeigt sich beispielsweise auch anhand von § 2115 BGB, welcher den Nachlass vor Zugriffen von Gläubigern des behinderten Vorerben schützt. Aufgrund des eindeutigen Wortlauts und der Stellung im Gesetz, ist diese Norm nicht auf die Konstellation Vor- und Nachvermächtnis anwendbar. Eine analoge Anwendung scheidet ebenso aus, da § 2191 Abs. 2 BGB die entsprechende Anwendung von Vorschriften, die für die Einsetzung eines Nacherben gelten, in Bezug auf Nachvermächtnisnehmer abschließend regelt.[842] Es mangelt somit an einer planwidrigen Regelungslücke.

Bei der Anordnung des Vermächtnisses ist darauf zu achten, dass das Vermächtnis zugunsten des behinderten Sozialhilfeempfängers quotenmäßig mindestens in Höhe seines künftigen Pflichtteilsanspruch liegen muss, um die Entstehung eines Pflichtteilsrestanspruchs gemäß § 2307 Abs. 1 S. 2 BGB zu vermeiden, den der Sozialhilfeträger gemäß § 93 Abs. 1 S. 1 SGB XII auf sich überleiten könnte.[843]

---

838 *Weidlich*, in: Palandt, BGB, 76. Aufl. 2017, § 2191 Rn. 1.

839 *Otte*, in: Staudinger, Kommentar zum BGB, Neubearbeitung 2013, § 2191 Rn. 4.

840 *Muscheler*, Das Vor- und Nachvermächtnis, AcP 208 (2008), 69 (69 f.).

841 *v. Dickhuth-Harrach*, Handbuch der Erbfolge-Gestaltung, 2011, § 30 Rn. 7.

842 *Stürner*, in: Jauernig, BGB Kommentar, 16. Aufl. 2015, § 2191 Rn. 2.

843 *Bengel/Spall*, in: Scherer, Anwaltshandbuch Erbrecht, 4. Aufl. 2014, § 41 Rn. 33.

b)Testamentsvollstreckung in Form der Dauervollstreckung

Damit das Vermächtnis zugunsten des behinderten Sozialhilfeempfängers vor Zugriffen Dritter geschützt ist, bedarf es auch bei der Vermächtnislösung einer Anordnung der Testamentsvollstreckung in Form der Dauervollstreckung entsprechend § 2209 S. 1 BGB. Geregelt ist im BGB grundsätzlich gemäß § 2203 BGB – als Fall der Abwicklungsvollstreckung – nur die Einsetzung eines Testamentsvollstreckers zur Erfüllung des Vermächtnisses sowie gemäß § 2223 BGB die Einsetzung eines Testamentsvollstreckers zum Vermächtnisvollstrecker, um das Nachvermächtnis zu erfüllen.[844] Die Möglichkeit der Dauervollstreckung ist von Gesetzes wegen eigentlich nicht vorgesehen, wird aber von der herrschenden Meinung anerkannt.[845] Der BGH führt hierzu folgendermaßen aus: „(…) [Eine] Testamentsvollstreckung kann auch für einen Vermächtnisgegenstand angeordnet werden. Dies ergibt sich schon daraus, daß nach dem Willen des Gesetzes dem Erblasser die Möglichkeit gegeben werden soll, durch die Ernennung eines Testamentsvollstreckers seinen letzten Willen zur Ausführung bringen zu lassen. Daß hierbei nur der letzte Wille in Betracht kommen soll, soweit er den Erben selbst betrifft, läßt sich dem Gesetz nicht entnehmen. Im Gegenteil bestimmt § 2203 BGB ganz allgemein, daß der Testamentsvollstrecker die letztwillige Verfügung zur Ausführung zu bringen hat. (…) Schon die Motive zum BGB (Band V S 246) sprechen für den Fall des § 2223 BGB von der Möglichkeit einer entsprechenden Anwendung der Bestimmungen über den Testamentsvollstrecker. Ferner sieht § 2338 BGB ausdrücklich die Verwaltung eines Vermächtnisses durch den Testamentsvollstrecker bei der Beschränkung des Pflichtteilsberechtigten vor. Infolgedessen muß es zulässig sein, daß der Erblasser in gleicher Weise wie für einen Erben auch für einen Vermächtnisnehmer die Verwaltung eines Nachlaßgegenstandes anordnet."[846]

Der Ansicht des BGH ist zuzustimmen. Da eine Testamentsvollstreckung in Form der Dauervollstreckung in Bezug auf das Erbe von Gesetzes wegen vorgesehen ist, muss dies erst recht bei einem Vermächtnisgegenstand möglich sein. Überdies ist dem von Art. 14 Abs. 1 S. 1 GG geschützten Willen des Erblassers Geltung zu verschaffen, sollte dieser eine Dauervollstreckung für einen Vermächtnisgegenstand wünschen.

---

844 *Muscheler*, Das Vor- und Nachvermächtnis, AcP 208 (2008), 69 (88 ff.).

845 *Damrau*, Das Behinderten-Testament mit Vermächtnislösung, ZEV 1998, 1 (2).

846 BGH, Urt. v. 29.4.1954 (Az. IV ZR 152/53), BGHZ 13, 203 (205 f.).

In Bezug auf die konkreten Wirkungen der Vermächtnistestamentsvollstreckung wird auf die Ausführungen zur „Testamentsvollstreckung in Form der Dauervollstreckung" bei der Erbschaftslösung verwiesen.[847]

c) Verwaltungsanordnung

Um einen vollumfänglichen Schutz des Vorvermächtnisnehmers, aber auch des Nachvermächtnisnehmers gewährleisten zu können, bedarf es bei der Vermächtnislösung im Hinblick auf die Nutzungen und gegebenenfalls auch auf die Substanz des Vermächtnisses ebenfalls einer Verwaltungsanordnung gemäß § 2216 Abs. 2 S. 1 BGB.[848] Der Testamentsvollstrecker wird somit angewiesen, an den Vermächtnisnehmer Vermögensgegenstände nur in einer solchen Höhe auszukehren, wie sie dem Zugriff des Sozialhilfeträgers entzogen sind.[849]

d) Vor- und Nachteile der Vermächtnislösung

aa) Vorteile

Der wesentlichste Vorteil der Vermächtnislösung ist, dass – im Vergleich zur Erbschaftslösung – eine Erbengemeinschaft mit dem behinderten Sozialhilfeempfänger und somit eine mit ihm verbundene Erbauseinandersetzung vermieden wird.[850] Außerdem bietet dieses Lösungsmodell „sehr individuelle Gestaltungsmöglichkeiten durch die Zuwendung der unterschiedlichsten Gegenstände"[851], da im Vermächtnisrecht – aufgrund seiner schuldrechtlichen Ausprägung – ein sehr großer Handlungsspielraum besteht.[852]

bb) Nachteile

Nachteilig ist gemäß § 2307 Abs. 2 BGB die Möglichkeit der zeitlich unbegrenzten Ausschlagung, wobei dieses Problem dadurch gelöst werden kann, dass der mit dem Vermächtnis beschwerte Erbe dem Pflichtteilsberechtigten eine Frist

---

847 Vgl. hierzu: Kapitel 4 B. II. 2. b).

848 *R. Kössinger*, in: Nieder/Kössinger, Handbuch der Testamentsgestaltung, 5. Aufl. 2015, § 21 Rn. 98.

849 *Spall*, Zur so genannten Vermächtnislösung beim Behindertentestament, MittBayNot 2001, 249 (251).

850 *G. Müller*, in: Schlitt/Müller, Handbuch Pflichtteilsrecht, 1. Aufl. 2010, § 10 Rn. 294.

851 *Spall*, Das Behindertentestament – ein Überblick für die notarielle Praxis, in: Festschrift 200 Jahre Notarkammer Pfalz, 2003, S. 133.

852 *Baltzer*, Das Vor- und Nachvermächtnis in der Kautelarjurisprudenz, 2007, Rn. 389, 651.

zur Erklärung über die Annahme des Vermächtnisses setzt.[853] Des Weiteren wird partiell die geringe Regelungsdichte in Bezug auf die Anordnung eines Vor- und Nachvermächtnisses als negativ bewertet.[854] Das größte Problem der Vermächtnislösung liegt aber in der ungeklärten Rechtslage in Bezug auf das Nachvermächtnis als mögliche Haftungsmasse für die Gläubiger des Vorvermächtnisnehmers. Zu unterscheiden ist hierbei zwischen der sozialhilferechtlichen und der zivilrechtlichen Erbenhaftung.

(1) Sozialhilferechtliche Erbenhaftung

Vor allem die ungeklärte Rechtslage im Hinblick auf einen möglichen Kostenersatzanspruch des Sozialhilfeträgers gegen die Erben des Vorvermächtnisnehmers gemäß § 102 Abs. 1 SGB XII lässt Zweifel an der Vermächtnislösung aufkommen.[855] In Streit stehend ist dabei das Verhältnis des Anspruchs des Nachvermächtnisnehmers gegen die Erben des Vorvermächtnisnehmers zu anderen Nachlassverbindlichkeiten wie etwa dem Kostenersatzanspruch des Sozialhilfeträgers gemäß § 102 Abs. 1 SGB XII. Zunächst ist hierzu festzustellen, dass das Nachvermächtnis im Vergleich zur Nacherbschaft nicht ipso iure auf den Nachvermächtnisnehmer übergeht, sondern lediglich einen schuldrechtlichen Anspruch gegen den Vorvermächtnisnehmer bzw. dessen Erben darstellt, der dinglich erfüllt werden muss.[856] Aus diesem Grund wird in der Literatur teilweise vertreten, dass der Anspruch des Nachvermächtnisnehmers und der Anspruch des Sozialhilfeträgers gleichrangig sind und konkurrieren.[857] Diese Ansicht wurde zum ersten Mal im Jahre 1998 von *Damrau* vertreten, wobei dieser seine These folgendermaßen begründete:[858] Mit dem Tod des Vorvermächtnisnehmers falle der Vermächtnisgegenstand in den Nachlass des Vorvermächtnisnehmers. Gegen diesen Nachlass habe der Sozialhilfeträger einen Kostenersatzanspruch gemäß § 102 Abs. 1 SGB XII. Im Falle eines überschuldeten Nachlasses – der Vermächtnisgegenstand stelle meist den einzig verwertbaren Nachlassgegenstand

853 *Baltzer*, Das Vor- und Nachvermächtnis in der Kautelarjurisprudenz, 2007, Rn. 654.

854 *Baltzer/Reisnecker*, Vorsorgen mit Sorgenkindern, 2012, Rn. 668.

855 *Litzenburger*, Die interessengerechte Gestaltung des gemeinschaftlichen Testaments von Eltern zu Gunsten behinderter Kinder, RNotZ 2004, 138 (143).

856 *Muscheler*, Das Vor- und Nachvermächtnis, AcP 208 (2008), 69 (79).

857 *Bengel/Dietz*, in: Reimann/Bengel/J. Mayer, Testament und Erbvertrag, 6. Aufl. 2015, Syst. A Rn. 758.

858 *Damrau*, Das Behinderten-Testament mit Vermächtnislösung, ZEV 1998, 1 (3). Die Ausführungen betrafen noch die Vorgängernorm des § 102 SGB XII, namentlich den § 92 c BSHG.

dar – müsse daher Nachlassinsolvenz angeordnet werden, wobei beide Ansprüche gleichrangig zu behandeln wären. Dieser Ansicht tritt die herrschende Meinung entgegen und geht davon aus, dass der Anspruch des Nachvermächtnisnehmers gegenüber dem Kostenersatzanspruch des Sozialhilfeträgers vorrangig zu befriedigen ist.[859] Begründet wird dies damit, dass sich der Begriff „Wert des im Zeitpunkt des Erbfalles vorhandenen Nachlasses" iSv § 102 Abs. 2 S. 2 SGB XII an § 2311 Abs. 1 BGB orientiere und damit „die Differenz zwischen dem in Geld zu veranschlagenden Aktivbestand und den Passiva im Zeitpunkt des Erbfalls" gemeint ist.[860] Dies hat zur Konsequenz, dass zwar Erblasserschulden – dazu gehört der Anspruch des Nachvermächtnisnehmers gemäß § 2191 BGB –, nicht aber die Erbfallschulden – dazu zählt der Anspruch des Sozialhilfeträgers gemäß § 102 Abs. 1 SGB XII – abgezogen werden können.[861] Entgegen dem Grundsatz der Relativität der Rechtsbegriffe, sollte der herrschenden Meinung im Sinne der Einheit der Rechtsordnung gefolgt werden.[862] Für die Vorrangigkeit des Nachvermächtnisanspruchs spricht auch der Sinn und Zweck des § 102 Abs. 1 SGB XII, da hierdurch nicht der Schutz des Schonvermögens zugunsten des Sozialhilfeempfängers auf seine Erben übertragen, sondern die Subsidiarität der Sozialhilfe wiederhergestellt werden soll.[863] Der Nachvermächtnisgegenstand war aber nie Teil des Schonvermögens, sondern vielmehr ab Übertragung auf den Vorvermächtnisnehmer „mit einer (bedingten oder befristeten) Nachvermächtnisverbindlichkeit (schuldrechtlich) belastet (...)".[864] Des Weiteren zeigt ein Vergleich zwischen einer Insolvenz zu Lebzeiten des Vorvermächtnisnehmers und einem Insolvenzverfahren über den Nachlass des Vorgenannten, dass der Nachvermächtnisanspruch vorrangig sein muss. Im Falle einer Insolvenz zu Lebzeiten

---

859 *Spall*, Zur so genannten Vermächtnislösung beim Behindertentestament, MittBayNot 2001, 249 (252).

860 BVerwG, Urt. v. 23.9.1982 (Az. 5 C 109.81), BVerwGE 66, 161 (162 f.). Die Ausführungen betrafen noch die Vorgängernorm des § 102 SGB XII, namentlich den § 92 c BSHG.

861 Behindertentestament; Vermächtnislösung; Kostenersatzanspruch, DNotI-Report 1999, 149 (149); a.A.: Nach *Otte* verwechselt die herrschende Meinung „Haftung und Schuld", da aus der Haftungsbeschränkung des § 102 Abs. 2 S. 2 SGB XII (*Der Erbe haftet mit dem Wert des im Zeitpunkt des Erbfalles vorhandenen Nachlasses*) „nicht auf den Rang der Schuld im Verhältnis zu anderen Schulden geschlossen werden [könne]". Die beiden Ansprüche seien daher eher als gleichrangig anzusehen (vgl. *Otte*, in: Staudinger, Kommentar zum BGB, Neubearbeitung 2013, § 2191 Rn. 14).

862 *Felix*, Einheit der Rechtsordnung, 1998, S. 189 f.

863 *Baltzer*, Das Vor- und Nachvermächtnis in der Kautelarjurisprudenz, 2007, Rn. 343.

864 *Muscheler*, Das Vor- und Nachvermächtnis, AcP 208 (2008), 69 (97).

würde der Nachvermächtnisanspruch volle Berücksichtigung finden und § 102 Abs. 1 SGB XII nicht zur Anwendung kommen; ein Grund, warum dies bei einer Nachlassinsolvenz anders sein soll, ist nicht ersichtlich.[865]

Abschließend sei noch Folgendes erwähnt: Möchte man – aufgrund der fehlenden höchstrichterlichen Rechtsprechung – die Gefahr einer möglicherweise doch bestehenden Gleichrangigkeit der beiden Ansprüche umgehen, stellt die Anordnung einer Dauervollstreckung über das Vorvermächtnis analog § 2209 BGB mit anschließender Abwicklungsvollstreckung gemäß § 2223 BGB eine wirksame Option dar.[866] Durch dieses Konstrukt wird vermieden, dass der behinderte Sozialhilfeempfänger Verfügungsmacht über den Vermächtnisgegenstand erhält, wodurch die Zugriffsmöglichkeit des Sozialhilfeträgers ausgeschlossen wird.[867]

(2) Zivilrechtliche Erbenhaftung

In der Literatur wird teilweise vertreten, dass neben der sozialhilferechtlichen eine zivilrechtliche Erbenhaftung zulasten des Nachvermächtnisnehmers analog § 2382 iVm § 2385 BGB besteht.[868] Begründet wird diese Haftung damit, dass der Nachvermächtnisgegenstand meist das einzige Vermögen des Vorvermächtnisnehmers darstelle, weshalb „das Nachvermächtnis faktisch zu einem Universalvermächtnis" würde.[869] Für das Universalvermächtnis sei jedoch in der Literatur anerkannt, dass hierauf die Vorschriften über den Erbschaftskauf analog § 2385 BGB anwendbar sind und der Universalvermächtnisnehmer in analoger Anwendung des § 2382 BGB für die Nachlassverbindlichkeiten hafte.[870] Für den

865 *Baltzer*, Das Vor- und Nachvermächtnis in der Kautelarjurisprudenz, 2007, Rn. 344.

866 *Spall*, Vollzug eines Nachvermächtnisses durch den Testamentsvollstrecker, ZEV 2002, 5 (5); BGH, Urt. v. 18.10.2000 (Az. IV ZR 99/99), ZEV 2001, 20 (21); a.A.: *Damrau/J. Mayer*, Zur Vor- und Nachvermächtnislösung beim sog. Behindertentestament, ZEV 2001, 293 (294).

867 *Spall*, Das Behindertentestament – ein Überblick für die notarielle Praxis, in: Festschrift 200 Jahre Notarkammer Pfalz, 2003, S. 134.

868 *van de Loo*, Die Gestaltung der Verfügung von Todes wegen zugunsten des betroffenen Behinderten, MittRhNotK 1989, 233 (243).

869 *Settergren*, Das „Behindertentestament" im Spannungsfeld zwischen Privatautonomie und sozialhilferechtlichem Nachrangprinzip, 1999, S. 41. Ein Universalvermächtnis liegt immer dann vor, „wenn der gesamte nach Begleichung der Nachlassverbindlichkeiten verbleibende Nachlass vermacht ist" (vgl. *Müller-Christmann*, in: Bamberger/Roth (Hrsg.), Beck'scher Online Kommentar zum BGB, Stand: 1.5.2016, § 1939 Rn. 6).

870 *Dobroschke*, Die Unternehmensnachfolge Minderjähriger, DB 1967, 803 (805).

Fall, dass der Sozialhilfeträger Leistungen an den behinderten Vorvermächtnisnehmer erbracht hat, müsse der Nachvermächtnisnehmer folglich mit dem Nachvermächtnisgegenstand einstehen.[871]

Diese Ansicht ist abzulehnen. Es mangelt bereits an einem für eine Analogie notwendigen vergleichbaren Sachverhalt.[872] Im Falle der Anordnung eines Universalvermächtnisses – also der Zuwendung des gesamten Nachlasses in Form eines Vermächtnisses[873] – soll durch die Anwendung des § 2382 BGB, der die Haftung des Erbschaftskäufers gegenüber den Nachlassgläubigern regelt, verhindert werden, dass die Gläubiger des Erblassers ihren Ansprüchen keine Geltung verschaffen können, da der Erblasser die Haftungsmasse auf einen nicht haftenden Vermächtnisnehmer übertragen hat.[874] Sinn und Zweck dieser Vorschrift ist, den Nachlassgläubigern das Vermögen als Haftungsmasse zu erhalten.[875] Die Anordnung eines Universalvermächtnisses ist jedoch nicht mit der eines Nachvermächtnisses vergleichbar. Die Anordnung eines Vor- und Nachvermächtnisses und die damit verbundene Vermögensverschiebung basiert nicht auf der Willensbildung des behinderten Vorvermächtnisnehmers, sondern auf der des Erblassers, der das Vor- und Nachvermächtnis seinerzeit angeordnet hat.[876] Es geht somit nicht darum, dass der Vorvermächtnisnehmer seinen Gläubigern durch das Nachvermächtnis Haftungsmasse entziehen will. Er hat auf die Anordnung vielmehr überhaupt gar keinen Einfluss.

Außerdem stellt das Nachvermächtnis bei der Vermächtnislösung schon gar kein Universalvermächtnis dar. Entscheidend für die Bewertung des Vermächtnisses als Universalvermächtnis ist nicht das Vermögen des Vorvermächtnisnehmers, sondern das des Erblassers.[877] Solange von der Anordnung des Vor- und Nachvermächtnisses nur ein Teil des Erblasservermögens umfasst ist, kann es sich hierbei nicht um ein Universalvermächtnis handeln.

Des Weiteren ist eine zivilrechtliche Haftung systematisch nicht mit den Regelungen der sozialhilferechtlichen Kostenerstattung in Einklang zu bringen, da

---

871 *van de Loo*, Die Gestaltung der Verfügung von Todes wegen zugunsten des betroffenen Behinderten, MittRhNotK 1989, 233 (243).

872 *Larenz/Canaris*, Methodenlehre der Rechtswissenschaft, 3. Aufl. 1995, S. 202.

873 *Rudy*, in: MüKo, BGB, 7. Aufl. 2017, Vor § 2147 Rn. 4.

874 *Hartmann*, Das sog. Behindertentestament: Vor- und Nacherbschaftskonstruktion oder Vermächtnisvariante?, ZEV 2001, 89 (93 f.).

875 *Musielak*, in: MüKo, BGB, 7. Aufl. 2017, § 2382 Rn. 1.

876 *Baltzer*, Das Vor- und Nachvermächtnis in der Kautelarjurisprudenz, 2007, Rn. 377.

877 *Lambrecht*, Der Zugriff des Sozialhilfeträgers auf den erbrechtlichen Erwerb, 2001, S. 47.

die §§ 102 ff. SGB XII abschließende Regeln darstellen.[878] § 102 SGB XII spricht expressis verbis vom *Kostenersatz durch Erben*. „[Die] Haftung auf Kostenersatz kann daher nicht durch Heranziehung zivilrechtlicher Bestimmungen auf Personen erstreckt werden, die keine Erben sind, sondern lediglich zivilrechtlich für Nachlassverbindlichkeiten einzustehen haben."[879]

e) Besondere Ausprägungen der Vermächtnislösung

Als besondere Ausprägung der Vermächtnislösung kann zugunsten des behinderten Abkömmlings anstelle oder zusätzlich zu einem Geldvermächtnis, auch ein Nutzungsvermächtnis in Form einer Leibrente oder eines Wohnrechts angeordnet werden.

aa) Leibrentenvermächtnis

Bei einem Leibrentenvermächtnis erhält der behinderte Abkömmling vom Erben eine lebenslange Rente, die monatlich zu entrichten ist und deren Auszahlungsbeträge einer lebenslangen Dauertestamentsvollstreckung unterworfen sind.[880] Dabei bedarf es nicht unbedingt der Anordnung eines Nachvermächtnisses, da „Gegenstand des Nachvermächtnisses (...) beim Leibrentenvermächtnis nämlich nur die Geldbeträge bzw. Vermögenswerte [sind], die der Testamentsvollstrecker aus den bis zum Todestag geflossenen Rentenzahlungen noch nicht für den Behinderten verbraucht hat, insbesondere also Rücklagen. (...) Dies wird bei sachgerechter Ausgestaltung der Verwaltungsanordnung und vernünftiger Mittelverwendung durch den Testamentsvollstrecker meist kein erheblicher Betrag sein."[881] Der behinderte Vermächtnisnehmer einer Leibrente erhält somit – im Vergleich zum Geldvermächtnis – nicht einmalig einen bestimmten Betrag, sondern bis zu seinem Ableben monatlich wiederkehrende Rentenzahlungen.[882] Um eine Ausschlagung des Vermächtnisses gemäß § 2307 Abs. 1 S. 1 BGB und einen Pflichtteilsrestanspruch gemäß § 2307 Abs. 1 S. 2 BGB zu vermeiden, sollte der Rentenstammwert oberhalb der gesetzlichen Pflichtteilsquote

---

878 *Baltzer*, Das Vor- und Nachvermächtnis in der Kautelarjurisprudenz, 2007, Rn. 374.

879 *Hartmann*, Das sog. Behindertentestament: Vor- und Nacherbschaftskonstruktion oder Vermächtnisvariante?, ZEV 2001, 89 (93). Die Ausführungen betrafen noch die Vorgängernorm des § 102 SGB XII, namentlich den § 92 c BSHG.

880 *Schindler*, in: Ruby/Schindler/Wirich, Das Behindertentestament, 2. Aufl. 2014, § 3 Rn. 140.

881 *Spall*, Zur so genannten Vermächtnislösung beim Behindertentestament, MittBayNot 2001, 249 (254).

882 *Meyer-Dulheuer*, Gestaltungsformen des Behindertentestamentes, 2009, S. 224.

liegen, wobei dieser Betrag anschließend anhand der allgemeinen Sterbetafel zu verrenten ist.[883] Dieses Vorgehen ist nur dann problematisch, wenn aufgrund der spezifischen Behinderung des Abkömmlings die Lebenserwartung nicht oder schlecht abgeschätzt werden kann, weil dann die Gefahr eines Pflichtteilsrestanspruchs gemäß § 2307 Abs. 1 S. 2 BGB besteht, sollte das prognostizierte nicht dem tatsächlich erreichten Alter entsprechen.[884]

bb) Wohnungsrechtsvermächtnis

Eine weitere Möglichkeit der Vermächtnislösung besteht darin, zugunsten des behinderten Abkömmlings ein Wohnungsrechtsvermächtnis anzuordnen. Dies ist grundsätzlich nur dann sinnvoll, wenn der behinderte Vermächtnisnehmer das Wohnrecht auch nutzen kann.[885] Andernfalls können Ersatzansprüche gegen den Erben entstehen, sollte der behinderte Vermächtnisnehmer das Wohnrecht – beispielsweise bei Unterbringung in einem Heim – nicht mehr nutzen können.[886] Um solche Ersatzansprüche zu vermeiden, sollte eine sog. Wegzugsklausel in die letztwillige Verfügung aufgenommen werden, die besagt, dass dem Vermächtnisnehmer in einem solchen Fall keine Ersatzansprüche zustehen.[887]

3. Sog. umgekehrte Vermächtnislösung

a) Rechtliche Ausgestaltung

Mit der sog. umgekehrten Vermächtnislösung hat *Grziwotz* im Jahre 2002 eine Alternative zur klassischen Erbschafts- und Vermächtnislösung geschaffen, die folgende Gestaltung des Behindertentestaments vorsieht:[888] Der behinderte Abkömmling wird vom Erblasser zum alleinigen nicht befreiten Vorerben[889] und

883 *Limmer*, in: Tiedtke/Kanzleiter (Hrsg.), Erbrechtsberatung 2007 Aktuelle Entwicklungen im Erbrecht und Erbschaftssteuerrecht, 2007, S. 80.

884 *Baltzer/Reisnecker*, Vorsorgen mit Sorgenkindern, 2012, Rn. 685.

885 *Schindler*, in: Ruby/Schindler/Wirich, Das Behindertentestament, 2. Aufl. 2014, § 3 Rn. 143.

886 *Tersteegen*, in: Brambring/Mutter (Hrsg.), Beck'sches Formularbuch Erbrecht, 3. Aufl. 2014, F. I. 3. Anm. 6.

887 *Bengel/Dietz*, in: Reimann/Bengel/J. Mayer, Testament und Erbvertrag, 6. Aufl. 2015, Syst. A Rn. 758.

888 *Grziwotz*, Die umgekehrte Vermächtnislösung beim Behindertentestament: der Königsweg?, ZEV 2002, 409 (409 f.).

889 Die Beteiligung des behinderten Abkömmlings am Nachlass des Erblassers liegt dabei nur unwesentlich über seiner Pflichtteilsquote (vgl. *Tersteegen*, in: Brambring/Mutter (Hrsg.), Beck'sches Formularbuch Erbrecht, 3. Aufl. 2014, F. I. 4. Anm. 3.).

seine weiteren (nichtbehinderten) Abkömmlinge werden zu dessen Nacherben eingesetzt. Überdies werden den nichtbehinderten Abkömmlingen Vermächtnisse zugewandt. In Bezug auf die Vorerbschaft und zur Erfüllung der Vermächtnisse wird des Weiteren Testamentsvollstreckung in Form der Dauervollstreckung angeordnet. Insgesamt erhalten die nichtbehinderten Abkömmlinge bei dieser Konstruktion vermächtnishalber sämtliche Nachlassgegenstände des Erblassers mit Ausnahme eines Kontoguthabens, welches der Vor- und Nacherbschaft unterliegt.

Da der behinderte Abkömmling nicht Vermächtnisnehmer, sondern Erbe wird, stellt die umgekehrte Vermächtnislösung – anders als der Name erwarten lässt – eine besondere Ausprägung der Erbschaftslösung dar, bei der versucht wird, „die Vorteile der klassischen Erbschaftslösung mit den Vorteilen der echten Vermächtnislösung [zu] verbinden".[890]

b) Vor- und Nachteile der sog. umgekehrten Vermächtnislösung

Die von *Grziwotz* in seinem Aufsatz aus dem Jahre 2002 aufgeworfene Frage, ob die umgekehrte Vermächtnislösung den „Königsweg" darstelle, muss verneint werden. Im Einzelfall mag sie die beste Variante eines Behindertentestaments darstellen; in Gänze vom Königsweg zu sprechen, wäre aber verfehlt.

Für dieses Lösungsmodell spricht, dass der Sozialhilfeträger gemäß § 102 Abs. 1 SGB XII – aufgrund der Eigenschaft der umgekehrten Vermächtnislösung als Erbschaftslösung – auf den Nachlass nicht zugreifen kann.[891] Die nichtbehinderten Nacherben sind nämlich nicht die Erben des behinderten Vorerben, sondern die des Erblassers.[892] Ferner spricht für dieses Lösungsmodell, dass – wie schon bei der klassischen Vermächtnislösung – eine (fremdbestimmte) Erbengemeinschaft[893] mit dem behinderten Erben vermieden wird. Dies stellt freilich nur einen vermeintlichen Vorteil dar, da bei der umgekehrten Vermächtnislösung das Problem der Erbengemeinschaft durch die Stellung des behinderten Abkömmlings als Alleinerbe „ersetzt" wird.[894] Durch diese Ausgestaltung verliert der nichtbehinderte Abkömmling, der „nur" Vermächtnisnehmer und Nacherbe ist, seine starke Stellung als Erbe. Gleichzeitig werden die Vermächtnisse durch

890 *Spall*, Das Behindertentestament – ein Überblick für die notarielle Praxis, in: Festschrift 200 Jahre Notarkammer Pfalz, 2003, S. 135.
891 *Baltzer/Reisnecker*, Vorsorgen mit Sorgenkindern, 2012, Rn. 673.
892 Vgl. hierzu: Kapitel 4 B. II. 1. a).
893 *Grziwotz*, Die umgekehrte Vermächtnislösung beim Behindertentestament: der Königsweg?, ZEV 2002, 409 (409).
894 *Baltzer*, Das Vor- und Nachvermächtnis in der Kautelarjurisprudenz, 2007, Rn. 663.

den Testamentsvollstrecker erfüllt und sind somit auch fremdbestimmt.[895] Die Alleinerbenstellung kann außerdem wegen der angeordneten Vermächtnisse (beispielsweise bei der Übertragung von Grundbesitz) zu einem erheblichen Kostenaufwand führen, da diese erfüllt werden müssen.[896] Dabei darf nicht außer Acht gelassen werden, dass dieselben Kosten auch bei einer Erbauseinandersetzung im Wege der klassischen Erbschaftslösung anfallen würden.[897] Eine weitere Schwachstelle liegt in dem schwer vorauszusehenden tatsächlichen Bestand des Nachlasses zum Zeitpunkt des Erbfalls und der damit einhergehenden Gefahr, dass Änderungen im Erblasservermögen – aufgrund der in der letztwilligen Verfügung von Todes wegen festgelegten Verteilung des Nachlasses – zu einer Aushöhlung der Rechtsposition des behinderten Abkömmlings führen können, die dann möglicherweise gemäß § 2306 Abs. 1 BGB die Ausschlagung der Erbschaft durch den behinderten Abkömmling zur Folge haben.[898] „Das Prognoserisiko lässt sich [nach Ansicht von *Kornexl* aber] minimieren, wenn der Verteilungsplan für den künftigen Nachlass unabhängig davon bleibt, welchen Umfang und welche Zusammensetzung dieser beim Erbfall konkret aufweist. Hierzu erhalten alle übrigen Personen, welche am Nachlass partizipieren sollen, jeweils Quotengeldvermächtnisse. Zur Vermeidung von Liquiditätsproblemen wird zudem (…) dem Beschwerten bzw. dem Testamentsvollstrecker eine Ersetzungsbefugnis eingeräumt."[899] Negativ mag überdies für manchen überlebenden Ehegatten des Erblassers die Tatsache sein, dass er – anders als bei der Erbschafts- und der Vermächtnislösung – bei diesem Lösungsmodell nicht über den Nachlass (mit-) verfügen kann.[900]

Im Ergebnis hat die umgekehrte Vermächtnislösung im Einzelfall eine Existenzberechtigung. Für den Fall, dass der Nachlass jedoch ausschließlich aus einem Eigenheim oder einem Betrieb besteht und daneben kein verwertbares Vermögen vorhanden ist, ist dieses Lösungsmodell gänzlich ungeeignet, da eine

---

895 *Tersteegen*, in: Brambring/Mutter (Hrsg.), Beck'sches Formularbuch Erbrecht, 3. Aufl. 2014, F. I. 4. Anm. 1.

896 *Litzenburger*, Die interessengerechte Gestaltung des gemeinschaftlichen Testaments von Eltern zu Gunsten behinderter Kinder, RNotZ 2004, 138 (143).

897 *Kornexl*, Nachlassplanung bei Problemkindern, 2006, Rn. 343.

898 *Schindler*, in: Ruby/Schindler/Wirich, Das Behindertentestament, 2. Aufl. 2014, § 3 Rn. 138.

899 *Kornexl*, Nachlassplanung bei Problemkindern, 2006, Rn. 342.

900 *Litzenburger*, Die interessengerechte Gestaltung des gemeinschaftlichen Testaments von Eltern zu Gunsten behinderter Kinder, RNotZ 2004, 138 (143).

Aufteilung des Nachlasses im Sinne der umgekehrten Vermächtnislösung dann nicht in Betracht kommt.[901]

4. Trennungslösung

a) Rechtliche Ausgestaltung

Als weiteres Lösungsmodell schlägt *Litzenburger* die sog. Trennungslösung vor, bei der sich die Ehegatten gegenseitig zu befreiten Vorerben und die Abkömmlinge zu deren Nacherben einsetzen, wobei für den Erbteil des behinderten Abkömmlings wiederum Vor- und Nacherbschaft sowie Testamentsvollstreckung im Form der Dauervollstreckung angeordnet wird. Zusätzlich wird für den Fall der Ausschlagung nach dem Tod des erstversterbenden Elternteils eine Strafklausel aufgenommen, die verhindern soll, dass der Ausschlagende nicht den länger Lebenden beerbt.[902]

Den Nacherben und somit auch dem behinderten Abkömmling steht daher lediglich ein Nacherbenanwartschaftsrecht zu, welches mit dem Tod des erstversterbenden Elternteils entsteht und im Zweifel im Zeitpunkt des Erbfalls des länger lebenden Elternteils, also des Vorerben, gemäß § 2106 BGB zum Vollrecht erstarkt.[903]

b) Vor- und Nachteile der sog. Trennungslösung

Für die Trennungslösung spricht vor allem, dass aufgrund der alleinigen Vorerbenstellung des überlebenden Ehegatten eine Erbengemeinschaft und eine Erbauseinandersetzung mit dem behinderten Abkömmling vermieden wird.[904] Der überlebende Ehegatte hat im Rahmen der befreiten Vorerbschaft iSd § 2136 BGB erhebliche Verfügungsfreiheit. *Litzenburger* empfiehlt sogar, den Vorerben im Wege eines Übertragungsvorbehalts – es handelt sich dabei um ein Vorausvermächtnis an den Vorerben gemäß § 2110 Abs. 2 BGB – von den gemäß §§ 2136 iVm 2113 Abs. 2 BGB in Bezug auf unentgeltliche Verfügung (auch) bei der befreiten Vorerbschaft bestehenden Verfügungsbeschränkungen zu befreien.[905]

---

901 *Grziwotz*, Die umgekehrte Vermächtnislösung beim Behindertentestament: der Königsweg?, ZEV 2002, 409 (410).

902 *Litzenburger*, Die interessengerechte Gestaltung des gemeinschaftlichen Testaments von Eltern zu Gunsten behinderter Kinder, RNotZ 2004, 138 (144 ff.).

903 *Grunsky*, in: MüKo, BGB, 7. Aufl. 2017, § 2106 Rn. 3.

904 *Baltzer/Reisnecker*, Vorsorgen mit Sorgenkindern, 2012, Rn. 679.

905 *Litzenburger*, Die interessengerechte Gestaltung des gemeinschaftlichen Testaments von Eltern zu Gunsten behinderter Kinder, RNotZ 2004, 138 (145).

Diesem Vorteil stehen jedoch erhebliche Nachteile entgegen. Der Vorteil der Vermeidung der Erbengemeinschaft mit dem behinderten Abkömmling ist nur für den überlebenden Ehegatten gegeben; im Zeitpunkt des Anfalls der Nacherbschaft entsteht nämlich eine Erbengemeinschaft zwischen dem behinderten und dem nichtbehinderten Abkömmling.[906] Aufgrund seiner Stellung als Nacherbe steht dem behinderten Abkömmling zwar kein Pflichtteilsanspruch gemäß §§ 2303 ff. BGB zu. Da er als Nacherbe aber nur ein Anwartschaftsrecht auf den Nachlass und somit bis zum Eintritt des Nacherbfalls keinerlei Nutzen am Nachlass hat, steigt die Wahrscheinlichkeit, dass der behinderte Abkömmling selbst bzw. sein gesetzlicher Vertreter gemäß § 2306 Abs. 2 iVm Abs. 1 BGB die Nacherbschaft ausschlägt und den Pflichtteil verlangt.[907] Der Pflichtteil kann gemäß § 2142 Abs. 1 BGB überdies bereits beim ersten Erbfall geltend gemacht werden.[908] Insofern sind die Ausführungen *Litzenburgers* abzulehnen, soweit er diese Gefahr als ebenso groß bei der klassischen Erbschaftslösung ansieht und ein Risiko der Ausschlagung nur dann für gegeben hält, wenn die Verfügungsbefugnisse des Vorerben zu weitreichend ausgestaltet werden.[909]

Im Vergleich zur Trennungslösung wird der behinderte Abkömmling bei der klassischen Erbschaftslösung meist als nicht befreiter (Mit-)Vorerbe eingesetzt und hat somit gleich beim Erbfall des erstversterbenden Elternteils – soweit es die konkrete Ausgestaltung zulässt – die Möglichkeit auf den Nachlass zuzugreifen. Die Motivation auszuschlagen, ist bei der Trennungslösung somit wesentlich höher als bei der klassischen Erbschaftslösung. Die Gefahr der Ausschlagung ist überdies nicht nur dann gegeben, wenn die Rechte des Vorerben zu weitreichend ausgestaltet werden, sondern besteht allein schon aufgrund der Tatsache der Einsetzung des behinderten Abkömmlings als Nacherben.

Ob sich die Gestaltungsvariante der Trennungslösung anbietet, ist stark vom Einzelfall abhängig. Immerhin hält sie dem behinderten Abkömmling zunächst den Nachlass vor und ist somit grundsätzlich als nachteilig in Bezug auf das Gestaltungsziel, namentlich die Sicherung eines angemessenen Lebensstandards für den behinderten Abkömmling, anzusehen.[910] Dies mag dann unproblematisch

---

906 *Meyer-Dulheuer*, Gestaltungsformen des Behindertentestamentes, 2009, S. 212.

907 *Schindler*, in: Ruby/Schindler/Wirich, Das Behindertentestament, 2. Aufl. 2014, § 3 Rn. 128.

908 *Weidlich*, in: Palandt, BGB, 76. Aufl. 2017, § 2142 Rn. 1.

909 *Litzenburger*, Die interessengerechte Gestaltung des gemeinschaftlichen Testaments von Eltern zu Gunsten behinderter Kinder, RNotZ 2004, 138 (144 f.).

910 *Baltzer*, Das Vor- und Nachvermächtnis in der Kautelarjurisprudenz, 2007, Rn. 667.

sein, wenn der überlebende Elternteil bis zu seinem Ableben in der Lage ist, sich um den behinderten Abkömmling zu kümmern, sodass dieser erst beim Eintritt des Nacherbfalls auf die Betreuung durch Dritte und auf Sozialhilfe angewiesen ist. Hat der Abkömmling aber aufgrund der Behinderung nur eine geringe Lebenserwartung und ist der Eintritt des Nacherbfalls nicht in absehbarer Zeit zu erwarten, stellt die Trennungslösung keinen sinnvollen Lösungsweg dar.[911]

5. *Reine Testamentsvollstreckungslösung*

Soweit ersichtlich, hat sich mit der sog. reinen Testamentsvollstreckungslösung bisher obergerichtlich nur das OVG Saarland befasst.[912] Charakteristisch für dieses Modell ist folgende Ausgestaltung:[913] Der behinderte Abkömmling wird zum alleinigen Vollerben eingesetzt, wobei in Bezug auf die Erbschaft des behinderten Abkömmlings Testamentsvollstreckung in Form der Dauervollstreckung angeordnet wird und dem Testamentsvollstrecker sozialhilfeunschädliche Verwaltungsanordnungen erteilt werden.

Im Vergleich zur klassischen Erbschaftslösung unterscheidet sich die reine Testamentsvollstreckungslösung dadurch, dass wegen der fehlenden Anordnung der Vor- und Nacherbschaft, der Nachlass nach dem Ableben des behinderten Abkömmlings gemäß § 102 SGB XII an den Sozialhilfeträger fällt. Obwohl somit die schützende Funktion der Vor- und Nacherbschaft nicht genutzt wird, ist der Nachlass zu Lebzeiten des behinderten Erben ausreichend durch die Testamentsvollstreckung geschützt, da zum einen der Erbe gemäß § 2211 BGB nicht wirksam über die Nachlassgegenstände verfügen kann und zum anderen der Zugriff der Eigengläubiger des behinderten Erben gemäß § 2214 BGB ausgeschlossen ist, weshalb es sich beim Nachlass nicht um verwertbares Vermögen iSd § 90 SGB XII handelt.[914] Mit der reinen Testamentsvollstreckung wird daher lediglich das Primärziel eines Behindertentestaments – nämlich dem behinderten Erben zusätzlich zu Sozialleistungen Vorteile aus dem Nachlass zukommen zu lassen und den Nachlass vor dem Zugriff von Eigengläubigern des behinderten Erben zu dessen Lebzeiten zu schützen – erreicht; das

---

911 *Kornexl*, Nachlassplanung bei Problemkindern, 2006, Rn. 354.

912 OVG Saarland, Urt. v. 17.3.2006 (Az. 3 R 2/05), MittBayNot 2007, 65 (65 ff.).

913 *Ruby*, in: Ruby/Schindler/Wirich, Das Behindertentestament, 2. Aufl. 2014, § 1 Rn. 8.

914 OVG Saarland, Urt. v. 17.3.2006 (Az. 3 R 2/05), MittBayNot 2007, 65 (66). Die Entscheidung des OVG beruht noch auf der Vorgängernorm des § 90 SGB XII, namentlich § 88 BSHG.

Sekundärziel – namentlich die Erhaltung des Vermögens für die Familie – wird bei dieser Lösung nicht verwirklicht.[915]

Die reine Testamentsvollstreckerlösung bietet sich mithin nur in Fällen an, in denen der Erhalt des Nachlasses für die Familie nicht erforderlich ist, beispielsweise weil neben dem behinderten Abkömmling keine weiteren Personen existieren, die bedacht werden sollen.[916] Die Ansicht *Spalls*, dass dieses Lösungsmodell auch in solchen Konstellationen nicht zu empfehlen ist, kann nicht unwidersprochen bleiben. Zwar ist richtig, dass allein durch ein obergerichtliches Urteil noch nicht genug Rechtssicherheit geschaffen wurde, um diesen Lösungsweg uneingeschränkt empfehlen zu können.[917] Hiervon solange abzuraten, bis eine belastbarere Klärung erfolgt ist, kann aber nicht nachvollzogen werden. Einerseits handelt es sich bei dem Urteil um ein solches eines Obergerichts und somit um eine nicht unerhebliche Meinung in der Rechtsprechung. Andererseits gibt es zu der von *Spall* angesprochenen dogmatischen Unsicherheit – nämlich der Frage nach dem „Spannungsverhältnis zwischen der Verpflichtung des Testamentsvollstreckers zur ordnungsgemäßen Verwaltung des Nachlasses aus § 2216 Abs. 1 BGB (...) und der bindenden Anordnung an den Testamentsvollstrecker gemäß § 2216 Abs. 2 Satz 1 BGB, den Nachlass „sozialhilfeunschädlich“ einzusetzen (...)“[918] – längst eine herrschende Meinung in der Literatur. Überdies ist letztlich eine weitere Klärung durch die Rechtsprechung nur dann möglich, wenn sich Personen für dieses Modell entscheiden. Zwar gilt in der Beratungspraxis der „Grundsatz des sichersten Weges“.[919] Da aufgrund der obergerichtlichen Entscheidung eine Richtung vorgegeben wurde, kann – bei entsprechendem Hinweis auf die bestehenden Probleme – jedoch durchaus zu diesem Modell geraten werden.

---

915 *Duvenkrop*, Übergehung naher Angehöriger, Behindertentestament, § 14 HeimG; Eine exemplarische Studie zur Beschränkung der Testierfreiheit aus §§ 138 und 134 BGB, 2014, S. 130 f.

916 *Schindler*, in: Ruby/Schindler/Wirich, Das Behindertentestament, 2. Aufl. 2014, § 3 Rn. 64.

917 *Spall*, Anmerkung zu: OVG Saarland, Urt. v. 17.3.2006 (Az. 3 R 2/05), MittBayNot 2007, 65 (70).

918 *Spall*, Anmerkung zu: OVG Saarland, Urt. v. 17.3.2006 (Az. 3 R 2/05), MittBayNot 2007, 65 (70).

919 *W. Kössinger*, in: Nieder/Kössinger, Handbuch der Testamentsgestaltung, 5. Aufl. 2015, § 7 Rn. 47.

6. *Fazit*

Eine allgemeine Empfehlung für ein bestimmtes Modell kann nicht abgegeben werden. Keines der Lösungsmodelle ist ausschließlich vorteilhaft.[920] Des Weiteren kommt es – wie immer in der Jurisprudenz – auf den Einzelfall an. Entscheidend sind stets die Motive des Erblassers/der Erblasser. Wollen Eltern ein Behindertentestament erstellen, ist ferner zwischen dem ersten und dem zweiten Erbfall zu differenzieren. Nach dem ersten Erbfall werden wohl meist die Interessen des länger lebenden Elternteils im Vergleich zu denen der Abkömmlinge überwiegen.[921] Möchte sich der überlebende Ehegatte in Bezug auf den Nachlass nicht einschränken und somit eine Nachlassbeteiligung seiner Abkömmlinge vermeiden, steht lediglich der Weg über die Vermächtnislösung offen. Alternativ wäre auch an die Trennungslösung zu denken, wobei der länger Lebende hier nur Vorerbe wäre.

Ist die Entstehung einer Erbengemeinschaft zwischen dem überlebenden Ehegatten und dem behinderten Erben für Erstgenannten unproblematisch, sollte nach wie vor auf die Ausgestaltung des Behindertentestaments in Form der Erbschaftslösung aufgrund ihrer höchstrichterlichen Anerkennung zurückgegriffen werden. Hierbei darf in Bezug auf die höchstrichterliche Akzeptanz aber nicht verkannt werden, dass – auch wenn die Entscheidungen stets zur Erbschaftslösung ergangen sind – ihre Begründung, u.a. die sittlich anzuerkennende „Fürsorge der Eltern für ihr behindertes Kind" ohne Weiteres auf die anderen Lösungsmodelle übertragen werden kann, was ebenso für deren verfassungsmäßige Anerkennung spricht.[922]

Die umgekehrte Vermächtnislösung bietet sich nur im Ausnahmefall an. Die reine Testamentsvollstreckungslösung nur dann, wenn der behinderte Erbe der einzig verbleibende Begünstigte ist.

---

920 *Baltzer/Reisnecker*, Vorsorgen mit Sorgenkindern, 2012, Rn. 686.

921 *Wendt*, Das Behindertentestament „Notarielle Glanzleistung oder Elixier des Teufels?" – eine Bestandsaufnahme, ZNotP 2014, 162 (164).

922 *Dreher/Görner*, Das Behindertentestament und § 138 BGB, NJW 2011, 1761 (1764).

III. Grundsätzlich keine Sittenwidrigkeit des Behindertentestaments

Der BGH[923] hat in den Jahren 1990[924] und 1993[925] dem Behindertentestament höchstrichterliche Anerkennung verschafft, indem er grundsätzlich die Sittenwidrigkeit eines solchen Konstrukts verneint hat. Bestätigt wurde diese Rechtsprechung durch den BGH abermals im Jahre 2011.[926] Dieses Ergebnis ist keine Selbstverständlichkeit, findet hierdurch doch nach den Worten von *Köbl* eine Privatisierung von Wohlstand bei gleichzeitiger Sozialisierung von schicksalshaften Belastungen statt.[927] Aus diesem Grund erscheint die von der Mindermeinung[928] vertretene Ansicht, dass Behindertentestamente gemäß § 138 Abs. 1 BGB gegen die guten Sitten verstoßen können, prima facie als durchaus nachvollziehbar.

1. Mindermeinung

Auch wenn mittlerweile nach Ansicht der herrschenden Meinung die Rechtmäßigkeit von Behindertentestamenten anerkannt ist, so sind die von der Mindermeinung ins Feld geführten Argumente für eine mögliche Sittenwidrigkeit gemäß § 138 Abs. 1 BGB nicht von der Hand zu weisen.

Das LG Konstanz[929] hatte – als der zweiten Entscheidung des BGH aus dem Jahr 1993 vorausgehendes Instanzgericht – die Sittenwidrigkeit des streitgegenständlichen Behindertentestaments hinsichtlich der Anordnung der Vor- und

923 Zwar lagen den Entscheidungen des BGH nur Fälle der Erbschaftslösung zugrunde. Nichtsdestotrotz sind diese Entscheidungen auch für die anderen Lösungsmodelle ausschlaggebend (vgl. *Wendt*, Das Behindertentestament – ein Auslaufmodell?, ZNotP 2008, 2 (4)).

924 BGH, Urt. v. 21.3.1990 (Az. IV ZR 169/89), BGHZ 111, 36.

925 BGH, Urt. v. 20.10.1993 (Az. IV ZR 231/92), BGHZ 123, 368.

926 BGH, Urt. v. 19.1.2011 (Az. IV ZR 7/10), BGHZ 188, 96.

927 *Köbl*, Schranken der Privatautonomie aufgrund Sozialhilferechts – eine grundsätzliche Orientierung, ZfSH/SGB 1990, 449 (465).

928 LG Konstanz, Urt. v. 24.4.1991 (Az. 5 O 423/90), FamRZ 1992, 360; *Armbrüster*, in: MüKo, BGB, 7. Aufl. 2015, § 138 Rn. 45; *Eichenhofer*, Das Behindertentestament oder: Sozialhilfe für Vermögende?, JZ 1999, 226; *Raiser*, Sittenwidriges Behindertentestament und unerträgliche Belastung der Allgemeinheit, MDR 1995, 237; *Köbl*, Schranken der Privatautonomie aufgrund Sozialhilferechts – eine grundsätzliche Orientierung, ZfSH/SGB 1990, 449.

929 LG Konstanz, Urt. v. 24.4.1991 (Az. 5 O 423/90), FamRZ 1992, 360. Die Entscheidung des LG beruht noch auf der Vorgängernorm des § 2 Abs. 1 SGB XII, namentlich § 2 BSHG.

Nacherbschaft wegen Umgehung des Subsidiaritätsprinzips gemäß § 2 Abs. 1 SGB XII bejaht, da durch diese Ausgestaltung der Zugriff des Sozialhilfeträgers auf den Erbteil des behinderten Sozialhilfeempfängers vereitelt wird.[930] Nach den Worten des Landgerichts sei „das Subsidiaritätsprinzip (…) ein tragender Grundsatz und ein unentbehrlicher Wesensbestandteil der Sozialhilfe, der schon mit Blick auf ihre umfassende Aufgabenstellung notwendig ist, wäre doch sonst die Sozialhilfe mit ihren Leistungsverpflichtungen überfordert (…)". Ferner begründete das LG Konstanz seine Entscheidung mit der aus der Anordnung der Vor- und Nacherbschaft resultierenden sittenwidrigen Umgehung der Kostenersatzpflicht des Erben gemäß § 102 SGB XII.[931] Das LG Konstanz nahm mithin eine Sittenwidrigkeit gegenüber dem Sozialhilfeträger an.

Des Weiteren wird in der Literatur durch *Köbl* vertreten, dass aufgrund der angeordneten Vor- und Nacherbschaft in Verbindung mit der Testamentsvollstreckung eine „nackte Enterbung" des behinderten Erben gegeben ist und die Sittenwidrigkeit in diesem Fall nur dann zu vermeiden sei, wenn ein nicht unbeachtlicher Teil des Vermögens des Erblassers dem Sozialhilfeträger zufließe.[932]

Im Hinblick auf die Stellung des behinderten Erben hält *Mayer* eine Sittenwidrigkeit dann für möglich, wenn diesem aufgrund der konkreten Anordnung des Testaments keine spürbaren Vorteile zugutekommen.[933]

Armbrüster tendiert im Ergebnis zu einer Sittenwidrigkeit von Behindertentestamenten, plädiert jedoch für eine Gesamtwürdigung im Einzelfall.[934] Er unterscheidet dabei zwischen dem Zweck und dem Motiv der Gestaltung: Der Zweck sei darin zu sehen, die Inanspruchnahme durch den Sozialhilfeträger zu vermeiden, wobei das Motiv nicht etwa darin liege, eine Schädigung der Allgemeinheit hervorzurufen, sondern dem behinderten Sozialhilfeempfänger über die Sozialhilfe hinaus einen zusätzlichen Nutzen zu gewähren.[935] Es sei daher zu prüfen, „ob ein „böser" Zweck durch ein zugleich vorhandenes „gutes" Motiv

---

930 Vgl. hierzu: Kapitel 4 B. II. 1. a) aa).

931 LG Konstanz, Urt. v. 24.4.1991 (Az. 5 O 423/90), FamRZ 1992, 360 (361). Die Entscheidung des LG beruht noch auf der Vorgängernorm des § 102 SGB XII, namentlich § 92c BSHG.

932 *Köbl*, Schranken der Privatautonomie aufgrund Sozialhilferechts – eine grundsätzliche Orientierung, ZfSH/SGB 1990, 449 (465).

933 *Mayer*, Das Behinderten-Testament als empfehlenswerte Gestaltung?, DNotZ 1994, 347 (350).

934 *Armbrüster*, in: MüKo, BGB, 7. Aufl. 2015, § 138 Rn. 45.

935 *Armbrüster*, Kindeswohl versus Gemeinwohl – zur Sittenwidrigkeit erbrechtlicher Gestaltungen, ZErb 2013, 77 (77).

zumindest neutralisiert wird, sodass per saldo das Handeln nicht zu missbilligen ist".[936] Nach *Armbrüsters* Ansicht soll die Einsetzung einer Behindertenorganisation zum Nacherben bei einem geringen Nachlass nicht gegen § 138 Abs. 1 BGB verstoßen; sittenwidrig sei allerdings die Berufung einer Privatperson zum Nacherben bei einem großen Nachlass, um einen Zugriff des Sozialhilfeträgers zu vermeiden.[937]

Diese Umgehung nennt beispielsweise *Eichenhofer* einen „Hohn auf den Sozialhilfeträger".[938]

Im Folgenden wird auf die von der Mindermeinung aufgeworfenen Punkte eingegangen, wobei eine Auseinandersetzung mit der herrschenden Meinung und vor allem mit den Urteilen des BGH erfolgt.

2. Herrschende Meinung

Die vorgenannte Ansicht wird von der herrschenden Meinung[939] abgelehnt. Sie verneint vielmehr die Sittenwidrigkeit von Behindertentestamenten sowohl in Bezug auf den behinderten Erben als auch auf den Sozialhilfeträger.

a) Keine Sittenwidrigkeit gegenüber dem behinderten Erben

Die von der Mindermeinung vertretene Ansicht, dass mangels einer freien Zugriffsmöglichkeit des behinderten Erben auf den Nachlass des Erblassers eine

---

936 *Armbrüster*, Kindeswohl versus Gemeinwohl – zur Sittenwidrigkeit erbrechtlicher Gestaltungen, ZErb 2013, 77 (78).

937 *Armbrüster*, in: MüKo, BGB, 7. Aufl. 2015, § 138 Rn. 45.

938 *Eichenhofer*, Das Behindertentestament oder: Sozialhilfe für Vermögende?, JZ 1999, 226 (230).

939 BGH, Urt. v. 21.3.1990 (Az. IV ZR 169/89), BGHZ 111, 36; BGH, Urt. v. 20.10.1993 (Az. IV ZR 231/92), BGHZ 123, 368; *Sack/Fischinger*, in: Staudinger, Kommentar zum BGB, Neubearbeitung 2011, § 138 Rn. 462; *Ellenberger*, in: Palandt, BGB, 76. Aufl. 2017, § 138 Rn. 50a; *Otte*, Anmerkung zu: BGH, Urt. v. 21.3.1990 (Az. IV ZR 169/89), JZ 1990, 1025 (1028); *Krampe*, Testamentsgestaltung zugunsten eines Sozialhilfeempfängers, AcP 191 (1991), 526 (560 ff.); *Duvenkrop*, Übergehung naher Angehöriger, Behindertentestament, § 14 HeimG; Eine exemplarische Studie zur Beschränkung der Testierfreiheit aus §§ 138 und 134 BGB, 2014, S. 135 ff.; *Settergren*, Das „Behindertentestament" im Spannungsfeld zwischen Privatautonomie und sozialhilferechtlichem Nachrangprinzip, 1999, S. 219 f.; *Kübler*, Das sogenannte Behindertentestament unter besonderer Berücksichtigung der Stellung des Betreuers, 1998, S. 85 f.; *Kaden*, Zur Sittenwidrigkeit von Behindertentestamenten, 1998, S. 117; *Engelmann*, Letztwillige Verfügungen zugunsten Verschuldeter oder Sozialhilfebedürftiger, 2001, S. 172 f.

„nackte Enterbung" des Ersteren stattfindet[940], welche zur Sittenwidrigkeit derartiger Behindertentestamente führe, geht aus mehreren Gründen fehl.

Diese Auffassung verkennt, dass im Erbrecht der Grundsatz der Testierfreiheit herrscht, dem gemäß Art. 14 Abs. 1 S. 1 GG als Bestandteil der Erbrechtsgarantie Verfassungsrang zukommt.[941] Zwar wird die Testierfreiheit gemäß Art. 14 Abs. 1 S. 2 GG nicht unbeschränkt gewährt; ihre Grenze findet sie jedoch grundsätzlich nur im Pflichtteilsrecht, wonach den nächsten Angehörigen eine Mindestbeteiligung am Nachlass des Erblassers gesichert werden soll.[942] Bei Behindertentestamenten werden jedoch die behinderten Erben mit einer (Erb-)quote bedacht, die oberhalb ihres Pflichtteilsrechts liegt. Des Weiteren bleibt es dem Erben unbenommen, gemäß § 2306 Abs. 1 BGB die Erbschaft oder gemäß § 2307 Abs. 1 S. 1 BGB das Vermächtnis auszuschlagen und den Pflichtteil zu verlangen.

Gegen die Sittenwidrigkeit spricht zudem, dass der behinderte Erbe im Rahmen solcher Konstrukte zusätzlich zu den Sozialhilfeleistungen Annehmlichkeiten aus dem Nachlass des Erblassers erhält, auf die der Sozialhilfeträger nicht zugreifen kann und somit besser gestellt ist, als wenn er lediglich den Pflichtteil erhalten hätte.[943] Dieses Bestreben ist nach den Worten des BGH „nicht per se anstößig, sondern entspricht der sittlichen Verantwortung von Eltern für ihre Kinder".[944]

Ein Sittenverstoß kann sich auch nicht daraus ergeben, dass Eltern einem nichtbehinderten Kind einen größeren Erbteil zukommen lassen als dem behinderten. Denn eine sich aus der Sittenwidrigkeit ergebende Nichtigkeit kann „nur in besonders hervorstechenden Ausnahmefällen angenommen werden (...). (...) Ausschlaggebend ist, ob in der letztwilligen Verfügung selbst eine unredliche (also verwerfliche) Gesinnung des [Erblassers] zum Ausdruck kommt und eine Verwirklichung erstrebt".[945] Da der Erblasser in Bezug auf den behinderten Abkömmling regelmäßig eine Gestaltung wählt, die diesem zusätzlich zu den Sozialhilfeleistungen weitere Vorteile gewährt, mangelt es an einer unredlichen Gesinnung, selbst wenn der Erblasser den nichtbehinderten Abkömmling im

940 Vgl. hierzu: Kapitel 4 B. III. 1.

941 BVerfG, Beschl. v. 3.11.1981 (Az. 1 BvL 11/77 und 85/78, 1 BvR 47/81), BVerfGE 58, 377 (398).

942 BGH, Urt. v. 21.3.1990 (Az. IV ZR 169/89), BGHZ 111, 36 (39).

943 BGH, Urt. v. 20.10.1993 (Az. IV ZR 231/92), BGHZ 123, 368 (371).

944 BGH, Urt. v. 21.3.1990 (Az. IV ZR 169/89), BGHZ 111, 36 (40).

945 BGH, Urt. v. 10.11.1982 (Az. IV a ZR 83/81), FamRZ 1983, 53 (54).

Hinblick auf den gesamten Nachlass bevorteilt.[946] Überdies ist der Erblasser nicht verpflichtet, alle Abkömmlinge gleichzubehandeln.[947] Gerade dies ist Ausfluss der Testierfreiheit.

Umstritten ist jedoch, ob sich eine Sittenwidrigkeit gegenüber dem behinderten Erben ergeben kann, wenn er aufgrund der konkreten Ausgestaltung des Behindertentestaments keinen subjektiven Nutzen aus dem Nachlass ziehen kann, etwa weil ihm die Früchte des Nachlasses vorenthalten werden oder er diese aufgrund seiner körperlichen oder geistigen Verfassung nicht nutzen kann.[948] Als Beispiel wird häufig der im Koma liegende behinderte Erbe herangezogen.[949] Die Literaturmeinung, die in diesem Fall von Sittenwidrigkeit ausgeht, lässt jedoch einen wesentlichen Punkt außer Acht. Der Erblasser ist nicht verpflichtet, den gesetzlichen Erben - abgesehen vom Pflichtteilsrecht - am Nachlass teilhaben zu lassen.[950] Dies ergibt sich bereits aus dem Grundsatz der Testierfreiheit gemäß Art. 14 Abs. 1 S. 1 GG, der dem Erblasser auch die Möglichkeit einräumt, Personen gänzlich zu enterben. Ferner kommt es auf einen subjektiven Nutzen überhaupt nicht an. Selbst wenn man auf einen solchen abstellen würde, könnte dieses Erfordernis im Falle eines Komapatienten nicht zur Sittenwidrigkeit führen. Ein Rechtsgeschäft ist nämlich nur dann sittenwidrig, wenn es „mit dem Anstandsgefühl aller billig und gerecht Denkenden unvereinbar ist".[951] Die herrschende Rechts- und Sozialmoral bestimmt dabei inhaltlich den Begriff der Sittenwidrigkeit.[952] Wie aber die Einsetzung des behinderten Erben oberhalb des Pflichtteils gegen die guten Sitten verstoßen soll, ist nicht ersichtlich. Dass diese Ansicht hinkt, zeigt auch der Umstand, dass der Dauerkomapatient auch bei der

---

946 *Settergren*, Das „Behindertentestament" im Spannungsfeld zwischen Privatautonomie und sozialhilferechtlichem Nachrangprinzip, 1999, S. 86.

947 BVerfG, Beschl. v. 19.4.2005 (Az. 1 BvR 1644/00), NJW 2005, 1561 (1563).

948 Pro Sittenwidrigkeit: *Schindler*, in: Ruby/Schindler/Wirich, Das Behindertentestament, 2. Aufl. 2014, § 3 Rn. 52; *Wendt*, Das Behindertentestament - ein Auslaufmodell?, ZNotP 2008, 2 (5); *Sasse*, Nichtigkeit letztwilliger Verfügungen gem. § 138 BGB, JA 1996, 160 (164). Contra Sittenwidrigkeit: *Duvenkrop*, Übergehung naher Angehöriger, Behindertentestament, § 14 HeimG; Eine exemplarische Studie zur Beschränkung der Testierfreiheit aus §§ 138 und 134 BGB, 2014, S. 141 f.

949 *J. Mayer*, Das Behindertentestament in der Zukunft, Teil 2, ZErb 2000, 16 (21).

950 *Duvenkrop*, Übergehung naher Angehöriger, Behindertentestament, § 14 HeimG; Eine exemplarische Studie zur Beschränkung der Testierfreiheit aus §§ 138 und 134 BGB, 2014, S. 142.

951 RG, Urt. v. 15.10.1912 (Az. VII. 231/12), RGZ 80, 219 (221).

952 *Ellenberger*, in: Palandt, BGB, 76. Aufl. 2017, § 138 Rn. 2.

Einsetzung zum Alleinerben keinen subjektiven Nutzen aus dem Nachlass hätte. Soll diese Alleinerbenstellung dann auch sittenwidrig sein?

b) *Keine Sittenwidrigkeit gegenüber dem Sozialhilfeträger*

Die herrschende Meinung verneint auch einen Sittenverstoß gegenüber dem Sozialhilfeträger. Weder soll eine Verletzung des Subsidiaritätsprinzips gemäß § 2 Abs. 1 SGB XII noch eine unzulässige Umgehung des Kostenersatzanspruchs gemäß § 102 Abs. 1 SGB XII gegeben sein.

aa) Keine Verletzung des Subsidiaritätsprinzips gemäß § 2 Abs. 1 SGB XII

Eine Sittenwidrigkeit kann auch nicht mit dem Argument begründet werden, das Konstrukt des Behindertentestaments verstoße gegen das in § 2 Abs. 1 SGB XII normierte Subsidiaritätsprinzip.

Zunächst ist festzustellen, dass der sozialhilferechtliche Nachranggrundsatz wesentlich für die Funktionsfähigkeit eines wirksamen Sozialhilfesystems ist. Gemäß § 2 Abs. 1 SGB XII erhält *Sozialhilfe nicht, wer sich vor allem durch Einsatz seiner Arbeitskraft, seines Einkommens und seines Vermögens selbst helfen kann oder wer die erforderliche Leistung von anderen, insbesondere von Angehörigen oder von Trägern anderer Sozialleistungen, erhält.* Dies erkennt auch der BGH und konstatiert, dass „das Subsidiaritätsprinzip zur Erhaltung der Leistungsfähigkeit des Staates allgemein besonderer Beachtung bedarf. (…) [Nach seiner Ansicht wäre es jedoch] zuviel verlangt, von den Eltern eines behinderten Kindes zu erwarten, daß sie die zuvörderst ihnen zukommende sittliche Verantwortung für das Wohl des Kindes dem Interesse der öffentlichen Hand an der Teildeckung ihrer Kosten hintansetzen."[953] Dieses nachvollziehbare Bedürfnis der Eltern wäre allerdings allein mit der Anordnung einer Testamentsvollstreckung (ohne Vor- und Nacherbschaft) zu erreichen. Insofern könnte man zunächst an eine sittenwidrige Umgehung des Subsidiaritätsprinzips denken. Nichtsdestotrotz führt diese Anordnung aber nicht zur Sittenwidrigkeit eines Behindertentestaments. Ausschlaggebend für diese Wertung ist ein ganzer Strauß an Argumenten, die im Folgenden angeführt werden:

(1) Durchbrechung des Subsidiaritätsgrundsatzes

Als Argument gegen die Sittenwidrigkeit kann angeführt werden, dass der sozialhilferechtliche Nachranggrundsatz bereits im Sozialhilferecht selbst erheblich

953 BGH, Urt. v. 21.3.1990 (Az. IV ZR 169/89), BGHZ 111, 36 (41 f.).

aufgeweicht ist.[954] Nach Ansicht des BGH ist dem Subsidiaritätsprinzip „als Grundsatz die Prägekraft weithin genommen".[955] In § 19 Abs. 3 SGB XII ist beispielsweise geregelt, dass Einkommen und Vermögen in Bezug auf verschiedene Leistungsarten von den Leistungsberechtigten, ihren nicht getrennt lebenden Ehegatten oder Lebenspartnern und, wenn sie minderjährig und unverheiratet sind, auch von ihren Eltern oder einem Elternteil nur einzusetzen sind, soweit dies zumutbar ist. Des Weiteren regelt § 94 Abs. 2 SGB XII Modalitäten zu Unterhaltsansprüchen volljähriger unterhaltsberechtigter behinderter Personen gegenüber ihren Eltern. Danach werden Eltern von der Inanspruchnahme durch den Sozialhilfeträger weitgehend freigestellt.[956] Nach dem Ableben der Eltern eine postmortale Pflicht zur Verwendung des Nachlasses zugunsten des Staates zu fordern, ist mit dem Telos dieser Regelung nur schwer vereinbar.[957]

(2) Familienlastenausgleich

Eine weitere Einschränkung des sozialhilferechtlichen Nachranggrundsatzes ist in § 92 Abs. 2 SGB XII normiert, wonach den in § 19 Abs. 3 SGB XII genannten Personen[958] bei bestimmten Maßnahmen der Eingliederungshilfe die Aufbringung der Mittel nur für die Kosten des Lebensunterhalts der behinderten Person aus dem eigenen Einkommen zugemutet wird; das eigene Vermögen muss hierbei gar nicht eingesetzt werden.[959] Das BVerwG hat zu § 43 Abs. 2 BSHG[960], der inhaltsgleichen Vorgängernorm des § 92 Abs. 2 SGB XII, festgestellt, dass „Sinn und Zweck dieser Vorschrift ist, (...) die Eltern behinderter Kinder mit den Eltern nichtbehinderter Kinder wirtschaftlich gleichzustellen, damit ihnen (...) keine höheren Kosten entstehen als den anderen Eltern. Der Grund hierfür ist nicht das Mitleid mit den betroffenen Eltern, sondern das Allgemeininteresse an der Eingliederung der behinderten Kinder. Die Eltern sollen nicht durch eine wirtschaftliche Belastung (...) in ihrer unentbehrlichen aktiven Mitwirkung an der Eingliederung ihrer Kinder in die Gesellschaft erlahmen (...)".[961] § 92 Abs. 2 SGB XII ist mithin als Ausprägung des Prinzips des Familienlastenausgleichs zu

954 BGH, Urt. v. 19.1.2011 (Az. IV ZR 7/10), BGHZ 188, 96 (102).
955 BGH, Urt. v. 20.10.1993 (Az. IV ZR 231/92), BGHZ 123, 368 (376); a.A.: *Meyer-Dulheuer*, Gestaltungsformen des Behindertentestamentes, 2009, S. 247.
956 *Kirchhoff*, in: Hauck/Noftz, SGB XII, § 94 Rn. 160.
957 *Krauß*, Vermögensnachfolge in der Praxis, 4. Aufl. 2015, Rn. 5686.
958 Vgl. hierzu: Kapitel 4 B. III. 2. b) aa) (1).
959 *Lücking*, in: Hauck/Noftz, SGB XII, § 92 Rn. 12.
960 Bundessozialhilfegesetz.
961 BVerwG, Urt. v. 22.5.1975 (Az. V C 19.74), BVerwGE 48, 228 (234).

verstehen, „nach welchem die mit der Versorgung, Erziehung und Betreuung von Kindern verbundenen wirtschaftlichen Lasten, die im Falle behinderter Kinder besonders groß ausfallen, zu einem gewissen Teil endgültig von der Allgemeinheit getragen werden sollen, da nur Kinder die weitere Existenz der Gesellschaft sichern".[962]

Gerade vor diesem Hintergrund ist das Motiv, ein Behindertentestament erstellen zu wollen, absolut nachvollziehbar und kann keinen Sittenverstoß gemäß § 138 Abs. 1 BGB begründen. Vor allem in Zeiten, in denen der medizinische Fortschritt werdenden Eltern immer mehr Möglichkeiten bietet, pränatal ihr Kind auf Behinderungen untersuchen zu lassen, wäre eine Bewertung von Behindertentestamenten als sittenwidrig ein falsches Signal. Werdenden Eltern muss vielmehr Mut gemacht werden, ihr (behindertes) Kind so anzunehmen, wie es ist.

(3) Keine Vergleichbarkeit mit Unterhaltsverzicht

Die Sittenwidrigkeit kann sich auch nicht aus dem Vergleich zu einem vom BGH als sittenwidrig eingestuften Verzicht auf nachehelichen Unterhalt ergeben.[963] Der BGH hielt seinerzeit eine Vereinbarung zwischen Ehegatten für sittenwidrig, in der die Ehefrau, die zum Zeitpunkt des Abschlusses des Verzichtsvertrages nicht erwerbstätig und nicht vermögend war, auf nachehelichen Unterhalt verzichtete und in der Konsequenz der Sozialhilfe anheim fiel.[964] Zwar können Ehegatten Vereinbarungen über den nachehelichen Unterhalt gemäß § 1585c S. 1 BGB schließen. „Ein Vertrag, durch den (...) bewußt die Unterstützungsbedürftigkeit eines geschiedenen Ehegatten zu Lasten der Sozialhilfe herbeigeführt wird, kann (...) [jedoch] den guten Sitten zuwiderlaufen und damit nach § 138 BGB nichtig sein, auch wenn er nicht auf einer Schädigungsabsicht der Ehegatten gegenüber dem Träger der Sozialhilfe beruht."[965] Dieser Ansicht liegt das „Prinzip der Sozialstaatlichkeit" zugrunde, wonach staatliche Hilfe nur derjenige erhält, der sich nicht selbst zu helfen vermag.[966] Bezogen auf das private Unterhaltsrecht bedeutet dies, dass zunächst sämtliche bestehende Unterhaltsansprüche geltend gemacht werden müssen, bevor Sozialhilfe beansprucht werden kann.[967]

962 BGH, Urt. v. 19.1.2011 (Az. IV ZR 7/10), BGHZ 188, 96 (102).
963 So etwa: *Eichenhofer*, Das Behindertentestament oder: Sozialhilfe für Vermögende?, JZ 1999, 226 (231).
964 BGH, Urt. v. 8.12.1982 (Az. IVb ZR 333/81), BGHZ 86, 82 (88).
965 BGH, Urt. v. 8.12.1982 (Az. IVb ZR 333/81), BGHZ 86, 82 (88).
966 BVerfG, Urt. v. 24.7.1963 (Az. 1 BvL 101/58), BVerfGE 17, 38 (56).
967 BGH, Urt. v. 8.12.1982 (Az. IVb ZR 333/81), BGHZ 86, 82 (88).

Genau darin liegt jedoch der Unterschied zum Behindertentestament. Zum einen unterlässt es der behinderte Erbe nicht, irgendwelche Unterhaltsquellen zu nutzen.[968] Zum anderen führen die Erblasser nicht die Unterhaltsbedürftigkeit – wie beim Unterhaltsverzicht – herbei, sondern beseitigen diese lediglich nicht.[969] Ferner ist eine Vergleichbarkeit auch deshalb abzulehnen, da der behinderte Erbe beim Behindertentestament – im Vergleich zum Unterhaltsverzicht – nicht aktiv beteiligt ist.[970] Schlussendlich sind die Sachverhalte auch deshalb nicht vergleichbar, da beim Behindertentestament zugunsten des behinderten Erben verfügt wird, wohingegen ein Unterhaltsverzicht zulasten des Verzichtenden geht.[971]

(4) Testierfreiheit vs. Subsidiaritätsprinzip

Bei der Verneinung der Sittenwidrigkeit fällt auch stark ins Gewicht, dass dem Subsidiaritätsprinzip gemäß § 2 Abs. 1 SGB XII im Vergleich zur Testierfreiheit gemäß Art. 14 Abs. 1 S. 1 GG nach herrschender Meinung kein Verfassungsrang zukommt.[972] Das Bundesverwaltungsgericht hat im Jahre 1965 ganz grundsätzlich festgestellt, „daß der sog. Subsidiaritätsgrundsatz des Sozialhilferechts keine dem Gesetzes- oder Verordnungsrecht vorgehende höherrangige Norm ist, daß es sich vielmehr um eine Regelung der Anspruchskonkurrenz zwischen Ansprüchen nach dem Bundessozialhilfegesetz und anderweitigen gesetzlichen Bestimmungen handelt, mit anderen Worten um eine Rechtsanwendungsregel“.[973] Die Pflicht zur Selbsthilfe ist auch nicht Ausfluss des Sozialstaatsprinzips gemäß Art. 20 Abs. 1 GG, da die „Auferlegung einer Pflicht zur Selbsthilfe (…) mit der

---

968 BGH, Urt. v. 21.3.1990 (Az. IV ZR 169/89), BGHZ 111, 36 (41).

969 *Engelmann*, Letztwillige Verfügungen zugunsten Verschuldeter oder Sozialhilfebedürftiger, 2001, S. 157.

970 *Kaden*, Zur Sittenwidrigkeit von Behindertentestamenten, 1998, S. 71; a.A.: *Armbrüster*, Die Nachrangigkeit der Sozialhilfe und die guten Sitten, in: Festschrift für Franz Jürgen Säcker, 2011, S. 20.

971 *Sack/Fischinger*, in: Staudinger, Kommentar zum BGB, Neubearbeitung 2011, § 138 Rn. 460.

972 BVerwG, Urt. v. 10.3.1965 (Az. V C 96.64), NDV 1965, 278 (278); BVerwG, Urt. v. 25.2.1966 (Az. VII C 72.64), BVerwGE 23, 304 (306); *Pieroth*, Grundgesetzliche Testierfreiheit, sozialhilferechtliches Nachrangprinzip und das sogenannte Behindertentestament, NJW 1993, 173 (175 f.); *Luthe*, in: Hauck/Noftz, SGB XII, § 2 Rn. 5; *Armborst*, in: Bieritz-Harder/Conradis/Thie (Hrsg.), Sozialgesetzbuch XII, 10. Aufl. 2015, § 2 Rn. 3; *Schubert*, Anmerkung zu: BGH, Urt. v. 21.3.1990 (Az. IV ZR 169/89), JR 1991, 106 (106); *Schuppert*, Die öffentliche Aufgabe als Schlüsselbegriff der Verwaltungswissenschaft, VerwArch 1980, 309 (330).

973 BVerwG, Urt. v. 10.3.1965 (Az. V C 96.64), NDV 1965, 278 (278).

Konkretisierung des Sozialstaatsprinzips im Sinne einer Gewährung von sozialen Leistungen und Chancengleichheit, Schaffung sozialer Sicherungssysteme und einer gerechten Sozialordnung nicht vereinbar [wäre]".[974] Insbesondere gewährt das Sozialstaatsprinzip dem Bürger auch keine subjektiven Rechte, sodass im Umkehrschluss dem Bürger auch keine subjektiven Pflichten auferlegt werden können.[975]

Ein Verfassungsrang kann zum anderen auch nicht aus der Gesetzgebungskompetenzregelung des Art. 74 Abs. 1 Nr. 7 GG hergeleitet werden.[976] Diese Norm regelt lediglich die konkurrierende Gesetzgebungskompetenz im Hinblick auf die öffentliche Fürsorge, besagt aber nichts über den Verfassungsrang des Subsidiaritätsprinzips.

Gegen eine Bejahung des Subsidiaritätsprinzips als Verfassungsgrundsatz spricht ferner, dass beim Verfassungskonvent auf Schloss Herrenchiemsee im Jahre 1948 – trotz gegenteiliger Forderungen – die Aufnahme des Subsidiaritätsprinzips ins Grundgesetz abgelehnt wurde.[977]

Das sozialhilferechtliche Nachrangprinzip gemäß § 2 Abs. 1 SGB XII stellt mithin nur einen „Grundsatz des einfachen Rechts" dar, welcher der Testierfreiheit gemäß Art. 14 Abs. 1 S. 1 GG untergeordnet ist.[978]

(5) Wert des Nachlasses

Fraglich erscheint, ob die Sittenwidrigkeit eines Behindertentestaments von der Höhe des Nachlasses abhängig gemacht werden kann.

In der Literatur wird die Höhe des Nachlasses als Beurteilungskriterium für die Sittenwidrigkeit angesehen.[979] Der BGH hat in seinem Urteil aus den Jahre 1990 offengelassen, ob ein Behindertentestament gemäß § 138 Abs. 1 BGB

---

974 *Duvenkrop*, Übergehung naher Angehöriger, Behindertentestament, § 14 HeimG; Eine exemplarische Studie zur Beschränkung der Testierfreiheit aus §§ 138 und 134 BGB, 2014, S. 146.

975 *Settergren*, Das „Behindertentestament" im Spannungsfeld zwischen Privatautonomie und sozialhilferechtlichem Nachrangprinzip, 1999, S. 64 f.

976 *Pieroth*, Grundgesetzliche Testierfreiheit, sozialhilferechtliches Nachrangprinzip und das sogenannte Behindertentestament, NJW 1993, 173 (176); a.A.: *Bäumerich*, Das Nachrangprinzip der Sozialhilfe in seiner Ausgestaltung beim Einsatz des Einkommens, NDV 1988, 97 (97).

977 *Herzog*, Subsidiaritätsprinzip und Staatsverfassung, Der Staat 2 1963, 399 (412).

978 *Meyer-Dulheuer*, Gestaltungsformen des Behindertentestamentes, 2009, S. 235.

979 Vgl. etwa: *Schumacher*, Rechtsgeschäfte zu Lasten der Sozialhilfe im Familien- und Erbrecht, 2000, S. 117.

sittenwidrig sein kann, wenn „der Pflichtteil des Behinderten so hoch [ist], daß daraus – oder sogar nur aus den Früchten – seine Versorgung sichergestellt wäre".[980] In seiner Entscheidung aus dem Jahre 1993 hat der BGH nur noch ausgeführt, dass der Nachlass seinerzeit nicht groß genug war, um allein aus dem Pflichtteil eine lebzeitige Versorgung der behinderten Erbin sicherzustellen.[981] In seiner Entscheidung von 2011[982], in der er die Sittenwidrigkeit des Pflichtteilsverzichts eines behinderten Sozialhilfeempfängers ablehnt, geht der BGH überhaupt nicht mehr auf die Höhe des Nachlasses ein. Dieser Umstand wird von *Dreher* und *Görner* als Abkehr von der bisherigen Prämisse gewertet.[983] Die Höhe des Nachlasses scheint folglich nicht (mehr) ausschlaggebend für die Bewertung eines Behindertentestaments in Bezug auf seine Sittenwidrigkeit zu sein.

Auch wenn dieses Ergebnis auf den ersten Blick unbillig erscheinen mag, ist es rechtlich konsequent. Wie vorstehend erwähnt, wird weder der Kostenersatzanspruch gemäß § 102 Abs. 1 SGB XII umgangen noch das Subsidiaritätsprinzip gemäß § 2 Abs. 1 SGB XII verletzt. Wenn aber bereits dem Grunde nach kein Verstoß gegen die guten Sitten gegeben ist, kann dies erst recht nicht der Höhe nach möglich sein. Zu diesem Ergebnis ist jüngst auch das OLG Hamm in seinem Urteil vom 27.10.2016 im Hinblick auf ein Behindertentestament gekommen, indem es einen Verstoß gegen die guten Sitten gemäß § 138 Abs. 1 BGB bei einem Nachlasswert von rund sieben Millionen Euro und einem Pflichtteilsanspruch des behinderten Sozialhilfeempfängers von über 900.000 Euro abgelehnt hat.[984]

bb) Keine unzulässige Umgehung des Kostenersatzanspruchs gemäß § 102 Abs. 1 SGB XII

§ 102 Abs. 1 S. 1 SGB XII besagt, dass *der Erbe der leistungsberechtigten Person oder ihres Ehegatten oder ihres Lebenspartners, falls diese vor der leistungsberechtigten Person sterben, zum Ersatz der Kosten der Sozialhilfe verpflichtet ist.* Durch die Anordnung der Vor- und Nacherbschaft wird jedoch verhindert, dass der Sozialhilfeträger gemäß § 102 Abs. 1 SGB XII nach dem Ableben des behinderten Sozialhilfeempfängers auf den Nachlass des Erblassers zugreifen kann.

---

980 BGH, Urt. v. 21.3.1990 (Az. IV ZR 169/89), BGHZ 111, 36 (41).

981 BGH, Urt. v. 20.10.1993 (Az. IV ZR 231/92), BGHZ 123, 368 (371).

982 BGH, Urt. v. 19.1.2011 (Az. IV ZR 7/10), BGHZ 188, 96.

983 *Dreher/Görner*, Das Behindertentestament und § 138 BGB, NJW 2011, 1761 (1764); a.A.: *Kleensang*, Endlich Sicherheit für das Behindertentestament!, ZErb 2011, 121 (124).

984 OLG Hamm, Urt. v. 27.10.2016 (Az. 10 U 13/16), juris Rn. 75.

Der Nacherbe ist nämlich nicht Erbe des Vorerben, sondern Erbe des ursprünglichen Erblassers. Hätte der Erblasser anstelle dieser Vor- und Nacherbschaftsregelung lediglich Testamentsvollstreckung zu Lebzeiten des behinderten Erben angeordnet, wäre zwar der Zugriff durch den Sozialhilfeträger zu Lebzeiten des behinderten Sozialhilfeempfängers verhindert worden. Mit dem Tod des behinderten Erben wäre jedoch das diesem vom Erblasser Hinterlassene an die Erben des behinderten und sozialhilfebedürftigen Erben gefallen und unterläge somit dem Kostenersatzanspruch des § 102 Abs. 1 SGB XII. Der BGH weist insoweit zu Recht darauf hin, „daß dem Sozialhilferecht weder ein gesetzliches Verbot einer solchen Gestaltung der Erbfolge noch auch nur ein Schutzzweck des Inhalts entnommen werden kann, dem Träger der Sozialhilfe müsse der Zugriff auf das Vermögen der Eltern eines Hilfeempfängers spätestens bei dessen Tod gesichert werden“.[985] Die Norm des § 102 Abs. 1 SGB XII will vielmehr lediglich vermeiden, dass die Regelungen über das Schonvermögen gemäß § 90 Abs. 2, 3 SGB XII, die bestimmte Gegenstände des behinderten Sozialhilfeempfängers zu dessen Lebzeiten von der Verwertung ausnehmen, auch zugunsten des Erben des Sozialhilfeempfängers Wirkung entfalten.[986] Der Erbe des Sozialhilfeempfängers soll auch mit dem Teil des Vermögens des behinderten Erblassers haften, der zu dessen Lebzeiten noch verschont geblieben ist.

Der Kostenerstattungsanspruch des § 102 Abs. 1 SGB XII besteht nach seinem Wortlaut überdies auch nur gegen den Erben *der leistungsberechtigten Person oder ihres Ehegatten oder ihres Lebenspartners*. Die Regelung enthält zwar eine „Dritthaftung“ für die Erben des Ehegatten oder des Lebenspartners, sieht aber weder einen Anspruch gegen die Eltern[987] des behinderten Sozialhilfeempfängers noch gegen einen Nacherben- bzw. Nachvermächtnisnehmer[988] vor. Da das von den Eltern hinterlassene Vermögen somit gar nicht unter den Kostenerstattungsanspruch des § 102 Abs. 1 SGB XII fällt, kann von einer unzulässigen und sittenwidrigen Umgehung nicht gesprochen werden.[989]

Ferner ist zu berücksichtigen, dass es sich bei dem Konstrukt der Vor- und Nacherbschaft um ein rechtlich zulässiges Mittel der Nachfolgeplanung handelt. Was erbrechtlich in Bezug auf die Vermeidung des Zugriffs Dritter auf den

---

985 BGH, Urt. v. 20.10.1993 (Az. IV ZR 231/92), BGHZ 123, 368 (374).

986 *Bieback*, in: Grube/Wahrendorf, SGB XII, 5. Aufl. 2014, § 102 Rn. 2.

987 *Meyer-Dulheuer*, Gestaltungsformen des Behindertentestamentes, 2009, S. 254.

988 *Duvenkrop*, Übergehung naher Angehöriger, Behindertentestament, § 14 HeimG; Eine exemplarische Studie zur Beschränkung der Testierfreiheit aus §§ 138 und 134 BGB, 2014, S. 144 f.

989 BGH, Urt. v. 20.10.1993 (Az. IV ZR 231/92), BGHZ 123, 368 (375).

Nachlass zulässig ist, muss grundsätzlich auch sozialrechtlich im Hinblick auf den Sozialhilfeträger gelten.[990] Zwar ist es richtig, dass damit bewusst der Kostenerstattungsanspruch des § 102 Abs. 1 SGB XII vermieden wird (der Erblasser hätte, ginge es ihm bloß um die Vermeidung des Zugriffs des Sozialhilfeträgers zu Lebzeiten des behinderten Erben, auch nur eine Testamentsvollstreckung anordnen können); aus vorgenannten Gründen ist diese Gestaltung aber dennoch nicht sittenwidrig.[991] Eine sittenwidrige Umgehung kommt nur ausnahmsweise in Betracht. Dies ist etwa dann der Fall, wenn ein Sozialhilfeempfänger in Anbetracht seines nahenden Todes sein Schonvermögen auf seine Erben übertragen hat, um den Anspruch gemäß § 102 SGB XII zu umgehen.[992]

Mangels Vergleichbarkeit ist dieser Fall aber nicht auf Behindertentestamente übertragbar, weshalb festzuhalten bleibt, dass die Anordnung der Vor- und Nacherbschaft keine unzulässige und sittenwidrige Umgehung des § 102 Abs. 1 SGB XII darstellt.

c) Fazit

Zusammenfassend ist festzuhalten, dass die besseren Argumente für die herrschende Meinung sprechen. Zwar bezwecken Behindertentestamente neben der Verbesserung der Lebensverhältnisse des behinderten Erben auch die Vermeidung des Zugriffs des Sozialhilfeträgers auf den Nachlass des Erblassers. Dies geschieht – wie die vorgenannten Ausführungen zeigen – jedoch nicht in unzulässiger Weise. Eine Einschränkung der Testierfreiheit gemäß Art. 14 Abs. 1 S. 1 GG durch § 138 Abs. 1 BGB wäre nach richtiger Ansicht des BGH daher nur dann möglich, „wenn sich das Verdikt der Sittenwidrigkeit auf eine klare, deutlich umrissene Wertung des Gesetzgebers oder allgemeine Rechtsauffassung stützen könnte. Weder das eine noch das andere liegt hier jedoch vor. Dem Bundessozialhilfegesetz läßt sich gerade für Behinderte keine in diesem Sinne konsequente Durchführung des Nachrangs der öffentlichen Hand entnehmen. Es fehlt auch an einer allgemeinen Rechtsüberzeugung, daß Eltern ihrem behinderten Kind, jedenfalls von einer gewissen Größe ihres Vermögens an, einen

990 *Wendt*, Das Behindertentestament – ein Auslaufmodell?, ZNotP 2008, 2 (3).

991 *Settergren*, Das „Behindertentestament" im Spannungsfeld zwischen Privatautonomie und sozialhilferechtlichem Nachrangprinzip, 1999, S. 98.

992 VG Freiburg, Urt. v. 20.12.1978 (Az. VS II 102/78), ZfF 1980, 15 (17 f.). Entscheidung des VG beruht noch auf der Vorgängernorm des § 102 SGB XII, namentlich § 92 c BSHG.

über den Pflichtteil hinausgehenden Erbteil hinterlassen müßten, damit es nicht ausschließlich der Allgemeinheit zur Last fällt (...)".[993]

In diesem Zusammenhang darf auch nicht übersehen werden, dass das Subsidiaritätsprinzip gemäß § 2 Abs. 1 SGB XII nur für denjenigen Bedeutung hat, der Sozialhilfe beansprucht, da durch das Nachrangprinzip eine Verpflichtung Dritter dem Sozialhilfeempfänger zu helfen, nicht begründet werden kann.[994] Das Behindertentestament bezieht sich freilich auf das Vermögen des Erblassers, für den – abgesehen von einem möglichen Pflichtteil – überhaupt keine Verpflichtung besteht, dem behinderten Sozialhilfeempfänger etwas zu hinterlassen.[995]

Abschließend zeigt ein Vergleich mit der Rechtsprechung des Fünften Zivilsenats des BGH vom 6.2.2009, dass die Anerkennung von Behindertentestamenten als sittengemäß nur konsequent ist. Seinerzeit verneinte der BGH einen Verstoß gegen die guten Sitten gemäß § 138 Abs. 1 BGB im Fall einer Übertragung eines Hausgrundstücks durch den Vater auf den Sohn, wobei sich Letzterer verpflichtete, Kost und Pflege zu übernehmen, solange der Vater in dem Haus lebe und die Versorgung ohne Pflegepersonal zu realisieren sei. Obwohl der Vater im Anschluss pflegebedürftig in einem Heim untergebracht werden und der Sozialhilfeträger einen Teil der Kosten übernehmen musste, wurde die Übertragung vom BGH gebilligt.[996] Da nach Ansicht des BGH eine Person ihr Hab und Gut verschenken kann, ohne die eigene Versorgung berücksichtigen zu müssen, braucht der Erblasser die Versorgung des behinderten Sozialhilfeempfängers – und damit die eines Dritten – bei der Ausgestaltung seines (Behinderten-)Testaments erst recht nicht beachten.[997] Mit *Litzenburgers* Worten kann abschließend Folgendes festgehalten werden: „Wer schon nicht für den Fall der eigenen Hilfsbedürftigkeit vorsorgen muss, braucht dies erst recht nicht für andere zu tun."[998]

---

993 BGH, Urt. v. 20.10.1993 (Az. IV ZR 231/92), BGHZ 123, 368 (378). Das Urteil erging zum BSHG, welches durch das SGB XII abgelöst wurde.

994 *Leipold*, Anmerkung zu: OLG Hamm, Beschl. v. 16.7.2009 (Az. 15 Wx 85/09), ZEV 2009, 471 (473).

995 *Winkler*, in: Deinert/Welti (Hrsg.), Behindertenrecht, 1. Aufl. 2014, Nr. 53 Rn. 19.

996 BGH, Urt. v. 6.2.2009 (Az. V ZR 130/08), ZEV 2009, 254 (254).

997 *Krauß*, Vermögensnachfolge in der Praxis, 4. Aufl. 2015, Rn. 5688; a.A.: *Armbrüster*, Die Nachrangigkeit der Sozialhilfe und die guten Sitten, in: Festschrift für Franz Jürgen Säcker, 2011, S. 21.

998 *Litzenburger*, Anmerkung zu: BGH, Urt. v. 6.2.2009 (Az. V ZR 130/08), ZEV 2009, 254 (256).

C. Erb- und Pflichtteilsverzicht

Hat der behinderte Erbe beim Behindertentestament eine rein passive Rolle inne, nimmt er beim Erb- und Pflichtteilsverzicht die Rolle des aktiven Protagonisten ein. Gemäß § 2346 Abs. 1 BGB kann er *durch Vertrag mit dem Erblasser auf sein gesetzliches Erbrecht verzichten. Nach § 2346 Abs. 2 BGB kann der Verzicht auf das Pflichtteilsrecht beschränkt werden.* Da ein Verzichtsvertrag iSd § 2346 BGB mit dem Erblasser geschlossen werden muss, bezieht sich diese Norm nur auf den künftigen Erb- bzw. Pflichtteil. Ist der behinderte Erbe voll geschäftsfähig, kann dieser den Verzicht selbst erklären. Steht der behinderte Erbe jedoch unter Betreuung, ist gemäß § 2347 Abs. 1 S. 2 BGB *für den Verzicht durch den Betreuer die Genehmigung des Betreuungsgerichts erforderlich.* Ein geschäftsfähiger Betreuter kann jedoch auch selbst den Verzicht erklären.[999]

Im Folgenden soll nun erforscht werden, ob ein solcher Verzicht gemäß § 138 Abs. 1 BGB gegen die guten Sitten verstößt, wenn dadurch dem Sozialhilfeträger der Zugriff auf den Nachlass verwehrt wird.

I. Pflichtteilsverzicht

Die Frage nach der Sittenwidrigkeit eines Pflichtteilsverzichts durch einen Sozialhilfeempfänger ist in der Literatur und Rechtsprechung äußerst umstritten. Für Rechtssicherheit scheint aber das Urteil des BGH vom 19.1.2011 zu sorgen.

1. Urteil des BGH vom 19.1.2011

Der Vierte Zivilsenat des BGH hat am 19.1.2011 entschieden, dass der durch einen behinderten Sozialhilfeempfänger erklärte Pflichtteilsverzicht grundsätzlich nicht sittenwidrig ist.[1000] Dieses Urteil ist in der Literatur[1001] auf große Zustimmung gestoßen.

---

999 *Schwab*, in: MüKo, BGB, 7. Aufl. 2017, § 1902 Rn. 44.

1000 BGH, Urt. v. 19.1.2011 (Az. IV ZR 7/10), BGHZ 188, 96.

1001 *Dreher/Görner*, Das Behindertentestament und § 138 BGB, NJW 2011, 1761; *v. Proff*, Erbrechtsgestaltung nach der jüngsten BGH-Rechtsprechung zum Behindertentestament, RNotZ 2012, 272; *Spall*, Anmerkung zu: BGH, Urt. v. 19.1.2011 (Az. IV ZR 7/10), MittBayNot 2012, 138 (141 ff.); *Ivo, Malte*: Anmerkung zu: BGH, Urt. v. 19.1.2011 (Az. IV ZR 7/10), DNotZ 2011, 381 (387 ff.); *Röthel*, Anmerkung zu: BGH, Urt. v. 19.1.2011 (Az. IV ZR 7/10), LMK 2011, 317533; *Kleensang*, Endlich Sicherheit für das Behindertentestament!, ZErb 2011, 121; krit.: *Zimmer*, Anmerkung zu: BGH, Urt. v. 19.1.2011 (Az. IV ZR 7/10), ZEV 2011, 262; *Leipold*, Anmerkung zu: BGH, Urt. v. 19.1.2011 (Az. IV ZR 7/10), ZEV 2011, 528.

a) *Sachverhalt*[1002]

Im Jahre 2006 hat der Beklagte mit seiner Ehefrau ein notarielles gemeinschaftliches Testament errichtet, in dem sie sich gegenseitig zu Alleinerben und die drei gemeinsamen Kinder zu Schlusserben nach dem Letztversterbenden eingesetzt haben. Aufgrund der Lernbehinderung einer Tochter wurde für den Fall des Letztversterbenden ein Behindertentestament in Form der „klassischen Erbschaftslösung"[1003] angeordnet. Zugleich erklärten die Kinder - u.a. auch die lernbehinderte, aber geschäftsfähige Tochter - einen Pflichtteilsverzicht für den ersten Erbfall. Die Ehefrau starb noch am selben Abend. Der Sozialhilfeträger leitete den Pflichtteilsanspruch der behinderten Tochter gemäß § 93 Abs. 1 S. 1 SGB XII auf sich über und verklagte den Ehemann, ihm gemäß § 2314 BGB Auskunft über den Bestand des Nachlasses zu erteilen.

b) *Grundsätzlich keine Sittenwidrigkeit des Pflichtteilsverzichts*

Der BGH führt in seiner Entscheidung mehrere Punkte an, mit denen er die Sittengemäßheit eines Pflichtteilsverzichts durch einen behinderten Sozialhilfeempfänger begründet: Der Pflichtteilsverzicht stellt keinen Vertrag zulasten Dritter dar. Des Weiteren mangelt es dem Subsidiaritätsprinzip gemäß § 2 Abs. 1 SGB XII an Prägekraft. Überdies sprechen auch die negative Erbfreiheit gemäß Art. 14 Abs. 1 S. 1 GG sowie der Schutz von Ehe und Familie gemäß Art. 6 Abs. 1 GG gegen die Sittenwidrigkeit eines solchen Pflichtteilsverzichts. Ferner ist die Rechtsprechung zur Sittenwidrigkeit eines Verzichts auf nachehelichen Unterhalt nicht auf einen Pflichtteilsverzicht übertragbar. Außerdem hat der Gesetzgeber - trotz jahrzehntelanger Diskussionen - keine Regelung eingeführt, die dem Sozialhilfeträger einen Zugriff auf den Pflichtteil des (behinderten) Sozialhilfeempfängers gewährt (beredtes Schweigen des Gesetzgebers).[1004]

aa) Kein Vertrag zulasten Dritter

Nach Ansicht des BGH handelt es sich beim Pflichtteilsverzicht eines behinderten Sozialhilfeempfängers „nicht um einen unzulässigen »Vertrag zu Lasten Dritter« (...), weil dem Sozialversicherungsträger durch den Verzicht keinerlei vertragliche Pflichten auferlegt werden".[1005] Dieser Ansicht ist zu folgen. Zwar

---

1002 BGH, Urt. v. 19.1.2011 (Az. IV ZR 7/10), BGHZ 188, 96 (96 f.).

1003 Vgl. hierzu: Kapitel 4 B. II. 1.

1004 *Spall*, Anmerkung zu: BGH, Urt. v. 19.1.2011 (Az. IV ZR 7/10), MittBayNot 2012, 138 (142 f.).

1005 BGH, Urt. v. 19.1.2011 (Az. IV ZR 7/10), BGHZ 188, 96 (101).

wird der Sozialhilfeträger durch die Erklärung des Pflichtteilsverzichts insofern benachteiligt, als dass er nicht auf den Pflichtteil zugreifen kann. Durch den Verzicht wird der Sozialhilfeträger als Dritter jedoch nicht unmittelbar vertraglich gebunden, was Voraussetzung für einen unzulässigen Vertrag zulasten Dritter wäre. „Ein unzulässiger Vertrag zu Lasten Dritter liegt [nämlich] nur dann vor, wenn durch ihn unmittelbar eine Rechtspflicht eines am Vertrag nicht beteiligten Dritten – ohne seine Autorisierung – entstehen soll."[1006] Die Entstehung oder Aufrechterhaltung der Leistungspflicht durch den Sozialhilfeträger ist aber keine unmittelbare Folge des Pflichtteilsverzichts, sondern vielmehr als bloßer mittelbarer Reflex zu werten, der die Zulässigkeit des Verzichts unberührt lässt.[1007]

Selbst die Gegenansicht, die den Erlass eines Pflichtteilsanspruchs gemäß § 138 Abs. 1 BGB für sittenwidrig ansieht, lehnt eine Unwirksamkeit basierend auf einem Vertrag zulasten Dritter ab. Der VGH Mannheim führt insoweit aus, dass das Rechtsgeschäft „nach seiner ganzen Zielrichtung [lediglich] einem Vertrag zu Lasten Dritter nahekommt".[1008]

bb) Mangelnde Prägekraft des Subsidiaritätsprinzips

Der BGH lehnt ferner einen die Sittenwidrigkeit begründenden Verstoß gegen das Subsidiaritätsprinzip gemäß § 2 Abs. 1 SGB XII ab, da der Nachranggrundsatz bereits im Sozialhilferecht erheblich durchbrochen wurde und es ihm an Prägekraft mangelt.[1009]

Überdies fällt ins Gewicht, dass dem Subsidiaritätsprinzip gemäß § 2 Abs. 1 SGB XII im Vergleich zur negativen Erbfreiheit gemäß Art. 14 Abs. 1 GG kein Verfassungsrang zukommt (s.u.[1010])[1011].

Vor der Frage nach der Prägekraft des Grundsatzes des Subsidiaritätsprinzips ist freilich zu klären, ob der Verzichtende im Zeitpunkt der Erklärung überhaupt Sozialhilfe bezieht. Denn das Subsidiaritätsprinzip gemäß § 2 Abs. 1 SGB XII hat nur für denjenigen Bedeutung, der Sozialhilfe beansprucht.[1012] Ein nicht

1006 BGH, Urt. v. 29.6.2004 (Az. VI ZR 211/03), NJW 2004, 3326 (3327).

1007 BGH, Urt. v. 19.1.2011 (Az. IV ZR 7/10), BGHZ 188, 96 (101 f.).

1008 VGH Mannheim, Urt. v. 8.6.1993 (Az. 6 S 1068/92), NJW 1993, 2953 (2954).

1009 BGH, Urt. v. 19.1.2011 (Az. IV ZR 7/10), BGHZ 188, 96 (101 f.); vgl. hierzu: Kapitel 4 B. III. 2. b) aa) (1).

1010 Vgl. hierzu: Kapitel 4 C. I. 1. b) cc).

1011 *Pieroth*, Grundgesetzliche Testierfreiheit, sozialhilferechtliches Nachrangprinzip und das sogenannte Behindertentestament, NJW 1993, 173 (175 f.).

1012 *Leipold*, Anmerkung zu: OLG Hamm, Beschl. v. 16.7.2009 (Az. 15 Wx 85/09), ZEV 2009, 471 (473).

Sozialhilfebedürftiger kann daher ohne Weiteres einen solchen Verzicht erklären, ohne in Berührung mit diesem Grundsatz zu kommen. Aber auch für einen behinderten Sozialhilfeempfänger führt das Subsidiaritätsprinzip aufgrund seiner erheblichen Aufweichung nicht zur Sittenwidrigkeit eines Pflichtteilsverzichts.[1013]

cc) Negative Erbfreiheit

Der BGH stützt seine Entscheidung ferner auf die negative Erbfreiheit als Teil der Erbrechtsgarantie gemäß Art. 14 Abs. 1 GG, die *Leipold* eine „kühne Neuerung des BGH“ nennt.[1014] Soweit ersichtlich verwendet der BGH in seinem Urteil vom 19.1.2011 zum ersten Mal den Begriff der negativen Erbfreiheit.[1015] Er führt darin aus, dass die „Entscheidung darüber, ob [behinderte Menschen] die Erbschaft bzw. den Pflichtteil erhalten wollen, (…) zunächst durch die Privatautonomie gedeckt [ist]. Grundsätzlich ist jeder frei in seiner Entscheidung, ob er Erbe eines anderen werden oder auf andere Art etwas aus dessen Nachlass bekommen will. Vor diesem Hintergrund ist der Erbrechtsgarantie in Art. 14 Abs. 1 GG auch ein Gegenstück im Sinne einer »negativen Erbfreiheit« zu entnehmen. Wenn einerseits Erblasser frei darin sind, andere zu ihren Erben einzusetzen, ist dies andererseits nur insofern zu billigen, als die Betroffenen damit einverstanden sind. Es gibt keine Pflicht etwas zu erben oder sonst etwas aus einem Nachlass anzunehmen.“[1016] Nach Ansicht des BGH kann sich der Pflichtteilsberechtigte folglich zum einen auf die in Art. 2 Abs. 1 GG normierte Privatautonomie sowie auf die durch Art. 14 Abs. 1 S. 1 GG gewährleistete negative Erbfreiheit berufen.[1017]

Dass sich der Erbrechtsgarantie gemäß Art. 14 Abs. 1 S. 1 GG eine solche negative Komponente entnehmen lässt, bezweifelt *Menzel*. Es sei vielmehr Aufgabe von Art. 2 Abs. 1 GG dem Erben bzw. Pflichtteilsberechtigten die Freiheit zu geben zu entscheiden, ob er am Nachlass partizipieren möchte oder nicht.[1018] Dieser Ansicht ist entgegenzutreten. Zwar ist richtig, dass das Recht etwas aus dem Nachlass nicht anzunehmen auf die allgemeine Handlungsfreiheit gemäß

1013 Vgl. hierzu: Kapitel 4 B. III. 2. b) aa) (1) und (2).

1014 *Leipold*, Anmerkung zu: BGH, Urt. v. 19.1.2011 (Az. IV ZR 7/10), ZEV 2011, 528 (528).

1015 *Leipold*, Anmerkung zu: BGH, Urt. v. 19.1.2011 (Az. IV ZR 7/10), ZEV 2011, 528 (528).

1016 BGH, Urt. v. 19.1.2011 (Az. IV ZR 7/10), BGHZ 188, 96 (104).

1017 BGH, Urt. v. 19.1.2011 (Az. IV ZR 7/10), BGHZ 188, 96 (105).

1018 *Menzel*, Entschließungsfreiheiten im Erbrecht und Drittinteressen, 2008, S. 129.

Art. 2 Abs. 1 GG gestützt werden kann, die sowohl die positive Freiheit des Handelns als auch die negative Freiheit des Unterlassens umfasst.[1019] Zusätzlich kann sich der Pflichtteilsberechtigte aber auch auf Art. 14 Abs. 1 S. 1 GG berufen, der das Erbrecht gewährleistet. Neben dem Recht des Pflichtteilsberechtigten, den Pflichtteilsanspruch geltend zu machen[1020], fällt auch der Verzicht auf denselben in den Schutzbereich des Art. 14 Abs. 1 S. 1 GG. Diese Auslegung ist sowohl vom Wortlaut als auch vom Telos der Norm gedeckt. Denn das *Erbrecht* gewährt einem nicht nur das Recht etwas Ererbtes zu erlangen, sondern auch das Recht, etwas Ererbtes nicht zu wollen. Überdies wird in den Grundrechten auch an anderer Stelle sowohl eine positive als auch eine negative Entfaltung gewährleistet.[1021] So ist beispielsweise in Art. 9 Abs. 1 GG neben der positiven auch die negative Vereinigungsfreiheit gewährleistet.[1022] Warum also die negative Erbfreiheit nicht auch auf Art. 14 Abs. 1 S. 1 GG gestützt werden können soll, ist nicht nachvollziehbar.

Wie vorstehende Ausführungen zeigen, kommt der negativen Erbfreiheit gemäß Art. 14 Abs. 1 S. 1 GG im Vergleich zum Subsidiaritätsprinzip gemäß § 2 Abs. 1 SGB XII Verfassungsrang zu. Dieser Aspekt ist in die Gesamtwürdigung im Hinblick auf die Frage nach der Sittenwidrigkeit des Pflichtteilsverzichts eines behinderten Sozialhilfeempfängers einzubeziehen.

dd) Schutz von Ehe und Familie

Mitausschlaggebend für die Verneinung der Sittenwidrigkeit des Pflichtteilsverzichts eines behinderten Sozialhilfeempfängers durch den BGH war die durch Art. 6 Abs. 1 GG geschützte Erwartungshaltung der Eltern, den überlebenden Ehegatten durch den Pflichtteilsverzicht abzusichern.[1023] Wie *Menzel* richtigerweise hervorhebt, hätte die Sittenwidrigkeit des Pflichtteilsverzichts allein mit diesem anerkennenswerten Motiv abgelehnt werden können.[1024] Dass dieser Ansicht zuzustimmen ist, zeigt auch ein Vergleich zwischen einem Pflichtteilsverzicht, der

---

1019 *Murswiek*, in: Sachs, Grundgesetz Kommentar, 7. Aufl. 2014, Art. 2 Rn. 52.

1020 *Jarass*, in: Jarass/Pieroth, GG Kommentar, 14. Aufl. 2016, Art. 14 Rn. 102.

1021 Zwar ist die Kritik von *Leipold* an der knappen Begründung des BGH zur Verortung der negativen Erbfreiheit in Art. 14 Abs. 1 S. 1 GG nachvollziehbar. Die von *Leipold* gezogene Parallele lediglich zur Eigentumsfreiheit gemäß Art. 14 Abs. 1 S. 1 GG ist jedoch leider genauso kurz gehalten (vgl. *Leipold*, Anmerkung zu: BGH, Urt. v. 19.1.2011 (Az. IV ZR 7/10), ZEV 2011, 528 (528)).

1022 *Rixen*, in: Stern/Becker, Grundrechte-Kommentar, 2. Aufl. 2016, Art. 9 Rn. 20.

1023 BGH, Urt. v. 19.1.2011 (Az. IV ZR 7/10), BGHZ 188, 96 (105).

1024 *Menzel*, Die negative Erbfreiheit, MittBayNot 2013, 289 (289).

in dieser Konstellation von einem nichtbehinderten Abkömmling und einem behinderten Abkömmling erklärt wird. „Verzichtet ein nicht behinderter Abkömmling ohne Sozialleistungsbezug in dieser Situation auf seinen Pflichtteil, so ist dies sittlich anzuerkennen. Widersetzt er sich – trotz Berücksichtigung im Schlusserbfall – einem solchen Wunsch der Eltern, sieht er sich dem Vorwurf des Undanks und der Illoyalität gegenüber der Familie ausgesetzt. Verzichtet ein Behinderter mit Rücksicht auf die gegenläufigen Interessen des Sozialhilfeträgers nicht auf den Pflichtteilsanspruch, setzt er sich zugleich in einen Gegensatz zu den Wünschen und Vorstellungen seiner Familie, die über Art. 6 Abs. 1 GG (…) ihrerseits verfassungsrechtlichen Schutz genießen. Dasselbe Verhalten, das bei einem nicht behinderten Nachkommen als sittlich billigenswert gälte, stellte sich mithin bei einem behinderten Kind als sittenwidrig dar."[1025]

In diesem Zusammenhang ist auch zu beachten, dass ein behindertes Kind von seinen Eltern nicht selten ein „Leben lang unter Aufbietung aller persönlichen und finanziellen Kräfte" versorgt wird, sodass ein Verzicht auf den Pflichtteil beim ersten Erbfall lediglich recht und billig erscheint.[1026]

Wie im Fall der negativen Erbfreiheit muss auch bei dem Schutz von Ehe und Familie gemäß Art. 6 Abs. 1 GG dessen Verfassungsrang bei der Gesamtwürdigung Beachtung finden.

ee) Keine Übertragbarkeit der Rechtsprechung zur Sittenwidrigkeit eines Verzichts auf nachehelichen Unterhalt

Entscheidend für die Beantwortung der Frage, ob die Rechtsprechung des BGH zur Sittenwidrigkeit eines Verzichts auf nachehelichen Unterhalt auf den Pflichtteilsverzicht eines behinderten Sozialhilfeempfängers übertragen werden kann, ist die rechtliche Einordnung des Pflichtteilsrechts: Hat das Pflichtteilrecht „neben der Gewährleistung einer Mindestteilhabe am Nachlass maßgeblich die Funktion familiärer Unterhaltsleistung" oder ist es „als Ausdruck allgemeiner familiärer Solidarität und als die Testierfreiheit begrenzende[r] funktionale[r] Teil der Erbrechtsgarantie" einzuordnen?[1027]

1025 BGH, Urt. v. 19.1.2011 (Az. IV ZR 7/10), BGHZ 188, 96 (105 f.).

1026 *Menzel*, Die negative Erbfreiheit, MittBayNot 2013, 289 (292).

1027 *Probst*, Anmerkung zu: BGH, Urt. v. 19.1.2011 (Az. IV ZR 7/10), JR 2012, 155 (160).

(1) Keine Unterhaltsfunktion des Pflichtteilsrechts

Die Unterhaltsfunktion des Pflichtteilsrechts findet in der Literatur durchaus Befürworter.[1028] Ausführlich geht hierauf *Dutta* ein und misst dem Pflichtteilsrecht immer dann eine Unterhaltsfunktion bei, wenn es sich um einen bedürftigen Pflichtteilsberechtigten handelt.[1029] Er differenziert somit zwischen einem bedürftigen und einem nichtbedürftigen Pflichtteilsberechtigten und schließt im Anschluss auf die konkrete Funktion des Pflichtteilsrechts.[1030] Beim bedürftigen Pflichtteilsberechtigten soll zu der Verteilungs-, der Familienschutz- und der Teilhabefunktion noch die Unterhaltsfunktion hinzukommen.[1031] Diese Differenzierung wird zurecht von *Schulz* kritisiert, da es sich „um einen wenig überzeugenden Rückschluss von einer einzelfallbezogenen rein tatsächlichen Nutzung auf eine Funktion" handelt.[1032] Folgte man nämlich *Duttas* Ansicht, müsste jeder Rechtsfigur nach den individuellen Bedürfnissen des konkret Beteiligten eine unterschiedliche Funktion beigemessen werden, sodass in der Konsequenz – überspitzt formuliert – selbst dem „Kaufpreiszahlungsanspruch eines Bedürftigen, der etwa eine gebrauchte Uhr verkauft, eine Unterhaltsfunktion beigemessen werden [könnte] (...)".[1033]

Zu einer Unterhaltsfunktion des Pflichtteilsrechts könnte man jedoch mit dem Argument gelangen, dass die unterhaltsrechtlichen Normen des § 1586 b Abs. 1 S. 1 BGB bzw. § 1615 l Abs. 3 S. 4 BGB als „sog. verlängerte Unterhaltsansprüche"[1034] einem nicht pflichtteilsberechtigten Unterhaltsberechtigten über den Tod des Unterhaltsverpflichteten hinaus – quasi als Ersatz für den Pflichtteil – einen Unterhaltsanspruch gewähren. Anhand dieser Normen zeige sich – so *Dutta* – ein Zusammenhang zwischen Unterhalts- und Pflichtteilsrecht: „Ist

1028 Vgl. etwa: *Dutta*, Grenzen der Vertragsfreiheit im Pflichtteilsrecht, AcP 209 (2009), 760 (775 ff.); *Gernhuber*, Testierfreiheit, Sittenordnung und Familie, FamRZ 1960, 326 (329); *Kuchinke*, Unterhalt und Erb- oder Pflichtteilsverzicht, FPR 2006, 125 (126); *Schumacher*, Rechtsgeschäfte zu Lasten der Sozialhilfe im Familien- und Erbrecht, 2000, S. 142; *Lambrecht*, Der Zugriff des Sozialhilfeträgers auf den erbrechtlichen Erwerb, 2001, S. 169.

1029 *Dutta*, Grenzen der Vertragsfreiheit im Pflichtteilsrecht, AcP 209 (2009), 760 (775).

1030 *Schulz*, Pflichtteilsrecht und Pflichtteilsverzicht – Die Gretchenfrage des modernen Erbrechts?, 2015, S. 66.

1031 *Dutta*, Grenzen der Vertragsfreiheit im Pflichtteilsrecht, AcP 209 (2009), 760 (764).

1032 *Schulz*, Pflichtteilsrecht und Pflichtteilsverzicht – Die Gretchenfrage des modernen Erbrechts?, 2015, S. 66 f.

1033 *Schulz*, Pflichtteilsrecht und Pflichtteilsverzicht – Die Gretchenfrage des modernen Erbrechts?, 2015, S. 66 f.

1034 *Dieckmann*, Pflichtteilsverzicht und nachehelicher Unterhalt, FamRZ 1992, 633 (634).

[nämlich] der Unterhaltsberechtigte auch pflichtteilsberechtigt, so kann der Unterhaltsanspruch erlöschen, wie es bei Abkömmlingen und Eltern (§ 1615 Abs. 1 BGB) sowie beim Ehegatten (§§ 1360 a Abs. 3, 1361 Abs. 4 Satz 4, 1615 Abs. 1 BGB) des Unterhaltspflichtigen der Fall ist. Ist der Unterhaltsberechtigte dagegen nicht pflichtteilsberechtigt, dann sieht das Unterhaltsrecht konsequenterweise eine Fortdauer des Unterhaltsanspruchs gegen die Erben vor, wie bei §§ 1586 b Abs. 1 Satz 1, 1318 Abs. 2, 1933 Satz 3 BGB für den Ehegatten nach Scheidung, Aufhebung der Ehe oder Vorliegen der Scheidungsvoraussetzungen zum Zeitpunkt des Erbfalls sowie bei § 1615 l Abs. 3 Satz 4, Abs. 4 Satz 2 BGB für nicht miteinanderverheiratete Elternteile".[1035] Dass dem Pflichtteilsrecht eine unterhaltsrechtliche Komponente zugeschrieben werden kann, lässt sich auch der Gesetzesbegründung zu § 1586 b BGB entnehmen, wonach der „Zweck der passiven Vererblichkeit des Unterhaltsanspruchs (...) es allein [ist], den geschiedenen Ehegatten mit seinem Lebensbedarf über den Tod des Verpflichteten hinaus in ähnlicher Weise sicherzustellen, wie dies bei Fortbestand der Ehe durch erbrechtliche Ansprüche erreicht worden wäre".[1036] Nämliches gilt auch für § 1615 l BGB, dessen Gesetzesbegründung ebenso auf die fehlende Beteiligung der nichtverheirateten Mutter an dem Nachlass des Unterhaltsverpflichteten abstellt.[1037]

Gegen die Unterhaltsfunktion des Pflichtteilsrechts spricht jedoch, dass das Pflichtteilsrecht im Vergleich zum Unterhaltsrecht völlig losgelöst von einer Bedürftigkeit des Berechtigten gewährt wird.[1038] Während jeder Unterhaltstatbestand die Bedürftigkeit des Berechtigten voraussetzt[1039], kommt es auf die wirtschaftlichen Verhältnisse des Pflichtteilsberechtigten für das Pflichtteilsrecht überhaupt nicht an.[1040] Der Umstand, dass auch wohlsituierten Angehörigen des Erblassers ein Pflichtteil gebührt, steht der Unterhaltsfunktion des Pflichtteilsrechts folglich diametral entgegen und lässt erhebliche Zweifel an dieser Funktion aufkommen.[1041]

1035 *Dutta*, Anmerkung zu: OLG Köln, Urt. v. 9.12.2009 (Az. 2 U 46/09), FamRZ 2010, 838 (841).

1036 Gesetzentwurf der Bundesregierung v. 1.6.1973, BT-Drs. 7/650, S. 152.

1037 Entwurf eines Gesetzes über die rechtliche Stellung der unehelichen Kinder v. 7.12.1967, BT-Drs. V/2370, S. 57; a.A.: *Münch*, Infiziert der Ehevertrag erbrechtliche Verzichte oder Verfügungen, ZEV 2008, 571 (573).

1038 *Aldinger*, Die Übertragbarkeit der Inhaltskontrolle von Eheverträgen auf Pflichtteilsverzichtsverträge, 2012, S. 115.

1039 *Brudermüller*, in: Palandt, BGB, 76. Aufl. 2017, Einf. v. § 1569 Rn. 7.

1040 *Dauner-Lieb*, Bedarf es einer Reform des Pflichtteilsrechts?, DNotZ 2001, 460 (463).

1041 *Kühle*, Die gerichtliche Überprüfung von Erb- und Pflichtteilsverzichtsverträgen im Spiegel ehevertraglicher Inhaltskontrollen, 2011, S. 115.

Ferner führt auch ein systematischer Vergleich mit dem Unterhaltsrecht zu einer Verneinung der Unterhaltsfunktion des Pflichtteilsrechts. Zwar basieren beide Rechtsinstitute unmittelbar oder mittelbar auf den verwandtschaftlichen Beziehungen der Beteiligten bzw. auf der Ehe, dennoch bestehen deutliche Unterschiede zwischen beiden Instituten:[1042] Die Höhe des Unterhalts orientiert sich u.a. am Bedarf des Berechtigten (vgl. § 1610 BGB), wohingegen der Pflichtteil gemäß § 2303 Abs. 1 S. 2 BGB quotal bemessen wird. Überdies wird der Unterhalt monatlich als Geldrente oder in natura gewährt (vgl. § 1612 Abs. 1 S. 1, Abs. 2 S. 1 BGB), während der Pflichtteil einen einmal im Ganzen fälligen Geldanspruch gemäß §§ 2303 Abs. 1 BGB iVm § 2317 Abs. 1 BGB darstellt.

Des Weiteren findet die Verneinung der Unterhaltsfunktion des Pflichtteilsrechts eine Stütze in der Rechtsprechung des Bundesverfassungsgerichts. Das Bundesverfassungsgericht hat im Jahr 2005 entschieden, dass „das Pflichtteilsrecht die Funktion [hat], die Fortsetzung des ideellen und wirtschaftlichen Zusammenhangs von Vermögen und Familie – unabhängig von einem konkreten Bedarf des Kindes – über den Tod des Vermögensinhabers hinaus zu ermöglichen".[1043] Obwohl der Beschluss eine Stellungnahme des Vierten Zivilsenats des BGH sowie des Bundesministeriums der Justiz enthält, in der sich beide für eine Unterhaltsfunktion des Pflichtteilsrechts ausgesprochen haben, ist das Bundesverfassungsgericht mit keiner Silbe auf die Unterhaltsfunktion des Pflichtteilsrechts eingegangen, was als deutlicher Hinweis auf die Negation der Unterhaltsfunktion zu werten ist.

Abschließend sollte man *Otte* folgen und eine Unterhaltsfunktion des Pflichtteilsrechts verneinen: „Wo das Pflichtteilsrecht, wie es das in zahlreichen Einzelfällen gewiss getan hat, die Funktion der Unterhaltssicherung oder Ausstattung erfüllte, war das eine willkommene Nebenfolge, mehr nicht."[1044]

(2) Pflichtteilsrecht als Pendant zum Unterhaltsanspruch

Selbst wenn man davon ausginge, dass das Pflichtteilsrecht ein Pendant zum Unterhaltsanspruch darstellen würde, kann ein Verzicht auf den Pflichtteil grundsätzlich nicht zur Sittenwidrigkeit des Nämlichen führen.

1042 *Schulz*, Pflichtteilsrecht und Pflichtteilsverzicht – Die Gretchenfrage des modernen Erbrechts?, 2015, S. 68.

1043 BVerfG, Beschl. v. 19.4.2005 (Az. 1 BvR 1644/00, 188/03), BVerfGE 112, 332 (353).

1044 *Otte*, Das Pflichtteilsrecht – Verfassungsrechtsprechung und Rechtspolitik, AcP 202 (2002), 317 (340).

Ausschlaggebend hierfür ist, dass der Unterhaltsanspruch aufgrund der Durchbrechung des Subsidiaritätsgrundsatzes und des Familienlastenausgleichs gemäß §§ 19 Abs. 3, 92 Abs. 2, 94 Abs. 2 SGB XII nur sehr eingeschränkt besteht und übergeleitet werden kann.[1045] Dass das Familienvermögen nur zu Lebzeiten, nicht aber nach dem Ableben des Erblassers geschützt werden soll, fordert jedoch weder das Erb- noch das Sozialrecht, weshalb der Nachlass auch postmortal Schutz genießen muss und somit grundsätzlich von der Sittengemäßheit des Pflichtteilsverzichts auszugehen ist.[1046]

ff) Beredtes Schweigen des Gesetzgebers

Zuletzt versucht der BGH noch die Sittengemäßheit des Pflichtteilsverzichts mit dem Argument abzurunden, dass der Gesetzgeber – trotz jahrzehntelanger Diskussion um die Rechtmäßigkeit von Behindertentestamenten – keine Norm in das SGB XII eingefügt hat, die dem Sozialhilfeträger u.a. im Falle eines Pflichtteilsverzichts durch einen sozialhilfebedürftigen Pflichtteilsberechtigten einen Anspruch auf den Pflichtteil gewährt.[1047] Aus dem „beredten Schweigen" des Gesetzgebers die Schlussfolgerung zu ziehen, ein Pflichtteilsverzicht sei rechtmäßig, ist jedoch nicht richtig. Letztlich könnte dieses Schweigen nämlich auch so zu verstehen sein, dass der Gesetzgeber die bestehenden Regelungen als ausreichend für die Beurteilung des Verzichts als sittenwidrig erachtet (vgl. § 138 BGB) und somit keine Veranlassung gesehen hat, eine Konkretisierung im SGB XII vorzunehmen.

Zwar würde eine Regelung des Gesetzgebers, die klare Kriterien formuliert, wann „erbrechtliche Rechtsgeschäfte wegen des Nachrangs der Sozialhilfe als unwirksam anzusehen sind", zu Rechtssicherheit führen.[1048] Der Umstand, dass der Gesetzgeber bisher nicht tätig geworden ist und in Zukunft wohl auch nicht tätig werden wird, liegt jedoch darin, dass sich die gewählten Volksvertreter an diesem Thema nur die „Finger verbrennen können". Es ginge ein Aufschrei durch die Bevölkerung, wenn der Gesetzgeber die Rechte von behinderten Menschen in diesem Bereich einschränken würde.

Insofern sagt die Untätigkeit des Gesetzgebers nichts über die Rechtmäßigkeit eines Pflichtteilsverzichts durch einen behinderten Sozialhilfeempfänger aus.

1045 Vgl. hierzu: Kapitel 4 B. III. 2. b) aa) (1) und (2).

1046 BGH, Urt. v. 19.1.2011 (Az. IV ZR 7/10), BGHZ 188, 96 (108).

1047 BGH, Urt. v. 19.1.2011 (Az. IV ZR 7/10), BGHZ 188, 96 (109).

1048 *Klingelhöffer*, Ist unser Erbrecht noch zeitgemäß?, ZEV 2010, 385 (387).

2. *Fazit*

Nach den Worten des BGH ist der „Pflichtteilsverzicht eines behinderten Sozialleistungsbeziehers (...) grundsätzlich nicht sittenwidrig".[1049] Ein solcher Grundsatz dient jedoch lediglich als Richtlinie von der im Einzelfall abgewichen werden kann. Ausschlaggebend ist demnach nicht nur die objektive Last für die Allgemeinheit, sondern vielmehr stets auch die Motivation für den Pflichtteilsverzicht.[1050] Es hat daher eine Gesamtabwägung stattzufinden.

In diese Abwägung muss zunächst einfließen, dass das Pflichtteilsrecht dem Berechtigten wirtschaftlich und rechtlich grundsätzlich nur Vorteile liefert, weshalb eine Verzichtserklärung eines behinderten Sozialhilfeempfängers einer Begründung bedarf, um nicht dem Verdikt der Sittenwidrigkeit zu unterfallen.[1051]

Zu berücksichtigen ist daneben aber auch, dass ein Pflichtteilsverzicht ein aleatorisches Rechtsgeschäft[1052] darstellt, bei dem nicht absehbar ist, ob zum Zeitpunkt des Ablebens des Erblassers überhaupt Vermögenswerte vorhanden sind oder der Nachlass möglicherweise überschuldet ist.

Beachtung finden muss bei der Beurteilung ferner, dass der Pflichtteilsverzicht keine „Winkelkonstruktion" findiger Juristen ist, sondern vielmehr ein Instrumentarium darstellt, das der Gesetzgeber mit § 2346 Abs. 2 BGB zur Verfügung stellt und gerade keine expliziten Grenzen für den Verzicht normiert worden sind.[1053] Die Vertragsschließenden können folgerichtig im Wege der Privatautonomie auch einen Verzicht schließen, der unbillig oder willkürlich erscheint.[1054]

Des Weiteren wird dem Sozialhilfeträger durch den Abschluss eines Pflichtteilsverzichts nichts entzogen, was er ohne den Verzicht mit Sicherheit bekommen hätte, da die Eltern sich auch für ein Behindertentestament entscheiden hätten können, wodurch gar kein Pflichtteilsanspruch entstanden wäre, den der Sozialhilfeträger auf sich hätte überleiten können.[1055]

Abschließend bleibt somit festzuhalten, dass grundsätzlich von der Sittengemäßheit eines Pflichtteilsverzichts (auch) durch einen behinderten Sozialhilfeempfänger auszugehen ist. Sollten keine anerkennenswerten Motive für

---

1049 BGH, Urt. v. 19.1.2011 (Az. IV ZR 7/10), BGHZ 188, 96 [LS].

1050 *Probst*, Anmerkung zu: BGH, Urt. v. 19.1.2011 (Az. IV ZR 7/10), JR 2012, 155 (160).

1051 *Sack/Fischinger*, in: Staudinger, Kommentar zum BGB, Neubearbeitung 2011, § 138 Rn. 466.

1052 *Krauß*, Vermögensnachfolge in der Praxis, 4. Aufl. 2015, Rn. 3430.

1053 *Ludyga*, Inhaltskontrolle von Pflichtteilsverzichtsverträgen, 2008, § 5 Rn. 15.

1054 *Leipold*, Erbrecht, 21. Aufl. 2016, § 3 Rn. 61.

1055 *Spall*, Anmerkung zu: BGH, Urt. v. 19.1.2011 (Az. IV ZR 7/10), MittBayNot 2012, 138 (143); a.A.: *Menzel*, Die negative Erbfreiheit, MittBayNot 2013, 289 (292).

die Verzichtserklärung vorhanden sein, kann dies jedoch im Einzelfall zu einer Sittenwidrigkeit des Nämlichen führen.

II. Erbverzicht

Für den Erbverzicht eines behinderten Sozialhilfeempfängers gelten die vorstehenden Ausführungen über den Pflichtteilsverzicht, sodass grundsätzlich die Sittenwidrigkeit eines solchen Verzichts zu verneinen ist.[1056]

Darüber hinaus geht sogar die Meinung, welche die Sittenwidrigkeit des Pflichtteilsverzichts bejaht, davon aus, dass ein Erbverzicht rechtmäßig ist, da ein gesetzlicher Erbe auch ohne Grund enterbt werden und somit keinen Einfluss auf seine Stellung als Erbe nehmen kann.[1057] Ferner spricht gegen die Sittenwidrigkeit eines Erbverzichts, dass ein behinderter Sozialhilfeempfänger eine Erbschaft wirksam ausschlagen kann, ohne sich dem Vorwurf der Sittenwidrigkeit auszusetzen.[1058] Vor diesem Hintergrund wäre es aber widersprüchlich, den „Verzicht" nach dem Erbfall – also die Ausschlagung – zu gestatten, ihn vorher jedoch zu untersagen.[1059]

Summa summarum ist demnach ein Erbverzicht eines behinderten Sozialhilfeempfängers als sittengemäß anzusehen.

D. Erlassvertrag und Ausschlagung

Wie bereits beim Erb- und Pflichtteilsverzicht nimmt sowohl der behinderte Pflichtteilsberechtigte beim Erlassvertrag über einen bereits entstandenen Pflichtteilsanspruch gemäß § 397 Abs. 1 BGB als auch der behinderte Erbe bei der Ausschlagung einer Erbschaft gemäß §§ 1942 ff. BGB eine aktive Rolle ein. Ist die behinderte Person voll geschäftsfähig, kann diese den Erlass bzw. die Ausschlagung selbst erklären. Steht sie jedoch unter Betreuung, bedarf es gemäß § 1822 Nr. 2 iVm § 1908 i Abs. 1 S. 1 BGB der Genehmigung des Betreuungsgerichts. Ein geschäftsfähiger Betreuter kann jedoch auch selbst den Erlass bzw. die Ausschlagung erklären.[1060]

Im Folgenden soll erforscht werden, ob ein solcher Erlass bzw. eine solche Ausschlagung gemäß § 138 Abs. 1 BGB gegen die guten Sitten verstößt.

1056 Vgl. hierzu: Kapitel 4 C. I.

1057 *Armbrüster*, Die Nachrangigkeit der Sozialhilfe und die guten Sitten, in: Festschrift für Franz Jürgen Säcker, 2011, S. 23.

1058 Vgl. hierzu: Kapitel 4 D. II. 2.

1059 *Menzel*, Entschließungsfreiheiten im Erbrecht und Drittinteressen, 2008, S. 260.

1060 *Schwab*, in: MüKo, BGB, 7. Aufl. 2017, § 1902 Rn. 43.

I. Erlassvertrag

Ist der Pflichtteilsanspruch bereits entstanden (vgl. § 2317 Abs. 1 BGB), kann der Pflichtteilsberechtigte im Wege eines Erlassvertrages mit dem Erben gemäß § 397 Abs. 1 BGB auf seine Rechte verzichten.

Hierbei ist zunächst zu klären, ob der Sozialhilfeträger den Pflichtteilsanspruch bereits gemäß § 93 Abs. 1 S. 1 SGB XII auf sich übergeleitet hat. Ist dies der Fall, ist ein Erlassvertrag zwischen dem Erben und dem behinderten Pflichtteilsberechtigten - unabhängig von § 138 Abs. 1 BGB - aufgrund fehlender Forderungsinhaberschaft unwirksam.[1061]

Hat der Sozialhilfeempfänger die Überleitung noch nicht angezeigt, ist fraglich, ob der Erlass des Pflichtteilsanspruchs gegen die guten Sitten verstößt.

1. Herrschende Meinung

Die wohl herrschende Meinung hält einen Erlassvertrag über einen Pflichtteilsanspruch unter Beteiligung eines behinderten Sozialhilfeempfängers für sittenwidrig.[1062] Dies wird u.a. damit begründet, dass der Pflichtteilsberechtigte mit seiner Erlasserklärung eine sichere Erwerbsquelle aufgibt.[1063] *Littig* und *Mayer* fordern überdies, dass der Erlass mit Schädigungsabsicht zulasten des Sozialhilfeträgers geschehen muss, damit dieser sittenwidrig ist.[1064] Laut *Lambrecht* ist notwendig, dass „der Erlassende bei Vertragsschluß hilfebedürftig ist, der Schuldner des Pflichtteilsanspruchs diese prekäre Lage gekannt oder fahrlässig nicht gekannt hat, und keine oder eine hinter dem Wert des Pflichtteilsanspruchs zurückbleibende Abfindung gewährt wurde".[1065]

1061 *v. Proff*, Pflichtteilserlass und Pflichtteilsverzicht von Sozialleistungsempfängern, ZErb 2010, 206 (206).

1062 VGH Mannheim, Urt. v. 8.6.1993 (Az. 6 S 1068/92), NJW 1993, 2953; *Menzel*, Entschließungsfreiheiten im Erbrecht und Drittinteressen, 2008, S. 259; *Armbrüster*, Die Nachrangigkeit der Sozialhilfe und die guten Sitten, in: Festschrift für Franz Jürgen Säcker, 2011, S. 24; *Krauß*, Vermögensnachfolge in der Praxis, 4. Aufl. 2015, Rn. 5533; *Littig/Mayer*, Sozialhilferegreß gegenüber Erben und Beschenkten, 1999, § 177; *Lambrecht*, Der Zugriff des Sozialhilfeträgers auf den erbrechtlichen Erwerb, 2001, S. 170.

1063 *Vaupel*, Der Sozialhilferegress in der notariellen Praxis, RNotZ 2009, 497 (508).

1064 *Littig/Mayer*, Sozialhilferegreß gegenüber Erben und Beschenkten, 1999, § 177.

1065 *Lambrecht*, Der Zugriff des Sozialhilfeträgers auf den erbrechtlichen Erwerb, 2001, S. 170.

2. *Andere Ansicht*

Die Argumente der herrschenden Meinung überzeugen indes nicht. Warum beispielsweise *Littig* und *Mayer*[1066] einen Pflichtteilsverzicht für sittengemäß, einen Erlassvertrag über einen Pflichtteilsanspruch jedoch für sittenwidrig halten, ist nicht nachvollziehbar. Entscheidend kommt es doch in beiden Fällen – neben denen bereits vom BGH zur Sittengemäßheit eines Pflichtteilsverzichts genannten Aspekten[1067] – darauf an, welche Motive der behinderte Pflichtteilsberechtigte verfolgt. Geschieht der Erlass des (bereits entstandenen) Pflichtteilsanspruchs allein, um den Sozialhilfeträger zu schädigen, lässt sich eine Sittenwidrigkeit nicht leugnen. Kommen – wie zum überwiegenden Teil – anerkennenswerte Motive des behinderten Sozialhilfeempfängers hinzu, scheidet eine Sittenwidrigkeit gemäß § 138 Abs. 1 BGB hingegen grundsätzlich aus.

II. Ausschlagung

Der Anfall einer Erbschaft erfolgt mit dem Ableben des Erblassers gemäß § 1922 Abs. 1 BGB unmittelbar und ipso iure (Grundsatz des Vonselbsterwerbs).[1068] Dies kann auch ohne Kenntnis des Erben und gegen seinen Willen erfolgen.[1069] Da dieser Grundsatz nicht dazu führen soll, dass ein Erbe gezwungen wird, eine Erbschaft anzunehmen, hat der Gesetzgeber in den §§ 1942 ff. BGB die Möglichkeit geschaffen, die Erbschaft auszuschlagen, um den Anfall zu revidieren.[1070] Dieses Recht steht auch einem sozialhilfebedürftigen Erben zu. Fraglich ist indes, ob eine solche Ausschlagung den öffentlichen Interessen widerspricht und daher gemäß § 138 Abs. 1 BGB sittenwidrig sein kann.

1. *Zur Sittenwidrigkeit der Ausschlagung*

Weder in der Literatur noch in der Rechtsprechung findet sich ein einheitliches Meinungsbild hierzu. Die Frage nach der Sittenwidrigkeit ist vielmehr stark umstritten.

1066 *Littig/Mayer*, Sozialhilferegreß gegenüber Erben und Beschenkten, 1999, § 177.

1067 Vgl. hierzu: Kapitel 4 C. I.

1068 *Weidlich*, in: Palandt, BGB, 76. Aufl. 2017, § 1922 Rn. 6.

1069 *Große-Boymann*, in: Burandt/Rojahn (Hrsg.), Erbrecht, 2. Aufl. 2014, § 1922 Rn. 20.

1070 *Leipold*, Erbrecht, 21. Aufl. 2016, § 18 Rn. 602.

a) *Ansichten in der Literatur*

aa) Verneinung der Anwendbarkeit des § 138 Abs. 1 BGB auf die Ausschlagung

Teilweise wird in der Literatur vertreten, dass eine Ausschlagung per se nicht gegen die guten Sitten verstoßen kann, selbst wenn „das Motiv einer Ausschlagung sittenwidrig sein mag".[1071] Nach Ansicht von *Kuchinke* ist eine Ausschlagung selbst dann nicht sittenwidrig, „wenn der vergrämte Vater von hungernden Kindern die nur ihm zugewandte große Erbschaft ausschlägt, um seiner Familie zu schaden".[1072] Begründet wird diese Meinung damit, dass es für die Überprüfung des Verhaltens des Erben Spezialvorschriften – wie beispielsweise die Erbunwürdigkeit gemäß §§ 2339 ff. BGB sowie die Anfechtbarkeit gemäß §§ 2078 f. BGB – gebe und es daher darüber hinaus keiner weiteren Vorschriften bedarf.[1073]

bb) Bejahung der Anwendbarkeit des § 138 Abs. 1 BGB auf die Ausschlagung

Die wohl herrschende Meinung in der Literatur bejaht hingegen die generelle Anwendbarkeit des § 138 Abs. 1 BGB auf die Ausschlagung einer Erbschaft. Als Willenserklärung unterfalle die Ausschlagungserklärung des Erben grundsätzlich den Regelungen über die Unwirksamkeit von Willenserklärungen, zu denen auch die Vorschrift über die Sittenwidrigkeit gemäß § 138 Abs. 1 BGB gehöre.[1074]

Der herrschenden Meinung ist zuzustimmen, da dogmatische Gründe einer Anwendbarkeit des § 138 Abs. 1 BGB auf die Erbschaftsausschlagung nicht entgegenstehen.[1075] Die Norm stellt eine Generalklausel dar, „nach der die Wirksamkeit rechtsgeschäftlichen Handelns anhand des Bewertungsmaßstabs der „guten Sitten" zu beurteilen ist"; die Regelung gilt für „Rechtsgeschäfte jeder Art".[1076] Daraus folgt, dass auch die Ausschlagung einer Erbschaft der Sittenwidrigkeitskontrolle des § 138 Abs. 1 BGB unterliegt.[1077]

1071 *Pohl*, Mängel bei der Erbschaftsannahme und -ausschlagung, AcP 177 (1977), 52 (65 ff.).

1072 *Lange/Kuchinke*, Lehrbuch des Erbrechts, 5. Aufl. 2001, § 8 VII. 1. b).

1073 *Lange/Kuchinke*, Lehrbuch des Erbrechts, 5. Aufl. 2001, § 8 VII. 1. b).

1074 *Lambrecht*, Der Zugriff des Sozialhilfeträgers auf den erbrechtlichen Erwerb, 2001, S. 173.

1075 *Ivo*, Die Erbschaftsausschlagung eines Sozialhilfeempfängers, FamRZ 2003, 6 (7).

1076 *Wendtland*, in: Bamberger/Roth (Hrsg.), Beck'scher Online Kommentar zum BGB, Stand: 1.11.2016, § 138 Rn. 1, 3.

1077 *Leipold*, in: MüKo, BGB, 7. Aufl. 2017, § 1945 Rn. 3.

Obwohl die herrschende Meinung § 138 Abs. 1 BGB auf die Ausschlagung eines sozialhilfebedürftigen Erben anwendet, ist umstritten, ob eine solche Ausschlagungserklärung gegen die guten Sitten verstößt.

Ein Teil der herrschenden Meinung kommt zu dem Schluss, dass die Ausschlagung einer Erbschaft durch einen (behinderten) Sozialhilfeempfänger gegen die guten Sitten verstößt.[1078] So möchte beispielsweise *Köbl* die vom BGH entwickelten Sittenwidrigkeitskriterien des Verzichts auf nachehelichen Unterhalt auf die Ausschlagungserklärung übertragen.[1079]

Der überwiegende Teil der herrschenden Meinung, lehnt jedoch einen Verstoß gegen die guten Sitten ab.[1080] Laut *Stein* existiere weder eine Norm, die die Annahme der Erbschaft vorschreibe, noch vermöge die Ausschlagung der Erbschaft gegen die guten Sitten zu verstoßen.[1081] *Lambrecht* lehnt einen Sittenverstoß mit dem Wertungsmodell des § 83 Abs. 1 S. 1 InsO ab, wonach es dem Erben im Insolvenzverfahren freistehe, die Erbschaft auszuschlagen.[1082]

Linde verneint sogar die Sittenwidrigkeit einer Ausschlagung dann, wenn sie allein aus dem Grunde erfolgt ist, den Zugriff des Sozialhilfeträgers auf die Erbschaft zu vereiteln.[1083]

b) Ansichten in der Rechtsprechung

aa) OLG Stuttgart und OLG Hamm

Einen Verstoß gegen die Sittenwidrigkeit hat das OLG Stuttgart[1084] bejaht, da nach seiner Ansicht die Ausschlagung einer Erbschaft durch eine behinderte Sozialhilfeempfängerin (erklärt durch ihren Betreuer) mit der Konsequenz, dass hierdurch der Zugriff des Sozialhilfeträgers vereitelt wird, gemäß § 138 Abs. 1 BGB gegen die guten Sitten verstößt. Nach Meinung des OLG Stuttgart ergebe

---

1078 Vgl. etwa: *Ellenberger*, in: Palandt, BGB, 76. Aufl. 2017, § 138 Rn. 50a.

1079 *Köbl*, Schranken der Privatautonomie aufgrund Sozialhilferechts – eine grundsätzliche Orientierung, ZfSH/SGB 1990, 449 (459).

1080 *Sack/Fischinger*, in: Staudinger, Kommentar zum BGB, Neubearbeitung 2011, § 138 Rn. 464.

1081 Vgl. etwa: *A. Stein*, in: Soergel, Kommentar zum BGB, 13. Aufl. 2001, § 1945 Rn. 3.

1082 *Lambrecht*, Der Zugriff des Sozialhilfeträgers auf den erbrechtlichen Erwerb, 2001, S. 175.

1083 *Linde*, Zur Ausschlagung einer Erbschaft – Nasciturus, Sozialhilfe, BWNotZ 1988, 54 (58).

1084 OLG Stuttgart, Beschl. v. 25.6.2001 (Az. 8 W 494/99), NJW 2001, 3484 (3485); krit.: *Mayer*, Anmerkung zu: OLG Stuttgart, Beschl. v. 25.6.2001 (Az. 8 W 494/99), ZEV 2002, 367 (369 f.).

sich die Sittenwidrigkeit u.a. auch aus einem Vergleich zu einem vom BGH als sittenwidrig eingestuften Verzicht auf nachehelichen Unterhalt.

Zum gleichen Ergebnis kommt auch das OLG Hamm und versagt dem betreuten Sozialhilfeempfänger ebenso die Genehmigung der durch dessen Betreuer erklärten Ausschlagung, da nach Ansicht des OLG Hamm ein Verstoß gegen das Subsidiaritätsprinzip des § 2 Abs. 1 SGB XII vorliegt.[1085]

bb) LG Aachen

Im Gegensatz zum OLG Stuttgart und OLG Hamm, hat das LG Aachen[1086] die Sittenwidrigkeit der Ausschlagung einer Erbschaft durch einen sozialhilfebedürftigen Erben grundsätzlich abgelehnt, wobei es seine Entscheidung vor allem mit einem Vergleich zum Insolvenzrecht begründet hat: „Ein Verstoß gegen die guten Sitten ist ausgeschlossen, wenn ein Rechtsgeschäft mit den Maßstäben und Prinzipien der Rechtsordnung im Einklang steht. (…) Im Insolvenzrecht hat der Gesetzgeber durch § 83 Abs. 1 Satz 1 InsO ausdrücklich bekräftigt, dass auch im Falle der Eröffnung des Insolvenzverfahrens die Entscheidung über Annahme und Ausschlagung allein beim Schuldner verbleibt. Der Schuldner ist nicht verpflichtet, ein Erbe anzunehmen, damit seine Gläubiger auf diese Vermögensmasse zugreifen können, sondern es steht ihm auch während der Insolvenz frei, sein Erbe auszuschlagen. Dabei ist es unerheblich, ob auch der Staat zu den Gläubigern gehört, welche durch die Ausschlagung nicht die Möglichkeit erhalten, auf das Erbe zuzugreifen."

cc) Rechtsprechung des BGH

Der Ansicht des LG Aachen hat sich jüngst auch der BGH mit folgender Argumentation angeschlossen: „Die Wertungen der Senatsrechtsprechung zum Behindertentestament müssen auch bei erbrechtlich relevantem Handeln Behinderter selbst zum Tragen kommen. Die Entscheidung darüber, ob sie die Erbschaft (…) erhalten wollen, wird zunächst durch die Privatautonomie gedeckt. Grundsätzlich ist jeder frei in seiner Entscheidung, ob er Erbe eines anderen werden (…) will. Vor diesem Hintergrund ist der Erbrechtsgarantie in Art. 14 Abs. 1 GG auch ein Gegenstück im Sinne einer »negativen Erbfreiheit« zu entnehmen. Wenn einerseits Erblasser frei darin sind, andere zu ihren Erben einzusetzen, ist dies andererseits nur insofern zu billigen, als die Betroffenen damit einverstanden sind. Es gibt keine Pflicht zu erben (…). Wenigstens muss dem

---

1085 OLG Hamm, Beschl. v. 16.7.2009 (Az. 15 Wx 85/09), ZEV 2009, 471 (471).

1086 LG Aachen, Beschl. v. 4.11.2004 (Az. 7 T 99/04), ZEV 2005, 120.

Betreffenden das Recht zur Ausschlagung zustehen, um sich gegen den vom Gesetz vorgesehenen Vonselbst-Erwerb (§§ 1922, 1942 BGB) wehren zu können. Die grundsätzliche Ablehnungsmöglichkeit gegenüber Zuwendungen ist notwendiger Widerpart, der einen unmittelbar wirksamen Vermögensübergang ohne eigenes Zutun erst rechtfertigt".[1087]

dd) LSG Bayern

Trotz des Urteils des BGH aus dem Jahr 2011, hat sich das LSG Bayern nicht dieser Ansicht angeschlossen, sondern im Jahr 2015 vielmehr entschieden, dass eine Ausschlagung der Erbschaft durch einen (behinderten) Sozialhilfeempfänger durchaus sittenwidrig sein kann.[1088]

2. *Stellungnahme*

Die Ausschlagung der Erbschaft durch einen behinderten Sozialhilfeempfänger verstößt nach der herrschenden Meinung und großen Teilen der Rechtsprechung nicht gemäß § 138 Abs. 1 BGB gegen die guten Sitten, selbst wenn sie zu dem Zweck erfolgt, dem Sozialhilfeträger den Zugriff auf den Nachlass zu entziehen.

Wie das LG Aachen richtig konstatiert, ist „ein Verstoß gegen die guten Sitten ausgeschlossen, wenn ein Rechtsgeschäft mit den Maßstäben und Prinzipien der Rechtsordnung im Einklang steht".[1089] Dafür, dass dies bei der Ausschlagung durch einen behinderten Sozialhilfeempfänger der Fall ist, spricht bereits ein Vergleich zur Ausschlagung durch einen Ehegatten oder einen Insolvenzschuldner. Der Gesetzgeber hat sich nämlich dazu entschlossen, die Entschließungsfreiheit des jeweils Ausschlagenden zu schützen.[1090] So ist beispielsweise ein Ehegatte trotz der Regelung des § 1365 Abs. 1 BGB, der die Freiheit von Ehegatten bei Verfügungen über das Vermögen im Ganzen einschränkt, nicht daran gehindert, eine Erbschaft auszuschlagen, selbst wenn sie dessen Vermögen im Ganzen darstellt.[1091]

Ferner bleibt es gemäß § 83 Abs. 1 S. 1 InsO einem Insolvenzschuldner überlassen, ob er eine Erbschaft annimmt oder ausschlägt. Er kann somit wider die Interessen des Insolvenzgläubigers eine (werthaltige) Erbschaft ausschlagen. Diese Ausschlagung kann weder der Insolvenzverwalter gemäß §§ 129 ff. InsO

1087 BGH, Urt. v. 19.1.2011 (Az. IV ZR 7/10), BGHZ 188, 96 (104).
1088 LSG Bayern, Beschl. v. 30.7.2015 (Az. L 8 SO 146/15 B ER), ZEV 2016, 43.
1089 LG Aachen, Beschl. v. 4.11.2004 (Az. 7 T 99/04), ZEV 2005, 120.
1090 *Ivo*, Die Erbschaftsausschlagung eines Sozialhilfeempfängers, FamRZ 2003, 6 (7).
1091 *Thiele*, in: Staudinger, Kommentar zum BGB, Neubearbeitung 2007, § 1365 Rn. 42.

noch der Insolvenzgläubiger nach den Vorschriften des Anfechtungsgesetzes anfechten.[1092] Dass jedoch allein aus dem vorgenannten Vergleich nicht die Sittengemäßheit der Ausschlagung durch einen behinderten Sozialhilfeempfänger begründet werden kann, zeigt die Kritik *Armbrüsters*. Dieser lehnt eine Heranziehung des Rechtsgedankens des § 83 Abs. 1 S. 1 InsO ab, da es sich bei dem Sozialhilfeträger um einen „besonderen Gläubiger" handle.[1093] Anders als private Gläubiger erbringe der Sozialhilfeträger die Leistungen uneigennützig, da diese „einseitige Transferleistungen und nicht gegenleistungsgebunden" seien. Prima vista erscheint diese Meinung überzeugend. Beachtet werden muss in diesem Zusammenhang aber, dass bei § 83 Abs. 1 S. 1 InsO nicht zwischen privaten und öffentlichen Gläubigern unterschieden wird. Auch wenn es sich bei einem Insolvenzgläubiger um eine Person des öffentlichen Rechts handelt, ist der Insolvenzschuldner berechtigt, die Erbschaft auszuschlagen, was deutlich macht, dass der Rechtsgedanke des § 83 Abs. 1 S. 1 InsO durchaus auch im Falle einer Ausschlagung durch einen sozialhilfebedürftigen Erben herangezogen werden kann.

Entscheidend für die Verneinung der Sittenwidrigkeit der Ausschlagung einer Erbschaft durch einen behinderten Sozialhilfeempfänger ist aber, dass niemand gezwungen werden kann, eine Erbschaft anzunehmen, selbst dann nicht, wenn diese lediglich vorteilhaft ist.[1094] Würde man die Ausschlagung einer Erbschaft durch einen behinderten Sozialhilfeempfängers als sittenwidrig qualifizieren, hätte dies „zwingend den endgültigen Erwerb der Erbschaft mit allen Aktiva und Passiva" als Konsequenz.[1095] Telos des § 138 Abs. 1 BGB ist jedoch nicht, ein Rechtsgeschäft zu begründen, sondern die Nichtigkeit desselben herbeizuführen.[1096] Die Rechtsfolge des § 138 Abs. 1 BGB passt somit nicht auf die Ausschlagung der Erbschaft; bereits im römischen Recht war verankert, dass niemandem etwas gegen seinen Willen oktroyiert werden darf („invito non datur").[1097] Dieser Grundsatz ist auch in § 516 BGB enthalten, wonach der Beschenkte einer Schenkung zustimmen muss. Dies gilt ferner auch bei einem Vertrag zugunsten Dritter, bei welchem dem Dritten gemäß § 333 BGB ein Zurückweisungsrecht

1092 *Blersch/v. Olshausen*, in: Blersch/Goetsch/Haas (Hrsg.), Berliner Kommentar InsO, Bd. I, 2016, § 83 Rn. 5.

1093 *Armbrüster*, Die Nachrangigkeit der Sozialhilfe und die guten Sitten, in: Festschrift für Franz Jürgen Säcker, 2011, S. 26 f.

1094 *Sack/Fischinger*, in: Staudinger, Kommentar zum BGB, Neubearbeitung 2011, § 138 Rn. 464.

1095 *Ivo*, Die Erbschaftsausschlagung eines Sozialhilfeempfängers, FamRZ 2003, 6 (8).

1096 *Menzel*, Entschließungsfreiheiten im Erbrecht und Drittinteressen, 2008, S. 55.

1097 *Pohl*, Mängel bei der Erbschaftsannahme und -ausschlagung, AcP 177 (1977), 52 (68).

zusteht. Insofern hat der BGH richtigerweise festgestellt, dass von Art. 14 Abs. 1 GG auch die negative Erbfreiheit umfasst ist, sodass dem Erben keine Erbschaft aufgenötigt werden kann. Des Weiteren darf nicht übersehen werden, dass die Vermögensinteressen des Sozialhilfeträgers bei der Ausschlagung der Erbschaft „gar nicht verschlechtert, sondern nur nicht verbessert [werden]".[1098]

Abschließend sei noch erwähnt, dass der Sozialhilfeträger im Falle einer Ausschlagung der Erbschaft durch einen behinderten Sozialhilfeempfänger, die ohne ersichtlichen Grund erfolgt ist, nicht schutzlos gestellt ist. Das Sozialrecht gewährt nämlich in § 26 Abs. 1 S. 1 Nr. 1 SGB XII die Möglichkeit, die Leistung bis auf das zum Lebensunterhalt Unerlässliche einzuschränken, wenn Leistungsberechtigte, nach Vollendung des 18. Lebensjahres ihr Einkommen oder Vermögen in der Absicht vermindert haben, die Voraussetzungen für die Gewährung oder Erhöhung der Leistung herbeizuführen. Diese Lösung schränkt die Entschließungsfreiheit des behinderten Sozialhilfeempfängers nicht in unzulässiger Art und Weise ein; sie führt lediglich zu dem von *Ivo* auf den Punkt gebrachten Ergebnis: „[Derjenige], der öffentliche Hilfe in Anspruch nehmen will, [ist] in der Disposition über sein Einkommen und sein Vermögen nicht mehr völlig frei (...).[1099] Dieses Ergebnis ist nur recht und billig.

1098 *Menzel*, Entschließungsfreiheiten im Erbrecht und Drittinteressen, 2008, S. 62.

1099 *Ivo*, Die Erbschaftsausschlagung eines Sozialhilfeempfängers, FamRZ 2003, 6 (9); a.A.: *Schindler*, in: Ruby/Schindler/Wirich, Das Behindertentestament, 2. Aufl. 2014, § 2 Rn. 46.

Kapitel 5. Zusammenfassung

Abschließend seien die bedeutendsten Ergebnisse dieser Arbeit zusammengefasst:

- Unter behinderten Menschen iSd Erbrechts sind Personen zu verstehen, die an einer auch nur vorübergehenden Funktionsbeeinträchtigung leiden, die auf einem körperlichen, geistigen, seelischen und/oder die Person anderweitig in ihren Kommunikationsmöglichkeiten beeinträchtigenden Zustand beruht und daher Auswirkung auf die Erstellung einer letztwilligen Verfügung oder die Geltendmachung von Rechten und Erfüllung von Pflichten im Hinblick auf die Erbenstellung hat.
- Entgegen der herrschenden Meinung ist eine partielle Testierfähigkeit anzuerkennen, sodass in einem Testament oder Erbvertrag lediglich diejenigen letztwilligen Verfügungen unwirksam sind, die den beeinträchtigten Bereich betreffen, wenn zu erkennen ist, dass ihnen eine Fehlvorstellung zugrunde lag, wohingegen diejenigen Verfügungen wirksam bleiben, welche unabhängig von dieser Beeinträchtigung getroffen wurden.
- Beim „lucidum intervallum" muss zwischen Intervallen von langer und kurzer Dauer unterschieden werden. Während die Existenz langandauernder luzider Intervalle zu bejahen ist, muss – entgegen der Kommentarliteratur und älteren Rechtsprechung – auch wegen der fast ausgeschlossenen Nachweisbarkeit die Möglichkeit eines kurzandauernden luziden Intervalls abgelehnt werden, da es nicht möglich ist, eine einmalige, scheinbar sinnvolle Äußerung des Erblassers als Zeichen eines luziden Intervalls zu bewerten.
- Die Befragung eines bei der Errichtung eines öffentlichen Testaments gemäß § 2232 BGB anwesenden Notars, welcher sich von der Testierfähigkeit des Erblassers überzeugt und dies gemäß § 28 BeurkG in der Niederschrift vermerkt hat, ist hinsichtlich der Feststellung der Testierfähigkeit des Erblassers keine verwertbare Tatsachengrundlage und hat praktisch keinen Beweiswert. Auch wenn ein notarielles Testament einen Zeugnisbeweis gemäß § 415 Abs. 1 ZPO darstellt, erstreckt sich die Beweiskraft des § 415 Abs. 1 ZPO nur darauf, dass sich der Notar von der Testierfähigkeit überzeugt hat und nicht darauf, dass der Erblasser bei Errichtung des öffentlichen Testaments tatsächlich testierfähig war. In der Aussage des Notars kann somit höchstens ein Indiz für die Testierfähigkeit liegen; allein diese Feststellung ist jedoch nicht ausreichend, um begründete Zweifel an der Testierfähigkeit zu entkräften.

- Entgegen der herrschenden Meinung ist die Vorschrift des § 2233 Abs. 2 BGB bei einem gemeinschaftlichen Testament gemäß §§ 2265 ff. BGB nicht auf beide Ehegatten, sondern nur auf denjenigen anzuwenden, der nicht imstande ist, Geschriebenes zu lesen.
- Für die Erstellung eines wirksamen notariellen Testaments ist es – entgegen der Ansicht des BGH – ausreichend, wenn der Testator die Urkunde allein mit seinem Vornamen unterzeichnet. Wenn schon die Unterschrift mit dem bloßen Vornamen bei eigenhändigen Testamenten gemäß § 2247 Abs. 3 BGB ausreicht, muss dies erst recht bei notariellen Urkunden gelten.
- Selbst wenn sich der Erblasser aufgrund von Testierunfähigkeit gemäß § 2229 Abs. 4 BGB nicht mehr durch einen Widerruf von einer einseitigen letztwilligen Verfügung lösen kann, steht weder dem Erblasser selbst analog § 2281 Abs. 1 BGB, noch seinem gesetzlichen Vertreter analog § 2282 Abs. 2 BGB ein Anfechtungsrecht zu.
- Das Mündlichkeitserfordernis bei Nottestamenten vor drei Zeugen gemäß §§ 2250 f. BGB verstößt – vor allem im Lichte der Entscheidung des Bundesverfassungsgerichts vom 19.1.1999 – gegen die Erbrechtsgarantie des Art. 14 Abs. 1 S. 1 GG und das Benachteiligungsverbot gemäß Art. 3 Abs. 3 S. 2 GG.
- Letztwillige Verfügungen zugunsten einer Verständigungsperson iSv § 24 Abs. 1 S. 2 BeurkG sind im Wege einer teleologischen Reduktion des § 24 Abs. 2 BeurkG auch dann wirksam, wenn der behinderte Erblasser sich lediglich mit einer einzigen Person verständigen kann und diese zu seinem Erben einsetzen möchte.
- Behindertentestamente – egal nach welchem Lösungsmodell sie gestaltet sind – verstoßen nicht gegen die guten Sitten gemäß § 138 Abs. 1 BGB.
- Sofern der Erb- und/oder Pflichtteilsverzicht bzw. der Erlass des Pflichtteilsanspruchs durch einen behinderten Sozialhilfeempfänger auf anerkennenswerten Motiven beruht, ist dieser grundsätzlich nicht sittenwidrig iSd § 138 Abs. 1 BGB.
- Die Ausschlagung der Erbschaft durch einen behinderten Sozialhilfeempfänger verstößt nicht gemäß § 138 Abs. 1 BGB gegen die guten Sitten, selbst wenn sie zu dem Zwecke erfolgt, dem Sozialhilfeträger den Zugriff auf den Nachlass zu entziehen.

Literaturverzeichnis

Aldinger, Lorenz: Die Übertragbarkeit der Inhaltskontrolle von Eheverträgen auf Pflichtteilsverzichtsverträge, Hamburg 2012.

Armbrüster, Christian: Die Nachrangigkeit der Sozialhilfe und die guten Sitten, Festschrift für Franz Jürgen Säcker, München 2011.

Armbrüster, Christian: Kindeswohl versus Gemeinwohl – zur Sittenwidrigkeit erbrechtlicher Gestaltungen, ZErb 2013, 77.

Armbrüster/Preuß/Renner (Hrsg.), BeurkG DONot Kommentar, 7. Aufl. Bonn 2015 (zitiert als: *Bearbeiter*, in: Armbrüster/Preuß/Renner (Hrsg.), BeurkG/DONot Kommentar, 7. Aufl. 2015).

Bäumerich, Günter: Das Nachrangprinzip der Sozialhilfe in seiner Ausgestaltung beim Einsatz des Einkommens, NDV 1988, 97.

Baltzer, Peter: Das Vor- und Nachvermächtnis in der Kautelarjurisprudenz, Köln 2007.

Baltzer/Reisnecker: Vorsorgen mit Sorgenkindern, München 2012.

Bamberger/Roth (Hrsg.): Beck'scher Online Kommentar zum BGB, München, (zitiert als: *Bearbeiter*, in: Bamberger/Roth (Hrsg.), Beck'scher Online Kommentar zum BGB).

Bartsch, Herbert: Die postmortale Schweigepflicht des Arztes beim Streit um die Testierfähigkeit des Patienten, NJW 2001, 861.

Baumann, Peter: Anmerkung zu: OLG Hamm, Beschl. v. 8.10.1993 (Az. 15 W 74/93), FamRZ 1994, 993.

Bengel, Manfred: Beziehungstestamente, ErbR 2009, 236.

Bengel, Manfred: Gestaltung letztwilliger Verfügungen bei Vorhandensein behinderter Abkömmlinge, ZEV 1994, 29.

v. Bernstorff, Jochen: Menschenrechte und Betroffenenrepräsentation: Entstehung und Inhalt eines UN-Antidiskriminierungsübereinkommens über die Rechte von behinderten Menschen, ZaöRV 67 (2007), 1041.

Bienwald/Sonnenfeld/Harm: Betreuungsrecht Kommentar, 6. Aufl. Bielefeld 2016 (zitiert als: *Bearbeiter*, in: Bienwald/Sonnenfeld/Harm, Betreuungsrecht Kommentar, 6. Aufl. 2016).

Bieritz-Harder/Conradis/Thie (Hrsg.): Sozialgesetzbuch XII, 10. Aufl. Baden-Baden 2015 (zitiert als: *Bearbeiter*, in: Bieritz-Harder/Conradis/Thie (Hrsg.), Sozialgesetzbuch XII, 10. Aufl. 2015).

Blersch/Goetsch/Haas (Hrsg.): Berliner Kommentar InsO, Bd. I, Köln 2016 (zitiert als: *Bearbeiter*, in: Blersch/Goetsch/Haas (Hrsg.), Berliner Kommentar InsO, Bd. I, 2016).

Brambring/Mutter (Hrsg.): Beck'sches Formularbuch Erbrecht, 3. Aufl. München 2014 (zitiert als: *Bearbeiter*, in: Brambring/Mutter (Hrsg.), Beck'sches Formularbuch Erbrecht, 3. Aufl. 2014).

Brox, Hans: Die Einschränkung der Testierfreiheit durch § 14 des Heimgesetzes und das Verfassungsrecht, Grundrechte, soziale Ordnung und Verfassungsgerichtsbarkeit, Festschrift für Ernst Benda, Heidelberg 1995.

Brox/Walker: Erbrecht, 27. Aufl. München 2016.

Buch, Michael: Das Grundrecht der Behinderten (Art. 3 Abs. 3 S. 2 GG), Osnabrück 2001.

Bumiller/Harders/Schwamb: FamFG Kommentar, 11. Aufl. München 2015.

Burandt/Rojahn (Hrsg.): Erbrecht, 2. Aufl. München 2014 (zitiert als: *Bearbeiter*, in: Burandt/Rojahn, Erbrecht, 2. Aufl. 2014).

Burkart, Erich: Anmerkung zu: OLG Hamm, Beschl. v. 9.11.1988 (Az. 15 W 198/87), DNotZ 1989, 584.

Burmeister/Gaßner/Melzer/Müller: Bayerisches Pflege- und Wohnqualitätsgesetz Kommentar, 2. Aufl. München 2015.

Canaris, Claus-Wilhelm: Verstöße gegen das verfassungsrechtliche Übermaßverbot im Recht der Geschäftsfähigkeit und im Schadensersatzrecht, JZ 1987, 993.

Caspar, Johannes: Das Diskriminierungsverbot behinderter Personen nach Art. 3 Abs. 3 S. 2 GG und seiner Bedeutung in der aktuellen Rechtsprechung, EuGRZ 2000, 135.

Christandl, Gregor: Selbstbestimmtes Testieren in einer alternden Gesellschaft, Tübingen 2016.

Cording, Clemens: Beweismittel zur Klärung der Testier(un)fähigkeit, ZEV 2010, 23.

Cording, Clemens: Die Begutachtung der Testier(un)fähigkeit, Fortschritte der Neurologie und Psychiatrie 2004, 147.

Cramer, Horst H.: Schwerbehindertengesetz Kommentar, 5. Aufl. München 1998.

Cypionka, Bertram: Fortfall der Entmündigung Volljähriger – Auswirkungen auf den Rechtsverkehr, NJW 1992, 207.

Damrau, Jürgen: Das Behinderten-Testament mit Vermächtnislösung, ZEV 1998, 1.

Damrau/J. Mayer: Zur Vor- und Nachvermächtnislösung beim sog. Behindertentestament, ZEV 2001, 293.

Damrau/Tanck (Hrsg.): Praxiskommentar Erbrecht, 3. Aufl. Bonn 2014 (zitiert als: *Bearbeiter*, in: Damrau/Tanck (Hrsg.), Praxiskommentar Erbrecht, 3. Aufl. 2014).

Damrau/Zimmermann: Betreuungsrecht Kommentar, 4. Aufl. Stuttgart 2011 (zitiert als: *Damrau/Zimmermann*, Betreuungsrecht, 4. Aufl. 2011).

Dauner-Lieb, Barbara: Bedarf es einer Reform des Pflichtteilsrechts?, DNotZ 2001, 460.

Decker, Georg J.: Die privatrechtliche Stellung behinderter Menschen im Wohnraummietrecht, Berlin 2005.

Degener, Theresia: Die UN-Behindertenrechtskonvention als Inklusionsmotor, RdJB 2009, 200.

Degener, Theresia: Verfassungsrechtliche Probleme mit der Behindertendiskriminierung in Deutschland, KJ 2000, 425.

Degener/Diehl (Hrsg.): Handbuch Behindertenrechtskonvention Teilhabe als Menschenrecht – Inklusion als gesellschaftliche Aufgabe, Bonn 2015 (zitiert als: *Bearbeiter*, in: Degener/Diehl (Hrsg.), Handbuch Behindertenrechtskonvention 2015).

Deinert/Neumann (Hrsg.): Rehabilitation und Teilhabe behinderter Menschen, Handbuch SGB IX, 2. Aufl. Baden-Baden 2009 (zitiert als: *Bearbeiter*, in: Deinert/Neumann (Hrsg.), Handbuch SGB IX, 2. Aufl. 2009).

Deinert/Welti (Hrsg.), Behindertenrecht, 1. Aufl. Baden-Baden 2014 (zitiert als: *Bearbeiter*, in: Deinert/Welti (Hrsg.), Behindertenrecht, 1. Aufl. 2014).

v. Dickhuth-Harrach, Hans-Jürgen: Die Rückgabe eines Erbvertrages aus der notariellen Verwahrung, RNotZ 2002, 384.

v. Dickhuth-Harrach, Hans-Jürgen: Handbuch der Erbfolge-Gestaltung, Köln 2011.

v. Dickhuth-Harrach, Hans-Jürgen: Testament durch Wimpernschlag, FamRZ 2003, 493.

Dieckmann, Albrecht: Empfiehlt es sich, das Entmündigungsrecht, das Recht der Vormundschaft und der Pflegschaft über Erwachsene sowie das Unterbringungsrecht neu zu ordnen?, JZ 1988, 789.

Dieckmann, Albrecht: Pflichtteilsverzicht und nachehelicher Unterhalt, FamRZ 1992, 633.

Dietlein, Johannes: Die Lehre von den grundrechtlichen Schutzpflichten, 2. Aufl. Berlin 2005.

Dietz, Florian M.: § 14 HeimG – Gut gemeinter Schutz für Heimbewohner und -bewerber, Fallstrick für den Testamentsgestalter, MittBayNot 2007, 453.

Dobroschke, Eduard: Die Unternehmensnachfolge Minderjähriger, DB 1967, 803.

Dörner, Hans-Jürgen: Schwerbehindertengesetz Kommentar, Bd. 1, Starnberg, Stand: 15.5.2001 (zitiert als: *Dörner*, SchwbG Kommentar, Bd. 1).

Dreher/Görner: Das Behindertentestament und § 138 BGB, NJW 2011, 1761.

Dreier, Horst (Hrsg.): Grundgesetz Kommentar, Bd. I, 3. Aufl. Tübingen 2013 (zitiert als: *Bearbeiter*, in: Dreier, Grundgesetz Kommentar, 3. Aufl. 2013).

Dreier, Horst (Hrsg.): Grundgesetz Kommentar, Bd. II, 3. Aufl. Tübingen 2015 (zitiert als: *Bearbeiter*, in: Dreier, Grundgesetz Kommentar, 3. Aufl. 2015).

Dutta, Anatol: Anmerkung zu: OLG Köln, Urt. v. 9.12.2009 (Az. 2 U 46/09), FamRZ 2010, 838.

Dutta, Anatol: Grenzen der Vertragsfreiheit im Pflichtteilsrecht, AcP 209 (2009), 760.

Duvenkrop, Claudia: Übergehung naher Angehöriger, Behindertentestament, § 14 HeimG; Eine exemplarische Studie zur Beschränkung der Testierfreiheit aus §§ 138 und 134 BGB, Saarbrücken 2014.

Eichenhofer, Eberhard: Das Behindertentestament oder: Sozialhilfe für Vermögende?, JZ 1999, 226.

Engelmann, Jacqueline S.: Das sogenannte Behindertentestament, MittBayNot 1999, 509.

Engelmann, Jacqueline S.: Letztwillige Verfügungen zugunsten Verschuldeter oder Sozialhilfebedürftiger, Köln 2001.

Epping/Hillgruber (Hrsg.): Beck'scher Online Kommentar zum GG, München (zitiert als: *Bearbeiter*, in: Epping/Hillgruber (Hrsg.), Beck'scher Online Kommentar zum GG).

Erman, Walter: BGB Kommentar, 14. Aufl. Köln 2014 (zitiert als: *Bearbeiter*, in: Erman, BGB Kommentar, 14. Aufl. 2014).

Ertl, Rudolf: Gestaltung von Testamenten und anderen Rechtsgeschäften für den Todesfall von sprech- oder schreibbehinderten Personen, MittBayNot 1991, 196.

Eylmann/Vaasen: Bundesnotarordnung Beurkundungsgesetz Kommentar, 4. Aufl. München 2016 (zitiert als: *Bearbeiter*, in: Eylmann/Vaasen, BNotO BeurkG, 4. Aufl. 2016).

Felix, Dagmar: Einheit der Rechtsordnung, Tübingen 1998.

Firsching: Fragen des Testamentsrechts, DNotZ 1955, 283.

Firsching/Graf: Nachlassrecht, 10. Aufl. München 2014 (zitiert als: *Firsching/Graf*, Nachlassrecht, 10. Aufl. 2014).

Flume, Werner: Allgemeiner Teil des Bürgerlichen Rechts, Bd. 2, Das Rechtsgeschäft, 4. Aufl. Berlin 1992.

Frenz, Norbert: Verfahrensrechtliche Besonderheiten bei der Beurkundung von Testamenten mit behinderten Personen, ZNotP 1998, 373.

Froese/Michelchen: Praxiskommentar Pflege- und Wohnqualitätsgesetz – PfleWoqG Bayern, Remagen 2009.

Gernhuber, Joachim: Testierfreiheit, Sittenordnung und Familie, FamRZ 1960, 326.

Gessaphe, Karl August Prinz von Sachsen: Der Betreuer als gesetzlicher Vertreter für eingeschränkt Selbstbestimmungsfähige, Tübingen 1999.

Grziwotz, Herbert: Die umgekehrte Vermächtnislösung beim Behindertentestament: der Königsweg?, ZEV 2002, 409.

Grziwotz/Heinemann: Beurkundungsgesetz Kommentar, 2. Aufl. Köln 2015 (zitiert als: *Bearbeiter*, in: Grziwotz/Heinemann, Beurkundungsgesetz Kommentar, 2. Aufl. 2015).

Grube/Wahrendorf: SGB XII Sozialhilfe, 5. Aufl. München 2014 (zitiert als: *Bearbeiter*, in: Grube/Wahrendorf, SGB XII, 5. Aufl. 2014).

Hahn, Christoph: Die Auswirkungen des Betreuungsrechts auf das Erbrecht, FamRZ 1991, 27.

Harke, Jan Dirk: Testamentsanfechtung durch den Erblasser?, JZ 2004, 180.

Hartmann, Christian: Das sog. Behindertentestament: Vor- und Nacherbschaftskonstruktion oder Vermächtnisvariante?, ZEV 2001, 89.

Hauck/Noftz: Sozialgesetzbuch Gesamtkommentar, SGB IX, Bd. 1, Berlin (zitiert als: *Bearbeiter*, in: Hauck/Noftz, SGB IX).

Hauck/Noftz: Sozialgesetzbuch Gesamtkommentar, SGB XII, Bd. 1, Berlin (zitiert als: *Bearbeiter*, in: Hauck/Noftz, SGB XII).

Heinemann, Jörn: Nochmals: Zu den Anforderungen an die Unterschrift der Beteiligten in der notariellen Niederschrift, DNotZ 2003, 243.

Helmchen/Henn/Lauter/Sartorius (Hrsg.): Psychiatrie der Gegenwart, Bd. 2, 4. Aufl. Berlin 1999 (zitiert als: *Bearbeiter*, in: Helmchen/Henn/Lauter/Sartorius (Hrsg.), Psychiatrie der Gegenwart, 4. Aufl. 1999).

Helms, Arne: Der Widerruf und die Anfechtung wechselbezüglicher Verfügungen bei Geschäfts- und Testierunfähigkeit, DNotZ 2003, 104.

Herzog, Roman: Subsidiaritätsprinzip und Staatsverfassung, Der Staat 1963, 399.

Hillgruber, Christian: Der Schutz des Menschen vor sich selbst, München 1992.

Hirschberg, Marianne: Ambivalenzen in der Klassifizierung von Behinderung, Ethik Med 2003, 171.

Hirschberg, Marianne: Behinderung: Neues Verständnis nach der Behindertenrechtskonvention, Deutsches Institut für Menschenrechte 2011, 1.

Höfer, Gerhard: Das Beurkundungsgesetz in der Praxis, JurA 1970, 740.

Ivo, Malte: Anmerkung zu: BGH, Urt. v. 19.1.2011 (Az. IV ZR 7/10), DNotZ 2011, 381.

Ivo, Malte: Die Erbschaftsausschlagung eines Sozialhilfeempfängers, FamRZ 2003, 6.

Jansen, Paul: Beurkundungsgesetz Kommentar, Berlin 1971.

Jarass/Pieroth: Grundgesetz für die Bundesrepublik Deutschland Kommentar, 14. Aufl. München 2016 (zitiert als: *Bearbeiter*, in: Jarass/Pieroth, GG Kommentar, 14. Aufl. München 2016).

Jauernig, Othmar: Bürgerliches Gesetzbuch Kommentar, 16. Aufl. München 2015 (zitiert als: *Bearbeiter*, in: Jauernig, BGB Kommentar, 16. Aufl. 2015).

Jerschke, Hans-Ulrich: Anmerkung zu: BayObLG, Beschl. v. 28.12.1993 (Az. 1 Z BR 85/93), ZEV 1994, 303.

Jürgens, Gunther: Grundrecht für Behinderte, NVwZ 1995, 452.

Kaden, Sabine: Zur Sittenwidrigkeit von Behindertentestamenten, Frankfurt am Main 1998.

Kahl/Waldhoff/Walter (Hrsg.): Bonner Kommentar zum Grundgesetz, Heidelberg (zitiert als: *Bearbeiter*, in: Kahl/Waldhoff/Walter (Hrsg.), Bonner Kommentar zum Grundgesetz).

Kanzleiter, Rainer: Anforderungen an die Unterschrift von Beteiligten und Notar unter der notariellen Niederschrift, DNotZ 2002, 520.

Kappeßer, Velten: Die Nottestamente des BGB, Berlin 1995.

Karl, Bettina: Das Verbot der zusätzlichen Leistungsgewährung im bayerischen Heimrecht nach der Föderalismusreform, BayVBl. 2010, 36.

Karl, Bettina: Der Betreute als Erblasser mit besonderer Berücksichtigung von § 14 HeimG, Frankfurt am Main 2007.

Kersten/Bühling: Formularbuch und Praxis der Freiwilligen Gerichtsbarkeit, 25. Aufl. Köln 2016 (zitiert als: *Bearbeiter*, in: Kersten/Bühling, Formularbuch und Praxis der Freiwilligen Gerichtsbarkeit, 25. Aufl. 2016).

Kleensang, Michael: Endlich Sicherheit für das Behindertentestament!, ZErb 2011, 121.

Klingelhöffer, Hans: Ist unser Erbrecht noch zeitgemäß?, ZEV 2010, 385.

Klingelhöffer, Hans: Testierunfähigkeit und ihre Geltendmachung im Nachlassverfahren, ZEV 1997, 92.

Klüsener, Bernd: Vormundschaftsgerichtliche Genehmigung nach § 1822 BGB, Rpfleger 1993, 133.

Knittel, Bernhard: SGB IX – Rehabilitation und Teilhabe behinderter Menschen – Kommentar, Bd. 1 (zitiert als: *Knittel*, SGB IX Kommentar, Bd. 1).

Köbl, Ursula: Schranken der Privatautonomie aufgrund Sozialhilferechts – eine grundsätzliche Orientierung, ZfSH/SGB 1990, 449.

Kornexl, Thomas: Nachlassplanung bei Problemkindern, Recklinghausen 2006.

Kossens/von der Heide/Maaß: SGB IX, 4. Aufl. München 2015 (zitiert als: *Bearbeiter*, in: Kossens/von der Heide/Maaß, SGB IX, 4. Aufl. 2015).

Krahmer/Richter (Hrsg.): Heimgesetz, 2. Aufl. Baden-Baden 2006 (zitiert als: *Bearbeiter*, in: Krahmer/Richter (Hrsg.), Heimgesetz, 2. Aufl. 2006).

Krampe, Christoph: Testamentsgestaltung zugunsten eines Sozialhilfeempfängers, AcP 191 (1991), 526.

Krauß, Hans-Frieder: Vermögensnachfolge in der Praxis, 4. Aufl. Köln 2015.

Kuchinke, Kurt: Unterhalt und Erb- oder Pflichtteilsverzicht, FPR 2006, 125.

Kübler, Michaela: Das sogenannte Behindertentestament unter besonderer Berücksichtigung der Stellung des Betreuers, München 1998.

Kühle, Ulrich: Die gerichtliche Überprüfung von Erb- und Pflichtteilsverzichtsverträgen im Spiegel ehevertraglicher Inhaltskontrollen, Frankfurt am Main 2011.

Lachwitz/Schellhorn/Welti (Hrsg.): Handkommentar zum Sozialgesetzbuch IX, 3. Aufl. Köln 2010 (zitiert als: *Bearbeiter*, in: Lachwitz/Schellhorn/Welti (Hrsg.), HK-SGB IX, 3. Aufl. 2010).

Lambrecht, Bernhard: Der Zugriff des Sozialhilfeträgers auf den erbrechtlichen Erwerb, München 2001.

Lange, Ehrig: Die Begutachtung der Testierfähigkeit nach dem Tode des Erblassers, Psychiatrie, Neurologie und medizinische Psychologie, 1989, 1.

Lange, Wolfgang: Beseitigung von letztwilligen Verfügungen durch Betreuer, ZEV 2008, 313.

Lange/Kuchinke: Lehrbuch des Erbrechts, 4. Aufl. München 1995.

Lange/Kuchinke, Lehrbuch des Erbrechts, 5. Aufl. München 2001.

Langelüddeke/Bresser: Gerichtliche Psychiatrie, 4. Aufl. Berlin 1976.

Larenz/Canaris, Methodenlehre der Rechtswissenschaft, 3. Aufl. Berlin 1995.

Lechner/Zuck: BVerfGG Kommentar, 7. Aufl. München 2015.

Leipold, Dieter: Anmerkung zu: BGH, Urt. v. 19.1.2011 (Az. IV ZR 7/10), ZEV 2011, 528.

Leipold, Dieter: Anmerkung zu: OLG Hamm, Beschl. v. 16.7.2009 (Az. 15 Wx 85/09), ZEV 2009, 471.

Leipold, Dieter: Erbrecht, 21. Aufl. Tübingen 2016.

Limmer, Peter: Anmerkung zu: VG Würzburg, Urt. v. 3.6.2008 (Az. W 1 K 08.638), ZEV 2008, 601.

Limmer/Hertel/Frenz/Mayer (Hrsg.): Würzburger Notarhandbuch, 4. Aufl. Köln 2015 (zitiert als: *Bearbeiter*, in: Limmer/Hertel/Frenz/Mayer (Hrsg.), Würzburger Notarhandbuch, 4. Aufl. 2015).

Linde, Trutz: Zur Ausschlagung einer Erbschaft – Nasciturus, Sozialhilfe, BWNotZ 1988, 54.

Littig/Mayer: Sozialhilferegreß gegenüber Erben und Beschenkten, Bonn 1999.

Litzenburger, Wolfgang: Anmerkung zu: BGH, Urt. v. 6.2.2009 (Az. V ZR 130/08), ZEV 2009, 254.

Litzenburger, Wolfgang: Die interessengerechte Gestaltung des gemeinschaftlichen Testaments von Eltern zu Gunsten behinderter Kinder, RNotZ 2004, 138.

Luthe, Ernst-Wilhelm: Die Behinderung nach § 2 Abs. 1 SGB IX, ihr Gesellschaftsbegriff und die ICF, SGb 2009, 569.

Luthe, Ernst-Wilhelm: Einige Anmerkungen zur Behindertenrechtskonvention, SGb 2007, 391.

Luthe, Ernst-Wilhelm (Hrsg.): Rehabilitationsrecht, 2. Aufl. Berlin 2015.

Ludyga, Hannes: Inhaltskontrolle von Pflichtteilsverzichtsverträgen, Bonn 2008.

v. Mangoldt/Klein/Starck (Hrsg.): Kommentar zum Grundgesetz, Bd. 2, 6. Aufl. München 2010 (zitiert als: *Bearbeiter*, in: v. Mangoldt/Klein/Starck, GG Kommentar, 6. Aufl. 2010).

Masuch, Peter: Die Beeinträchtigung der Teilhabe in der Gesellschaft – Die Rechtsprechung des Bundessozialgerichts auf dem Weg zum neuen Behinderungsbegriff, Festschrift 50 Jahre Bundessozialgericht, Köln 2004.

Mayer, Jörg: Anmerkung zu: OLG Stuttgart, Beschl. v. 25.6.2001 (Az. 8 W 494/99), ZEV 2002, 367.

Mayer, Jörg: Das Behinderten-Testament als empfehlenswerte Gestaltung?, DNotZ 1994, 347.

Mayer, Jörg: Das Behindertentestament in der Zukunft, Teil 2, ZErb 2000, 16.

Mecke, Friedrich: Der Entwurf eines Beurkundungsgesetzes, DNotZ 1968, 584.

Menzel, Ralf: Die negative Erbfreiheit, MittBayNot 2013, 289.

Menzel, Ralf: Entschließungsfreiheiten im Erbrecht und Drittinteressen, Baden-Baden 2008.

Meyer-Dulheuer, Tina: Gestaltungsformen des Behindertentestamentes, Frankfurt am Main 2009.

Mitglieder des Bundesgerichtshofes: Das Bürgerliche Gesetzbuch mit besonderer Berücksichtigung der Rechtsprechung des Reichsgerichts und des Bundesgerichtshofes, Bd. V, 2. Teil, §§ 2147–2385, 12. Aufl. Berlin 1975 (zitiert als: *Bearbeiter*, in: BGB RGRK Kommentar, 12. Aufl. 1975).

Müller, Gabriele: Betreuung und Geschäftsfähigkeit, Bielefeld 1998.

Müller, Gabriele: Zur Anwendung des § 14 HeimG auf Verfügungen von Todes wegen, insbesondere im Rahmen des sog. Behindertentestaments, Zehn Jahre Deutsches Notarinstitut, Würzburg 2003.

Müller, Gabriele: Zur Wirksamkeit lebzeitiger und letztwilliger Zuwendungen des Betreuten an seinen Betreuer, ZEV 1998, 219.

Münch, Christof: Infiziert der Ehevertrag erbrechtliche Verzichte oder Verfügungen, ZEV 2008, 571.

v. Münch/Kunig (Hrsg.): Grundgesetzkommentar, Bd. 1, 6. Aufl. München 2012 (zitiert als: *Bearbeiter*, in: v. Münch/Kunig, Grundgesetzkommentar, 6. Aufl. 2012).

Münzel, Hartmut: Heimbewohner und Testierfreiheit – Zur Anwendbarkeit des § 14 I HeimG auf letztwillige Verfügungen, NJW 1997, 112.

Muscheler, Karlheinz: Das Vor- und Nachvermächtnis, AcP 208 (2008), 69.

Muscheler, Karlheinz: Erbrecht, Bd. I, Tübingen 2010.

Muscheler, Karlheinz: Universalsukzession und Vonselbsterwerb, Tübingen 2002.

Motive zu dem Entwurfe eines Bürgerlichen Gesetzbuches für das Deutsche Reich, Bd. V, Berlin 1896 (zitiert als: Motive zu dem Entwurfe des Bürgerlichen Gesetzbuchs, Bd. V, 1896).

Mrozynski, Peter: Rehabilitationsleistungen – Integrierte Versorgung im gegliederten System (Überlegungen zum SGB IX), SGb 2001, 277.

Neuhausen, Matthias: Rechtsgeschäfte mit Betreuten, RNotZ 2003, 157.

Neumann, Volker: Der verfassungsrechtliche Begriff der Behinderung, NVwZ 2003, 897.

Neumann/Pahlen/Majerski: Sozialgesetzbuch IX, 12. Aufl. München 2010 (zitiert als: *Bearbeiter*, in: Neumann/Pahlen/Majerski, SGB IX, 12. Aufl. 2010).

Neuner, Jörg: Die Stellung Körperbehinderter im Privatrecht, NJW 2000, 1822.

Nieder, Heinrich: Das Behindertentestament * Sittenwidrige Umgehung des sozialhilferechtlichen Nachrangprinzips oder Familienlastenausgleich, NJW 1994, 1264.

Nieder, Heinrich: Errichtung von Testamenten erklärungsbehinderter Erblasser, ZNotP 2003, 202.

Nieder/Kössinger: Handbuch der Testamentsgestaltung, 5. Aufl. München 2015 (zitiert als: *Bearbeiter*, in: Nieder/Kössinger, Handbuch der Testamentsgestaltung, 5. Aufl. 2015).

Niemann, Walter: Testierverbot in Pflegefällen, ZEV 1998, 419.

Otte, Gerhard: Anmerkung zu: BGH, Urt. v. 21.3.1990 (Az. IV ZR 169/89), JZ 1990, 1025.

Otte, Gerhard: Das Pflichtteilsrecht – Verfassungsrechtsprechung und Rechtspolitik, AcP 202 (2002), 317.

Palandt, Otto (Hrsg.): Bürgerliches Gesetzbuch Kommentar, 76. Aufl. München 2017 (zitiert als: *Bearbeiter*, in: Palandt, BGB, 76. Aufl. 2017).

Philipp, Albrecht: Pflege- und Wohnqualitätsgesetz Bayern, München 2015.

Pieroth, Bodo: Grundgesetzliche Testierfreiheit, sozialhilferechtliches Nachrangprinzip und das sogenannte Behindertentestament, NJW 1993, 173.

Pohl, Karl Wilhelm: Mängel bei der Erbschaftsannahme und -ausschlagung, AcP 177 (1977), 52.

Probst, Martin: Anmerkung zu: BGH, Urt. v. 19.1.2011 (Az. IV ZR 7/10), JR 2012, 155.

v. Proff, Maximilian: Erbrechtsgestaltung nach der jüngsten BGH-Rechtsprechung zum Behindertentestament, RNotZ 2012, 272.

v. Proff, Maximilian: Pflichtteilserlass und Pflichtteilsverzicht von Sozialleistungsempfängern, ZErb 2010, 206. Protokolle der Kommission für die zweite Lesung des Entwurfs des Bürgerlichen Gesetzbuchs, Bd. V, 1899 (zitiert als: Protokolle zu dem Entwurfe des Bürgerlichen Gesetzbuches, Bd. V, 1899).

Raiser, Günther H.: Sittenwidriges Behindertentestament und unerträgliche Belastung der Allgemeinheit, MDR 1995, 237.

Rasch/Bayerl: Der Mythos vom luziden Intervall, Lebensversicherungsmedizin 1985, 2.

Rastätter, Myriam: Der Einfluss des § 14 HeimG auf Verfügungen von Todes wegen, Berlin 2004.

Rebmann/Säcker/Rixecker (Hrsg.): Münchener Kommentar zum Bürgerlichen Gesetzbuch, Bd. 9, 3. Aufl. München 1997 (zitiert als: *Bearbeiter*, in: MüKo, BGB, 3. Aufl. 1997).

Reichenbach, Peter: § 2 Abs. 1 SGB IX – Ein Beitrag zur Umsetzung des Diskriminierungsverbots aus Art. 3 Abs. 3 S. 2 GG?, SGb 2002, 485.

Reimann, Wolfgang: Die Änderungen des Erbrechts durch das OLG-Vertretungsänderungsgesetz, FamRZ 2002, 1383.

Reimann/Bengel/J. Mayer (Hrsg.): Testament und Erbvertrag, 5. Aufl. Neuwied 2006 (zitiert als: *Bearbeiter*, in: Reimann/Bengel/J. Mayer, Testament und Erbvertrag, 5. Aufl. 2006).

Reimann/Bengel/J. Mayer (Hrsg.): Testament und Erbvertrag, 6. Aufl. Köln 2015, (zitiert als: *Bearbeiter*, in: Reimann/Bengel/J. Mayer, Testament und Erbvertrag, 6. Aufl. 2015).

Renner, Thomas: Die Namensunterschrift, NotBZ 2003, 178.

Röthel, Anne: Anmerkung zu: BGH, Urt. v. 19.1.2011 (Az. IV ZR 7/10), LMK 2011, 317533.

Rohlfing/Mittenzwei: Ausschluß Mehrfachbehinderter von der Testierfähigkeit, FamRZ 2000, 654.

Rolfs/Giesen/Kreikebohm/Udsching (Hrsg.): Beck'scher Online Kommentar zum SGB III, München (zitiert als: *Bearbeiter*, in: Rolfs/Giesen/Kreikebohm/Udsching (Hrsg.), Beck'scher Online Kommentar zum SGB III).

Rolfs/Giesen/Kreikebohm/Udsching (Hrsg.): Beck'scher Online Kommentar zum SGB IX, München (zitiert als: *Bearbeiter*, in: Rolfs/Giesen/Kreikebohm/Udsching (Hrsg.), Beck'scher Online Kommentar zum SGB IX).

Rossak, Erich: Anmerkung zu: BVerfG, Beschl. v. 19.1.1999 (Az. 1 BvR 2161/94), DNotZ 1999, 409.

Rossak, Erich: Die Testierfähigkeit bzw. Testiermöglichkeit Mehrfachbehinderter, ZEV 1995, 236.

Rossak, Erich: Folgen des verfassungswidrigen Ausschlusses Mehrfachbehinderter von jeglicher Testiermöglichkeit für die notarielle Praxis, ZEV 1999, 254.

Rossak, Erich: Kann ein schreibunfähiger Stummer ein Testament errichten?, MittBayNot 1991, 193.

Rossak, Erich: Letztwillige Verfügungen von Heimbewohnern zugunsten des Heimträgers oder von Heimmitarbeitern, ZEV 1996, 41.

Rossak, Erich: Neue Vorschriften zum materiellen Recht der Testamentserrichtung und zum Beurkundungsrecht bei Beteiligung von behinderten Erblassern, ZEV 2002, 435.

Rossak, Erich: Neuere zivilrechtliche Probleme zu Vorschriften des Heimgesetzes und deren erweiterte Anwendung – (…) –, MittBayNot 1998, 407.

Rossak, Erich: Unwirksamkeit der Erbeinsetzung von Angehörigen des Altenheimleiters, ZEV 1998, 34.

Roth, Wolfgang: Erbrecht und Betreuungsfall, München 2005.

Ruby/Schindler/Wirich: Das Behindertentestament, 2. Aufl. Bonn 2014 (zitiert als: *Bearbeiter*, in: Ruby/Schindler/Wirich, Das Behindertentestament, 2. Aufl. 2014).

Sachs, Michael (Hrsg.): Grundgesetz Kommentar, 7. Aufl. München 2014 (zitiert als: *Bearbeiter*, in: Sachs, Grundgesetz Kommentar, 7. Aufl. 2014).

Säcker/Rixecker/Oetker/Limperg (Hrsg.): Münchener Kommentar zum Bürgerlichen Gesetzbuch, Bd. 1, 7. Aufl. München 2015 (zitiert als: *Bearbeiter*, in: MüKo, BGB, 7. Aufl. 2015).

Säcker/Rixecker (Hrsg.): Münchener Kommentar zum Bürgerlichen Gesetzbuch, Bd. 8, 6. Aufl. München 2012 (zitiert als: *Bearbeiter*, in: MüKo, BGB, 6. Aufl. 2012).

Säcker/Rixecker/Oetker/Limperg (Hrsg.): Münchener Kommentar zum Bürgerlichen Gesetzbuch, Bd. 9, 7. Aufl. München 2017 (zitiert als: *Bearbeiter*, in: MüKo, BGB, 7. Aufl. 2017).

Säcker/Rixecker/Oetker/Limperg (Hrsg.): Münchener Kommentar zum Bürgerlichen Gesetzbuch, Bd. 10, 7. Aufl. München 2017 (zitiert als: *Bearbeiter*, in: MüKo, BGB, 7. Aufl. 2017).

Sannwald, Rüdiger: Die Reform des Grundgesetzes, NJW 1994, 3313.

Sasse, Stefan: Nichtigkeit letztwilliger Verfügungen gem. § 138 BGB, JA 1996, 160.

Scherer (Hrsg.): Anwaltshandbuch Erbrecht, 4. Aufl. München 2014 (zitiert als: *Bearbeiter*, in: Scherer, Anwaltshandbuch Erbrecht, 4. Aufl. 2014).

Scherer/Lehmann: ZEV-Report Zivilrecht, ZEV 2005, 453.

Schlitt/Müller: Handbuch Pflichtteilsrecht, 1. Aufl. München 2010 (zitiert als: *Bearbeiter*, in: Schlitt/Müller, Handbuch Pflichtteilsrecht, 1. Aufl. 2010).

Schlüter, Wilfried: Erbrecht, 16. Aufl. München 2007.

Schmidt, Rudolf: Der Widerruf des Testaments durch Vernichtung oder Veränderung der Testamentsurkunde, MDR 1951, 321.

Schmoeckel, Mathias (Hrsg.): Demenz und Recht, Baden-Baden 2010 (zitiert als: *Bearbeiter*, in: Schmoeckel (Hrsg.), Demenz und Recht, 2010).

Schmoeckel, Mathias: Die Geschäfts- und Testierfähigkeit von Demenzerkrankten, NJW 2016, 433.

Schubert, Werner: Anmerkung zu: BGH, Urt. v. 21.3.1990 (Az. IV ZR 169/89), JR 1991, 106.

Schulz, Fabian: Pflichtteilsrecht und Pflichtteilsverzicht – Die Gretchenfrage des modernen Erbrechts?, 2015.

Schulze: Über die Verwendung der Blindenschrift bei der Errichtung letztwilliger Verfügungen, DNotZ 1955, 629.

Schulze, Reiner: Bürgerliches Gesetzbuch Handkommentar, 9. Aufl. Baden-Baden 2017 (zitiert als: *Bearbeiter*, in: Schulze, BGB Handkommentar, 9. Aufl. 2017).

Schumacher, Franziska: Rechtsgeschäfte zu Lasten der Sozialhilfe im Familien- und Erbrecht, Andernach 2000.

Schuntermann, Michael F.: Die Bedeutung der Internationalen Klassifikation der Funktionsfähigkeit, Behinderung und Gesundheit (ICF) für die Rehabilitation, MedSach 2003, 94.

Schuntermann, Michael F.: Einführung in die ICF (Grundkurs - Übungen - offene Fragen), 4. Aufl. Heidelberg 2013.

Schuppert, Gunnar: Die öffentliche Aufgabe als Schlüsselbegriff der Verwaltungswissenschaft, VerwArch 1980, 309.

Settergren, Pia: Das „Behindertentestament" im Spannungsfeld zwischen Privatautonomie und sozialhilferechtlichem Nachrangprinzip, Hamburg 1999.

Soergel, Hans Theodor: Kommentar zum Bürgerlichen Gesetzbuch, Bd. 20, 13. Aufl. Stuttgart 2000 (zitiert als: *Bearbeiter*, in: Soergel, Kommentar zum BGB, 13. Aufl. 2000).

Soergel, Hans Theodor: Kommentar zum Bürgerlichen Gesetzbuch, Bd. 21, 13. Aufl. Stuttgart 2001, (zitiert als: *Bearbeiter*, in: Soergel, Kommentar zum BGB, 13. Aufl. 2001).

Soergel, Hans Theodor: Kommentar zum Bürgerlichen Gesetzbuch, Bd. 22, 13. Aufl. Stuttgart 2003 (zitiert als: *Bearbeiter*, in: Soergel, Kommentar zum BGB, 13. Aufl. 2003).

Soergel, Hans Theodor: Kommentar zum Bürgerlichen Gesetzbuch, Bd. 23, 13. Aufl. Stuttgart 2002 (zitiert als: *Bearbeiter*, in: Soergel, Kommentar zum BGB, 13. Aufl. 2002).

Spall, Lorenz: Anmerkung zu: BGH, Urt. v. 19.1.2011 (Az. IV ZR 7/10), MittBayNot 2012, 138.

Spall, Lorenz: Anmerkung zu: OVG Saarland, Urt. v. 17.3.2006 (Az. 3 R 2/05), MittBayNot 2007, 65.

Spall, Lorenz: Behindertentestament und Heimgesetz – Bestandsaufnahme und Update –, MittBayNot 2010, 9.

Spall, Lorenz: Das Behindertentestament – ein Überblick für die notarielle Praxis, Festschrift 200 Jahre Notarkammer Pfalz, Zweibrücken 2003.

Spall, Lorenz: Vollzug eines Nachvermächtnisses durch den Testamentsvollstrecker, ZEV 2002, 5.

Spall, Lorenz: Zur so genannten Vermächtnislösung beim Behindertentestament, MittBayNot 2001, 249.

Spickhoff, Andreas: Autonomie und Heteronomie im Alter, AcP 208 (2008), 345.

Spranger, Tade Matthias: Umfassender Schutz aller Behinderten über Art. 3 Abs. 3 Satz 2, br 1998, 92 (Anm.: Der Verfasser wird in diesem Artikel fälschlicherweise als Tade Matthias Springer bezeichnet).

Spranger, Tade Matthias: Wen schützt Art. 3 III 2 GG?, DVBl. 1998, 1058.

v. Staudinger, Julius: Kommentar zum Bürgerlichen Gesetzbuch mit Einführungsgesetz und Nebengesetzen, Buch 1, Allgemeiner Teil, §§ 125–129; BeurkG, Neubearbeitung Berlin 2012 (zitiert als: *Bearbeiter*, in: Staudinger, Kommentar zum BGB, Neubearbeitung 2012).

v. Staudinger, Julius: Kommentar zum Bürgerlichen Gesetzbuch mit Einführungsgesetz und Nebengesetzen, Buch 1, Allgemeiner Teil, §§ 134–138; Anh zu § 138: ProstG, Neubearbeitung Berlin 2011 (zitiert als: *Bearbeiter*, in: Staudinger, Kommentar zum BGB, Neubearbeitung 2011).

v. Staudinger, Julius: Kommentar zum Bürgerlichen Gesetzbuch mit Einführungsgesetz und Nebengesetzen, Buch 4, Familienrecht, §§ 1363–1563, Neubearbeitung Berlin 2007 (zitiert als: *Bearbeiter*, in: Staudinger, Kommentar zum BGB, Neubearbeitung 2007).

v. Staudinger, Julius: Kommentar zum Bürgerlichen Gesetzbuch mit Einführungsgesetz und Nebengesetzen, Buch 4, Familienrecht, §§ 1773–1895, Neubearbeitung Berlin 2014 (zitiert als: *Bearbeiter*, in: Staudinger, Kommentar zum BGB, Neubearbeitung 2014).

v. Staudinger, Julius: Kommentar zum Bürgerlichen Gesetzbuch mit Einführungsgesetz und Nebengesetzen, Buch 5, Erbrecht, §§ 2064–2196, Neubearbeitung Berlin 2013 (zitiert als: *Bearbeiter*, in: Staudinger, Kommentar zum BGB, Neubearbeitung 2013).

v. Staudinger, Julius: Kommentar zum Bürgerlichen Gesetzbuch mit Einführungsgesetz und Nebengesetzen, Fünftes Buch, Erbrecht, §§ 2197–2264, Dreizehnte Bearbeitung Berlin 1996 (zitiert als: *Bearbeiter*, in: Staudinger, Kommentar zum BGB, 13. Bearb. 1996).

v. Staudinger, Julius: Kommentar zum Bürgerlichen Gesetzbuch mit Einführungsgesetz und Nebengesetzen, Fünftes Buch, Erbrecht, §§ 2229–2385, 12. Aufl. Berlin 1983 (zitiert als: *Bearbeiter*, in: Staudinger, Kommentar zum BGB, 12. Aufl. 1983).

v. Staudinger, Julius: Kommentar zum Bürgerlichen Gesetzbuch mit Einführungsgesetz und Nebengesetzen, Buch 5, Erbrecht, §§ 2229–2264, Neubearbeitung Berlin 2012 (zitiert als: *Bearbeiter*, in: Staudinger, Kommentar zum BGB, Neubearbeitung 2012).

v. Staudinger, Julius: Kommentar zum Bürgerlichen Gesetzbuch mit Einführungsgesetz und Nebengesetzen, Buch 5, Erbrecht, §§ 2265–2302, Neubearbeitung Berlin 2014 (zitiert als: *Bearbeiter*, in: Staudinger, Kommentar zum BGB, Neubearbeitung 2014).

Stern/Becker (Hrsg.): Grundrechte-Kommentar, 2. Aufl. Köln 2016 (zitiert als: *Bearbeiter*, in: Stern/Becker, Grundrechte-Kommentar, 2. Aufl. 2016)

Straßmair, Stefan M.: Der besondere Gleichheitssatz aus Art. 3 Abs. 3 Satz 2 GG, Berlin 2002.

Tersteegen, Jens: Sozialhilferechtliche Verwertbarkeit von Vermögen bei Anordnung von Verwaltungstestamentsvollstreckung, ZEV 2008, 121.

Thust/Trenk-Hinterberger: Recht der Behinderten, 2. Aufl. Weinheim 1989.

Tiedtke/Kanzleiter (Hrsg.), Erbrechtsberatung 2007 Aktuelle Entwicklungen im Erbrecht und Erbschaftssteuerrecht, Würzburg 2007 (zitiert als: *Bearbeiter*, in: Tiedtke/Kanzleiter (Hrsg.), Erbrechtsberatung 2007 Aktuelle Entwicklungen im Erbrecht und Erbschaftssteuerrecht, 2007).

Umbach/Clemens (Hrsg.): Grundgesetz Mitarbeiterkommentar und Handbuch, Bd. I, Heidelberg 2002 (*Bearbeiter*, in: Umbach/Clemens (Hrsg.), Grundgesetz Mitarbeiterkommentar).

van de Loo, Oswald: Die Gestaltung der Verfügung von Todes wegen zugunsten des betroffenen Behinderten, MittRhNotK 1989, 233.

Van de Loo, Oswald: Die letztwillige Verfügung von Eltern behinderter Kinder, NJW 1990, 2852.

Vaupel, Christian: Der Sozialhilferegress in der notariellen Praxis, RNotZ 2009, 497.

Venzlaff/Foerster/Dreßing/Habermeyer, Psychiatrische Begutachtung, 6. Aufl. München 2015 (zitiert als: *Bearbeiter*, in: Venzlaff/Foerster/Dreßing/Habermeyer, Psychiatrische Begutachtung, 6. Aufl. 2015).

Vogels: Das eigenhändige Testament nach dem Gesetz vom 31. Juli 1938, JW 1938, 2161.

Vollkommer, Gregor: Anmerkung zu: BVerfG, Beschl. v. 19.1.1999 (Az. 1 BvR 2161/94), ZEV 1999, 268.

Welke, Antje: UN-Behindertenrechtskonvention mit rechtlichen Erläuterungen, Berlin 2012 (zitiert als: *Bearbeiter*, in: Welke: UN-Behindertenrechtskonvention mit rechtlichen Erläuterungen 2012).

Welti, Felix: Behinderung und Rehabilitation im sozialen Rechtsstaat, Tübingen 2005.

Welti, Felix: Das neue SGB IX – Recht der Rehabilitation und Teilhabe behinderter Menschen, NJW 2001, 2210.

Wendt, Roland: Das Behindertentestament – ein Auslaufmodell?, ZNotP 2008, 2.

Wendt, Roland: Das Behindertentestament „Notarielle Glanzleistung oder Elixier des Teufels?" – eine Bestandsaufnahme, ZNotP 2014, 162.

Werner, Olaf: Zur Eigenhändigkeit letztwilliger Verfügungen, DNotZ 1972, 6.

Weser, Hans-Herrmann: Die Auswirkungen des Betreuungsgesetzes auf die notarielle Praxis, MittBayNot 1992, 161.

Wetterling, Tilmann: Testierfähigkeit aus gutachterlicher Sicht, Forum Familien-Erbrecht Sonderheft 1, 2003, 94.

Wetterling/Neubauer/Neubauer: Psychiatrische Gesichtspunkte zur Beurteilung der Testierfähigkeit Dementer, ZEV 1995, 46.

Wetterling/Neubauer/Neubauer: Testierfähigkeit von Dementen, Psychiatrische Praxis 1996, 213.

Winkler, Karl: Beurkundungsgesetz Kommentar, 18. Aufl. München 2017.

Wohlgensinger, Corinne: Behinderung und Menschenrechte: Ein Verhältnis auf dem Prüfstand, Opladen 2014.

Wolf/Neuner: Allgemeiner Teil des Bürgerlichen Rechts, 11. Aufl. München 2016.

Ziegert, Kathrin: Verstoß gegen die Testierverbote des § 14 HeimG durch Zuwendungen an heimfremde Dritte, ZErb 2003, 166.

Zimmer, Maximilian: Anmerkung zu: BGH, Urt. v. 19.1.2011 (Az. IV ZR 7/10), ZEV 2011, 262.

Zimmer, Maximilian: Demenz als Herausforderung für die erbrechtliche Praxis, NJW 2007, 1713.

Zimmermann, Theodor: Juristische und psychiatrische Aspekte der Geschäfts- und Testierfähigkeit, BWNotZ 2000, 97.

Zimmermann, Walter: Betreuung und Erbrecht, Bielefeld 2012.